Y0-DNN-327

# VICHY
# ET L'ÉTERNEL FÉMININ

DU MÊME AUTEUR

Le Métier d'éducateur
Les instituteurs de 1900,
les éducateurs spécialisés de 1968
*Éd. de Minuit, coll. « Le sens commun », 1983*

*FRANCINE MUEL-DREYFUS*

# VICHY ET L'ÉTERNEL FÉMININ

## CONTRIBUTION À UNE SOCIOLOGIE POLITIQUE DE L'ORDRE DES CORPS

*ÉDITIONS DU SEUIL*
*27, rue Jacob, Paris VI^e^*

ISBN 2-02-028060-4

*pour Bruno et Julien*

# INTRODUCTION

> A chaque moment critique de la vie sociale, les forces rationnelles capables de résister à la montée des conceptions mythiques archaïques sont fragiles. On assiste alors durant de tels moments à un retour du mythe. Car celui-ci n'est jamais réellement vaincu ni surmonté. Il demeure toujours présent, tapi dans l'ombre, en attendant son heure ainsi qu'une occasion favorable. Cette heure arrive lorsque les forces qui servent de garde-fou à la vie sociale perdent leur vigueur pour une raison ou pour une autre et qu'elles ne sont plus capables de combattre le pouvoir des démons mythiques.
>
> Ernst Cassirer, *Le Mythe de l'État* (1946), Gallimard, 1993, p. 378.

En 1940, la France a été le seul des pays occidentaux occupés à ne pas se contenter d'administrer mais à conduire une révolution intérieure de ses institutions et de ses valeurs morales [1]. Cette entreprise portera le nom de Révolution nationale. En juillet 40, Paul Baudouin (secrétaire d'État auprès du président du Conseil d'octobre 40 à janvier 41) dit dans un entretien au *Journal de Genève* repris par *Le Temps* : « La révolution totale que la France commence à cette heure solennelle a été préparée par vingt années d'incertitudes, de mécontentement, de *dégoût* et d'insurrection larvée. [...] Cette possibilité de *faire du neuf* exalte les hommes de toute origine ». Et Jacques Benoist-Méchin (secrétaire d'État à la présidence puis à la

1. Robert O. Paxton, *La France de Vichy, 1940-1944*, Seuil*, 1973, p. 31 ; pour les citations qui suivent, voir p. 137 et 43 ; souligné par nous.

* Quand le lieu d'édition n'est pas indiqué, il s'agit de Paris.

vice-présidence du Conseil de juin 41 à juillet 42 et auteur d'un livre au titre évocateur compte tenu du contexte historique, *La Moisson de 40*) déclare : « C'est avant tout une *cure de pureté* qu'il nous faut ». Dans cette « révolution » annoncée, célébrée au cœur de la défaite comme une victoire, la construction politique du féminin autour de l'idée d'un « éternel féminin » occupe une place centrale.

Dans les réformes entreprises et proposées à partir de juillet 40 par l'État français – travail des femmes, éducation et scolarisation des filles, politique familiale et sanitaire, influences féminines dans la cité –, dans les justifications éthiques, sociales et politiques qui sous-tendent ces réformes et dans les commentaires – souvent militants – de leurs nombreux défenseurs, se déploient toutes les facettes du mythe de l'« éternel féminin », cette notion passée dans le sens commun, qui impose l'idée d'« une » « nature » et d'« une » « essence » féminines « éternelles » échappant depuis toujours et pour toujours à l'histoire. L'objet de cette étude est de prendre la mesure de ce recentrage sexuel du monde social et de reconstruire les processus sociaux de production de cette idéologie qui semble surgir tout armée, immédiatement prête à être utilisée, dans un moment historique de chaos et de bouleversement de l'ordre politique et social. La Révolution nationale constitue une sorte de laboratoire d'idées où l'on peut analyser avec une netteté particulière les processus d'imposition de certaines représentations symboliques de l'opposition masculin/féminin et la manière dont ces représentations structurent la perception et l'organisation pratique et symbolique de toute la vie sociale, devenant ainsi parties prenantes dans les représentations et l'établissement même du pouvoir. Ce moment historique fournit l'occasion d'étudier, de façon privilégiée, un processus de répression qui tend à imposer l'idée d'une permanence éternelle de la représentation binaire du « genre »[2]. Dans cette période de réaction et d'instauration d'un État autoritaire, c'est en effet l'idée même d'un débat – ou de l'existence historique antérieure d'un débat – sur la « nature » du masculin et du féminin qui est niée au profit de la conception d'un accord de la société avec elle-même, de toute éter-

2. Joan Scott propose de s'engager dans la voie d'analyses socio-historiques comparatives de ces processus historiques de constitution d'un point de vue comme point de vue dominant ; voir « Gender, a Useful Category of Historical Analysis », *The American Historical Review*, 5, déc. 1986 ; trad. franç., *Les Cahiers du GRIF*, 37-38, printemps 1988.

nité, sur ces thèmes. En ce cas, le politique a intérêt à l'oubli historique et à la vision mythique du monde. Travailler sur la construction de la féminité dans la philosophie sociale de la Révolution nationale, c'est donc aussi travailler sur la logique sociale des processus de résurgence de la raison mythique en période de crise.

« Nous tirerons la leçon des batailles perdues. Depuis la victoire, l'esprit de jouissance l'a emporté sur l'esprit de sacrifice. On a revendiqué plus qu'on a servi. On a voulu épargner l'effort ; on rencontre aujourd'hui le malheur »[3]. Dans cette période de crise profonde, le maréchal Pétain peut apparaître comme un prophète, tel que l'a défini Max Weber : opposé au corps sacerdotal comme l'extraordinaire à l'ordinaire et tirant son autorité de la correspondance entre l'offre de service religieux et la demande religieuse du public, le prophète tient sa légitimité charismatique du fait qu'« il porte au niveau du discours des représentations, des sentiments et des aspirations qui lui préexistaient mais à l'état implicite, semi-conscient ou inconscient » ; et le discours prophétique favorise les « perceptions réinterprétatrices qui importent dans le message toutes les attentes des récepteurs »[4]. Le retour des femmes à la maternité et le maintien des mères au foyer font partie de ces aspirations semi-conscientes qui vont trouver dans les paroles du maréchal un ressourcement permanent à la mesure de leurs attentes. Le rapport entre le maréchal et son public prédestiné est un rapport d'*attente croyante*, cette force agissante qui, selon Freud, est à l'œuvre dans les guérisons miraculeuses[5]. L'opposition entre l'esprit de jouissance et l'esprit de sacrifice est l'une de ces formulations du prophète dans laquelle chaque fidèle peut reconnaître ses rancœurs et investir ses espérances éthico-politiques.

Les prophéties du maréchal inscrivent l'analyse de la défaite dans le schème *contrition/rédemption* et livrent le pays à une véritable « hypnose du châtiment », selon l'expression de Marc Bloch[6]. La période fondatrice de la Révolution nationale est ainsi placée sous le

3. Appel du 20 juin 40 ; Maréchal Pétain, *La France nouvelle. Principes de la communauté. Appels et Messages*, Fasquelle, 1941, p. 18.

4. Pierre Bourdieu, « Une interprétation de la théorie de la religion selon Max Weber », *Archives européennes de sociologie*, XII, 1971, p. 12-15.

5. Sigmund Freud, « Traitement d'âme » (1890), *Résultats, Idées, Problèmes*, 1, *1890-1920*, PUF, 1984, p. 8-9.

6. Marc Bloch, *L'Étrange Défaite*, témoignage écrit en 1940, Gallimard, « Folio histoire », 1990, p. 202.

signe de l'expiation et du rachat. Pour Yves Durand, « cette extension abusive de la notion chrétienne de conversion individuelle au destin profane d'une collectivité relève d'un millénarisme apocalyptique qui donne à la catastrophe valeur salvatrice »[7]. Et, effectivement, dans cette représentation du désordre et de la remise en ordre, de la décadence sociale et de la régénération, c'est le schème du retour au « réel », aux communautés « naturelles » et aux équilibres « millénaires » qui organise la philosophie sociale du régime. Dans ce dispositif, les femmes occupent une place stratégique : la dénatalité est désignée comme le symptôme et la cause de la « dégénérescence » nationale, la famille comme la « cellule sociale » fondamentale, le partage de « fonctions » masculines et féminines comme le garant de la solidarité « organique », la reconnaissance d'aptitudes « naturelles » masculines et féminines comme le fondement des hiérarchies sociales « légitimes », le retour de la femme au foyer comme le retour au temps cyclique, celui des saisons, de la nature, du biologique, contre le chaos engendré par l'individualisme « égoïste », l'artificiel, le « mensonge » démocratique. L'« éternel féminin » est mis au service de la contrition et de la rédemption. Saisie à travers son entreprise de re-construction de la féminité, la Révolution nationale semble posséder de nombreuses caractéristiques qui l'apparentent à un mouvement millénariste. Quête collective de salut sur fond de catastrophe et sous la direction d'un prophète inspiré, le millénarisme combine une représentation du temps à la fois historique (dénouement proche) et mythique, temps cyclique et éternellement répétitif, le retour à un âge d'or s'accompagnant d'un processus d'inclusion et d'exclusion qui désigne les élus et les réprouvés[8]. La remise en ordre du monde peut s'étayer, dans de tels mouvements, sur un retour à une division sexuelle rigide des aptitudes, des fonctions et des places « naturelles » propres à chaque sexe[9]. L'hypnose du châtiment, l'ancrage dans la culpabilité

7. Yves Durand, *Vichy 1940-44,* Bordas, « Connaissance », 1972, p. 66. Il est intéressant de noter que Pétain accorde aux prisonniers de guerre un rôle central dans ce schème de la rédemption par la souffrance, la captivité apparaissant comme une situation propice à l'examen de conscience ; voir Yves Durand, *La Captivité, histoire des prisonniers de guerre français*, FNSP, 1980.

8. Voir Yonina Talmon, « Millenarism », *International Encyclopaedy of the Social Sciences*, New York, Macmillan et Free Press, 1968, vol. X, p. 351-353.

9. Le retour à l'inégalité sexuelle comme inégalité première fondant la structuration de l'univers mythique, rituel et social, était fondamental dans la construction

collective, l'espérance messianique d'un ordre nouveau construit sur l'épreuve, le remords et le sacrifice sont autant d'éléments de cette situation historique de crise qui favorisent le retour des conceptions mythiques archaïques.

Dans la société française de 1940, ces traits millénaristes ne surgissent pas du néant ; ils sont incarnés, portés, par des agents sociaux qui ont partie liée avec la production des biens de salut. Ainsi, des hommes de lettres, des hommes d'Église et des hommes de sciences vont trouver dans l'eschatologie de la Révolution nationale un terrain propre à développer et à systématiser une expression radicalisée de leur vision de la remise en ordre et des fondements de cet ordre parmi lesquels la division sexuelle du monde social sur la base d'inégalités « naturelles » éternellement attestées et biologiquement fondées et non culturellement ou historiquement construites. L'un des effets politiques majeurs de l'idéologie de l'« éternel féminin » a été son effet de rassemblement. En proposant au pays de revenir à une division sexuelle du monde social fondée sur l'idée d'une éternelle différence de « nature » entre les sexes, la Révolution nationale a ouvert un appel d'offres auquel ont immédiatement répondu tous ceux qui, pour des raisons idéologiques ou stratégiques, produisaient, depuis longtemps, de l'« éternel féminin ». L'embrasement de la Révolution nationale, son caractère de prophétisme réussi, tient à cette préexistence de multiples foyers dispersés qui, à la faveur de la crise, ont fait conjonction. La réduction au silence des adversaires d'hier par l'instauration d'un État autoritaire, qui rompt d'emblée avec la démocratie, a permis l'expression dure et unanimiste d'une vision du monde social dans laquelle le « destin » féminin est placé sous le signe de la soumission et de la résignation. L'unanimisme de la Révolution nationale en ce domaine, qui est lui-même à prendre pour objet puisqu'il est le signe d'un phénomène politique d'adhésion immédiate, préréflexive, conséquence d'une situation de monopole où les garde-fous ont cédé et propre de ce fait à toutes les surenchères et à tous les durcissements, ne doit pas faire oublier que les processus d'adhésion sont le fruit d'une longue histoire. Seul un travail de sociologie historique permet de tirer le fil des enjeux politiques et institutionnels de la défense et promotion de l'« éternel

---

du mouvement millénariste que nous avons étudié au Brésil ; voir Francine Muel-Dreyfus et Arakcy Martins-Rodrigues, « Réincarnations », *Actes de la recherche en sciences sociales*, 62/63, 1986.

féminin » que le gouvernement de Vichy à lui seul n'aurait jamais réussi à imposer avec une telle force irrépressible. Il s'agit d'une création collective dans un moment historique inédit où l'implicite peut devenir explicite et la violence symbolique et pratique se donner libre cours. Les usages stratégiques institutionnels de cette vision du monde ont donc pu porter des formes d'adhésion au régime qui ne se pensaient pas forcément politiques mais qui avaient des effets politiques puisqu'elles venaient toujours davantage réarmer la philosophie sociale de la Révolution nationale dans l'un de ses enjeux centraux.

En effet, parler des femmes, c'est aussi parler d'autre chose. Vichy en est un exemple éclatant. La philosophie sociale du retour aux communautés, aux hiérarchies et aux inégalités « naturelles », aux solidarités « organiques », au « réel », à la terre « qui ne ment pas », comme dit le maréchal, aux « petites patries », chères à Maurras, la condamnation des « jouisseurs » « égoïstes », des « masses » urbaines, et la justification de l'exclusion des « inassimilables », font toujours une place dans leur rhétorique à la « juste » place des femmes qui peuvent devenir, tour à tour, la métaphore du retour à l'ordre des choses et à la pureté ou l'incarnation de l'individualisme et du chaos. Nous nous sommes attachée à montrer que si cette vision emprunte aux conceptions mythiques archaïques, elle doit beaucoup également à un passé récent de luttes où se sont opposés des intérêts antagonistes et à son inscription dans la philosophie du pouvoir. Nous avons donc tenté de reconstruire la *sociogenèse de ces visions du féminin* qui, pendant la Révolution nationale, se regroupent sous la bannière de l'« éternel féminin ». Et l'on voit bien que la logique de la raison mythique s'inscrit dans des conflits éminemment politiques, la vision des femmes étant toujours aussi une vision du peuple, étant toujours prise dans une représentation politique de l'égalité ou de l'inégalité, et le racisme sexuel ayant partie liée avec le racisme. La femme n'est jamais pensée seule : « Amis en émancipation ou frères en servitude, d'autres l'entourent dans le discours, les enfants, les fous, les esclaves, les ouvriers, les juifs, les colonisés, les bêtes »[10]. Faire la sociogenèse des processus de production d'« éternel féminin » imposait donc d'abord de revenir en arrière sur l'histoire de la construction

10. Geneviève Fraisse, « La différence des sexes, une différence historique », in G. Fraisse *et al.*, *L'Exercice du savoir et la Différence des sexes*, L'Harmattan, 1991, p. 25.

d'intérêts culturels, sociaux, institutionnels et politiques à la défense de cette vision du monde, intérêts qui trouveront à s'investir totalement dans la Révolution nationale. Cette histoire se confond avec celle de la construction concurrentielle depuis le tournant du siècle d'un féminisme laïc, lié aux conquêtes scolaires et professionnelles des femmes, et d'un « féminisme chrétien » défendant les avancées civiques féminines en refusant d'écorner le rôle féminin traditionnel de la mère au foyer ; conceptions d'autant plus antagoniques du féminisme qu'elles se sont coulées dans les grandes oppositions politiques du siècle, notamment celle entre dreyfusards et antidreyfusards. Avec celle également des affrontements qui ont marqué la question scolaire et l'ont construite comme question politique depuis l'instauration de l'École républicaine ; traversées encore une fois par l'opposition Église/État, ces luttes sur l'École ont pris en otage idéologique la scolarisation des filles qui n'était pas pour rien dans la « démocratisation » de l'enseignement tant déplorée dans les années 30 par les adversaires de l'« école unique » qui feront triompher leurs positions sous l'État français. Avec celle enfin de la construction biologique des problèmes sociaux et des inégalités sociales sous le signe de la « dégénérescence », des aptitudes et des inaptitudes « naturelles », construction qui légitime scientifiquement l'exclusion sociale et raciale.

Tout proche, présent dans toutes les mémoires, c'est le Front populaire qui hante les esprits des dirigeants, des idéologues et des partisans les plus conscients de l'État français. « On saurait difficilement exagérer l'émoi que, dans les rangs des classes aisées, même parmi les hommes en apparence les plus libres d'esprit, provoqua, en 1936, l'avènement du Front populaire. Quiconque avait quatre sous crut sentir passer le vent du désastre [...]. Quelles huées lorsqu'on nous parla d'organiser les loisirs. On railla, on boycotta. Les mêmes personnes élèvent aujourd'hui aux nues les mêmes efforts, depuis que l'idée a été reprise, plus ou moins sérieusement sous un autre nom par un régime selon leur cœur », écrit Marc Bloch dans son analyse de la France de la défaite[11]. En 1969, dans le film de Marcel Ophuls, *Le Chagrin et la Pitié*, Pierre Mendès France rappelait que « la psychologie plutôt Hitler que Léon Blum » avait fait des ravages dans les milieux de la bourgeoisie. Dans les années 35-36, le maréchal Pétain, le vainqueur de Verdun, avait déjà été

11. Marc Bloch, *L'Étrange Défaite*, *op. cit.*, p. 197.

appelé comme le sauveur attendu par une vaste campagne de presse aux allures de référendum [12]. La campagne, « C'est Pétain qu'il nous faut », qui durera jusqu'aux élections de 36, est lancée en février 35 (anniversaire des journées de février 34) dans *La Victoire* ; *Le Jour* titre fin février : « Devant la menace c'est au chef de se lever et d'imposer coûte que coûte sa volonté », et, en juin : « L'heure du Chef viendra-t-elle ? ». Avec la montée de la puissance des ligues, et surtout des Croix de Feu, dans la seconde moitié de l'année 1935, un journal de gauche, *Vu*, présente Pétain comme un homme étranger aux luttes politiques et garant de la République : « Faudrait-il l'appeler une fois encore ? Pétain le maréchal républicain » ; et l'auteur ajoute, préfigurant les discours de célébration de la Révolution nationale : « Je pense être approuvé par tous ceux qui ont vu cette chose étonnante : le regard du maréchal Pétain ». En mars 36, dans *L'Ami du peuple*, journal réactionnaire et antisémite fondé par le millionnaire François Coty, les ligues appellent Pétain à la tête d'un gouvernement national, tandis que *Le Figaro* voit en lui le seul homme capable de réaliser l'union de toutes « les forces saines » de la nation. Entre les deux tours des élections d'avril-mai 1936, le maréchal, dans un entretien accordé au *Journal*, manifeste son appui à la droite et commente : « Nous sommes comme des marins sans pilote, sans gouvernail. C'est contre cela qu'il faut lutter. C'est cela qu'il faut retrouver : une mystique ». La légende Pétain, et sa dimension messianique, sont déjà en place avant la défaite. Si elles ne doivent trouver leur pleine dimension qu'en 1940, elles ont pris naissance dans la crise sociale et politique des années 30. La défense, en 1940, de l'« éternel féminin » est prise dans l'héritage de luttes politiques où se sont affrontées des visions opposées du monde social. Son imposition comme seule définition sociale légitime de la féminité est aussi imposition d'une philosophie sociale conservatrice qui refuse et exclut les « outsiders » [13].

En suivant les producteurs d'« éternel féminin » sur le chemin de la remise en ordre, nous proposons au lecteur de se laisser saisir, comme nous l'avons été, par l'« inquiétante étrangeté » [14] de ces

12. Richard Griffiths, *Pétain et les Français, 1914-1951*, Calmann-Lévy, 1974, p. 213 *sq.*

13. Sur l'opposition entre les « établis » et les « outsiders », voir Norbert Elias et J.L. Scotson, *The Established and the Outsiders*, Londres, Frank Cass and Co., 1965.

14. Sigmund Freud, « L'inquiétante étrangeté », *Essais de psychanalyse appliquée*, Gallimard, 1933 ; « Idées », 1975. Dans l'analyse sémantique qu'il fait du

textes historiquement si proches de nous et qui paraissent sans âge. Travailler sur la place, symbolique et pratique, allouée aux femmes par l'État français, c'est travailler sur *la violence de la banalité*. Quoi de plus banal que cette sorte de maxime qui court d'un texte à l'autre, chez les dignitaires et les thuriféraires du régime, comme chez ceux, plus obscurs, qui adhèrent d'emblée au « nouvel » ordre qu'il promeut : « Une femme est une femme ». A tel point qu'à lire et relire ces textes, l'objet même de la recherche se dérobe comme s'il n'y avait rien ici à saisir, et l'activité de recherche elle-même se gèle et se paralyse, prise dans la chape de plomb de ces images répétitives qui évoquent le tournage en temps réel d'un épluchage de pommes de terre – plan fixe, de dos, d'une femme devant son évier – dans un film de Chantal Akerman. Comme le dit, en passant vite et en souriant, Robert Paxton : « Vichy aime mieux les femmes, enceintes de préférence, en chaussons dans leur cuisine »[15].

Pourtant, quand on s'obstine à dresser l'inventaire de ces discours mortellement plats et qu'on s'oblige à les étudier dans leur répétition même, c'est la violence qui surgit. Violence d'abord de cette explosion brutale, de cet accord profond, laissant jaillir tout à coup sans retenue ces visions du monde social qui jouent de la coupure absolue entre appartenances masculine et féminine au monde, comme si cette force avait été contenue, prête à surgir le moment venu, et que l'on tenait là un des ressorts profonds de la logique sociale de ces adhésions immédiates – pour certaines attendues mais pour d'autres plus surprenantes – au programme de Vichy. Violence explicite des énoncés et des prescriptions, violence de toute cette production d'identité qui semblait exister de toute éternité, vaste réservoir culturel et symbolique où l'on pouvait puiser sans fin des images de la féminité propres à illustrer la petite phrase du maréchal sur l'esprit de jouissance et l'esprit de sacrifice. Violence pratique sur les femmes interdites de travail, de divorce, d'avortement, qui voient leur accès à l'instruction remis en cause et leurs usages du corps canalisés au profit des seuls impératifs de la maternité. Violence symbolique de ces représentations des « aptitudes » et du « destin » féminins, si fortement inté-

---

terme *unheimliche*, Freud écrit : « L'inquiétante étrangeté sera cette sorte de l'effrayant qui se rattache aux choses connues depuis longtemps et de tout temps familières » ; p. 165.

15. Robert O. Paxton, *La France de Vichy, op. cit.*, p. 166.

riorisées que leur lecture peut rendre muette. Et si la violence était justement dans cette dénégation de l'histoire dont la rhétorique vichyste sur le féminin offre un exemple éclatant ? Que sont devenus dans cette vision du monde les avancées scolaires et professionnelles des femmes, leurs exploits sportifs, les acquis des mouvements féministes, les corps minces et vifs des « garçonnes » ? Il ne reste plus que de l'« éternel féminin ». Pour lutter contre la torpeur que crée cette idéologie qui s'impose – de toute éternité ? – pendant la Révolution nationale, la sociogenèse des catégories du féminin, produites par et pour le régime, et des intérêts institutionnels et politiques à la défense de ces catégories a été l'arme la plus puissante. Si l'« éternel féminin » des cultures savantes et du sens commun fait partie de l'inconscient social, il est aussi objet historique, produit et reproduit au cours du temps, notamment en période de crise, et sa production obéit à des logiques de conquêtes de marchés, de défenses institutionnelles, à des impératifs stratégiques et politiques dont il faut prendre la mesure. Quand l'Église et l'ordre des médecins, par exemple, défendent aux côtés de l'État français leur vision propre de l'« éternel féminin », ils se réassurent d'abord sur leur propre éternité institutionnelle et professionnelle, déniant les crises de croissance et de survie qui affectent leur histoire récente. Pour être vraiment efficace, cette lutte contre l'amnésie de la genèse doit venir étayer la construction des usages proprement politiques de l'« éternel féminin » par une philosophie sociale qui l'inscrit dans sa logique de légitimation des inégalités, de la domination, de l'exclusion. C'est l'autre face de la violence cachée derrière la banalité.

Dans un premier temps, nous analyserons l'inscription des femmes dans le *mea culpa* collectif auquel invitent le régime et ceux qui se mettent d'emblée au service de sa conception du redressement national. La débâcle de 1940 s'apparente sous beaucoup d'aspects à la crise sociale et politique de 1871, et nombreux sont ceux qui ont associé les deux périodes dans leur analyse de la « dégénérescence » nationale. Les représentations du désordre et de l'ordre qui s'expriment en 1940 empruntent souvent, sans toujours le savoir, à des schèmes forgés dans les années 1870 pour rendre compte de la dangerosité des villes et des foules : la construction de la « bonne » et de la « mauvaise » féminité a sa place dans les fantasmes sociaux qui se répondent d'une période à l'autre. L'hypnose du châtiment impose une vision simpliste et pessimiste de l'histoire défendue par des petits prophètes de malheur qui dénient toutes les analyses militaires et politico-sociales de la défaite pour vendre au nouveau pouvoir leurs talents de prémonition, enfin révélés, dans une conjoncture historique inédite de conquête de marchés. Dans le champ intellectuel et littéraire, dans l'institution Église, dans cette fraction du champ scientifique que constituent la démographie, la médecine et l'eugénisme à la française mobilisés par le mouvement nataliste, le retour à l'« éternel féminin » trouve de nombreux défenseurs qui en font un des axes de leur vision du monde social : il leur permet à la fois de défendre un ensemble de valeurs propre à cette révolution conservatrice qu'ils appelaient de leurs vœux et de défendre leurs intérêts spécifiques, éthiques, culturels, institutionnels.

Nous nous engagerons ensuite dans l'analyse de ce que nous proposons d'appeler « la culture du sacrifice », cette forme spécifique de la culture de la féminité qui prend toute sa mesure et s'exprime sous une forme particulièrement achevée pendant la Révolution nationale. La culture du sacrifice s'élabore au carrefour de la politique familialiste et nataliste de l'État français et de la culture féminine catholique, construite au cours d'une longue histoire, qui développera des formes nouvelles et conquérantes à partir des débuts de la III^e^ République en opposition à l'État et à l'École laïcs. C'est ce fond culturel, toujours identique et toujours renouvelé, qui nourrira l'idéologie du nouveau régime, donnant à ceux et à celles qui défendent ces visions du féminin, et de l'opposition masculin/féminin qui en découlent, le sentiment que la Révolution nationale a été inventée pour eux en même temps qu'ils peuvent l'inventer eux-mêmes tous les jours. Nous tenterons de reconstruire les grandes étapes des luttes et débats politiques où la culture du sacrifice s'est trouvée mise en cause, parfois mise en échec, et de prendre la mesure de sa force vive, de sa prégnance dans l'inconscient collectif et dans les inconscients individuels. C'est pour cela que nous citons souvent longuement les textes produits par et pour la Révolution nationale : la rhétorique, le vocabulaire, les cadences, les images et les métaphores donnent seuls en effet une idée de cette force et de sa potentialité de résurgence. Si la culture de la soumission féminine s'exprime entre 1940 et 1944 dans toute sa violence, il n'en reste pas moins qu'elle est à l'œuvre, assoupie, dans les périodes plus ordinaires de l'histoire. A lire les textes vichystes sur les femmes, on apprend aussi sur le plus quotidien – et le plus contemporain ? – de la violence symbolique qui fonde la domination masculine et la soumission féminine.

Enfin, nous étudierons les effets proprement politiques de ce retour au socle biologique des inégalités premières. La représentation d'un ordre biologique, immuable, « naturel », nécessaire, vient légitimer la représentation d'un ordre social immuable, « naturel » et nécessaire. La culture du sacrifice constitue un paradigme de la culture de la soumission au sens large : soumission des « masses » aux élites (les « vraies », comme dit le régime), des pauvres aux riches, des nouveaux venus aux notables de vieille souche, des « souches malsaines » aux « souches saines », des déracinés aux enracinés, des « outsiders » aux « établis ». En repensant le rapport des femmes au travail et au système scolaire, Vichy refonde un système scolaire élitiste qui dénonce les ambitions des « primaires » et des nouveaux venus à la scolarisation secondaire, condamne un rapport entre ordre scolaire et ordre familial qui tentait de relativiser le poids des héritages familiaux dans l'acquisition des places sociales, et stigmatise la mobilité sociale des « déracinés ». Enfin, en redécouvrant les aptitudes « naturelles » et la « bio-typologie », en redonnant aux médecins un rôle d'experts en ordre social et en philosophie sociale, en fondant sur l'idée d'un « destin » anatomique féminin un système de légitimation « scientifique » des destins sociaux, Vichy noue définitivement ordre biologique et ordre social. Les exclusions sociales et les exclusions raciales répondent à la même obsession d'« assainir » le corps social qui doit rejeter l'« inassimilable ». Dans cette logique, le retour à l'« éternel féminin » permet de penser un monde où toutes les inégalités sont des inégalités de « nature » inscrites dans un ordre « éternel » des choses.

# 1. L’hypnose du châtiment

## 1

# LES ÉCRIVAINS DE LA DÉFAITE EN QUÊTE D'ÉTERNITÉ

Dans le champ intellectuel, l'hypnose du châtiment produit une « littérature du renoncement » dont les « bucoliques avis » avaient déjà dans l'avant-guerre, nous dit Marc Bloch, des accents familiers : « Elle stigmatisait l'"américanisme". Elle dénonçait les dangers de la machine et du progrès. Elle vantait, par contraste, la paisible douceur de nos campagnes, la gentillesse de notre civilisation de petites villes, l'amabilité en même temps que la force secrète d'une société qu'elle invitait à demeurer de plus en plus résolument fidèle aux genres de vie du passé »[1]. La rhétorique de la culture de crise parle le langage, impose les sonorités et la cadence, de la temporalité mythique. En cela, elle est proche de l'idéologie *völkisch* dont George L. Mosse analyse l'émergence et les développements historiques depuis le XIXe siècle et le rôle dans la sociogenèse de l'idéologie nazie ; elle prône le retour aux anciennes vertus contre le chaos et les dégénérescences introduits par le cours de l'histoire et défend un ordre « naturel » fait de l'enracinement dans le sol natal, de la communion avec le paysage des ancêtres, du geste immémorial de l'artisan et du paysan, contre le désordre des métropoles anomiques et la foule des éternels déracinés[2]. Le mythe de l'éternel retour imprègne les écrits des desservants de la Révolution nationale, et la production littéraire d'« éternel féminin » s'y coule tout naturellement, devenant un des éléments clés de leur formulation particulière de la séquence contrition-rédemption.

Le climat idéologique de la défaite de 1940 et de l'instauration

1. Marc Bloch, *L'Étrange Défaite*, *op. cit.*, p. 181.

2. Voir George L. Mosse, *The Crisis of German Ideology. Intellectual Origins of the Third Reich*, New York, Schocken Books, 1981.

de l'État français s'apparente sous de nombreux aspects à celui qui s'est développé en réaction à Sedan et dans les années qui ont suivi l'écrasement de la Commune de Paris, et, chez les écrivains proches de la Révolution nationale, la Commune est construite comme le schème de perception du Front populaire. On peut lire dans une revue de propagande du nouveau régime : « C'est une loi historique constante que les défaites entraînent les révolutions. Les Français n'avaient pas oublié les désordres sanglants de la commune de 1871. [...] La France allait-elle ajouter encore d'autres malheurs à ceux qui l'accablaient déjà. Il fallait craindre que, suivant la pente à laquelle une propagande odieuse les avait accoutumés, les esprits ne se tournassent vers une sanglante lutte fratricide. [...] A ce péril, le gouvernement du Maréchal sut faire face. Sans un mouvement, sans un cri de discorde, la révolution politique était accomplie »[3]. Henri Massis, alors officier chargé des relations avec la presse auprès du général Huntziger, disait clairement que les premières nouvelles de l'armistice avaient réveillé la mémoire de 1871 et la peur d'une nouvelle Commune, la tâche prioritaire de l'armée d'armistice étant le maintien de l'ordre[4]. La défaite apparaîtra à de nombreux intellectuels comme un coup d'arrêt à la décadence française[5]. Les thèmes de la dégénérescence nationale, de la faute collective, des péchés biologiques et politiques, se répondent dans une sorte de litanie obsédante aux lendemains de juin 1940 comme dans les années 1870. Et Maurras suggérait l'idée d'un florilège de *La Réforme intellectuelle et morale* de Renan qui pourrait rendre « un grand service aux Français de 1940 puisque ceux de 1870 en ont mal profité »[6]. Les sentences et les maximes du maréchal – ce « guide d'une sagesse et d'une maîtrise de pensée incomparables et quasi surhumaines »[7] – fonctionnent comme autant d'appels à l'autoflagellation et nombreux sont ceux qui vont mettre leurs compétences au service d'un

3. « La France maintenue en ordre », *L'Espoir français*, 1er mars 41.
4. Robert O. Paxton, *Parades and Politics at Vichy. The French Officer Corps under Marshal Pétain*, Princeton University Press, 1966, p. 10.
5. Voir Gérard Loiseaux, *La Littérature de la défaite et de la collaboration*, Publications de la Sorbonne, Série France XIXe-XXe, 1984, p. 351 *sq.*
6. Charles Maurras, *La Seule France*, Lyon, Lardanchet, 1941.
7. Roger Bonnard, doyen de la faculté de droit de Bordeaux, *Revue du droit public*, oct. 41 ; cité par Danièle Lochak, « La doctrine sous Vichy ou les mésaventures du positivisme », in *Les Usages sociaux du droit*, Centre universitaire de recherches administratives et politiques de Picardie, PUF, 1989, p. 253-285.

travail d'exégèse. Georges Bernanos a donné une formulation saisissante des fondements et des effets politiques de la rencontre entre le message de la défaite, parlé par le prophète, et l'« attente » de ceux qui reconnaîtront la Révolution nationale comme une chance nationale : « Tout ce qu'on appelle la Droite, qui va des prétendus monarchistes de l'Action française aux radicaux-socialistes prétendus nationaux, la haute industrie, le haut commerce, le haut clergé, les Académies, les états-majors, s'est spontanément agglutiné, aggloméré autour du désastre de mon pays comme un essaim d'abeilles autour de sa reine. Je ne dis pas qu'ils aient voulu ce désastre d'une volonté délibérée. Ils l'attendaient. Cette monstrueuse attente les juge »[8].

### *Les écrivains contre le Front populaire*

L'étude de la réaction des lettrés à la débâcle de 1870 est l'occasion pour Michel Mohrt d'analyser ce qu'il désigne comme un « examen de conscience collectif » dans un moment historique – 1940 – qui en serait une « réplique »[9]. Le choix des auteurs qu'il convoque au tribunal de l'histoire et les nombreux renvois subtils à la situation de 1940 dessinent un panorama du désastre et des moyens de le conjurer qui est bien dans la ligne de la rhétorique de la Révolution nationale. Ainsi cette fantaisie d'un congrès des intellectuels présidé par Taine, Sarcey faisant fonction de secrétaire, Gobineau à droite et About à gauche, se donnant pour tâche d'étudier les causes de la défaite et les remèdes nécessaires : premièrement, « la France paie son relâchement moral » ; deuxièmement, « une réforme intellectuelle et morale s'impose » ; troisièmement, « suppression du suffrage universel », « arrêt dans la démocratisation du pays » et « retour à un ordre social hiérarchisé » ; et enfin, « rupture avec Paris » et « retour aux sources, aux richesses du sol ». Dans ce concert de beaux esprits qui, « au lendemain de Sedan, ont proposé au pays des réformes morales et politiques qu'il aura fallu attendre le lendemain de Dunkerque pour voir entreprendre »,

8. Georges Bernanos, Lettre aux Anglais, cité par Gérard Loiseaux, *La Littérature de la défaite et de la collaboration*, *op. cit.*, p. 361.

9. Michel Mohrt, *Les Intellectuels devant la défaite, 1870*, Corrêa, 1941, 2e éd. 1942 ; les citations qui suivent renvoient aux pages 190 *sq.*, 140 *sq.* et 62 *sq.*

Renan est donné comme l'indépassable maître à penser la crise[10]. Dans ce vaste ouvrage, Michel Mohrt exhume une petite note qui permet d'inscrire la culpabilité féminine dans les culpabilités nationales en même temps qu'elle aiguille la réflexion sur ce que doit être la lucidité des femmes qui savent revenir aux « vraies valeurs » dans les moments de chaos. « Dans notre déchéance, Renan attribue une part de responsabilité à la femme : "Les femmes, dit-il dans une note, comptent en France pour une part énorme du mouvement social et politique ; en Prusse, elles comptent pour infiniment moins" ». Et Mohrt commente : « Je crois en effet que, sous le Second Empire, la "morale de cocotte", comme on pourrait l'appeler, digne ancêtre de la "morale de midinette", dénoncée par Montherlant[11], avait pris une influence énorme sur la vie sociale – tout au moins sur la "vie parisienne" ».

A l'opposé des « cocottes » et loin du Paris maléfique, George Sand dialogue avec cet autre grand provincial qu'est Flaubert. Pour Michel Mohrt, elle a trouvé les conditions de son « patriotisme clairvoyant » – elle se prononce contre Gambetta et pour un armistice immédiat – dans le retour aux sources. « L'amour de la terre, de la maison, du travail, l'amour des êtres bons et simples qui l'entourent, l'amour des champs, des fleurs, des bois... c'est à toutes ces *valeurs charnelles* qu'elle se raccroche, au milieu de l'écroulement général. A leur fréquentation quotidienne elle a trouvé, elle, la révolutionnaire intoxiquée de romantisme politique, un *bon sens* et une lucidité qui ne lui ont pas manqués pendant l'épreuve. [...] D'instinct, elle est allée à l'essentiel, à celui qui par ses vertus d'endurance et de travail, sa patience et son courage est à même de reconstruire et de réparer : au paysan. [...] "Il n'a pas la compréhension raisonnée, dit-elle, mais il a l'instinct profond, inébranlable de l'impérissable vitalité. [...] Il représente *l'espèce* avec sa

10. Le rôle de Renan avait été décisif dans la naissance du nationalisme littéraire à la fin du XIXe siècle, et Barrès le reconnaissait en ces termes : « Il faut dire qu'il est un des rares hommes qui tout de suite se sont mis à la tâche. A quelle tâche ? A celle que nous ne cessons pas de signaler de toutes nos forces : la réfection de la France par la connaissance des causes de sa décadence » ; *Scènes et Doctrines du nationalisme*, cité par Gérard Loiseaux, *La Littérature de la défaite et de la collaboration*, *op. cit.*, p. 370.

11. Henry de Montherlant, « La France et la morale de midinette », in *L'Équinoxe de septembre* (1938), Gallimard, 1976 ; pour une analyse de l'image de la femme chez Montherlant, voir Simone de Beauvoir, *Le Deuxième Sexe*, Gallimard, 1949 ; « Folio essais », t. 1, p. 320 *sq*.

persistante confiance dans la loi du renouvellement" Admirable éloge qui nous fait comprendre pourquoi George Sand n'a pas désespéré de son pays ». Et curieusement c'est chez Colette, dans les pages du *Journal à rebours*, datées de juin 40, que Mohrt reconnaît la même tonalité à la fois féminine et terrienne dans le retour aux « vraies valeurs » et dans l'éloge du paysan qu'elle aime à contempler « immobile, entre sa femme valeureuse, ses enfants, ses troupeaux, sur un fond de clochers modestes, d'eaux vives et d'hésitante aurore ». Si George Sand a « indiqué au pays une politique de recueillement et de sagesse », c'est qu'elle a pris « inconsciemment » le parti de la « France réelle ». Les « voix familières » de ces deux femmes de lettres, « accordées si étrangement, nous enseignent une haute sagesse. Il y aurait aussi à écrire du *Réalisme féminin* ».

Beaux portraits de femmes « autorisées », enfin âgées, et revenues à la raison de façon, bien sûr, inconsciente, en suivant leur « instinct » délivré des intoxications révolutionnaires de leur jeunesse, et qui, dans leur colloque singulier avec « le » paysan, trouvent le chemin du « réalisme féminin » qui peut être aussi compris comme une métaphore du réalisme littéraire. Entre le « retour au réel » des idéologues de la Révolution nationale et le « réalisme féminin » du jeune écrivain, il y a plus qu'une homologie de termes. La philosophie sociale de Gustave Thibon privilégie le « réalisme de la terre ». « Au moment le plus sombre peut-être de notre histoire, à l'heure où nous touchions le fond de nos erreurs et de nos faiblesses, nous entendîmes une voix de chef qui disait : "Je hais les mensonges qui vous ont fait tant de mal". Et cette voix qui nous ramenait vers la vérité depuis si longtemps désapprise ajouta : "La terre, elle, ne ment pas" ». A l'opposé des « charlatans de la politique », « semeurs de promesses imaginaires », « la terre ne fait pas de vaines promesses » ; les « biens authentiques et nécessaires » qu'elle produit « se confondent avec la chair et le sang de l'homme »[12]. Femme et paysan forment un couple stratégique dans la condamnation de la ville, de l'« illusion » démocratique, des vertiges de la Commune et du Front populaire, et dans l'exaltation du rachat par la natalité et le retour à la terre.

12. Gustave Thibon, *Retour au réel, nouveaux diagnostics*, Lyon, Lardanchet, 1943, chap. 1, « Réalisme de la terre », p. 3, 5.

Pour Daniel Halévy qui compare trois « épreuves » – 1814, 1871, 1940 – [13], la voix du maréchal, « voix d'un père en même temps que d'un chef », « annonçait le malheur avec une dignité si ferme qu'il était impossible à qui l'écoutait de ne pas entrevoir, dans le désastre même, l'aube d'une espérance ». Dans son inventaire des « fautes » et son exploration des « tâches », Halévy accorde la première place à la dénatalité, qui résume toutes les dégénérescences, et appelle à œuvrer pour la régénération de l'« instinct maternel ». « Dernier exemple : le délabrement de la population française, anémiée par l'alcoolisme, affaiblie par la dénatalité, désaccordée par l'afflux des allogènes qu'attirent en France ses vides intérieurs. Trois grands sujets : retenons, pour y insister, la dénatalité. Tout s'y résume. [...] Ce qui est en cause, c'est le destin d'un peuple qui, longtemps débordant d'ambition et de vie, soudain se dénature [...] et se tient content d'une forme d'État, pour lui toute nouvelle, appliquée par principe à diminuer l'effort de chacun. [...] "Quand le père travaille et quand la mère tient sa maison, me dit un inspecteur qui connaît les foyers, la misère est évitée. Quand la mère est négligente, les allocations fondent dans ses mains et la misère est là". Si le moral n'est touché, rien d'efficace n'aura été fait et les allocations étatisées se perdront dans le flot de ces subventions que le Trésor distribue vainement à la foule sollicitrice. Dès qu'on vient à toucher ce problème décisif, on dépasse l'ordre de la politique, on se trouve dans la région des sources invisibles, vivifiantes les unes, débilitantes les autres, d'où viennent aux peuples la grandeur ou la déchéance. Sources morales, sources religieuses [...]. Dans le fond, c'est de charité qu'il est toujours besoin. Charité pour l'enfance étouffée par les avorteuses, charité pour ceux qui ne naissent pas, charité pour ceux qui naîtront, comme nous, riverains de nos rivières et fleuves, Seine sinueuse ou ample Loire qui depuis tant de siècles inspirèrent tant d'êtres [...]. Au cœur des tâches de la présente épreuve, il y a celles de la terre et celles de la maternité, tâches majeures, l'une qui suscite les êtres, l'autre qui les nourrit. [...] Surchargé, contra-

13. Daniel Halévy, *Trois Épreuves 1814, 1871, 1940*, Plon, « L'Abeille n° 3 », 1941 ; les citations qui suivent renvoient aux pages 133 et 166 *sq*. Il est intéressant de noter que son père, l'académicien Ludovic Halévy, avait publié au lendemain de la Commune des *Notes et Souvenirs 1871-72* (Calmann-Lévy), où il s'interrogeait sur la nécessité d'une formation plus éclairée des élites. Paul Lidsky, *Les Écrivains contre la Commune*, Maspero, « Cahiers libres », 1970, p. 87.

rié par les exigences d'un temps nouveau, l'instinct maternel souffre et s'affaisse. Il faut aller à son secours ».

Raymond Aron avait violemment critiqué le livre d'Halévy dans lequel il voyait un manifeste conservateur type aggravé d'une sorte de « délectation morose », de « remâchage des déceptions et de l'abaissement français », un catalogue de « préjugés : préférence pour la paysannerie, hostilité au monde ouvrier, indifférence au développement industriel, nostalgie de la France antérieure à la révolution de 1789 »[14]. Et on ne peut qu'être frappé de voir Daniel Halévy, l'un des premiers dreyfusards, faire l'apologie des valeurs du nouveau régime en mai 41, après la promulgation du premier statut des juifs, et désigner de la sorte le danger représenté par les « allogènes » et les « avorteuses », même si l'on connaît sa défense des notables et du monde rural contre l'anonymat urbain. Toutefois, cette adhésion immédiate à l'interprétation officielle de l'« épreuve » et à la réforme des mœurs dont elle doit être l'occasion est moins surprenante si l'on pense à l'ambivalence profonde des constructions éthico-politiques d'Halévy qui imprègne, par exemple, son culte de Péguy et de Proudhon qu'il institue en intermédiaires (au sens où les saints sont des intercesseurs) entre la « vraie » France – celle de la province, des paysans, des artisans, du catholicisme, du « vrai » peuple – et le « notable » parisien qu'il est, né dans la grande bourgeoisie, nourri d'orléanisme (Prévost-Paradol est son oncle), juif par son père et protestant par sa mère, hanté sans répit par l'assimilation aux « riverains de nos rivières et fleuves ». Ainsi, ce qui semble fasciner Halévy chez Péguy, c'est son appartenance pleine, depuis toujours, à cette France archaïque des terroirs et des vieux métiers qu'il n'arpentera lui-même qu'en voyageur. Et quand il comparera (dans *Le Mariage de Proudhon*, publié en 1955) Proudhon et Sorel sous le rapport de leurs choix matrimoniaux, il fera de leurs épouses respectives, dont l'une a été domestique et l'autre couturière – « simples, dociles et modestes » –, l'incarnation emblématique de ces « vertus populaires » propres à nourrir les théories sociales des deux hommes[15]. Ce fantasme

14. Raymond Aron, « Remarques sur quelques préjugés politiques », *La France libre*, 36, 1943, cité par Sébastien Laurent, *Daniel Halévy face à l'histoire et à la politique*, DEA d'histoire sous la direction de Serge Berstein, Institut d'études politiques de Paris, 1993, p. 120.

15. Voir Alain Silvera, *Daniel Halévy and his Time. A Gentleman-commoner in the Third Republic*, Ithaca, New York, Cornell Univ. Press, 1966.

sociopolitique rejoint celui du « réalisme féminin » de Michel Mohrt.

L'affinité des valeurs avec celles du nouveau régime passe en tout cas ici par l'éloge de la natalité bourgeoise et le soupçon du laisser-aller populaire puisque les allocations familiales ne suffisent pas à faire les bonnes mères et témoignent de la perversité politique du Front populaire. Mais, plus profondément, c'est dans la région des « sources invisibles » qu'il faut aller chercher le secret de l'énergie des peuples, et le discours sur la maternité permet de faire l'apologie des valeurs éternelles, de retrouver les sources de régénération dans le cours immuable des grands fleuves. Les femmes sont bien du côté de la nature et c'est sans doute pour une part dans la fascination, inséparablement politique et existentielle, de Daniel Halévy pour le terroir, qu'il faut chercher le véritable ressort de son appel à secourir l'instinct maternel.

Dans *Les murs sont bons*[16], Henry Bordeaux, comme Halévy, ouvre son analyse de la défaite par l'appel de Pétain du 20 juin 40 – « L'esprit de jouissance l'a emporté sur l'esprit de sacrifice » – qu'il qualifie d'indispensable « explication expiatoire » et de formule « magique » : « Elle obligeait chacun de nous et la nation entière au *mea culpa* qui réclame la contrition ». Dans la seconde partie de son livre intitulée « Nos erreurs et nos fautes », il dénonce la crise du travail et la responsabilité du Front populaire, qui « précipita la dégringolade en ruinant ces deux supports de toute vie sociale : le travail et l'autorité », l'occupation des usines et la semaine « sinon des quatre jeudis, tout au moins des deux jours de repos », et cite un rapport, lu à l'Académie de médecine, établissant la « répercussion des lois prétendues sociales, promulguées par le gouvernement du Front populaire, sur le développement de l'alcoolisme en Normandie ». Il y dénonce également le suffrage universel au nom du « rôle naturel des autorités sociales », déplore « la fin des notables » et « l'oubli de la morale et de la religion ». Mais le péché premier dans cet examen de la conscience des autres, c'est la dénatalité : « Le nombre nous a manqué dans la guerre. Or

16. Henry Bordeaux, *Les murs sont bons. Nos erreurs et nos espérances*, Librairie Arthème Fayard, 1940 ; les citations qui suivent renvoient aux pages 20, 163 *sq.*, 123, 128 *sq.*, 248. Henry Bordeaux, membre de l'Académie française, a toujours défendu des positions politiques et religieuses conservatrices ; avec ce livre, il devient l'un des idéologues de la Révolution nationale et publiera en 1941 *Images du Maréchal Pétain* et, dans la collection « Forces nouvelles », *Médecins et Curés de campagne*, ces héros littéraires inépuisables de la régénération.

le nombre, la famille seule le donne et non l'accueil trop facilité et dangereux d'éléments étrangers ».

Suit un tableau du bonheur familial dans une ferme de Savoie, terre natale de l'auteur et source d'inspiration de son régionalisme littéraire. Au terme d'une course en montagne, Bordeaux demande à se reposer et à se restaurer dans une ferme ; le paysan solitaire et négligé qui l'accueille s'apprête à manger froid sur une table boiteuse et lui dit qu'« ici ce n'est pas une maison » puisqu'il n'y a pas de feu et que sa femme est partie. En revanche, un peu plus bas, il découvre « un *vrai* toit », « le mari, la femme, les enfants autour d'un brasier clair », etc., où il apprend que la femme de son solitaire s'est enfuie avec un contrebandier ! « Ainsi ai-je appris qu'une maison n'est pas une maison sans un panache de fumée. Autrefois on dénombrait les villages par le chiffre des feux [...]. Chaque feu, c'est une famille. Le feu, c'est le foyer. Sans foyer, pas de famille, pas de pays, pas de bonheur, pas de durée. Une patrie est une assemblée de foyers ». On est bien loin des « caravansérails » de la porte des Lilas qu'il avait visités dans les années 30 à la manière du baron de Gérando, où les femmes travaillent, où « la notion du mariage s'est perdue : on se prend, on se quitte pour un oui, pour un non ». Lui aussi se retrouve aux côtés de Taine et de Renan pour méditer sur le désastre de 1871 et sur la décadence morale du peuple séduit par les « plaisirs faciles », et cite le Balzac du *Médecin de campagne* et du *Curé de village*, ces deux directeurs de conscience « naturels » des âmes populaires et des âmes féminines : « Il n'y a de solide et durable que ce qui est naturel, et la chose naturelle en politique est la Famille. La Famille doit être le point de départ de toutes les institutions ». « La politique balzacienne, commente Bordeaux, s'enchaîne directement à celle de Joseph de Maistre et de Bonald, elle n'est pas étrangère à celle de Taine, de Renan, de Fustel de Coulanges, elle inspire celle de Paul Bourget, de Maurice Barrès, de Charles Maurras, celle que je m'honore d'avoir servie ». En célébrant les « feux », l'alliance de la femme et de la terre, le culte des ancêtres et les petits cimetières de villages, Bordeaux reprend la tradition nationaliste barrésienne qui voulait « raciner les individus dans la Terre et dans les Morts »[17] : « Un vieux pays comme le nôtre est longtemps soutenu

17. Maurice Barrès, *Scènes et Doctrines du nationalisme*, cité par Zeev Sternhell, *Maurice Barrès et le nationalisme français*, Bruxelles, Complexe, 1985, p. 288.

par la puissance occulte de ses morts, de ses bonnes femmes en prière, de ses laboureurs en sueur sur leurs champs ».

A la fin de son essai, Bordeaux rend hommage à la jeunesse féminine catholique – et aux professions féminines légitimes – qu'une plus grande liberté dans l'entre-deux-guerres a armée pour la lutte – « ayant connu la lutte, elles s'y sont préparées. Mais c'est un genre de lutte qui risque trop souvent de les écarter du foyer » – et il conclut : « La paysanne, elle, n'a pas changé. Éternelle conservatrice de la terre et de la maison, aujourd'hui comme hier, comme il y a cent ans, comme il y a mille ans ».

Ces trois essais sur la défaite et la « chance » de régénération nationale qu'elle porte en elle manifestent un soutien inconditionnel au nouveau régime dont ils construisent l'avènement comme une réponse inespérée à la dégénérescence du pays. La réforme intellectuelle et morale passe par le retour aux sources, l'amour de la terre, les valeurs charnelles, le redressement de l'instinct maternel, la restauration de la famille et des « feux » dont l'assemblage constitue la « France réelle ». Le « réalisme féminin » est une arme politique contre le Front populaire et son « délire » égalitaire comme il l'avait été contre la Commune et son « hystérie » sanglante.

### *Les grandes continuités cosmiques et sociales*

Mais, plus loin encore, c'est avec l'individualisme, né de la Révolution française et véritable tare de la République pour les idéologues de Vichy, que le retour à la famille, à la natalité, à la philosophie sociale de l'« éternel féminin », permettra d'en finir. Dans la contrition vichyste, l'individualisme est à la racine du mal. « L'épreuve soufferte par le peuple français doit s'inscrire en traits de feu dans son esprit et dans son cœur. Ce qu'il faut qu'il comprenne pour ne jamais l'oublier, c'est que l'individualisme, dont il se glorifiait naguère comme d'un privilège, est à l'origine des maux dont il a failli mourir. [...] L'individu, s'il prétend se détacher de la *société maternelle et nourricière*, se dessèche et meurt sans porter de fruits. Dans une société bien faite, l'individu doit accepter la *loi de l'espèce* »[18]. Les femmes doivent redevenir les

18. Philippe Pétain,« Individualisme et nation », *La Revue universelle*, 1er janvier 41 ; souligné par nous.

intermédiaires privilégiés de cet accord avec l'éternité des choses qui permettra d'échapper aux dangers de l'individualisme, cet « égoïsme politique » comme dit le maréchal, et à la « fièvre égalitaire » qui « enfante le chaos » en pervertissant le jeu des inégalités « naturelles », selon les formulations de Gustave Thibon[19].

Gustave Thibon est une des figures intellectuelles les plus intéressantes de la Révolution nationale. Viticulteur et philosophe autodidacte, inconnu avant 1940, sinon des milieux intellectuels catholiques où il s'était rangé dans les années 30 aux côtés des conservateurs, rejetant le personnalisme, le thomisme de Maritain et les courants du catholicisme social, Thibon avait publié *Diagnostics* – recueil d'articles parus avant la guerre – en mai 40. Et, effectivement, ce livre, à la manière des prophéties, trouvera des milliers de lecteurs après la défaite. A partir de là, Thibon devient le grand idéologue du régime – souvent invité par le maréchal, il sera membre du Centre français de synthèse destiné à former l'élite du nouveau régime[20] – et publie un second livre de la même veine, *Retour au réel, nouveaux diagnostics*, où il développe sa « physiologie sociale » qui colle à la philosophie sociale de l'Action française. Il est exemplaire de ces petits prophètes qui surgissent dans les périodes de crise, et Henri Massis, qui lui ouvrira largement les colonnes de *La Revue universelle*, retrouve tout naturellement le langage du sacré pour relater sa rencontre avec cet inconnu devenu célèbre : « Toute rencontre est une sorte de mystère, où quelque chose en nous est *appelé* ; mais il y a des rencontres que tout nécessitait. La “rencontre” de Gustave Thibon fut pour moi de celles-là »[21]. Henri Massis, intellectuel catholique nourri du « nationalisme intégral » de Maurras, grand admirateur de Franco et de Salazar, est une figure très importante de la Révolution nationale puisqu'il apparaît comme un maître à penser du Conseil national et qu'il inspirera et dirigera la politique de la jeunesse ; en 1941, paraphrasant Taine, il publie *Les idées restent* (Lyon, Lardanchet), méditation sur la défaite et les responsabilités du parlementarisme. Initiateur en 1919

19. Gustave Thibon, *Diagnostics, essai de physiologie sociale*, Librairie de Médicis, 1940, « L'inégalité, facteur d'harmonie », p. 98-99, 109.

20. Robert O. Paxton, *La France de Vichy*, *op. cit.*, p. 208, 255 ; Pascal Ory et Jean-François Sirinelli, *Les Intellectuels en France de l'affaire Dreyfus à nos jours*, Armand Colin, 1986, p. 128.

21. Henri Massis, *Maurras et notre temps*, Genève, La Palatine, 1951, t. 2, p. 170 *sq.* ; soulignement et guillemets dans le texte.

du manifeste du Parti de l'Intelligence qui voulait organiser la défense intellectuelle de l'Occident chrétien contre le bolchevisme sous la direction de la France, Massis avait participé à la création en 1920 de *La Revue universelle*, revue intellectuelle de l'Action française ; quand elle reparaît en 41 à Vichy, il en est le directeur ; elle soutiendra la Révolution nationale jusqu'à la fin [22]. L'évidence que vit Henri Massis est bien celle de la prophétie, qui n'apprend à ceux qui l'attendent que ce à quoi ils croient depuis toujours. Avec Gustave Thibon, les mots et les idées de l'Action française semblent tomber du ciel pour venir cautionner la Révolution nationale par la bouche innocente du « philosophe-paysan ». Au moyen âge, dit-il, « les cadres biologiques, familiaux et sociaux de l'humanité n'étaient pas ébranlés dans leur ensemble, et la nature ne tardait pas à revenir à elle-même. [...] Certaines questions ne se posaient pas. Les hommes étaient encore sains de corps et d'âme. [...] L'homme charnel et les "cités charnelles" conservaient leur équilibre profond. Les termes du problème sont bien différents aujourd'hui. La chair, la nature, la société sont malades. Il ne suffit plus de les orienter, il faut aussi les guérir ». Et, plaçant sous le patronage de Thérèse de Lisieux, incarnation à ses yeux de la « sainteté naturelle » dont le pays doit retrouver le chemin, l'exploitation par « chacun de nous » de la « catastrophe actuelle », Thibon construit à son tour la « dénatalité » comme péché capital : « Un équilibre millénaire – et qui par le fait même de cette durée avait toutes les chances d'être conforme aux exigences éternelles de la nature humaine – a subitement été rompu. Puissamment aidés dans leur œuvre de séparation et de mort par les facilités de la technique, les mythes libéraux, matérialistes et démocratiques ont eu pour effet d'arracher l'individu aux grandes continuités cosmiques et sociales (le sol, le métier, la famille, la patrie) [...]. L'irréligion, l'immoralité et la dénatalité ne sont que les divers symptômes particuliers de la corruption générale qui affecte une humanité plongée hors de son climat naturel » [23].

C'est à rétablir les « grandes continuités » que les femmes sont conviées par la Révolution nationale. La fécondité est une de ces vertus « solides comme l'instinct qu'une ère de facilités et d'arti-

22. Eugen Weber, *L'Action française*, Fayard (1962), rééd. 1985, p. 549 *sq.*; Michèle Cointet, *Le Conseil national de Vichy, 1940-1944*, Aux amateurs de livres, 1989, p. 89 *sq.*

23. Gustave Thibon, *Retour au réel*, *op. cit.*, p. 240, 168, 64-65.

fices avait atrophiées dans les âmes »[24]. Et c'est encore une fois vers la femme de paysan qu'il faut se tourner pour retrouver le cours naturel des choses : « Les désirs, les aspirations de ces femmes enracinées dans la nature et sans autre horizon que celui de leur foyer n'avaient guère d'issue en dehors des joies de la maternité. Leurs petites filles ne sont plus ainsi [...]. Elles ont reçu à l'école un vernis de pseudo-culture, elles ont lu *Marie-Claire* et les romans de Delly ou pire encore, elles ont vu sourire les stars sur l'écran, elles portent des bas de soie et des indéfrisables »[25]. Les indéfrisables, les congés payés et toutes les lois « prétendues » sociales, comme disent Bordeaux et Halévy, qui risquent toujours d'encourager les pauvres à moins d'effort, sont amalgamés dans cette rhétorique expiatoire aux accents très politiques où la célébration de la paysanne – comme la construction des affinités femme/paysan – est d'abord célébration des « vertus » paysannes, notamment de cet « esprit d'économie » qui sait « résister à l'appel de l'attrait immédiat » et qui permet « de se vaincre aujourd'hui » dans « l'intérêt de demain »[26]. Chez « la » femme comme chez « le » paysan, la monotonie des tâches et la connaissance instinctive de la durée développeraient l'une des vertus civiques appelées par le nouvel ordre social, la patience sœur de la résignation : « Le labeur du paysan ne trouve pas toujours, comme celui de l'ouvrier, la récompense qu'il mérite, et cette récompense n'est jamais immédiate. Plusieurs mois séparent le labeur de la récolte, pendant lesquels il faut vivre d'espérance »[27].

Comme on le voit à travers ces méditations sur la défaite écrites dans l'urgence et surgissant déjà prêtes dans les premiers mois du régime, la reconnaissance de la Révolution nationale semble aller de soi. L'une des hypothèses de cette recherche est que saisir le vif de l'idéologie de l'État français au travers de sa production d'« éternel féminin » permet de repérer et de reconstruire les logiques sociales de l'« attente croyante » qui aboutissent à des formes d'adhésion immédiates où s'expriment des visions du monde et des systèmes de valeurs qui débordent largement les prises de positions qualifiées

24. *Ibid.*, p. 84.
25. *Ibid.*, p. 66.
26. Gustave Thibon, *Diagnostics*, *op. cit.*, « De l'esprit d'économie », p. 21-23.
27. Philippe Pétain, « Allocution de Capoulet-Junac », cité par Gérard Miller, *Les Pousse-au-jouir du maréchal Pétain*, Seuil, 1975, p. 135.

habituellement de politiques. Et pourtant ce mode d'identification aux enjeux et aux slogans de la Révolution nationale a des effets éminemment politiques puisque, d'une part, il tend à évacuer toutes les questions sur la légitimité du nouveau régime, sur les bouleversements constitutionnels qu'il opère dès juillet 40, sur l'épuration et les lois d'exclusion qui accompagnent sa mise en place, et que, d'autre part, il réalise une mobilisation immédiate dans ce vaste chantier expiatoire qui dénie les analyses politico-militaires de la débâcle au profit d'une sensibilité messianique et millénariste. « Nous espérons que la catastrophe actuelle, sagement exploitée par chacun de nous (car rien n'est plus bienfaisant qu'un malheur dont on sait cueillir les fruits), placera les hommes dans des conditions où l'individualisme ne trouvera plus de débouchés et les forcera à se raccrocher, pour vivre, aux *réalités élémentaires* dont ils avaient trop perdu l'usage »[28]. L'image du retour aux sources, dont le retour à la « vraie » féminité est un élément central, permet de penser la Révolution nationale comme un aboutissement et une évidence.

### *Femmes, paysans et Mère Nature*

A la manière des écrivains de la fin du siècle qui opposaient aux communards, instables, nomades, déclassés et déracinés, la figure d'un paysan imaginaire symbolisant « la partie saine de la France, la responsable, la pondérée, la paysanne, celle qui était restée le plus près de la terre, qui supprimait la partie folle, exaspérée, gâtée par l'Empire, détraquée de rêveries et de jouissances »[29], les écrivains de la défaite engagent la rupture avec Paris. Bohème, artificialité, cocottes et midinettes, taudis et débauche ouvrière, fête impériale et dégénérescences de toutes sortes, sans que l'on sache clairement si c'est la ville de 1871 ou celle de 1936 qui est stigmatisée, forment le fond répulsif sur lequel va se déployer le tableau enchanté de la « vraie » France et de son potentiel régénérateur. Le ton prophétique est en tout cas commun aux deux époques, et cette phrase de Zola pourrait figurer dans une anthologie de la Révolution nationale : « C'était le rajeunissement certain de l'éternelle nature, de l'éter-

28. Gustave Thibon, *Retour au réel*, *op. cit.*, p. 84 ; souligné par nous.
29. Émile Zola, *La Débâcle*, cité par Paul Lidsky, *Les Écrivains contre la Commune*, *op. cit.*, p. 19 ; pour le développement de ce thème, voir p. 98-121.

nelle humanité, le renouveau promis à qui espère et travaille, l'arbre qui jette une nouvelle tige puissante, quand on a coupé la branche pourrie dont la sève empoisonnée jaunissait les feuilles »[30]. Le dégoût de la ville et des foules s'exprime chez Bordeaux avec une violence qui fait écho à celle des écrivains contre la Commune. Décrivant l'installation du gouvernement à Clermont, le 29 juin 40, ultime étape avant Vichy, il écrit : « Pourquoi fallut-il que ce débarquement officiel fût précédé de toute une racaille, revenue en hâte de Bordeaux on ne sait comment : filles en cheveux et en culottes, les pieds nus dans les espadrilles, gars dépeignés, débridés et dépenaillés, en rupture de service militaire. Tout un chœur débraillé que notre police doit réapprendre à contrôler, comme la voirie de Clermont doit se résigner à désinfecter les immondes ruelles qui aboutissent à l'adorable église romane de Notre-Dame-du-Port »[31]. L'appel à la désinfection de l'« immonde » est-il la face cachée du portrait idyllique des vallées savoyardes ?

Pour Michel Mohrt, lorsque Flaubert et George Sand prennent le parti de la province contre Paris, ils défendent « le paysan contre "l'avocat" » (entendez Gambetta), « la France réelle, laborieuse et simple, sérieuse et modeste, contre la France factice », et leur proximité des « réalités françaises » vient de ce qu'ils « sont pris dans le courant provincial et terrien » ; c'est ce qui donne à leurs pensées, « lourdes d'un suc français », une plénitude parfaite : « Ce Normand et cette Berrichonne ont de la terre de France à la semelle de leurs souliers de campagnards »[32]. Lorsqu'il analyse la responsabilité des intellectuels parisiens dans la débâcle, Mohrt emploie le même vocabulaire pour stigmatiser les journalistes et les écrivains à succès ; sa critique « politique » de Paris semble inséparablement liée à ces formes de ressentiment envers le jeu littéraire dans la capitale qui sont souvent à l'origine d'un engagement dans le régionalisme littéraire[33]. Et Halévy, dans un manifeste de la Révolution nationale sur « les nouveaux destins de l'intelligence française », mis en œuvre par Henri Massis, appelle au « réveil des provinces » où « les Lettres s'étaient ménagées des refuges » :

30. *La Débâcle*, *ibid.*, p. 119.

31. *Les murs sont bons*, *op. cit.*, p. 105.

32. *Les Intellectuels devant la défaite*, *op. cit.*, p. 66-67.

33. Voir Anne-Marie Thiesse, *Écrire la France. Le mouvement littéraire régionaliste de langue française entre la Belle Époque et la Libération*, PUF, 1991, p. 48 *sq*.

saluant les écrivains régionalistes, « tous catholiques », qui « suivent ou reprennent avec simplicité les habitudes familiales », il associe dans sa louange Péguy, Pourrat, Pesquidoux et Thibon, cet « immobile de la terre », « nouveau pour nous », qui « tout à coup trouve ses lecteurs » [34].

Ces prises de positions inséparablement politiques, éthiques et esthétiques, résonnent en harmonie avec cet aspect central de la propagande du nouveau régime qu'est la revitalisation de la culture régionaliste et des folklores. Ainsi la reviviscence du Comité national de propagande par le folklore – fondé en août 39, il « se réveille à l'appel du Maréchal » – dont les antennes régionales seront dirigées par les préfets nouvellement nommés qui feront défiler des bataillons de jeunes filles en costumes régionaux « traditionnels » pendant toute l'occupation, marquant de la sorte leur enrôlement dans un ancien ordre des corps. « Aujourd'hui, la France renaît de la tourmente. Elle a soif de revivre à travers tous ses enfants épars, à travers leurs coutumes [...], en puisant désormais à la terre même ses raisons essentielles de respirer. Oh ! Elle ne va pas chercher bien loin puisqu'elle n'a qu'à se baisser pour trouver sur son propre sol ses moyens d'existence maternelle et spirituelle » [35].

Le rapport de la littérature régionaliste et du mouvement folkloriste à Vichy est un rapport complexe que pourrait illustrer l'annexion du Mistral de Maurras par la Révolution nationale, qui laissera dans l'ombre les revendications linguistiques du félibrige et les usages communistes locaux de la culture d'oc dans les années 30 [36] au profit de l'incessante ronde des Arlésiennes en grand cos-

34. Daniel Halévy, « Paris, la terre, les croyances », in *La France de l'esprit 1940-1943, enquête sur les nouveaux destins de l'intelligence française*, Sequana, 1943, p. 42 *sq.* Ouvert par un texte de Maurras, cet appel collectif à une révolution culturelle rassemble notamment des contributions de Gustave Thibon, Albert Rivaud, Thierry Maulnier, Bernard Faÿ, Alexis Carrel, Jacques Copeau, Maximilien Vox, sa conclusion revenant à René Benjamin.

35. *L'Écho des provinces*, revue du Comité, éditée à Nice avec l'aide de la famille Médecin, oct. 41 ; cité par Christian Faure, *Le Projet culturel de Vichy*, CNRS, Presses universitaires de Lyon, 1989, p. 73 *sq.* La maréchale Pétain fera même l'honneur aux jeunes Arlésiennes en costume régional de patronner leur association, la Capello d'Arles, créée le jour de la visite du maréchal, le 3 décembre 1940.

36. Voir Philippe Martel, « La revendication occitane entre les deux guerres : aspects politiques », in *Du provincialisme au régionalisme, XVIII^e^-XX^e^ siècle*, Actes du festival d'histoire de Montbrison, 1989.

tume, cette mise en scène politique incarnant à merveille une forme plaisante du traditionalisme de la féminité. Et si Alphonse de Châteaubriand met sa notoriété d'écrivain régionaliste – il avait obtenu le grand prix de l'Académie française en 1923 pour *La Brière* – au service de la collaboration parisienne en fondant *La Gerbe* en juillet 40, lieu où se construit une synthèse entre idéologie vichyste et pronazisme, d'autres, comme Émile Guillaumin, l'un des rares écrivains régionalistes appartenant réellement à la paysannerie, refuseront toujours leur soutien au régime de Vichy. La Révolution nationale s'attachera plutôt à promouvoir certains écrivains régionalistes comme maîtres à penser, la culture régionaliste, concrète et française, indéfinie et œcuménique, lui fournissant un contrepoint idéal à la dénonciation de l'intellectualisme abstrait et cosmopolite[37]. Pierre Barral montre clairement que le « régionalisme » de Vichy était en fait très ambigu et que la politique effective de réorganisation des entités administratives territoriales aboutit à maintenir la puissance de l'État et décentralisa peu[38] ; les encouragements à un régionalisme littéraire et culturel peuvent être aussi analysés comme une sorte de « leurre » permettant de rassembler autour du régime toute une tradition et une élite culturelles locales en même temps qu'ils masquaient une volonté politique centralisatrice. Et certains se mettront même au service d'un centralisme folkloriste politiquement correct – « L'amour de la langue, le respect des traditions sont des vertus auxiliaires, fidèles gardiennes de la trilogie : Travail, Famille, Patrie » ; en dénonçant les « parasites du folklore », qui pratiquent le « mistralisme » de façon désordonnée, ils visent à se construire un monopole du folklorisme légitime[39].

Joseph de Pesquidoux, le Gascon, grand propriétaire de vignes, poète qui célèbre la terre, le patriarcat rural et les vertus de la race, élu à l'Académie française en 1936, est membre du Conseil national où il siège aux côtés de Charles-Brun, le père du régionalisme français, et où il représente « les paysans »[40]. En 42, il publie *Pour*

37. Nous nous référons ici à Anne-Marie Thiesse, *Écrire la France*, *op. cit.*, chap. 8, « Régionalisme et Révolution nationale ».

38. Pierre Barral, « Idéal et pratique du régionalisme dans le régime de Vichy », *Revue française de sciences politiques*, 5, oct. 1974.

39. *Régionalisme et Folklore*, par René Farnier, félibre majoral, président provincial du Comité national du folklore, conseiller technique pour le régionalisme à la Légion française des combattants, brochure de la Légion, s.d.

40. Michèle Cointet, *Le Conseil national de Vichy*, *op. cit.*, p. 84.

*la Terre*, dédié à Henry Bordeaux qui, « toute sa vie, a servi Dieu, la Patrie, la Famille et le Sol », avec cette épigraphe de Pétain : « La terre, elle, ne ment pas ». Sa déploration de l'exode rural, lié à la perte des « disciplines ancestrales » décomposées par « vingt années d'un régime dissolvant, de débraillé, d'irrévérence, de jouissance et d'égoïsme », lié aussi à « la loi folle des quarante heures », fait la part belle à la responsabilité féminine. Les paysannes d'autrefois, « collaboratrices d'esprit et de corps », « femmes faites ainsi au couteau », on les cherche désormais sans les trouver. La « femme du sol » est « la clé de voûte de la maison rurale » ; si elle est fidèle à la terre, « l'homme s'enracine ». Et c'est, encore une fois, « l'éternelle tentatrice » qui porte la culpabilité du dépeuplement des campagnes ; il faut donc retrouver une autre mentalité que celle de « ces filles du sol plus occupées de divertissements, d'atours, de “permanentes”, de laisser-aller et de libre-agir » et revenir aux « choses du fond » qui ont « leur rythme lent, immuable, jusque dans les germinations et les maturités » et s'accordent si bien à ces « chants du terroir venus de *l'âme millénaire des femmes* »[41]. Typique de ces fractions « traditionalistes » qui apportent leur soutien à la Révolution nationale, Pesquidoux, qui joue les « disciplines ancestrales » contre les congés payés et fait du métayage le modèle achevé du rapport social, construit l'« éternel féminin » paysan comme une arme sociale et politique.

Henri Pourrat, l'Auvergnat – l'un des écrivains régionalistes les plus célèbres de sa génération avec *Gaspard des montagnes*, publié dans l'entre-deux-guerres – deviendra l'écrivain officiel de la Révolution nationale. Chantre d'une civilisation paysanne « originelle, universelle, atemporelle », et d'une mystique paysanne apte à lutter contre toutes les facticités de la modernité[42], il obtiendra un prix Goncourt quasi imposé en 1941 pour *Vent de mars*, sorte de Journal (septembre 38 à octobre 40) de rencontres auvergnates propres à méditer sur l'alliance de l'homme et de la terre : « Il faut à la vie le contraire de l'aise et de la facilité. Mais il lui faut aussi cette puissante paix, cette façon de se mettre avec la Mère Nature, de s'appuyer sur elle, de se sentir porté par ce Grand Œuvre de vie de sept jours, de travailler dans le même sens que l'herbe et que

41. Joseph de Pesquidoux, *Pour la Terre*, Toulouse, Éd. du Clocher, 1942, p. 11-12, 14, 71, 78, 25, 76 ; souligné par nous.
42. Voir Anne-Marie Thiesse, *Écrire la France*, *op. cit.*, p. 271-273.

l'arbre, à la grande entreprise de la Création. Cet inimaginable progrès industriel, ne voit-on pas à quoi il va : si ce n'est à l'énorme folie de la guerre, au dessèchement dans les villes de races sans postérité. [...] Entre la buanderie à tuyau de tôle et la maison, la fermière va, revient. Ce sont les fermes qui font le pays. [...] Des maisons, plus de maisons. Si l'État maintenant parle de même – et il semble bien que ce soit cela, Code de la Famille, etc. – est-ce qu'il n'y a pas un grand espoir ? »[43]. Le régime l'engagera dans une tourbillonnante activité d'essayiste et d'éditorialiste[44]. Et il célèbre le regard du maréchal, « tellement clair qu'il semble laver les choses et elles ne seront plus que ce qu'elles sont », et opère un « retour à la sagesse qui est retour à la nature des choses » : « C'est bien un miracle comme celui de Jeanne d'Arc, dit à basse voix, de l'accent profond qu'on a pour parler à soi-même, une femme qui le suit des yeux »[45].

Ces hymnes au terroir, à la nature et aux lois de la nature dans lesquels les femmes, gardiennes des « feux », fixent au sol, et où l'association femme/paysan, maternité/moisson, vient comme une formule magique conjurer tous les spectres du désordre qui a conduit à la débâcle, sont très proches des schèmes de l'idéologie *völkisch* qui tisse les fils des liens entre l'âme d'un peuple et son environnement naturel et oppose au temps linéaire du monde technique le temps cyclique qui fait retour, symbole de la révolution conservatrice. Dans son approche des fondements symboliques de la nation allemande, George L. Mosse met au premier plan la fonction de « gardienne de la continuité » dévolue à la femme comme symbole national. « Même en tant que défenseur et protecteur de

43. Henri Pourrat, *Vent de mars*, Gallimard, 1941, p. 50, 133 ; majuscules dans le texte.

44. Dans l'ouvrage collectif de célébration du nouveau régime, *France 1941. La révolution nationale constructive, un bilan et un programme*, paru aux éditions Alsatia, Pourrat, qui rédige le chapitre « La question paysanne », donne un cours de philosophie sociale à travers des conseils de cuisine : « Dans le Velay, me disait Mario Versepuy, tout serait fait si l'on rapprenait aux gens à cultiver le jardin, à avoir des légumes, à préparer de vrais repas. Peut-être que la ménagère a trop à faire aujourd'hui, tant de travail lui casse les bras : toujours est-il qu'elle se débarrasse du dîner en un quart d'heure » ; finalement, c'est « pour fuir la morne tambouille maternelle » que les enfants vont se placer à la ville (p. 425).

45. Henri Pourrat, *Le Chef français*, Robert Laffont, 1942, p. 29, 101 ; dans ce livre, Pourrat décrit et commente une visite du maréchal qu'il a organisée à Ambert en octobre 40.

son peuple, [la femme] est ramenée à son rôle traditionnel de femme et de mère, cette gardienne de la tradition qui maintient la nostalgie vivante dans le monde actif des hommes. [...] Comme tous les symboles, l'incarnation féminine de la nation a partie liée avec les forces éternelles. Elles regardent en arrière avec leurs armures (que l'on pense en France à Jeanne d'Arc) et leurs robes moyenâgeuses. La femme comme symbole pré-industriel évoque l'innocence et la chasteté, une sorte de rigueur morale dirigée contre la modernité, l'éternelle pastorale contre la grande ville mère de tous les vices »[46].

### *L'Action française et le mythe de l'éternel retour*

Cette construction collective du retour au « réel » doit beaucoup au travail idéologique de l'Action française et, plus profondément, à cette forme d'inconscient collectif qui imprègne sa vision du monde et qui en a fait beaucoup plus qu'un simple courant d'idées partagées par les seuls membres actifs du mouvement. L'adhésion au mythe de l'éternel retour est en effet dans la filiation directe des contenus latents de l'idéologie de l'Action française tels que les analyse Colette Capitan Peter[47]. Le « désir d'intemporalité », manière de récuser le temps qui « dépossède » et de dénier cette grande fracture temporelle qu'est la Révolution française, amène les idéologues du mouvement à choisir « la durée sans avenir et sans passé de la *nature* ». Pour l'auteur, la conception du temps est, dans l'Action française, « le noyau autour duquel tout gravite » : en recomposant la durée interrompue, par la révolution de 1789, on peut nier le temps et revenir à cet âge d'or qu'est le moyen âge marqué par la « prédominance d'un pouvoir spirituel ». Et la « nature irrationnelle du sentiment national », qui juge finalement inévitable le déclin de la nation, comme la « fonction intemporelle du "nationalisme intégral" » revêtent les traits mêmes de l'inconscient. Ainsi, l'Action française et son public vivaient un

46. George L. Mosse, *Nationalism and Sexuality. Respectability and Abnormal Sexuality in Modern Europe*, New York, Howard Fertig, 1985, p. 98.

47. Colette Capitan Peter, *Charles Maurras et l'idéologie d'Action française*, Seuil, « Esprit », 1972 ; pour ce qui suit, nous nous référons aux pages 44-45, 96, 102-103, 120-121.

temps « sans scansions, sans passé et sans avenir, arrêté, immobilisé dans le moment pur de l'instinct de conservation que la monarchie était chargée de signifier ». Contre les « idées », l'activité intellectuelle qui appauvrit l'« énergie vitale », l'émancipation par la culture et la diffusion des connaissances, Maurras défend l'élitisme, l'« instinct » et le « mystère ». Dans ce dispositif, les femmes sont pourvues d'une « nature double », « alternativement source de rédemption (la mère ou la déesse antique qui régénère et purifie) ou de péché, démon orgiaque, "puissance génératrice" de mal ». Il y a un pôle du mal et un pôle du bien au sein de la féminité. « La "vraie" femme est celle qui reste en son état : à la maison ». Toute tentative pour sortir de cette condition « naturelle » est une transgression : le travail « un crime », la femme de lettres « le plus affreux monstre que la terre puisse porter ». La femme doit être réconfort, médiatrice, rédemptrice ; en restant à sa place, elle est gardienne de l'ordre. Lors de la candidature de Mme de Noailles à l'Académie, Vaugeois associe dans une même colère « ce nouveau monstre de laideur et d'absurdité » (une académicienne) et le capitaine Dreyfus (un juif innocent) : « N'est-ce pas la même colère et la même rage qu'il y a douze ans, au temps de Bernard Lazare, quand on commençait à nous obséder de "l'innocent juif". Cette rage vient de l'insulte faite à la raison. Si cela devait être c'est sa Majesté le Désordre qui ferait irruption. Il faut conserver les enclos, les chasses gardées, de façon à garder – sinon l'envie – du moins le rêve pour qu'il y ait au monde de beaux jardins désirés et rêvés, de superbes maisons de famille, asiles de l'honneur et du souvenir »[48]. A ce fantasme d'une pureté enclose et réservée, à laquelle fera écho la métaphore vichyste de la rénovation de la « maison France », l'Action française oppose ces forces mauvaises, toujours prêtes à resurgir, chez les femmes comme dans le peuple, et met une « complaisance quasi masochiste » à dépeindre l'horreur qui naîtrait de la transgression, la fascination de la barbarie se glissant de façon ambivalente dans la condamnation des mauvaises mœurs et des mauvais spectacles.

Tous les historiens s'accordent à reconnaître l'influence des maurrassiens à Vichy et l'appui accordé par l'Action française au nouveau régime. Corrélation des discours doctrinaux, avec « la même image de la France éternelle et de ses racines, le même pri-

48. *L'Action française*, 28 nov. 1910, cité par Colette Capitan Peter, *ibid.*, p. 121.

mat de la famille »[49], et mise en acte des rejets : refus de la démocratie parlementaire, dénonciation de « l'Anti-France » et des « quatre États confédérés » – juifs, francs-maçons, métèques et protestants – qui, pour la première fois, se traduit en actes institutionnels comme dans le premier statut des juifs du 3 octobre 40[50]. Et finalement, « le gouvernement d'un seul » était réalisé par Pétain qui prenait la place du roi[51]. L'imprégnation maurrassienne de la Révolution nationale comme l'adhésion des « amis » de l'Action française aux valeurs du nouveau régime – qui ne préjuge pas toujours l'évolution ultérieure de leurs choix et engagements politiques – relèvent de la logique de la rencontre prophétique. On peut lire ainsi le célèbre article de Maurras « La divine surprise » : « Un poète a dit que – lorsque la Poésie vient d'atteindre tous les points de sa perfection consommée – quand elle touche même le sublime, quelque chose lui manque encore si elle n'a pas produit ce qu'on peut appeler *La Divine Surprise*, celle précisément qui submerge tous les espoirs de l'admiration la mieux disposée. [...] Eh bien ! la partie divine de l'art politique est touchée par les extraordinaires surprises que nous a faites le Maréchal. On attendait tant de lui, on pouvait et on devait tout attendre. A cette attente naturelle, il a su ajouter quelque chose. Il n'y manque plus rien désormais »[52]. C'est cette attente « naturelle » comblée qui s'exprime dans les ouvrages de célébration que nous avons cités. Appartenant à des générations différentes et ayant connu des itinéraires intellectuels contrastés, leurs auteurs partagent à l'époque une grande admiration pour Maurras et leur proximité idéologique avec l'Action française est évidente. Le jeune maurrassien Michel Mohrt écrit dans les revues de doctrine où s'élabore l'idéologie de la Révolution nationale ; Daniel Halévy participait aux banquets du cercle Fustel-de-Coulanges (fer de lance du maurrassisme dans l'Université) et témoignera en faveur de Maurras, lors du procès, en janvier 45 ; Henry Bordeaux avait été l'un des artisans de l'élection de Maurras à

49. Denis Peschanski, « Le régime de Vichy a existé. Gouvernants et gouvernés dans la France de Vichy : juillet 1940-avril 1942 », in *Vichy 1940-1944, archives de guerre d'Angelo Tasca*, Paris/Milan, CNRS/Feltrinelli, 1986, p. 10-11.
50. Henry Rousso, « Qu'est-ce que la Révolution nationale ? », *L'Histoire*, 129, janv. 1990.
51. Eugen Weber, *L'Action française*, *op. cit.*, p. 490.
52. *Le Petit Marseillais*, 9 févr. 41, cité par Eugen Weber, *L'Action française*, *op. cit.*, p. 490.

l'Académie française en juin 1938; Gustave Thibon préfacera en 1965 les *Souvenirs de prison de Charles Maurras*[53]. Leurs livres témoignent de la vitalité de ce courant d'idées élaborées au tournant du siècle et qui imprègne la génération de 1940, où bien des Français « sont maurrassiens sans le savoir », comme le souligne Eugen Weber. On pouvait « appartenir » à l'Action française sans y avoir jamais adhéré et c'est cette situation « incertaine précisément, de sympathie » qui faisait de l'Action française une courroie de transmission si efficace d'un régime qui se présentait plutôt comme un rassemblement autour d'un homme et était pénétré d'un « maurrassisme profond mais diffus »[54].

La Révolution nationale est bien l'aboutissement des cinquante années de luttes idéologiques menées par l'Action française depuis l'affaire Dreyfus. On le saisit clairement dans les options politiques de l'État français et, peut-être plus profondément, dans cette parenté rhétorique qui unit les textes officiels et les écrits particuliers à tel point que les intellectuels compagnons de route de l'Action française sont plus que des intellectuels organiques du régime puisqu'ils « inventent » tous les jours la Révolution nationale. Ainsi cette « Chronique de la quinzaine » de *La Revue universelle* qui déploie toute la symbolique du calendrier politico-liturgique du nouvel État français et martèle ses cadences. Aux anciennes journées du 1er Mai, théâtre d'un « spectacle absurde » où « le désordre mobilisait ses troupes », où les cortèges n'étaient prétexte qu'à « déchaînements oratoires » et « excitations à la haine », le 1er Mai de « l'État nouveau » substitue « la fête de l'union et de la collaboration » entre les Français « rassemblés sous une égide paternelle ». Et, le 11 mai, la fête de Jeanne d'Arc à laquelle la France « demande le secret du relèvement » célèbre « le miracle de Pétain qui resplendira dans l'histoire d'une lumière aussi belle que le miracle de Jeanne ». « Le mois de mai évoque une autre date, celle-ci honteuse et sinistre : les derniers soubresauts de la Commune de 1871, ses massacres et ses incendies. [...] Les menaces révolutionnaires étaient plus graves à la veille de l'armistice, qu'après la chute de l'Empire. La propagande

53. Voir Eugen Weber, *L'Action française*, *op. cit.*, Alain Silvera, *Daniel Halévy and his Time*, *op. cit.*, Gisèle Sapiro, « Académie française et académie Goncourt dans les années 40, fonction et fonctionnement des institutions de la vie littéraire en période de crise nationale », in *Texte et Histoire littéraire*, *Texte* (Toronto), 12, 1992.

54. Eugen Weber, *L'Action française*, *op. cit.*, p. 486-487.

subversive s'était développée, et la barbarie hélas ! comme en témoignent les crimes du *Frente popular* espagnol. [...] La France de 1940 était beaucoup plus atteinte que la France de 1870. Le prodige est qu'au lieu de déchaîner une nouvelle Commune, la défaite l'ait épurée, exaltée. Toujours le miracle Pétain ! ». Le 25 mai, enfin, est la « Journée des mères », ces alliées « naturelles » du nouvel État chargées de « créer des âmes », car « les vertus de l'homme et du citoyen s'enseignent au foyer domestique » ; « la République n'était pas capable de s'élever à cette hauteur de vues », conclut le chroniqueur[55]. Cette « hauteur de vues » est bien celle de l'Action française qui met son panthéon féminin propre à recomposer la durée interrompue au service du « miracle » qu'est la Révolution nationale.

Et si bien d'autres courants d'idées, d'autres options économiques et d'autres conceptions de l'État sont à l'œuvre à Vichy qui, comme de nombreuses études l'ont montré, est loin d'être un bloc[56], l'Action française reste l'une des grandes inspiratrices d'un régime dont elle avait catalysé les soutiens depuis longtemps – rejet du parlementarisme, du suffrage universel et des droits de l'homme, antisémitisme et xénophobie, défense de l'élitisme et des inégalités « naturelles » –, retrouvant dans les années 30 sa pugnacité politique et son goût du manifeste dans une situation politique intérieure à nouveau marquée par une bipolarisation du champ intellectuel[57]. En octobre 1935, Henri Massis avait lancé le manifeste « Pour la défense de l'Occident » qui justifiait l'invasion de l'Éthiopie par l'Italie mussolinienne au nom de la civilisation ; en 1937, un « Manifeste aux intellectuels espagnols » exprimait la solidarité des signataires avec les écrivains nationalistes en lutte contre la « barbarie » républicaine ; le numéro spécial de *La Revue universelle* de janvier 37 célébrait le cinquantième anniversaire du début de la carrière littéraire de Maurras au moment où il était

55. Robert Havard de la Montagne, « Chronique de la quinzaine », *La Revue universelle*, 9 et 10, mai 41 ; 11, juin 41.

56. Voir notamment l'étude pionnière de Stanley Hoffmann, « Aspects du régime de Vichy », *Revue française de sciences politiques*, janv.-mars 1956.

57. Pascal Ory et Jean-François Sirinelli, *Les Intellectuels en France de l'affaire Dreyfus à nos jours*, *op. cit.*, p. 93 *sq.*, Eugen Weber, *L'Action française*, *op. cit.*, chap. 18, 19, 20 et 23, et Gisèle Sapiro, « Académie française et académie Goncourt dans les années 40, fonction et fonctionnement des institutions de la vie littéraire en période de crise nationale », art. cité.

emprisonné pour avoir incité au meurtre de députés du Front populaire, et son élection à l'Académie française, en 1938, constituera une manifestation de l'opposition d'une large fraction de cette institution au gouvernement de Léon Blum. Bordeaux et Goyau qui avaient tant œuvré pour le succès de cette élection faisaient également partie des artisans du rapprochement de l'Action française avec Rome qui avait définitivement levé les hypothèques qui grevaient les relations de l'Église de France avec ce mouvement, libérant ainsi de toute entrave le consensus des années 40. Un observateur politique souligne les effets politiques de ces engagements et de cette activité diplomatique autour de Maurras, qui pouvait du coup, en 1937, faire figure de sauveur suprême, comme le maréchal : « La voie semble ouverte à Maurras, et l'idée de le choisir comme seul chef des factions de droite, à condition qu'il fasse acte de loyauté à la République et à l'Église, paraît parfaitement réalisable. "Des sources bien informées" en règlent déjà le scénario à l'avance. Premièrement, conversion de Maurras par la grâce de sainte Thérèse de Lisieux ; puis élection à l'Académie française par la grâce de M. Bellessort ; enfin grandes assises nationales et proclamation de Maurras comme *Duce* aux accents de *La Marseillaise* »[58]. Les intellectuels qui se sont mobilisés dans toutes ces actions aboutissant à une sorte de cristallisation autour de Maurras à la fin des années 30 apporteront leur soutien à cette révolution conservatrice qu'est, pour une part, la Révolution nationale, et notamment à son retour à l'ordre moral.

Ce sont ceux qui se reconnaissent dans cette nébuleuse idéologique – et non « les Français de 1940 » – qui, « avec une fascination morbide, retournent les pierres de leur champ national, et regardent les choses rampantes, réelles ou imaginaires, qui grouillent dessous »[59]. Parmi ces choses rampantes et grouillantes, les mauvaises mœurs littéraires et, selon les formules de René Gillouin[60], « l'obsession sexuelle – mauvais garçons et immondes

58. Albert Bayet, article dans *La Lumière*, 30 juill. 37, cité par Eugen Weber, *L'Action française*, *op. cit.*, p. 435.

59. Robert O. Paxton, *La France de Vichy*, *op. cit.*, p. 32.

60. René Gillouin, « Responsabilité des écrivains et des artistes », *Journal de Genève*, 8/9, févr. 42. Proche de l'Action française et membre du cercle Fustel-de-Coulanges, Gillouin, philosophe et critique littéraire, sera introduit par Alibert à Vichy où il proposera à Pétain un rapport sur l'éducation très apprécié : « Méfaits de l'individualisme, du rationalisme, de l'optimisme et d'une absurde confiance dans la vertu de l'instruction pour la formation de la personne » ; J.A.D. Long,

garçonnes » de la « plèbe écrivassière », dont la condamnation violente n'est pas exempte de cette fascination si caractéristique de la rhétorique polémique de l'Action française[61]. « Tous les Français ont leur part de responsabilité dans le désastre de la France. [...] La responsabilité de l'écrivain est particulièrement lourde. [...] N'est-ce pas André Gide qui, bouffonnant sur une formule de Le Play, reprise par Paul Bourget, selon laquelle la famille serait la cellule sociale, feignait d'y donner son entier assentiment, en prenant cellule au sens de prison ? C'est vers le même temps [...] qu'un président du Conseil nommé Léon Blum rééditait en l'assaisonnant de la plus impudente réclame un livre de son affreuse jeunesse sur le mariage, véritable manuel de chiennerie qui eût dû interdire toute carrière publique à son auteur. Société et littérature, l'une poussant l'autre, se hâtaient de conserve vers la "fosse commune" où il n'y a plus ni littérature ni société ». Avant la guerre, Gillouin avait demandé l'interdiction de la pièce de Jean Cocteau, *Les Parents terribles*, qu'il qualifiait « d'immorale, d'antifamiliale, d'antisociale ». Il se félicite que, reprise au théâtre du Gymnase, elle suscite maintenant de si « véhémentes protestations » qu'il a fallu la retirer de l'affiche : « Allons ! l'esprit public a cessé de descendre la pente, il a commencé de la remonter. Il y a de l'espoir ». L'espoir passe par la restauration de la famille française et le maintien de la mère au foyer.

Au fil des livraisons de la revue de doctrine de l'Action française, on trouve ainsi de nombreuses contributions à la production d'« éternel féminin ». Les lamentations de René Gillouin sur le chaos républicain – « un peuple ravagé d'alcoolisme, pourri d'érotisme, rongé de dénatalité » – fondent son appel au nouvel État français « national, autoritaire, hiérarchique et social ». Le « sur-

---

*The French Right and Education : the Theory and Practice of Vichy Education Policy, 1940-44*, Oxford, St Antony's College, thèse dactyl., p. 81. Auteur régulier de *La Revue universelle*, il sera membre du cabinet du maréchal (dont il écrivit certains discours) jusqu'en avril 42 ; Robert O. Paxton, *La France de Vichy*, *op. cit.*, p. 255.

61. Dans son étude de l'idéologie de l'Action française (*Charles Maurras et l'idéologie d'Action française*, *op. cit.*, p. 122-124), Colette Capitan Peter mène une analyse de la fascination/répulsion pour la dépravation que l'on prête aux autres, jouissant à travers les réprouvés de ce qu'on leur attribue et qu'on ne s'autorise pas, proche des analyses de Norbert Elias sur la condamnation de la « minorité du pire » ; voir Norbert Elias et J.L. Scotson, *The Established and the Outsiders*, *op. cit.*

saut » et le « repentir sauveur » que l'on doit à la catastrophe de 40 vont permettre de reconstruire la « famille traditionnelle, fondée sur l'amour et le respect mutuel et sur la discipline des mœurs », « toute offense aux lois éternelles de la vie [appelant] non seulement sur les peuples mais sur les individus eux-mêmes des châtiments exemplaires » ; « avec le maréchal Pétain ce sont les vérités de salut privé et public qui [sont] installées au cœur même de l'État »[62]. René Benjamin enchaîne sur les causes du délabrement général : « La maison qu'on ne sait plus construire, la femme qui a réduit la robe au minimum, la messe diffusée, l'art qui croit que le fin du fin est de révéler ce que la police des mœurs cache encore provisoirement, le travail regardé comme une peine, la charité détestée du pauvre qui se croit humilié, l'humilité enfin narguée comme une faiblesse, les voilà les preuves que le bolchevisme nous étreint à la gorge après avoir exilé l'âme » ; et il prêche pour la maison, la famille et la mère de famille qui doit à son enfant « une vie morale », qui seule peut « reconnaître ses hérédités », qui seule « connaît la famille »[63]. La famille, c'est la famille-France et la famille française, et la revue, lorsqu'elle s'interroge sur « L'avenir de la France nouvelle » par la voix de Thierry Maulnier, affirme que « la “nationalité” française a une origine trop ancienne pour qu'on puisse l'accorder au tout-venant par une simple formalité juridique, par un simple décret de naturalisation »[64].

La culture de l'anathème et la vision catastrophique de l'histoire propres à l'Action française sont bien au rendez-vous de la Révolution nationale, comme y sont tous ces compagnons de route, plus ou moins prestigieux, dont elle a toujours su catalyser les engagements en période de crise, recréant sans cesse une forme noble du militantisme de droite – à usage d'académiciens – qui regarde d'un œil indulgent – et vit par procuration – les violences de rue de la

62. « Doctrine de l'État français », *La Revue universelle*, 14, juill. 41 ; 15, août 41.

63. « Vérités et rêveries sur l'éducation », *La Revue universelle*, 12, juin 41. René Benjamin avait obtenu le prix Goncourt en 1915 pour *Gaspard*, le premier roman de guerre qui connut un tirage de 150 000 exemplaires. Nous reviendrons plus loin sur la carrière de pamphlétaire de Benjamin qui s'était fait une spécialité à l'Action française de la dénonciation de l'École républicaine et du « péril primaire », et militera pendant la Révolution nationale contre l'instruction des femmes. Il écrira trois ouvrages de célébration sur Pétain, *Le Maréchal et son peuple*, *Les Sept Étoiles de France*, *Le Grand Homme seul* (Plon, 1941, 1942, 1943).

64. *La Revue universelle*, 9, mai 41.

jeunesse d'extrême droite, de la même façon qu'elle a toujours su marier la haine et l'obscénité pamphlétaires aux grandes homélies sur l'ordre moral. Eugen Weber rappelle l'extraordinaire influence des idées de l'Action française dans les milieux littéraires et intellectuels de l'entre-deux-guerres, influence dont l'investissement diversifié et systématique du champ journalistique et de la critique littéraire n'était pas la moindre médiation[65]. Une revue comme *Candide*, lancée en 1924 une fois assuré le succès de *La Revue universelle*, va constituer un moyen d'accès à un large public (300 000 lecteurs avant la guerre) par son ton léger et sa haute qualité littéraire, ses illustrations et ses dessins satiriques de plus en plus souvent antisémites. *Candide* dénonçait « l'invasion étrangère », le désordre social, la montée du crime et les maîtres de l'école publique. Comme *L'Action française*, *Candide*, repliée aussi en zone libre, ne cessera d'encourager à davantage de répression contre les « responsables », fonctionnaires, parlementaires, francs-maçons, juifs ; d'octobre à décembre 40, *L'Action française* appellera sans relâche à durcir le premier statut des juifs[66].

Et c'est bien un mélange d'invectives politiques et d'appel à un âge d'or, d'antisémitisme et d'antiféminisme, de prêchi-prêcha provincial et de dénonciations de dangers apocalyptiques qui caractérise un article de *Candide* sur la culpabilité et l'expiation féminines où la violence rhétorique de l'Action française donne toute sa mesure et toute la mesure de ses affinités préétablies avec la Révolution nationale. Le texte s'ouvre encore une fois sur le « manuel de chiennerie » de Léon Blum. « De quel désastre, celui-là irréparable, nous a sauvés le désastre au fond duquel la France est en train de si patiemment et fièrement se retrouver ? Les sources vives étaient taries. [...] Un je ne sais quoi de nonchalance, les agréments du bien-vivre avaient fait perdre à la femme l'habitude de regarder au-delà de soi et plus haut. L'un des secrets de notre effondrement est là, dans cette fadeur, dans cette indifférence. Parce qu'enivrée d'elle-même, éprise d'action directe, d'ambition personnelle – avocate, docteur, "homme" d'affaire –, la femme a peu à peu été détournée de son rôle éternel [...]. Parce qu'elle n'a pu transmettre à son mari, à ses fils, la flamme qu'au plus profond d'elle-même elle n'entretenait plus, la femme française porte

65. Eugen Weber, *L'Action française*, *op. cit.*, p. 565 *sq.*
66. *Ibid.*, p. 506-507, 550 *sq.*

aujourd'hui dans la défaite de la France sa part, lourde part, de responsabilité. Les hommes nouveaux l'ont compris. Les lois nouvelles autant que sages sont sévères. Elles freinent le déchaînement de l'avidité féminine, restreignent pour les jeunes filles l'accès aux carrières libérales, facilitent au contraire d'une façon qui équivaut à l'imposer le retour ou le maintien de la femme au foyer. Ce dont la femme d'aujourd'hui, ayant à son tour fait son *mea culpa*, doit prendre conscience d'abord, c'est de tout ce qu'à travers elle on commençait d'atteindre. Le danger est toujours là. La bête continue de rôder et n'attend que la paix pour mieux montrer les dents. Qu'elle se fasse donc pour mieux lutter, cette gardienne des foyers menacés, une âme de guerrière. La besogne est immense. Elle est magnifique, nous sommes devant des décombres. Mais, comme dans ces villes du Nord où l'anéantissement des maisons laisse mieux apercevoir l'élancement de la cathédrale, nous distinguons mieux les routes éternelles hors desquelles il est dangereux de s'aventurer. Nous les voyons venir des plus lointains passés. Nous pressentons leurs prolongements infinis »[67].

67. André Corthis, « Le marxisme est l'ennemi de la femme et du foyer », *Candide*, 15 oct. 41. Romancier de la femme et de l'Espagne, proche de Morand, Corthis avait obtenu le grand prix du roman de l'Académie française en 1924 pour *Le Pauvre Amour de Doña Balbine* (Flammarion).

# 2

# L'ÉGLISE ET LA CONTRITION FÉMININE

Dans le cas des hommes de lettres, la logique de l'adhésion à la réorganisation du monde social portée par la Révolution nationale obéit à la fois à la défense d'options proprement politiques affirmées de longue date – engagement dans l'Action française ou, au moins, adhésion à sa conception de l'ordre et du désordre – et à la défense d'intérêts spécifiquement littéraires – le « réalisme », le régionalisme – au travers de laquelle s'exprime également la défense d'un univers de valeurs et notamment de valeurs catholiques. Dans le cas de l'Église, la question se pose différemment et l'analyse des larges affinités qui se sont manifestées avec la philosophie sociale de la Révolution nationale amène à s'interroger sur les limites de ce qu'on désigne habituellement comme relevant du « politique ». Plus précisément, la rencontre immédiate et totale de Vichy et de l'Église catholique en tant qu'institution sur la défense et promotion de l'« éternel féminin » permet de réfléchir sur les limites d'une approche qui réduirait la politique aux engagements traditionnellement désignés comme « politiques » – par exemple la défense par la hiérarchie ecclésiastique de telle option vichyste de politique intérieure ou extérieure ou l'engagement de tels membres de cette hiérarchie ou de tels groupes de clercs en faveur de, ou dans, la Résistance –, négligeant ces formes d'adhésion quasi préréflexives à des systèmes de valeurs, ici les schèmes du partage sexuel du monde social selon des impératifs normatifs, formes d'adhésion dont on oublie qu'elles ont des effets politiques. D'une part, parce que ces schèmes imposent des exclusions fondées sur la naturalisation arbitraire des différences biologiques (proches en cela des effets des logiques racistes) et s'inscrivent donc dans une vision de l'ordre social comme ordre « naturel », d'autre part, parce qu'ils permettent des *mobilisations massives* sur la base d'un partage de valeurs « apolitiques », mobilisations qui légitiment, renforcent et installent dans la durée le nouveau régime, cautionnant du même coup, sans toujours le vouloir, l'ensemble de sa politique.

En lisant la presse catholique nationale, diocésaine ou spécialisée, qui salue unanimement l'instauration de l'État français – le cardinal Gerlier, archevêque de Lyon, hostile au nazisme, disant de la nouvelle devise nationale Travail, Famille, Patrie, « ces trois mots sont les nôtres » –, qui s'enthousiasme pour toutes les mesures de restauration de l'ordre moral et se félicite des avantages sérieux accordés à l'Église en matière d'enseignement, de congrégations religieuses et d'associations diocésaines[1], comment la très grande majorité des fidèles aurait-elle pu douter de la légitimité du nouveau régime et du bien-fondé de l'ensemble de sa politique ? Et il lui aurait fallu une clairvoyance peu commune pour repérer des failles et des clivages dans cette attitude de soutien quand l'abbé Lesaunier, supérieur du séminaire des Carmes, écrivait en novembre 41, avec l'*imprimatur* de l'archevêché de Paris, dans *La Conscience catholique en face du devoir civique actuel* : « Je reconnais sans réticence l'autorité et le gouvernement du maréchal Pétain, je ne suis ni gaulliste ni anglophile, je me soumets sans récriminer aux autorités occupantes ». La réponse critique du père Fessard, célèbre théologien jésuite, *La Conscience catholique devant la défaite*, rédigée à la suite de l'émotion témoignée au car-

1. Jacques Chevalier, philosophe catholique, mystique et traditionaliste, professeur à l'université de Grenoble, filleul de Pétain, ministre de l'Éducation nationale de décembre 40 à février 41, avait rétabli les « devoirs envers Dieu » à l'école publique et accordé de multiples avantages à l'enseignement privé ; son successeur, Jérôme Carcopino, plus soucieux de ne pas braquer l'enseignement public, accordera quand même à l'enseignement privé catholique une subvention annuelle de 400 millions de francs ; les instituts catholiques seront reconnus d'utilité publique ; Mounier considère à l'époque que ces mesures n'ont pas fini d'alimenter l'anticléricalisme ; Jacques Duquesne, *Les Catholiques français sous l'occupation*, Grasset, 1966, p. 87 *sq*. Dans un débat du colloque de Lyon de 1978, le pasteur Casalis fait remarquer que cette politique scolaire de Vichy a contribué à pousser les protestants dans l'opposition et à leur faire « retrouver leurs vieux réflexes du temps de la persécution », tandis que l'ensemble du clergé catholique vendéen « était collaborateur pour la simple raison que jamais les subventions données à l'école libre n'avaient atteint ce niveau » ; *Églises et Chrétiens dans la IIe Guerre mondiale*, t. 2, *La France*, sous la direction de Xavier de Montclos, Monique Luirard, François Delpech, Pierre Bolle, Presses universitaires de Lyon, 1982, p. 154.

dinal Suhard, par certains milieux catholiques, devant l'allégeance aux autorités allemandes exprimée par le texte précédent, n'a rencontré, selon les propres termes de l'auteur, aucun écho : « J'ai eu la triste surprise de constater que mon travail n'avait servi à rien, puisqu'après novembre 42 comme avant la "légitimité du pouvoir établi", continua d'être affirmée, sans les distinctions nécessaires, par l'ensemble de la hiérarchie »[2].

La vision prophétique de la débâcle, l'imposition politique d'un *mea culpa* national comme seule façon de penser la défaite et l'appel à la restauration des valeurs familiales ont sans doute largement contribué à la reconnaissance collective de – et envers – la Révolution nationale exprimée par la grande masse des institutions et des militants catholiques, peut-être autant, sinon plus, que les faveurs du nouveau régime à l'égard de l'institution Église. En septembre 40, le prédicateur du pèlerinage de Rocamadour choisit d'exalter la nécessité salutaire de l'expiation et « l'acceptation de la souffrance à l'exemple de Marie ». Dans une surprenante chronique départementale de l'adhésion, on peut prendre la mesure de l'importance de cet appui de l'Église à « l'entreprise de culpabilisation collective qui constitue un support, insidieux mais remarquablement efficace, de l'idéologie officielle »[3].

L'analyse des *Semaines religieuses* diocésaines, parues de juillet 40 à novembre 42, semble aller également dans le sens de cette hypothèse : les lettres pastorales, éditoriaux et thèmes de prédication empruntent au vocabulaire et aux mots d'ordre de l'idéologie vichyste, diffusent les aphorismes du maréchal et en font le héros de « scènes édifiantes », prêchent contre la ville qui facilite « l'indiscipline des masses »[4]. Les *Semaines* citent Barrès, Bourget, Bordeaux, Massis et de Maistre pour condamner le régime républicain et le suffrage universel, puisque « l'autorité est incompatible avec l'élection ». Plus profondément, c'est la *parenté des langages* entre l'Église et le régime que cette étude met en évidence. « Le péché

2. Cités par Renée Bédarida, « La hiérarchie catholique », in *Le Régime de Vichy et les Français*, Jean-Pierre Azéma et François Bédarida dir., Fayard, 1992, p. 449.

3. Pierre Laborie, *Résistants, Vichyssois et autres. L'évolution de l'opinion et des comportements dans le Lot de 1939 à 1944*, CNRS, 1980, p. 206.

4. Claude Langlois, « Le régime de Vichy et le clergé d'après les Semaines religieuses des diocèses de la zone libre », *Revue française de sciences politiques*, août 1972.

capital, pense l'évêque d'Aire-Dax, c'est que l'esprit de jouissance l'a emporté sur l'esprit de sacrifice. Remplaçons cette formule par celle qui est immédiatement superposable : chez nous, l'esprit païen a vaincu l'esprit chrétien »[5]. Si les clercs ont si facilement sympathisé avec le nouveau régime, c'est que celui-ci parlait leur langue : la petite phrase sur « l'esprit de jouissance », la recherche des culpabilités collectives, l'appel à la conversion, le signe de la Providence, sont autant de « signaux » qui rassemblent de façon immédiate et spontanée ; la lecture politique du régime faite par les prélats se trouve désormais inscrite sous le signe de la « coïncidence » et de la « concordance », l'Évangile et les Semaines sociales catholiques leur semblant inspirer la radio française du matin au soir. « Ce qui nous donne confiance à tous, c'est que les *voix officielles* de la nation qui modulaient hier des couplets légers, des couplets d'un jour, s'entraînent aujourd'hui sur des rythmes graves aux *sonorités profondes et divines d'éternité*. L'Église s'y connaît à ces cadences »[6]. Très conscient de cette fonction de courroie de transmission, l'État français ne se prive pas d'utiliser de telles homélies, et les services de la Propagande utilisent les lettres pastorales de 1941 rassemblées en brochure[7].

Il serait bien sûr simpliste de présenter la relation de tous les catholiques à Vichy comme une relation enchantée. Dès le départ, des doutes et des oppositions se manifestent, et le père Dillard, par exemple, jésuite animateur du catholicisme social, qui attendait beaucoup de la « reconstruction française » et prononce en l'église Saint-Louis de Vichy des sermons très courus où alternent condamnations du nazisme et défense et illustration de Travail, Famille, Patrie, sera rapidement déçu par le régime et dénoncera avec vigueur les « parades clérico-militaires » du type grand-messe de la Légion[8]. Par ailleurs, l'Action française qui se réjouissait de l'alliance de l'armée, de l'Église et de l'État, s'était attelée à la dénon-

5. *Semaine religieuse*, 28 févr. 41.

6. *Semaine* d'Annecy, sermon de l'évêque pour la messe anniversaire de la Légion, 21 août 41, cité par Claude Langlois, « Le régime de Vichy et le clergé », art. cité ; souligné par nous.

7. Monique Luirard, « La Révolution nationale : adhésions, réticences et refus (fin 40-avril 42) », in *Églises et Chrétiens dans la II^e^ Guerre mondiale*, t. 2, *op. cit.*, p. 167.

8. Jacques Duquesne, *Les Catholiques français sous l'occupation, op. cit.*, p. 67.

ciation des catholiques opposants jugés « mauvais Français » et « mauvais catholiques » dans les colonnes de son journal (« sans prendre garde – du moins on veut le croire – qu'elle les dénonçait ainsi à la police de Vichy et bientôt aux Allemands »[9]), ce qui montre que l'unanimité était loin d'être faite. L'étude du contenu des Lettres pastorales publiées dans les *Semaines religieuses* fait apparaître elle aussi que si, au carême 41, quinze sur dix-huit de ces Lettres reprennent des thèmes de l'idéologie vichyste, quand le régime se durcit, en août 41, elles cessent de relayer les discours du pouvoir ; en 42, leurs thèmes redeviennent strictement religieux[10]. Il reste que l'Église en tant qu'institution, et par la voix de sa hiérarchie, a massivement adhéré à la Révolution nationale. En septembre 1941, les cardinaux et archevêques de la zone libre adopteront le texte établi par leurs collègues de la zone occupée le 24 juillet : « Nous vénérons le chef de l'État et nous demandons instamment que se réalise autour de lui l'union de tous les Français. Nous encourageons nos fidèles à se placer à ses côtés dans l'œuvre de redressement qu'il a entreprise sur les trois terrains de la famille, du travail et de la patrie »[11].

Notre angle d'attaque du régime de Vichy, cette ré-invention de la « nature » féminine et de la « juste » place des femmes dans la cité, qui passe par une inscription privilégiée des femmes dans l'inventaire des culpabilités collectives, permet d'approfondir cette affinité des langages et des rhétoriques. Véritable zone d'ombre où les clivages et les affrontements propres à l'Église comme champ – incarnés, par exemple, par la fondation en novembre 41 à Lyon des *Cahiers du Témoignage chrétien*, animés par des jésuites, qui deviendront l'un des centres actifs de l'engagement catholique dans la Résistance, et, à l'autre pôle, par l'absoute prononcée à Notre-Dame de Paris lors des funérailles de Philippe Henriot par le cardinal Suhard le 1er juillet 44, ce qui lui vaudra d'être interdit de messe de *Te Deum* en cette même cathédrale par de Gaulle le 26 août[12] – s'estompent ou disparaissent, la croisade pour le retour

9. *Ibid.*, p. 78-79.

10. Claude Langlois, « Le régime de Vichy et le clergé d'après les Semaines religieuses des diocèses de la zone libre », art. cité.

11. Document cité par Jacques Duquesne, *Les Catholiques français sous l'occupation*, *op. cit.*, p. 54.

12. Voir Jacques Duquesne, *ibid.*, p. 151 *sq.*, pour la fondation des *Cahiers du Témoignage chrétien* qui publient dans leur premier numéro un texte du père Fes-

et le maintien de la femme au foyer faisant l'unanimité des clercs et des fidèles et inscrivant l'Église, dans son ensemble, dans la mouvance de la Révolution nationale aux yeux du pays. Conséquence très politique de l'identification collective à une cause donnée comme « apolitique ».

### *Reviviscence et politisation des pèlerinages et du culte marial*

La multiplication des pèlerinages qui va marquer la période et, notamment, de ceux consacrés au culte marial, constitue une manifestation – au double sens du mot – exemplaire de la confusion des langues qui a pour effet d'amalgamer le triptyque chrétien « péché-épreuve-conversion » et le triptyque vichyste « erreur-défaite-redressement »[13]. Mais l'histoire même de la construction sociale des pèlerinages au XIXe siècle permet de faire apparaître les enjeux proprement politiques qui l'ont marquée dès le départ.

Dans sa préface à l'*Histoire du catholicisme en France*[14], André Latreille écrit qu'un travail historique sur les pèlerinages « ferait saisir à quel point le sol de notre vieux pays, de la nation fille aînée de l'Église, reste pétri de souvenirs sacrés – ce sol qui n'a cessé à aucun moment de germer des saints et des héros de la foi et qui, à travers quelques légendes naïves, peut en fin de compte authentiquement revendiquer l'honneur de manifestations surnaturelles privilégiées ». La vision de l'historien du catholicisme coïncide ici avec la vision de l'Église qui, des débuts de la IIIe République aux années 50, édite des manuels d'histoire pour l'enseignement libre s'attachant à démontrer que la honte et la misère fondent sur la France dès qu'elle s'élève contre sa vocation de « fille aînée de l'Église », dénombrant et célébrant les saints, les saintes et les martyrs et s'efforçant de redonner au passé, en particulier au moyen

---

sard, *France prends garde de perdre ton âme*, dénonçant le nazisme ; p. 350 *sq.*, pour le « grand concours d'évêques autour du cercueil de Philippe Henriot » ; p. 414 *sq.*, pour l'affrontement entre de Gaulle et l'archevêché de Paris.

13. Ce rapprochement est fait par Marie-Geneviève Massiani, « *La Croix* sous Vichy », in *Cent Ans d'histoire de « La Croix » 1883-1983*, sous la direction de René Rémond et Émile Poulat, Le Centurion, 1988, p. 301-321.

14. A. Latreille, E. Delaruelle, J.-R. Palanque, R. Rémond, *Histoire du catholicisme en France*, Spes, 1962.

âge, la place qui lui est due, célébrant ainsi la grandeur de la France prérévolutionnaire[15]. La politique vichyste d'épuration des manuels scolaires qui reprend les consignes allemandes du 30 juillet 40[16] et donne dans le primaire le feu vert à René Jeanneret qui, en collaboration avec les éditions catholiques Mame, édite *Le Miracle de Jeanne* et des recueils de morceaux choisis du même esprit[17], tout comme sa politique de propagande par l'image privilégiant les saints patrons – des plus nationaux aux plus locaux, y compris les saints protecteurs de chaque artisanat[18] – ira dans le même sens.

Cette reviviscence organisée des cultes dits « populaires » pendant l'occupation trouve son expression la plus achevée dans les grands pèlerinages aux sanctuaires mariaux qui évoquent directement l'après-Commune : ainsi les pèlerinages de contrition à Paray-le-Monial dont l'église avait été élevée au rang de basilique et placée sous le vocable du Sacré-Cœur en 1875 ; dans la continuation de ce mouvement, l'Assemblée nationale avait voté la construction de la basilique expiatrice du Sacré-Cœur de Montmartre, à l'endroit même où la Commune avait pris son élan, et, en lançant une souscription nationale pour l'édification du monument, la classe dirigeante et l'Église avaient imposé encore plus profondément l'idée d'un « rachat » « populaire ».

L'histoire de Lourdes est exemplaire de cet usage politique des sanctuaires[19]. En 1872, Emmanuel d'Alzon, fils d'un député légitimiste de la Restauration, fondateur de l'ordre des Assomptionnistes, par lequel il veut combattre le protestantisme, le voltairianisme et la Révolution française, crée l'œuvre de Notre-Dame-du-Salut, destinée à sauver la France par des prières publiques et par l'édification

15. Jacqueline Freyssinet-Dominjon, *Les Manuels d'histoire de l'école libre, 1882-1959*, FNSP, Armand Colin, 1969.

16. Gérard Loiseaux, *La Littérature de la défaite et de la collaboration*, *op. cit.*, p. 73.

17. Voir J.A.D. Long, *The French Right and Education : the Theory and Practice of Vichy Education Policy, op. cit.*, p. 203. René Jeanneret était un instituteur qui appartenait avant la guerre à l'« École française », groupe de réflexion conservateur sur l'enseignement primaire.

18. Christian Faure, *Le Projet culturel de Vichy, op. cit.*, p. 156 *sq.* et 167 *sq.*

19. Elle évoque l'histoire de la construction politique du sanctuaire de Fatima au Portugal et son officialisation par l'État Nouveau en 1929, les visions, datant de 1917, n'ayant donné lieu jusque-là qu'à un culte populaire local ; Silas Cerqueira, « L'Église catholique et la dictature corporatiste portugaise », *Revue française de sciences politiques*, 3, juin 1973.

des masses laborieuses ; c'est lui qui organisera le premier grand pèlerinage national à Lourdes, placé, après la Commune, comme celui de Paray, sous le signe de la contrition[20]. En février 1941, dans le cadre de la loi de restitution du patrimoine de l'Église aux associations diocésaines, le domaine de la grotte de Lourdes est remis au diocèse de Tarbes[21]. Et, le 20 avril 41, « après avoir franchi le seuil de maintes cathédrales », le maréchal se rend à Lourdes, manifestant ainsi, aux yeux du chroniqueur catholique, que « le régime fait oraison ». « La Grotte de Lourdes signifie quelque chose de plus. Les cathédrales, chargées de siècles, d'histoire et d'art, s'inscrivent naturellement au programme d'un voyage officiel. A Lourdes, que l'incroyance a si souvent bafouée, le spirituel seul attire. "Que de courages y ont ressuscité !", s'écriait l'évêque du diocèse. Rien n'y appelait le Maréchal, c'est-à-dire aucune nécessité extérieure. A Pau, le matin, il avait parlé aux paysans[22] ; à Lourdes, il a entendu, avec le murmure du Gave, les voix de la Vierge et de Bernadette »[23]. Le prophète est bien en contact avec le surnaturel.

Après une période où Marie apparaissait simplement comme la nouvelle Ève réparatrice de la faute originelle, l'Église latine a poursuivi tout au long de son histoire l'élaboration d'un développement doctrinal faisant de la « mariologie » une branche spécialisée de la théologie catholique romaine qui trouvera son achèvement dans les

20. Theodore Zeldin, *Histoire des passions françaises, 1848-1945*, t. 5, *Anxiété et Hypocrisie*, Seuil, « Points Histoire », 1979, p. 284 *sq*. Militant pour le développement de l'enseignement secondaire catholique, les Assomptionnistes ont fondé également l'hebdomadaire *Le Pèlerin* en 1873 et le quotidien *La Croix* en 1883 dont l'antisémitisme offensif joua un rôle important dans le développement de l'affaire Dreyfus ; voir l'article « Assomptionnistes » dans l'*Encyclopaedia Universalis*, vol. 18, Thesaurus, p. 120.

21. Jacques Duquesne, *Les Catholiques français sous l'occupation*, *op. cit.*, p. 104.

22. A Pau, le maréchal avait dit : « Dans la France nouvelle, nul ne sera sauvé s'il n'a d'abord travaillé à se réformer lui-même » ; cité par Yves Durand, *Vichy 1940-1944*, *op. cit.*, p. 65.

23. Robert Havard de la Montagne, « Chronique de la quinzaine », *La Revue universelle*, 25 mai 41. On reste abasourdi à la lecture de tels textes, alors que la piété religieuse n'a jamais été reconnue comme une des qualités particulières de Pétain. Pierre Barral (*Églises et Chrétiens dans la IIe Guerre mondiale*, *op. cit.*, p. 246) dit que Pétain était « émancipé de l'Église, même si en 40 il va à la messe à Saint-Louis de Vichy » ; et Gérard Miller (*Les Pousse-au-jouir du maréchal Pétain*, *op. cit.*, p. 159) rapporte ce propos de De Gaulle sur l'homme Pétain : « La famille ! Parlons-en. Il n'a jamais voulu d'enfants. C'est un vieux libertin ».

grandes définitions dogmatiques des XIXe et XXe siècles. Ainsi le dogme de l'Immaculée Conception est proclamé par Pie IX en 1854, comme une affirmation solennelle de l'autorité doctrinale de l'Église dans un souci d'opposition au monde moderne et aux élans révolutionnaires qui traversent à l'époque l'Italie et l'Europe ; les apparitions de Lourdes et de La Salette, qui populariseront cette dévotion spectaculaire, seront contemporaines de la proclamation du dogme[24]. Si, en ces temps forts d'expiation collective que sont la Commune ou la défaite de 40, le culte marial est l'occasion d'une expression privilégiée de la contrition et du retour à la France chrétienne, c'est en partie parce qu'il parle, avec évidence et simplicité, le langage de l'éternité des choses.

Dans un article de mai 42 intitulé « La Vierge dans la cité », *Renouveaux*, revue du catholicisme social, fait de Marie la forme « concrète et vivante » de l'Église elle-même – l'Immaculée étant l'image de la « cité idéale » – et construit la figure de la Vierge comme symbole d'un ordre éternel : « Immaculée dès l'origine, n'ayant connu aux sources de son être autre chose que l'ordre, demeurée parfaitement en place au milieu de la déroute universelle, n'inclinant jamais hors de la ligne impeccable, Marie est l'image de *la cité bien ordonnée, c'est-à-dire d'abord replacée dans l'ordre éternel* où toutes choses d'ici-bas, intelligences et vouloirs, individus et sociétés, pauvres et riches, citoyens et princes, mers et vents, oiseaux et lis des champs, sont bien à leur place dans l'ordre qu'a conçu le créateur ». Le culte marial célèbre la liaison femme/éternité et le retour à un ordre des corps qui « ne ment pas », comme le maréchal le dit de la terre ; il célèbre également, comme de nombreux autres rituels religieux, une temporalité cyclique dans un temps de violence historique où l'on ne peut plus que vivre au jour le jour. Dans un tel contexte, l'exploitation clérico-politique de l'attente croyante des fidèles prend parfois un caractère explicite de manipulation politique. La participation massive aux grands pèlerinages des années 40 mais aussi la reviviscence de petits pèlerinages locaux dont témoignent les photos de l'époque, comme celui du Vernet en septembre 41, manifestent inséparablement un renouveau de la croyance religieuse, qui exprime, à la manière des messianismes, une demande sociale de schèmes explicatifs dans un moment de

24. H. Roux, article « Marie », et A. Duval, article « Église catholique », in *Encyclopaedia Universalis*, vol. 10, p. 525-526, et vol. 5, p. 994-1005.

chaos et de désespoir, et une canalisation clérico-politique de ces aspirations dans une unique direction : « Ce fut la journée de la Vierge, apparue en 1846, sur la montagne de La Salette, à deux petits bergers. L'orateur du jour, un aumônier militaire des deux guerres, sut interpréter les sentiments de cette foule de croyants, venus implorer la Vierge pour la patrie mutilée et souffrante. Ce fut aussi la journée du Maréchal. Son image présidait à la fête. Après que la Vierge nous eut révélé le sens des valeurs spirituelles nécessaires à notre redressement, *le Maréchal parla par la bouche de l'orateur sacré* qui exalta son dévouement à la patrie. Il fait acclamer le programme du Maréchal, Travail, Famille, Patrie, qui sauvera la France »[25]. En contact avec le surnaturel, le prophète parle par la bouche de « l'orateur sacré », comme l'hypnotiseur par la bouche du médium.

La manifestation la plus éclatante du renouveau organisé du culte marial dans les années 40 est le « Grand Retour ». En 1938, un congrès marial à Boulogne-sur-Mer avait amorcé le mouvement en lançant une sorte de tour de France de la statue de Notre-Dame de Boulogne ; en 42, quand il est question d'organiser un pèlerinage marial au Puy, c'est cette statue que les organisateurs vont chercher ; après le congrès marial du Puy, qui a réuni 60 000 pèlerins, elle gagne Lourdes ; le voyage ne s'arrêtera pas là et les stations successives de la statue de Boulogne seront l'occasion de multiples consécrations à la Sainte Vierge, de distributions d'images et de chapelets, le « Grand Retour » étant, selon son infatigable animateur le père jésuite Paul Doncœur – véritable fils spirituel d'Emmanuel d'Alzon –, « le symbole, extension et moyen du grand retour de notre peuple à Dieu »[26]. Les formules de consécration à la Vierge, imprimées sur un papier en forme de cœur, seront remplies par environ dix millions de personnes pendant le « Grand Retour ». A l'ouverture des cérémonies officielles qui marquent l'arrivée du pèlerinage au Puy, le 15 août 1942, le père Forestier, aumônier général des scouts de France, s'adresse ainsi à l'évêque du Puy : « Après les terribles journées de juin 40, nous avions

25. Commentaire de l'agence de photographie à une photo du pèlerinage du Vernet ; Musée d'histoire contemporaine, BDIC, Hôtel national des Invalides ; souligné par nous.

26. Jacques Duquesne, *Les Catholiques français sous l'occupation*, *op. cit.*, p. 29.

pensé que, stimulée par d'admirables messages, la France se ressaisirait vite et tout entière. Et, à certains jours, il nous a paru qu'un trop grand nombre ne se souciait pas de "tirer la leçon des batailles perdues"[27]. [...] Il fallait encore la force de gravir le dur chemin de la résurrection nationale. [...] Nous avons marché avec le lourd fardeau de nos péchés et nous allons le déposer aux pieds de la Sainte Vierge. [...] La France, a dit le Maréchal, occupe une place trop grande dans la civilisation chrétienne de l'Occident, pour que celle-ci puisse subsister sans elle »[28].

Ces manifestations spectaculaires et prenantes sont explicitement l'occasion pour la hiérarchie ecclésiastique de susciter des vocations chez les jeunes gens. En 43, les organisateurs de ce pèlerinage se félicitent que, depuis le 15 août 42, on ait compté 35 vocations sacerdotales ou religieuses chez les scouts routiers de la seule « province » de Lyon. Le père Doncœur, aumônier militaire en 14-18, important responsable des scouts, avait animé entre les deux guerres des campagnes pour les vocations sacerdotales ; il s'engagera à fond dans la Révolution nationale et prêchera le retour à la terre et la mystique du chef, dénonçant les « chimères du libéralisme démocratique » ; le père Forestier, dominicain – qui répète encore en janvier 43 : « Les messages du Maréchal exprimaient ce dont nous rêvions depuis longtemps » –, est l'aumônier général des Chantiers de la jeunesse et voit dans le mouvement scout la préfiguration de l'ordre nouveau, comme il l'écrit dans la revue *Le Chef* en mars 42 : « Les structures de l'ordre nouveau, fait d'autorité, de hiérarchie, de disparition de la lutte des classes, étaient en trop étroite harmonie avec la conception que nous avions du monde, étaient trop semblables à l'ordre qui régnait dans la petite cité scout ». Dans le Nord-Pas-de-Calais, Mgr Dutoit engage le diocèse à se consacrer au Sacré-Cœur en 41, déclare 42 « année mariale » et fixe comme objectif à l'année 43 la manifestation des vocations religieuses ; apportant son soutien complet au maréchal auquel, dit-il, on doit « obéir aveuglément », et à la politique de collaboration, Mgr Dutoit voit dans la défaite « le châtiment des fautes dont il nous est facile de convenir » et « la garantie d'une renaissance

27. Encore une fois, c'est le maréchal qui parle par la bouche du prêtre.

28. « Les grands jours du Puy », *Le Pèlerinage de la jeunesse française, 15 août 1942, et son anniversaire, 15 août 1943*, Le Puy, Imprimerie Jeanne-d'Arc, s.d., p. 33 *sq*.

chrétienne » : « N'est-ce pas un incomparable bienfait que cette *tranquillité* et cette *liberté* dans laquelle la neuvaine se déroule ? », déclare-t-il à Saint-Omer en juillet 41 [29]. Dès le 15 août 40, et pour la première fois depuis des années, une grande procession a traversé Vichy. Tout un clergé routinisé retrouve un élan missionnaire et les vocations resurgissent.

### *« Femmes, ressaisissez-vous »*

Le schème de la contrition, du *mea culpa* – « sur la poitrine des autres », selon la formule de Jacques Duquesne –, repris à satiété par les dignitaires et les penseurs du régime, est sans doute, outre, évidemment, les avantages et l'influence retrouvés, l'un des fondements les plus profonds des affinités idéologiques immédiates de l'institution Église avec la Révolution nationale. La tradition eschatologique imprègne l'histoire du christianisme : « Sans douleur, point d'Église », disent les manuels de confession [30]. Jean Delumeau fait remonter à la fin du XIV^e^ siècle, à la naissance du monde moderne, *la construction systématique des peurs eschatologiques par la culture cléricale*, culture dominante et savante, et situe la première description connue des « terreurs de l'an mil » à la fin du XV^e^ siècle, moment où triomphe le nouvel humanisme qu'il s'agit de contrer ; cette eschatologie, qui annonçait l'imminence du jugement final et procédait à la séparation des élus et des réprouvés, fut surtout propagée, à cette époque aussi, par les hommes d'Église les plus habités par le souci pastoral ; en tête des agents de Satan, les juifs et les femmes [31]. Et les organisateurs des pèlerinages expiatoires des années 40 sont finalement bien proches de ces prédicateurs, « nomades de l'apostolat », et de ces auteurs de théâtre religieux qui répandent dans l'Europe du XV^e^ siècle une théologie du Dieu terrible, l'idée que la divinité punit les hommes

29. Serge Laury, « Aspects de la vie religieuse pendant la Seconde Guerre mondiale dans le Nord-Pas-de-Calais », communication au colloque *Église et Chrétiens dans la Seconde Guerre mondiale*, *Revue du Nord*, Université Lille-III, avr.-juin 1978, p. 372-373 ; souligné par nous.

30. Voir Theodore Zeldin, *Histoire des passions françaises*, t. 5, *Anxiété et Hypocrisie*, *op. cit.*, p. 304.

31. Jean Delumeau, *La Peur en Occident (XIV^e^-XVIII^e^ siècle)*, Fayard, 1978, p. 260 *sq.*, 356 *sq.*, 398 *sq.*

coupables. Ainsi, dans la Drôme, le père Vallet, ex-jésuite espagnol, responsable d'une maison de retraite, prononce des sermons sur l'enfer en prenant des poses de visionnaire : « Je le vois, je le vois brûler en enfer... Je vois le ci-devant cardinal Verdier brûler en enfer ! » ; les fractions les plus conservatrices de l'Église reprochaient en 40 au cardinal Verdier d'avoir montré trop de sympathie en 36 à l'égard de la politique sociale du Front populaire [32].

Cette défaite est le signe que la France a péché, qu'elle est donc méritée et peut être salutaire. Parmi les fautes, l'ondulation permanente, les congés payés, le Pernod, les partis, les grèves, les mauvais films, les maillots de bain, la démocratie, le travail des femmes et la dénatalité. Un homme aussi réservé à l'égard de Vichy que le cardinal Saliège, archevêque de Toulouse, écrit dans un mandement, publié par *La Croix*, le 28 juin 40 : « Pour avoir chassé Dieu de l'école, des prétoires de la nation, pour avoir supporté une littérature malsaine, la traite des Blanches, pour la promiscuité dégradante des ateliers, des bureaux, des usines, Seigneur, nous vous demandons pardon. Quel usage avons-nous fait de la victoire de 1918 ? Quel usage aurions-nous fait d'une victoire facile en 1940 ? » [33]. Or, Mgr Saliège et Mgr Bruno de Solages, recteur de l'Institut catholique de Toulouse, étaient perçus par Vichy dès 40 comme des éléments dangereux et ils animeront une résistance ouverte au régime et à la collaboration pendant toute l'occupation ; cette résistance prendra, en septembre 42, la forme d'un affrontement direct avec le préfet à propos des scènes de séparation des enfants juifs d'avec leurs parents qui se sont déroulées dans les camps de Noé et de Récébédou lors du départ de trains de déportés [34]. Le fait qu'un homme qui se révélera un aussi ferme opposant au régime épouse ainsi la rhétorique vichyste de l'expiation, en l'enrichissant de sa formulation personnelle propre à frapper les esprits, montre bien l'ampleur et la violence de la soumission à l'« hypnose du châtiment » et, au-delà des clivages politiques, le rôle central de relais joué par l'Église dans l'imposition de ce schème dont la force est d'autant plus grande qu'il se donne pour apolitique. Comme peuvent apparaître « apolitiques » les remontrances à la jeunesse dont Peyrade s'était

32. Jacques Duquesne, *Les Catholiques français sous l'occupation*, *op. cit.*, p. 34-35.
33. *Ibid.*, p. 33.
34. *Ibid.*, p. 158 *sq.* et 249 *sq.*

fait une spécialité dans *La Croix*[35] : « Il ne s'agit plus d'être spirituel, léger, libertin, railleur, sceptique et folâtre, en voilà assez... *Dieu, la nature, le travail, le mariage, l'amour, l'enfant* – tout cela est sérieux, très sérieux et se dresse devant toi », écrit-il en avril 41. Le texte de Peyrade est en fait un plagiat d'Alexandre Dumas fils qui fait partie des auteurs de référence du régime, ses aphorismes moralisateurs venant alimenter tout naturellement la comparaison avec la Commune. On voit bien dans l'appropriation littéraire de Peyrade, qui n'a même pas besoin de se dire tant elle coule de source, l'extraordinaire parenté des analyses qui se déploient après 1870 et après 1940, le choix du patronage de Dumas fils, qui avait fustigé la Commune et les communardes avec une violence verbale inégalée, laissant entendre combien le retour au mariage, à la nature, à l'enfant est un prêche qui est loin d'être politiquement neutre. Dans un article paru le 6 juin 1871, « Une lettre sur les choses du jour », qui appelle à une vie pleine d'austérité et de sacrifices pour refaire le pays, Dumas fils avait écrit : « Nous ne disons rien de leurs femelles par respect pour les femmes à qui elles ressemblent quand elles sont mortes »[36]. Ces auteurs des temps d'apocalypse inventent et réinventent une langue qui privilégie l'« usage magique » des mots, « l'atmosphère émotionnelle qui les entoure et les enveloppe », cet usage propre aux mythes politiques[37].

L'étude des textes publiés pendant cette période par différents courants de l'Église, qui font l'inventaire des péchés sociaux châtiés par la Providence, montre clairement leur visée politique, l'apologie de la famille et du retour des femmes à leur « vraie » « nature », présentés comme l'un des leviers centraux de la rédemption, permettant de condamner l'ordre social républicain, chargé du péché d'individualisme, et d'encourager au retour à un ordre moral autoritaire. La re-définition de l'« éternelle » « nature » féminine et le balisage des territoires féminins légitimes qui en découle sont ainsi très souvent associés à la dénonciation de la République et de sa politique scolaire, du Front populaire et, plus loin, de la Révolution française. « L'année maudite n'a pas été pour nous l'année de notre défaite extérieure, mais l'année de notre défaite intérieure, cette année

35. Cité par Wilfred D. Halls, *Les Jeunes et la Politique de Vichy*, Syros/Alternatives, 1988 (Oxford University Press, 1981), p. 180 ; souligné par nous.
36. Cité par Paul Lidsky, *Les Écrivains contre la Commune*, *op. cit.*, p. 64.
37. Ernst Cassirer, *Le Mythe de l'État*, *op. cit.*, p. 381-383.

1936 », déclare l'évêque d'Aire-Dax dans sa lettre pastorale du carême 41. Ces prises de position de la hiérarchie ne sont pas nouvelles puisqu'elles se sont exprimées avec force pendant le Front populaire, nourries aussi de la hantise du *Frente popular* espagnol. Dans une lettre pastorale de l'automne 1936, qui devait être lue à toutes les messes, les cardinaux français avaient défini la position de l'Église : « L'inquiétude et même l'angoisse étreignent toutes les âmes » ; « la crise est générale » ; elle se manifeste par l'oubli « du caractère sacré du devoir » ; « les principes naturels du droit à la propriété, du respect de la parole donnée et des contrats consentis sont systématiquement violés » ; la cause de « ces événements si douloureux et si troublants » est « l'athéisme pratique » ; il faut donc chasser des écoles ces « virus révolutionnaires » et rétablir « l'unité du lien conjugal ». La lettre de soutien adressée par le cardinal Verdier à Daladier, le 30 mars 39, pour l'assurer de l'aide de l'Église dans son « œuvre de redressement national », est suivie, seulement un mois plus tard, d'un long appel des cardinaux à la lutte contre la dénatalité : pour « refaire l'atmosphère morale du pays » et en finir avec « les convulsions sociales », il faut condamner le divorce et l'avortement[38]. Cet appel des cardinaux et archevêques du 28 avril 39 en faveur de la natalité était aussi une façon d'exprimer, après un long silence, la reconnaissance de la famille comme cellule d'église et organe naturel d'apostolat et de donner un nouvel écho à l'encyclique *Casti Connubii* du 30 décembre 1930, jusque-là peu commentée, qui condamnait les pratiques contraceptives et réaffirmait que la fin première du mariage demeurait la procréation[39]. La défaite, l'instauration de l'État français et le déploiement de la philosophie sociale de la Révolution nationale vont être l'occasion d'une reprise de toutes ces déplorations et des associations conscientes – stratégiques – et inconscientes qu'elles mobilisent, sur un mode offensif et sans recul, reprise dans laquelle l'éternelle production catholique d'identité féminine va occuper une position clé.

38. Jean-Marie Mayeur, « Les évêques dans l'avant-guerre », in *Églises et Chrétiens dans la IIe Guerre mondiale*, *op. cit.*, p. 12-14.

39. Robert Talmy, *Histoire du mouvement familial en France, 1896-1930*, UNCAF, 1962, t. 2, p. 225. Ce document pontifical intervient 5 mois après la conférence de l'Église anglicane qui avait adopté une résolution autorisant les pratiques contraceptives dans le mariage pourvu qu'elles soient inspirées par des considérations morales élevées comme celles de donner une meilleure éducation à ses enfants.

Ainsi, dans *Réveil de l'âme française*, M.S. Gillet, supérieur général des dominicains, fait de la Déclaration des droits de l'homme, de l'individualisme et de l'école républicaine les facteurs de dissolution progressive des forces nationales livrées aux « instincts », aux « appétits » de « cœurs avides de jouissance immédiate » et « ennemis du sacrifice » ; le cataclysme de juin 40 a ainsi sauvé le pays de l'influence néfaste des « maîtres de la sociologie française » qui avaient instauré des relations anormales entre l'éducation scolaire et l'éducation familiale. La restauration familiale est pour lui la voie première du salut. « Maintenant qu'une politique absurde et des mœurs déplorables dues à un individualisme débridé, ont pu, en cinquante ans, mettre la famille française, et, avec elle, la France, en péril de mort, il faut, pour restaurer la famille, revenir coûte que coûte aux traditions françaises, reconstituer le foyer chrétien » ; « le divorce, la dénatalité, l'amour libre ont fini par mettre en péril l'existence même de la France et ont eu une répercussion incontestable sur notre impréparation à la guerre, sur notre défaite ». Le père Gillet a toujours combattu l'enseignement public laïc, et sa condamnation des sociologues, fauteurs de troubles familiaux et inspirateurs de la pédagogie d'État, l'amène à réclamer le retour à « toutes les notions qui supposent un déterminisme anti-social ou extrasocial, telles que la physiologie, l'hérédité, la race, à plus forte raison les traditions transmises de génération en génération, renforcées par l'éducation familiale et dont on peut dire, en se servant d'une image expressive, qu'elles sont dans le sang ». Véritable machine de guerre politique, ce texte qui prêche pour le retour à la voix du sang, remet les femmes à la place que leur corps, depuis toujours et pour toujours, leur assigne : « La femme aussi bien que l'homme sont doués de raison et de liberté. [...] Toutefois cette égalité humaine personnelle n'empêche pas leur inégalité individuelle qui tient, non à leur âme, mais à leur corps, c'est-à-dire à la différence des sexes. [...] A bien considérer les faits que déroule l'histoire depuis des siècles, et par quoi la nature trahit ses intentions les plus secrètes, la femme ne possède, à l'égal de l'homme, ni la force physique, ni les qualités d'activité, de stabilité, de direction et d'autorité que requiert un chef »[40].

40. M.S. Gillet, *Réveil de l'âme française*, Flammarion, 1942, p. 134, 102, 45, 125. Le père Gillet restera jusqu'au bout un fidèle de la Révolution nationale ; en 1943, il adresse de Rome un message à Pétain pour l'assurer de son dévouement et

En janvier 1941, est fondé à Bordeaux *Voix françaises*, hebdomadaire catholique, qui annonce dans son premier numéro vouloir « rechristianiser les âmes » sous la direction du maréchal Pétain, « seul chef légitime de la France d'aujourd'hui » ; on ne pouvait créer une publication à Bordeaux, zone occupée, sans offrir de solides garanties à l'occupant. Le directeur du journal, Paul Lesourd, est un homme de droite, professeur à l'Institut catholique de Paris et ami du cardinal Baudrillart, recteur de cet institut depuis 1907, qui, craignant une nouvelle Commune après la défaite de 40, défendra jusqu'à sa mort, en 42, les thèses collaborationnistes [41]. Le journal dénoncera nommément certains fonctionnaires restés en place qu'il considère comme francs-maçons ; en 43, il appelle à mettre les « terroristes » à la raison et, en mai 44, fait de l'union derrière le maréchal l'ultime rempart contre le « chaos ». Mais il est aussi un journal catholique banal qui comptabilise les pèlerinages [42], reprend à satiété les thèmes de la mère au foyer et du retour aux valeurs familiales. Un supplément mensuel, *Voix françaises familiales*, chante la famille retrouvée, la fête des mères, Marie « reine de France », et, semaine après semaine, sur la page de couverture, on retrouve une nouvelle image de la Vierge, empruntée aux archives du musée des Monuments français. Le

---

lui signaler que l'attitude à Alger du père Carrière, dominicain et vice-président de l'Assemblée provisoire dissidente, est désapprouvée par le général de l'ordre (Jacques Duquesne, *Les Catholiques français sous l'occupation*, *op. cit.*, p. 334). On voit bien ici que l'Église est traversée par des clivages politiques tels qu'ils se répercutent au sein même de chaque ordre religieux. Le père Gillet a écrit de très nombreux ouvrages de théologie et de morale dont les titres sont évocateurs de l'ordre social qu'il souhaite voir advenir : *L'Église et la Famille* ; *Population, Dépopulation, Repopulation* ; *La Virilité chrétienne* ; *La Peur de l'effort intellectuel* ; *Culture latine et Ordre social.*

41. En novembre 40, le cardinal s'était exprimé ainsi par le canal de l'agence Inter-France : « De tout cela pourrait sortir une guerre civile, plus redoutable que celle de 1871, une révolution plus durable que celle de la Commune » ; il soutiendra la Légion française antibolchevique ; Yves Marchasson, « Autour du cardinal Baudrillart », in *Églises et Chrétiens dans la II^e Guerre mondiale*, *op. cit.*, p. 227-228.

42. Travail de classification et de cartographie des pèlerinages de cette France qui a su « conserver ses traditions ancestrales, parfois millénaires » : « Dès 1940, nous avions atteint le chiffre de 1 400 pèlerinages de saints et de saintes. Au cours de l'année 42, nous consacrerons une fois par mois un article à une de ces zones de pèlerinages » ; « Les pèlerinages en France, leurs origines, leurs traditions, leur folklore », *Voix françaises*, 9 janv. 42.

journal a des collaborateurs prestigieux, parmi lesquels le père Sertillanges – dominicain, membre de l'Institut, l'un des hommes d'Église habitués de Vichy – qui y publie, de 41 à 43, une série d'articles sur la « rénovation morale de la France » par la famille, où il se pose en expert de la « nature » féminine ; en 44, il réunira ces articles dans un ouvrage théologico-démographique sur la famille, *La Maison française*, qu'Henry Bordeaux salue en ces termes : « Le culte des ancêtres ne se distingue pas du culte du feu. Chaque famille a son tombeau à quelques pas de la porte. [...] Le père Sertillanges fait sa part à l'amour dans le mariage où il entend rétablir ensuite l'autorité du père de famille »[43].

Puisqu'on a « tout falsifié » et qu'il faut « tout reprendre à neuf », la pierre d'angle sera, pour le père Sertillanges, le retour aux « vertus privées », « vertus du chef, vertus de son associée diligente et spécialiste du don ». Que prennent garde ceux qui ont « dévoyé la science » : « Ah sociologues, sociologues, ou petits politiciens passionnés, que vous êtes donc légers de vouloir fonder la société sur autre chose que la *nature* ». Pour aider « *notre* Révolution nationale », « Femmes, ressaisissez-vous », « car vous aussi vous aviez fléchi » : « la vie facile vous avait entraînées ; votre tendance à la futilité avait pris le pas sur le sérieux de l'existence familiale et les soucis d'une forte éducation » ; « l'heure est venue de se réformer soi-même ». Mais la culpabilité féminine peut toujours être levée par les Pères de l'Église, puisque de « la Samaritaine aux sept maris » ils peuvent faire une « annonciatrice du Verbe », et de la Madeleine « une sainte femme », à condition que « nos compagnes de vie » sachent « corriger leurs défauts » : « partialité de jugement liée à une moindre vue des ensembles » ; « pente à la rêverie qui est leur alcoolisme à elles » ; « nervosité, obstination, caprice ». Pour redresser l'erreur de la confusion des « rôles de l'homme et de la femme » « où naguère nous faillîmes tomber et que redressera *notre* Révolution nationale », il suffit de se rappeler et de rappeler que « la femme est mère du genre humain ». « Élargissez cette notion, vous en tirerez toute la psychologie féminine, et du même coup tout ce qu'attend d'elle la nature dans la juste répartition du travail humain ». Et puisque, comme Dumas fils (encore !) l'a écrit, « la maternité est le patriotisme des femmes », le combat est sur le front de la natalité :

43. *Voix françaises*, 15 juin 44.

« Nous devons rester nous-mêmes, et nous ne le serons plus si *l'étranger envahissant* se substitue peu à peu à nos populations autochtones. A cela, il y aurait un remède, c'est que nous occupions nous-mêmes nos contrées, que nous consentions à peupler nos berceaux, afin de peupler aussi nos usines et nos champs, nos administrations et nos services publics. La nature a horreur du vide. La pompe aspirante agit en démographie comme en hydraulique. Résoudrons-nous ce problème angoissant ? »[44]. La liaison dénatalité/immigration, qui fait de la démographie une science politique, sera au centre de la réflexion des hommes de science sur les femmes et deviendra un des lieux communs du régime.

### *Le catholicisme social et l'« humanisme féminin »*

Beaucoup plus nuancé dans sa philosophie sociale et divisé dans les formes et le degré de son adhésion à Vichy, le courant du catholicisme social est particulièrement intéressant à étudier ici car il a construit, pendant l'entre-deux-guerres, des liens serrés avec les mouvements catholiques d'action féminine : son adhésion à l'idéologie de l'« éternel féminin » version 1940 semble pourtant aller de soi. Animé principalement par des jésuites, le mouvement, né à la fin du XIXe siècle, s'exprime dans les rencontres annuelles dites « Semaines sociales de France » – sorte d'université itinérante où enseignent des professeurs prestigieux – dont l'organe officiel, la *Chronique sociale de France*, siège à Lyon. A Paris, l'Action populaire, centre d'information sociale fondé au début du siècle par le père Gustave Desbuquois, constitue le noyau actif du mouvement qui se consacrera principalement au syndicalisme chrétien, à l'amélioration des conditions de vie ouvrières et inspirera également de nombreuses organisations féminines et les cercles d'étude de l'Association catholique de la jeunesse française (ACJF). Les principaux animateurs de ce courant seront en zone sud à partir de 1940 et y feront reparaître leurs revues sous de nouveaux titres, évocateurs de l'espoir que fait naître la situation et le nouveau

44. Père Sertillanges, « Rénovation morale de la France », *Voix françaises*, 1, 17 janv. 41 ; « La famille française, le divorce », 7 févr. 41 ; « Rôle de la femme française », 18 avr. 41 ; « Les nationalités et les races », 20 juin 41 ; souligné par nous.

régime jusque dans un courant que l'on pouvait considérer comme appartenant à la « gauche » de l'Église : à partir d'octobre 40, *Renouveaux*, reprise des *Cahiers d'action religieuse et sociale*, et, à partir de janvier 41, *Cité nouvelle*, qui se substitue à la fois aux *Dossiers de l'action populaire* et aux *Études*.

Dans l'éditorial du premier numéro de *Cité nouvelle*, « France neuve, vérités retrouvées », le père Desbuquois développe une rhétorique du salut par la souffrance et élargit la notion de conversion individuelle à la communauté nationale. Appelant à un « patriotisme rénové », il écrit : « Sa contemplation [de la France] ébranle et remet en mouvement les *forces millénaires* qui sommeillent au cœur de ses fils ». Pour « transformer la catastrophe *occasionnelle* en une solution *définitive* d'existence », l'État doit être « fort et autoritaire » et respecter en même temps « les puissances individuelles ou associées antérieures à lui-même »[45], c'est-à-dire les corps intermédiaires, familial et professionnel surtout. *Renouveaux* justifie son titre par l'ardent désir qu'il décèle « chez tous » de « rénovation » maintenant que « la Maison-France s'est effondrée » et que « le chantier français est ouvert » ; et, dans son « bilan de fin d'année » du 15 décembre 41, après un an de « chantier », fait le point sur le partage des tâches. « Plus le chantier France s'organise et mieux se distinguent les deux secteurs complémentaires de ses activités : celui qu'on pourrait nommer des "institutions officielles" et celui des "initiatives privées" ou, si l'on préfère, le secteur de la RÉVOLUTION NATIONALE et, parmi d'autres, le secteur de l'ACTION CATHOLIQUE. L'action catholique doit en effet agir conjointement à la Révolution nationale. Elle doit agir à la manière d'un *catalyseur* ou d'un corps radioactif sur une masse déterminée »[46].

Toutes les ambiguïtés des relations du mouvement du catholicisme social avec le programme politique du régime sont résumées dans cette formule choc. Il s'agit de faire passer, de faire « prendre », les idées du mouvement dans des domaines précis – famille, travail, jeunesse –, en saisissant toutes les opportunités qu'offre la situation ; d'*investir* en quelque sorte les « chantiers » de la Révolution nationale dans lesquels on peut faire triompher des valeurs défendues depuis longtemps et, à travers elles, l'influence du catholicisme sur le nouvel ordre social, en s'efforçant de contrer l'influence à

45. *Cité nouvelle*, 10 janv. 41 ; souligné par nous.
46. *Renouveaux*, 1er oct. 40 ; majuscules dans le texte ; souligné par nous.

Vichy de tendances catholiques ennemies, comme celle de l'Action française.

C'est ainsi que le père Desbuquois s'installera à Vichy jusqu'à l'automne 43 où il soutiendra avec constance la Révolution nationale ; le père Dillard prêchera à l'église Saint-Louis de Vichy jusqu'au jour où le ton antinazi de ses sermons l'en fera chasser ; parti en Allemagne comme aumônier clandestin des travailleurs français, il mourra à Dachau en 45. En même temps qu'elle soutient la politique familiale, scolaire et de la jeunesse de l'État français, la revue *Cité nouvelle* publie des articles philosophiques et littéraires des pères Fessard et de Lubac, fondateurs des *Cahiers du Témoignage chrétien* et animateurs de la résistance catholique. Et tandis qu'Eugène Duthoit, doyen de la faculté catholique de droit de Lille et président des Semaines sociales de France, publie *Rénovation française, l'apport des Semaines sociales* où il dialogue avec le régime sur le corporatisme et la Charte du travail, les groupes lyonnais des Chroniques sociales de France et plusieurs membres de la commission générale des Semaines sociales s'engagent dans la résistance [47]. C'est dire, trop rapidement, combien ce mouvement est divisé contre lui-même, le rapport contradictoire au régime de Vichy pouvant même partager les individus. Il reste, et c'est là que nous retrouvons le thème de l'adhésion « apolitique » à la Révolution nationale, qu'en investissant, parfois massivement – comme en témoigne par exemple l'omniprésence de juristes catholiques sociaux dans l'action du Commissariat général à la famille dont ils influenceront largement la politique –, tout ce qui touche à la famille, et donc aux femmes, à l'enseignement, au corporatisme, à la jeunesse, ils enrichissent la rhétorique étatique de leur propre langage et la traduisent en *langue familière* à l'usage de ceux et de celles, nombreux, qui les écoutent. Cette participation « honorable » à la politique de Vichy sur la base de l'*entrisme* va amener une surproduction de définitions de l'ordre familial et de la « nature » féminine, bien proches, finalement, de celles qui se déploient dans les courants catholiques les plus conservateurs. La logique de la concur-

47. Paul Droulers, « Catholiques sociaux et révolution nationale (été 40-avril 42) », in *Églises et Chrétiens dans la IIe Guerre mondiale*, *op. cit.*, p. 213 *sq.*, Jacques Duquesne, *Les Catholiques français sous l'occupation*, *op. cit.*, p. 66-67, 145, 156, et Bernard Comte, « Conscience catholique et persécution antisémite : l'engagement de théologiens lyonnais en 1941-42 », *Annales, Présence du passé, lenteur de l'histoire, Vichy, l'occupation, les juifs*, 3, mai-juin 1993, p. 635-654.

rence œuvre, au sein même de l'institution Église, pour produire, sans limites, du discours sur l'« éternel féminin ». On tient là un des ressorts de la logique sociale qui, en ces temps de crise, a produit de l'unanimisme sur le retour de la femme au foyer.

Les membres de l'Action populaire feront paraître entre 1941 et 1943 une série de brochures, formant la collection « France vivante » aux éditions Spes, qui se présentent comme une continuation des travaux du groupe avant la guerre et intègrent sans difficultés apparentes l'idéologie de la Révolution nationale dans les domaines éducatifs, familiaux et du travail. Les jésuites écrivent sur la corporation paysanne, les carrières féminines, la restauration familiale et la politique familiale de l'État français, la charte du travail et « Nos mères ». *Nos Mères*, qui s'ouvre sur le message de Pétain aux mères de France du 25 mai 41 et voit l'origine du communisme dans « l'anémie de la famille ouvrière », fait largement appel à l'inévitable père Sertillanges qui, pour louer la mère, trace un portrait de la femme invisible telle que l'aime le régime : « O femme, O mère, diamant de l'intimité, toi que nul ne voit du dehors, à qui parfois nul ne songe, réjouis-toi ! Je la vois, bravant l'ennui et le souci, acceptant les besognes ingrates, dévorant les chagrins, supportant la monotonie des jours qui est si lourde », etc. [48]. Dans l'opuscule intitulé *Découverte de l'âme paysanne* (1942), qui reprend des extraits d'un livre publié en 1935, le père Maurice de Ganay considère le problème de la terre comme un problème féminin. « Les vieilles mythologies nous l'indiquent : la déesse Terre est la mère des hommes. Cette double maternité de la terre et de la femme est nécessaire pour donner et garder la vie de l'humanité. Et si notre agriculture actuelle paraît comme atteinte d'hémophilie, n'est-il pas symbolique ce fait que c'est par les femmes que cette maladie se transmet ? » [49]. Retrouvant ainsi le couple femme/paysan cher aux hommes de lettres, il assigne aux

48. P. Sertillanges, « La maison, c'est le monde », *Nos Mères*, Spes, « France vivante », 1942.

49. Gustave Thibon, qui constitue la métaphore biologique en arme de guerre politique, utilise aussi cette image pour dénoncer le « prodigieux rapetissement du monde » opéré par « les progrès de la technique » et « l'exhibitionnisme démocratique ». « Il est quelque chose de pire qu'une blessure : c'est la tendance à l'hémophilie. Notre sang coulait depuis longtemps goutte à goutte sans que nous y prenions garde, dans cette fausse euphorie qui précède les catastrophes ; il coule encore toutes les fois que nous négligeons un devoir ou que nous nous berçons d'un mensonge » ; *Retour au réel, op. cit.*, p. 52.

femmes de la campagne (et non aux structures matrimoniales et aux difficultés économiques) la responsabilité de l'exode rural, et saisit du même coup l'occasion pour imposer le retour au mythe contre toutes les formes d'analyses rationnelles.

Autant dans *Renouveaux*, revue modeste qui propose des sortes de fiches sur tous les secteurs sociaux où les catholiques trouvent un terrain d'action privilégié, que dans *Cité nouvelle*, revue plus intellectuelle, se déploie, au fil de nombreux articles répétitifs, un hymne à un « humanisme féminin », fait d'esprit de sacrifice et de repli sur l'espace privé, qui approuve les principes vichystes qui gouvernent la division sexuelle du monde social et qui sont mis en œuvre dans les politiques de la famille, de la jeunesse et de l'enseignement. Le grandiose concept d'« humanisme féminin » – dont il faudrait pouvoir reconstruire la sociogenèse –, qui ne semble avoir d'autre fonction que de radicaliser encore plus, sous couvert d'hommage aux qualités « de cœur » féminines, l'opposition normative masculin/féminin, apparaît dans un article de *Renouveaux* de septembre 41, « La formation familiale et ménagère, civique et sociale de la femme », qui souligne la « nécessité actuelle » de l'enseignement ménager ainsi défini : « Conscient de son originalité, car il est un "humanisme féminin" et deviendra une culture générale ; il est déjà en possession presque parfaite de sa technique, il aura bientôt ses examens ».

Et, montrant ainsi son respect des pauvres et des opprimés, *Cité nouvelle*, pour parler des femmes, ouvre ses colonnes à une femme. Pour « remettre de l'ordre dans la maison France », il faut affronter avec courage les « problèmes délicats » posés par la « question féminine ». « Alors que, il y a une vingtaine d'années, seules celles qui avaient une vocation intellectuelle faisaient les mêmes études que les garçons, peu à peu cette habitude se généralisa sans discernement. Beaucoup dépérissaient de surmenage avant d'aboutir. Les autres, épuisées avant l'âge, rataient à la fois carrière et mariage. Que de doctoresses sans clients, d'avocates sans causes, qui eussent été heureuses d'être des femmes et des mères tout simplement. La tendance actuelle qui projette de rendre la masse des jeunes filles à leur mission du foyer semble dure à beaucoup d'entre elles. Elles le prennent comme une pénitence. [...] Cette voie sera celle de leur bonheur à condition qu'elles comprennent que les circonstances nous obligent à vivre plus simplement et que la vie n'est pas faite pour s'offrir, à un rythme accéléré, toutes les jouissances »[50]. Dans la première partie de son article, l'auteur fait un éloge des femmes d'exception révélées par l'évolution récente de la société, ainsi l'aviatrice Hélène Boucher. On retrouve souvent dans les textes de ces femmes moralisatrices qui s'arrogent, en ces temps bénis où s'offrent des stratégies de distinction inespérées, le statut de moralistes, ce double discours qui n'est sans doute qu'une façon de se présenter soi-même comme faisant partie des quelques exceptions – légitimes – qui confirment la règle et de jouir du pouvoir d'interdire la jouissance. Parmi les plus actifs propagandistes du prêchi-prêcha vichyste sur le retour de la femme au foyer, on comptera de nombreuses femmes « autorisées » qui se couleront dans des postures d'autorité pour conseiller aux autres femmes de faire retraite au moment même où elles exercent pleinement leur pouvoir d'experts en aptitudes féminines. Le « féminisme » catholique de l'entre-deux-guerres, souvent inspiré par le catholicisme social, a constitué le vivier de ces vocations.

### *La femme au service de l'Église*

Vichy constitue une situation quasi expérimentale pour étudier la relation Église/femme ou, plus justement, Église/féminin, dans ses aspects les plus contradictoires. S'il existe une tradition évidente d'antiféminisme catholique fondée sur l'identification de l'élément maternel à la nature et de l'élément paternel à l'histoire[51], identification dont découle, « depuis toujours » et « pour toujours », aux yeux des théologiens, l'idée que « la » femme doit s'effacer pour mieux exister, il existe aussi une affinité, cultivée, entre l'Église et l'univers féminin qui peut être analysée à la fois comme un levier de libération de la domination masculine[52] et comme une politique de l'Église, en tant qu'institution, envers les femmes, clientèle reli-

50. Marthe Oullé, « Propos sur la jeunesse », conférence donnée au Grand Théâtre de Toulon en décembre 1940, *Cité nouvelle*, 10 avr. 41. En quelque sorte en avance sur son temps, Marthe Oullé pourrait parfaitement figurer parmi les cibles de Susan Faludi qui traque le mythe des « superwomen » repenties dans l'Amérique des années 80 ; Susan Faludi, *Backlash*, Éd. des Femmes, 1993.

51. Jean Delumeau, *La Peur en Occident, op. cit.*, p. 400.

52. Theodore Zeldin, *Histoire des passions françaises, op. cit.*, t. 5, *Anxiété et Hypocrisie*, p. 261.

gieuse à maintenir et à accroître. Comme le dit le père Sertillanges dans une jolie formule : « La femme est plus religieuse que l'homme »[53]. En plaçant la période de la défaite et de l'occupation sous le signe de la reviviscence du culte marial, l'Église joue sur ces deux aspects : d'un côté, elle participe à cette entreprise de révolution conservatrice dans le domaine central du partage sexuel du monde social ; d'un autre, elle prend appui sur les œuvres féminines catholiques et sur leurs porte-parole, en mobilisant tous les cadres féminins de l'« humanisme chrétien », pour glorifier la respectabilité des femmes qui respectent les règles, imposées, du jeu. Dans les deux cas, les femmes sont une occasion de régler des conflits d'influence.

L'intérêt de l'Église à la défense et promotion de l'« éternel féminin », en cette période de crise nationale qu'elle interprète et investit comme un temps de reconquête, peut être compris enfin comme un intérêt spécifiquement politique et stratégique. En menant croisade pour le retour et le maintien de la femme au foyer, l'Église défend en effet deux enjeux centraux de son existence et de son dynamisme. D'une part, le rappel de la vocation éducative familiale des femmes – au foyer – est inséparablement un rappel de la liberté familiale en matière éducative, c'est-à-dire la défense de l'éducation contre l'instruction, du libre choix scolaire, de la suprématie de l'institution Famille sur l'institution École, bref, une *défense de l'enseignement privé*, en France très majoritairement catholique, contre l'École de la République. Dans son analyse de la complémentarité de l'État et des associations privées, le père Desbuquois lie explicitement la défense de la famille et celle de l'enseignement « libre ». « Nous devons renoncer à analyser toutes les forces de droit naturel qui servent d'autant mieux le bien du pays et l'État lui-même que celui-ci s'en remet à leur élan spontané. Parmi elles, se distingue l'enseignement libre. L'école libre n'est pas une école qui, par un esprit de regrettable indépendance, se dérobe à la conduite de l'État. Elle est un mode normal, *conforme à l'ordre naturel*, de servir la famille »[54]. Il serait plus juste de dire que la famille, telle que la veut l'Église, la femme accomplissant « bien » son métier de mère, sert l'école « libre ». La restauration familiale qu'opposent aux sociologues, qui veulent fonder la société sur

53. « Maternité sociale », *Voix françaises*, 25 avr. 41.
54. « France neuve, vérités retrouvées », art. cité ; souligné par nous.

autre chose que la « nature », les très conservateurs pères Gillet et Sertillanges, a aussi pour fonction essentielle de réarmer l'enseignement confessionnel.

D'autre part, la défense du retour à la seule « vocation » maternelle des femmes est, inséparablement, un rappel du rôle central joué par les mères de famille – et, bien sûr, surtout des mères de familles nombreuses et rurales, d'où le travail de responsabilisation envers les femmes de la campagne – dans le *maintien des vocations religieuses.* Le rôle de la mère était en effet prépondérant dans la collaboration des familles à l'entreprise d'inculcation de la vocation, la pédagogie maternelle de la vocation étant encouragée et explicitement reconnue par l'Église dans les années de crise du recrutement sacerdotal[55]. Dans le Nord-Pas-de-Calais, la « Renaissance chrétienne » – œuvre animée par Mgr Dutoit – passe par un éloge de la famille nombreuse qui laisse augurer d'une « belle moisson sacerdotale »[56]. *Renouveaux* confie l'avenir du sacerdoce aux mains des mères : « La baisse de l'esprit de foi chez les femmes est au premier chef responsable de l'indifférence générale des jeunes pour la plus belle vocation. [...] Si le créateur a rendu le cœur de la femme plus sensible aux touches de la foi et plus accessible aux intuitions religieuses, ne serait-ce pas parce qu'il attend d'elle une rayonnante influence pour la formation des jeunes consciences et l'éveil de leur aspiration au plus bel idéal »[57]. Parler des femmes, comme on le voit, c'est parler de beaucoup d'autres choses, et pas de sujets mineurs au regard de la vitalité institutionnelle ; sur ces sujets, tous les courants de l'Église sont d'accord.

Et si le père Doncœur, qui appuie sans réserve la Révolution nationale, occasion unique à ses yeux de refaire une chrétienté, écrit l'un des textes les plus eschatologiques sur le nécessaire renvoi de « la race des femmes » à sa vocation univoque, n'est-ce pas parce qu'il a œuvré pendant tout l'entre-deux-guerres pour les vocations religieuses et qu'il a été obsédé par la *crise du sacerdoce*, titre d'un de ses livres. « Je me demande si les grands bouleversements ne consistent pas à nous ramener à notre être, à

55. Charles Suaud, « L'imposition de la vocation sacerdotale », *Actes de la recherche en sciences sociales*, 3, mai 1975.

56. Serge Laury, « Aspects de la vie religieuse pendant la Seconde Guerre mondiale dans le Nord-Pas-de-Calais », art. cité.

57. « La Vierge dans la cité », 1er mai 42.

consentir à notre nature, à suivre notre vocation. Les qualités nécessaires à la femme d'aujourd'hui ? Nulle ne lui est plus particulièrement nécessaire que d'*être femme*. Je pense qu'il lui faudra pour cela une grande intelligence et une initiative audacieuse. [...] Je relisais hier dans Carrel : "La femme doit être établie dans sa fonction naturelle qui est non seulement de faire des enfants mais de les élever". Décrets aussi durs que révolutionnaires. [...] Plus on pense *l'être naturel de la femme*, plus il apparaît qu'il est défini par la chair. Nous prononcerons ce mot avec la vénération que nous mettons à parler d'une œuvre de Dieu et comme nous disons "la chair du Christ". Ève est tirée de la chair d'Adam et ce seul trait définit sans doute son être par rapport à celui de l'homme : lui est tiré des éléments de la terre et se trouve par là en référence avec tout un univers extérieur [...]. Elle est en référence à l'homme et, née de sa chair, elle porte au fond de son être le souvenir de sa race. L'homme cultivera le Paradis ou la terre rebelle ; elle est vouée à l'œuvre suréminente, l'œuvre de chair. Tout le mystère de Marie est là »[58].

58. Paul Doncœur, « La femme d'aujourd'hui », in *La Femme d'aujourd'hui*, ouvrage collectif, Éd. de l'Orante, 1943, souligné par nous ; cet ouvrage est constitué d'une série de brochures mises en souscription en 1941 par les mêmes éditions sous le titre de collection « La relève ». Encore une contradiction au sein de l'Église : le père Doncœur, ancien des *Études* et, à ce titre, corédacteur de *Cité nouvelle*, et qui est également abondamment cité dans *Renouveaux*, publie en 42 aux éditions de l'Orante *Péguy, la révolution et le sacré*, prêche pour un monde « nouveau » sous la houlette du maréchal ; présenté au scolasticat de Fourvières, le livre recevra un accueil glacial de deux cents pères jésuites mais aura une grande audience dans les mouvements de jeunesse.

# 3

# LE PÉCHÉ DÉMOGRAPHIQUE

Dans son appel du 20 juin 40 – « l'esprit de jouissance l'a emporté sur l'esprit de sacrifice » – le maréchal Pétain assigne à la dénatalité une lourde responsabilité dans la situation du pays : « Trop peu d'enfants, trop peu d'armes, trop peu d'alliés, voilà les causes de notre défaite ». Au plan militaire, l'argument démographique semble peu pertinent puisque les deux armées, telles qu'elles se faisaient face, étaient numériquement égales[1].

La situation démographique de la France était marquée par l'hécatombe de la Première Guerre mondiale : le fléchissement de la natalité dans les années 30 s'explique en grande partie par l'arrivée des classes creuses à l'âge de la fécondité et non par une quelconque volonté malthusienne ; l'excédent des veuves et des femmes célibataires avait atteint 300 000 après la guerre de 14[2] ; et, en 1935, l'effectif du contingent avait fléchi de moitié tant les garçons nés entre 1914 et 1918 étaient peu nombreux[3]. Pourtant, la reprise de la natalité en 1938-1939 continuera d'être analysée par les démographes comme un résultat bénéfique de l'aggravation des mesures pénales contre l'avortement et non comme un effet du rétablissement de l'équilibre démographique, les conséquences de la guerre de 14-18 ayant fini de jouer. Ce discours explicatif trouvera en 1940 un écho illimité, le maréchal prenant la relève et imposant à tous l'analyse simpliste de la culpabilité démographique. Si la France a été vaincue pour cause de désordre moral et

1. Jean-Pierre Azéma, *De Munich à la Libération, 1938-1944*, Seuil, « Points Histoire », 1979, p. 70.

2. Henri Dubief, *Le Déclin de la IIIe République, 1929-1938*, Seuil, « Points Histoire », p. 82 et 106.

3. Robert O. Paxton, *La France de Vichy, 1940-1944*, *op. cit.*, p. 23.

si l'un des signes de ce désordre a été la baisse de la fécondité, le redressement passe par l'imposition d'une propagande et de mesures natalistes. La dénonciation du « néo-malthusianisme » va obséder le régime, et le schème contrition/femme/expiation pourra s'y déployer à loisir, la science démographique venant légitimer une conception politique de l'ordre moral.

Dans une brochure de propagande du Commissariat général à la famille, *La Vie en fleur*, figure un texte anonyme intitulé « *Dies Irae* ». « Brusquement, dans un foyer qui va clore ses volets, éclate le tonnerre de l'affreuse nouvelle. Au pied du lit de parade, où repose parmi les scintillements des cierges, le corps inerte de leur seul enfant, s'abîment deux pauvres vieux : une mère effondrée, un père désespéré. [...] Le père se jette dans les bras d'un cousin : "Que ne t'ai-je écouté, au temps où tu me recommandais d'avoir plusieurs enfants ? Nous n'en voulions qu'un seul, afin de le rendre plus heureux. Tous les prétextes furent bons pour écarter les autres. Et nous voilà seuls". Remords ! L'homme confesse publiquement son égoïsme. [...] *Dies irae... Dies illa...* Deux vieux époux expient la faute impardonnable de n'avoir pas voulu, naguère, donner à leur enfant un ou plusieurs petits frères. Dans notre France qu'on désigna comme le pays des fils uniques, c'est là une histoire plus vraie et plus fréquente qu'il ne faudrait. Justice immanente ! »[4]. Ici encore la théologie du Dieu terrible est mise au service du rétablissement de l'ordre social en matière de fécondité des couples et, dans cet album illustré de photos de nouveau-nés souriants et de jeunes mères allaitant, cette évocation de la vengeance divine montre à quels excès d'imagination morbide a pu conduire l'hypnose du châtiment. On y retrouve les grands thèmes de la propagande nataliste du régime (condamnation de la contraception, stigmatisation d'une « société de fils uniques », éloge de la solidarité entre les générations) qui viennent parfaitement s'ajuster à la rhétorique de la faute et du rachat.

L'usage vichyste de la démographie comme science politique s'inscrit dans la continuité historique mais prend, du fait de la situation historique d'exception dans laquelle il se déploie, des

4. *La Vie en fleur*, brochure éditée par l'Office de publicité générale, Commissariat général à la famille, s.d. ; BDIC, réserve Gr. fol. 126-1 ; cet album contient des articles de médecins et de sages-femmes, et des textes anonymes, aphorismes et rappels à l'ordre.

accents apocalyptiques ; il va pouvoir mobiliser immédiatement tout un corpus savant dans lequel il privilégiera une dimension eschatologique, avec le concours d'experts tout prêts à collaborer à cette forme particulière d'élargissement de leur compétence ; dans cette perspective « scientifique », les femmes sont des coupables désignées d'avance.

### *La police du sexe*

Michel Foucault fait remonter au XVIIIe siècle les débuts de la « police du sexe » et de l'« économie politique de la population ». « Au cœur de ce problème économique et politique de la population, le sexe : il faut analyser le taux de natalité, l'âge du mariage, les naissances légitimes et illégitimes, la précocité et la fréquence des rapports sexuels, la manière de les rendre féconds ou stériles, l'effet du célibat ou des interdits, l'incidence des pratiques contraceptives – de ces fameux "funestes secrets" dont les démographes, à la veille de la Révolution, savent qu'ils sont déjà familiers à la campagne »[5]. Mais la construction systématique de la dénatalité comme question politique et comme question médicale, c'est-à-dire comme question de science morale relevant de l'hygiénisme, commence, dans sa forme moderne de « socialisation des pratiques procréatrices »[6], après la défaite de 1870. A partir de 1875 en effet, le nombre annuel des naissances se met à décroître régulièrement et un violent débat politique s'engage entre néo-malthusiens et natalistes autour de la notion de croissance démographique[7], débat qui se poursuivra pendant tout l'entre-deux-guerres et dans lequel sera prise la politique familiale de Vichy. C'est en juillet 1890 que le débat est lancé par Henri Fèvre dans un article de *La Revue*

5. Michel Foucault, *Histoire de la sexualité, 1, La Volonté de savoir*, Gallimard, « Bibliothèque des histoires », 1976, p. 36.

6. « Socialisation économique par le biais de toutes les incitations ou freins apportés, par des mesures "sociales" ou fiscales, à la fécondité des couples ; socialisation politique par la responsabilisation des couples à l'égard du corps social tout entier ; socialisation médicale, par la valeur pathogène, pour l'individu et l'espèce, prêtée aux pratiques d'un contrôle des naissances » ; Michel Foucault, *ibid.*, p. 138.

7. Francis Ronsin, *La Grève des ventres. Propagande néo-malthusienne et baisse de la natalité française (XIXe-XXe siècle)*, Aubier-Montaigne, 1980, p. 15, 17 ; pour ce qui suit, voir chap. 6 et 7, 12 et 13.

*d'aujourd'hui*, « Et multipliez-vous », où il développe la thèse qui sera reprise par l'ensemble des néo-malthusiens : la procréation excessive provoque la surabondance de travailleurs et de soldats potentiels, donc le chômage, la misère et la guerre. Paul Robin, originaire de la grande bourgeoisie catholique de Toulon, normalien et professeur, communard réfugié à Londres, puis fondateur, après la victoire politique des républicains, de l'orphelinat de Cempuis où il invente une formule d'autogestion pédagogique, sera l'infatigable propagandiste de ces thèses et créera, en 1896, la Ligue de la régénération humaine. Dans le camp opposé, les ligues morales et « repopulatrices » – notamment la Ligue française de moralité publique, fondée en 1882 par un pasteur, et l'Alliance nationale pour l'accroissement de la population française, créée en 1896, par le statisticien Jacques Bertillon et le Dr Charles Richet (prix Nobel de médecine en 1913) – voient dans la dénatalité une perte du prestige et de la puissance de la nation, de l'activité et de l'initiative, la cause (déjà !) d'une immigration étrangère corruptrice de la race et des mœurs, le signe avant-coureur de l'effondrement de l'Occident ; tels sont les pères spirituels des démographes et médecins natalistes du Commissariat général à la famille chargé de théoriser et de mettre en œuvre la politique familiale de l'État français.

Le discours scientifique après la Commune associe la faute et l'expiation à la « dégénérescence » et donne, encore une fois, aux femmes une position stratégique dans l'examen qu'il mène des causes et des remèdes de l'« explosion » de 1871, explosion inséparablement sociale et sexuelle aux yeux des tenants de l'ordre hygiéniste. Le concept de *dégénérescence* est la clé de voûte de cette construction médicale des problèmes sociaux qui institue les médecins en experts de l'ordre et du désordre, bien au-delà des désordres proprement cliniques. La notion a été imposée dans toute son ampleur à la fin du XIXe siècle par Valentin Magnan qui y voit un état pathologique de l'être caractérisé par une « moindre résistance psycho-physique » et par une inaptitude à réaliser les « conditions biologiques de la lutte héréditaire pour la vie », état conduisant à « l'anéantissement de l'espèce »[8]. Entre 1871 et 1877, de nouvelles théories apparaissent qui viennent infléchir la poli-

8. V. Magnan et M. Legrain, *Les Dégénérés. État mental et syndrome épisodique*, Ruef, 1895.

tique de réglementation de la prostitution dans le sens d'une répression accrue à l'égard de comportements sexuels « déviants » présentés désormais comme une « vague déferlante »[9]. Et un renversement complet des perspectives a lieu qui présente dès lors les conduites prostitutionnelles comme un symptôme de dégénérescence. L'anthropologie criminelle vient seconder la psychiatrie pour établir l'hérédité de cette dégénérescence psychique de la « prostituée-née » : « La prostitution est une affection organique pathologique », écrit le docteur Simonot en 1911, dans un ouvrage qui marque le point d'aboutissement de ce processus de naturalisation de la faute. La catégorie médicale de la « prostituée folle » ou de la « folle criminelle » hantera les portraits littéraires des communardes qui sont présentées comme des hystériques ivres de sang, pires que les hommes qu'elles excitent à toujours plus de crimes. Francisque Sarcey rapproche la Commune des « vertiges » incendiaires du moyen âge et écrit que si « les femmes portent dans ces accès de folie une exaltation plus farouche que les hommes, c'est qu'elles ont un système nerveux plus développé ; c'est que leur cerveau est plus faible et leur sensibilité plus vive. Aussi sont-elles cent fois plus dangereuses ». Et Gobineau, le théoricien de la supériorité de la race nordique, affirme : « Je suis profondément convaincu qu'il n'y a pas un exemple dans l'histoire d'aucun temps et d'aucun peuple de la folie furieuse, de la frénésie fanatique de ces femmes »[10].

A la veille de la guerre de 14, le mouvement eugénique français vient apporter son concours à l'action moralisatrice des ligues populationnistes[11]. A l'instar des autres pays d'Europe, les préoccupations eugéniques naissent en France de cette même peur du déclin et de la dégénérescence. Mais la tradition scientifique néo-lamarckienne donnera à l'eugénisme français une coloration spécifique qui le distinguera du courant anglo-saxon empreint de néo-malthusianisme : la croyance en la théorie de l'hérédité des caractères acquis conduira les eugénistes français à privilégier la prévention pour assister, biologiquement, les générations à venir. Santé des parents,

9. Alain Corbin, *Les Filles de noce. Misère sexuelle et prostitution (XIXe siècle)*, Flammarion, « Champs », 1982 (Aubier-Montaigne, 1978), p. 36 *sq.* et 436 *sq.*

10. Cités par Paul Lidsky, *Les Écrivains contre la Commune*, *op. cit.*, p. 65.

11. Pour les remarques qui suivent, nous nous référons à William Schneider, « Toward the Improvement of the Human Race : the History of Eugenics in France », *The Journal of Modern History*, 54, juin 1982.

conception, grossesse et soins du nourrisson sont définis comme les lieux d'intervention privilégiée d'une amélioration de l'espèce, désignant du même coup les médecins comme les théoriciens prédestinés du mouvement eugénique et les femmes comme l'objet premier et le levier essentiel de leur action. Les réunions ont lieu au grand amphithéâtre de l'école de médecine, et des médecins prestigieux figureront parmi les fondateurs et dirigeants de la Société française d'eugénique. Ainsi, Adolphe Pinard, le plus célèbre obstétricien de Paris, patron de la maternité modèle de l'hôpital Baudelocque, professeur à l'école de médecine et député, et Eugène Apert, pédiatre. Partisans d'une « puériculture » scientifique où la mère joue un rôle central, notamment par l'allaitement, ces médecins vont très largement contribuer à renforcer l'image d'une maternité « totale », accomplissement à leurs yeux du « destin » féminin. Sur ce terrain, et sur d'autres liés à la lutte contre le « déclin biologique », ils retrouvent les mouvements natalistes : ainsi Charles Richet sera vice-président de la Société d'eugénique, Adolphe Pinard sera membre de la Commission sénatoriale sur la dépopulation et Lucien March, trésorier de la Société d'eugénique, sera directeur de la Statistique générale de la France. *Ce lien organique entre médecine des femmes, eugénisme et politique nataliste*, qui n'a jamais existé dans les pays anglo-saxons où l'eugénisme se réclamait du néo-malthusianisme et du *birth-control*, confère aux discours des hommes de science français, médecins et démographes, sur la « nature » féminine, une charge de violence symbolique inégalée.

Après la guerre de 1914, dont les conséquences démographiques ont dramatisé la question nataliste, la parole est aux hommes politiques qui votent, le 31 juillet 1920, une loi sur la répression de la provocation à l'avortement et de la propagande anticonceptionnelle dont l'effet principal est d'entraver considérablement le développement de la propagande malthusienne et de la contraception féminine. Puis, avec la loi du 27 mars 1923, l'avortement ne sera plus considéré comme un crime relevant de la compétence de la cour d'assises (et donc d'un jury) : une réduction des peines permet qu'il soit désormais considéré comme un délit relevant du tribunal correctionnel et ce, paradoxalement, en vue de renforcer sa répression puisque, jusque-là, le jury était « largement accessible à la pitié », dit le rapporteur[12] ; la proportion d'acquittements va effecti-

12. Francis Ronsin, *La Grève des ventres*, *op. cit.*, p. 137 *sq.*

vement diminuer – passant de 72 % entre 1880 et 1910 à 19 % entre 1925 et 1934[13] – et les médecins accusés peuvent être interdits d'exercice. Le poids du mouvement familial et nataliste est considérable pendant l'entre-deux-guerres[14] : la création en 1920 du Conseil supérieur de la natalité (CSN), l'apparition du terme « politique de natalité » en 1922, l'activisme de l'Alliance nationale pour l'accroissement de la population française qui deviendra l'Alliance nationale contre la dépopulation, passée de 230 membres en 1913 à 25 000 en juin 1939, sous la direction enthousiaste du démographe Fernand Boverat qui est aussi vice-président du CSN et sera infatigable pendant la Révolution nationale, tout cela se nourrit déjà d'une critique de l'« individualisme égalitaire » porté par la révolution de 1789. A la veille de la guerre, un Haut Comité de la population est créé, et le Code de la famille de 1939 encourage, par des mesures diverses, la natalité sur le « modèle de la famille française, d'au moins trois enfants, et où la mère, mariée, vit au foyer »[15].

### *La trahison des femmes et l'anémie des civilisés*

La théorie de la dégénérescence – et ses rejetons idéologiques des années 20 – est marquée par une tendance à *amalgamer déterminismes sociaux et déterminismes biologiques*[16] de telle sorte qu'il est toujours facile de passer d'une « tare » individuelle à une déficience collective, de la même façon que la réflexion sur la défaite – de 1871 comme de 1940 – étend la notion individuelle de faute à la société tout entière. Dénatalité, prostitution ou alcoolisme

13. Yvonne Knibiehler et Catherine Fouquet, *Histoire des mères*, Montalba, 1980, p. 311.

14. Voir Françoise Thébaud, « Maternité et famille entre les deux guerres : idéologie et politique familiale », in *Femmes et Fascismes*, sous la direction de Rita Thalmann, Éd. Tierce, « Femmes et sociétés », 1986, p. 85 *sq*.

15. Sur la politique familiale comme résultat des transformations des bases sociales du familialisme et sur les constructions symboliques de la famille qu'elle induit, voir Rémi Lenoir, « Transformations du familialisme et reconversions morales », *Actes de la recherche en sciences sociales*, 59, sept. 1985.

16. Robert A. Nye, *Crime, Madness and Politics in Modern France. The Medical Concept of National Decline*, Princeton, 1984, notamment chap. 5, « Metaphors of Pathology in the "Belle Époque" : The Rise of a Medical Model of Cultural Crisis », p. 132 *sq*.

sont les symptômes d'un affaissement national qui doit être « soigné », selon la métaphore biologique qui envahit le discours politique dans de tels contextes historiques de crise où les médecins retrouvent toute leur influence dans la prophylaxie sociale. La mobilisation nataliste avant et après un conflit est un phénomène commun à tous les nationalismes comme le montrent les étapes de la politique nataliste du IIIe Reich et ses légitimations scientifiques. Les similitudes sont nombreuses entre la biopolitique nazie et la politique nataliste française quant à la conception du rôle des femmes dans la nation et aux limitations apportées à leur liberté de décision en matière de reproduction. Comme le dit le Dr. Schallmayer, lauréat de la fondation Krupp en 1900 pour son ouvrage *Hérédité et Sélection dans la vie des peuples* : « La vie sexuelle n'est pas une affaire privée, elle doit être une chose sacrée vouée à des fins supérieures »[17] ; ce thème de l'intérêt national opposé à l'« égoïsme » individualiste imprégnera tous les textes vichystes sur la famille.

La période de l'entre-deux-guerres voit la publication d'un très grand nombre d'essais politico-scientifiques sur le « déclin de l'Occident » qui mettent au centre de leurs analyses la perte de la « vitalité », cause et effet de la baisse de la natalité que connaissent les pays d'Europe. Ces ouvrages, qui se ressemblent tous, ont en commun d'imposer des lieux communs sur la relation entre ordre social et ordre « naturel » en jouant sur les dénonciations apocalyptiques[18] : ici, en opposant l'« anémie » des « civilisés » à la menace de la domination en nombre des « hordes barbares », le seul remède au déséquilibre étant une « saine » natalité en Europe. Ils ont en commun également de relever de la logique mythique et de l'art divinatoire ; le succès sans précédent du livre d'Oswald Spengler, *Le Déclin de l'Occident* (1918), tient précisément, selon Ernst Cassirer, à ce caractère qui en fait « une astrologie de l'histoire, un livre de devin dévoilant ses multiples visions apocalyptiques »[19]. En 1935, Burgdöfer, directeur de l'Office de statistiques de Berlin, publie *Volk ohne Jugend* (« peuple sans jeunesse ») où le national-

17. Rita Thalmann, *Être femme sous le IIIe Reich*, Robert Laffont, 1982, chap. 3, « Le service maternel » p. 99 *sq.*

18. Sur la notion de « lieux communs » et sur leur capacité à laisser jouer les racines mythiques, voir Pierre Bourdieu, *La Distinction*, Minuit, « Le sens commun », 1979, p. 546.

19. Ernst Cassirer, *Le Mythe de l'État, op. cit.*, p. 393.

socialisme trouve une justification scientifique prestigieuse de sa politique nataliste[20]. Le livre d'Albert Demangeon, *Le Déclin de l'Europe*, paru en 1920, témoigne de la même crainte de la dépopulation, signe d'une perte d'élan vital, que celui d'Oswald Spengler qui alerte sur « la stérilité du civilisé » et appelle au retour à la nature. Dans *Mesure de la France* (Grasset, 1922), Drieu La Rochelle accuse la France d'une « demi-stérilité dans l'ordre de la chair » et d'avoir violé la loi « qui est la promesse même faite à notre espèce, son pacte d'alliance avec les forces du monde, la souche patriarcale de l'empire humain » : « La France a commis un crime. Elle le paye selon cette règle permanente qui somme toute est celle du talion. "Tu as étouffé un fils dans ton lit, tu perdras l'autre à la guerre" ». Le thème central de Drieu La Rochelle est la déploration sur l'incapacité de la France à vaincre seule en 1918 et sur son recours aux troupes coloniales : « Verdun ? Mais il y avait déjà tant d'Anglais en France, et même, ô soldats de l'An II ! tant de nègres »[21]. Un film de propagande nazie sur la guerre de 14, réalisé en 1937 avec des images d'archives, montre dans un cabaret parisien un groupe de soldats africains en uniforme et commente dans la même veine : « Comment un pays qui se réclame de la civilisation peut-il mobiliser tant de primitifs ? »[22]. Dans *Explication de notre temps* (Grasset, 1925), Lucien Romier, futur ministre d'État de Vichy, conseiller intime de Pétain, dénonce un « peuple de fils uniques » qui ne saurait être qu'un « peuple médiocre ». Henri Decugis, qui se situe dans le courant des recherches de l'eugénique à la française, analyse dans *Le Destin des races blanches*, préfacé par André Siegfried (Librairie de France, 1935, et PUF, 1938), les phénomènes de fécondité différentielle, les élites se reproduisant selon lui moins vite que les masses.

20. Alain Girard, *L'Institut national d'études démographiques. Histoire et développement*, INED, 1986, p. 41 ; sauf indication contraire, les citations qui suivent sur le déclin démographique de la France sont tirées de cet ouvrage.

21. Cité par Daniel Halévy, *Trois Épreuves, 1814, 1871, 1940, op. cit.*, p. 124-125. Dans *Gilles*, Drieu La Rochelle reprendra cette thématique de la « décadence » née de la dépopulation et l'associera à la recherche d'un âge d'or – retour à la terre, aux églises de villages et à un moyen âge mythique. Son obsession de la santé nationale fonde une apologie des valeurs fascistes, et sa vision eschatologique alimente son antisémitisme. Voir Michel Winock, *Nationalisme, Antisémitisme et Fascisme en France*, Seuil, « Points Histoire », 1990, p. 346 *sq.*, « Une parabole fasciste : "Gilles" de Drieu La Rochelle ».

22. *Les Années fractures*, documentaire de Gilles Nadeau, nov. 1993, Arte.

Mais le livre-phare sur ces questions sera celui d'Alexis Carrel, *L'Homme, cet inconnu* (Plon, 1935), qui se vendra à 200 000 exemplaires de sa publication à fin 1939[23], la couverture de l'édition de 1950 portant la mention 406e mille. Le succès fulgurant de ce livre tient sans doute autant à son contenu qui allie philosophie sociale dans l'air du temps et outils scientifiques, empruntant surtout à la biologie et à la physiologie, à la manière des *mythes savants* qui satisfont « la pulsion inconsciente qui porte à donner à un problème socialement important une réponse unitaire et totale à la façon du mythe ou de la religion »[24], qu'à la personne de son auteur reconnu, en ce temps de crise, comme un prophète tel que l'a défini Max Weber. Alexis Carrel constitue ainsi une sorte de « double » scientifique du maréchal Pétain, comme lui homme âgé au passé prestigieux faisant don de sa personne à la France dans ce moment ultime. Carrel lui-même exprime le sentiment qu'il a du caractère extraordinaire de sa mission et, dans une lettre à Plon, datée du 23 septembre 1942, où il se plaint de la mauvaise diffusion de son livre, il écrit : « S'il ne s'agissait que de mes intérêts matériels et moraux d'auteur, je me soumettrais à la loi commune, mais il s'agit de l'œuvre entreprise pour le relèvement du pays. Les idées que j'ai lancées ont pris par suite des événements *une sorte de caractère prophétique*. Bien avant que la nécessité nous ait imposé ses lois, j'avais prévu et indiqué la voie à suivre. Il est indispensable que mon livre puisse être entre les mains de tous ceux qui en France sont capables de comprendre, réfléchir et agir »[25]. Carrel était un chercheur internationalement reconnu qui avait obtenu en 1912 le prix Nobel pour ses travaux sur les sutures vasculaires et qui jeta les premières bases des études sur la transplantation des vaisseaux sanguins et des organes ; émigré aux États-Unis en 1905, il mena à la fondation Rockefeller des recherches sur la conservation des tissus à l'extérieur du corps ; travaillant comme chirurgien en France pendant la guerre de 14, il mit au point avec Dakin une méthode de traitement des blessures par irrigation d'antiseptique. Son engouement pour la « bio-typologie », la métaphysique et l'eu-

23. Alain Drouard, *Une inconnue des sciences sociales. La fondation Alexis-Carrel, 1941-1945*, INED/MSH, 1992, p. 110 *sq*.

24. Pierre Bourdieu, « Le Nord et le Midi, contribution à une analyse de l'effet Montesquieu », *Actes de la recherche en sciences sociales*, 35, nov. 1980.

25. Archives nationales, 2 AG 78, Dr Ménétrel, dossiers sur diverses questions médicales ; souligné par nous.

génisme est plus tardif. On peut y voir l'expression du ressentiment d'un découvreur en conflit avec les autorités médicales françaises de son époque (il sera refusé au concours de chirurgien des hôpitaux de Lyon en 1902 et se battra contre ce qu'il désigne comme la routine criminelle de la chirurgie militaire prompte à l'amputation) ; on peut y voir également l'expression d'un souci personnel de l'absence de descendance puisqu'il n'avait jamais pu avoir d'enfants avec son épouse : « C'est tout un monde qui s'écroule. [...] Il y a encore ici, parmi les descendants des puritains, quelques types moralement forts. Mais le nombre diminue très vite, car les femmes dans ce milieu sont volontairement et même souvent involontairement inféconde s» [26].

Obéissant à la loi sociologique qui veut que les progrès dans la consécration d'un auteur s'accompagnent du passage vers les grandes synthèses théoriques et philosophiques, Carrel entre dans le rôle prophétique de l'intellectuel qui se sent appelé à donner son jugement sur les questions ultimes des moments ultimes. Dans sa préface à *L'Homme, cet inconnu*, Carrel se présente comme un « homme de science » et parle de lui à la troisième personne : « Il a pu observer presque toutes les formes de l'activité humaine. Il a connu les petits et les grands, les sains et les malades, les savants et les ignorants, les faibles d'esprit, les fous, les habiles, les criminels. [...] Le hasard l'a placé sur la route de philosophes, d'artistes, de poètes et de savants. Et parfois aussi de génies, de héros, de saints. En même temps, il a vu jouer les mécanismes secrets qui, au fond des tissus, dans la vertigineuse immensité du cerveau, sont le substratum de tous les phénomènes organiques et mentaux. [...] Il vit à la fois dans le Nouveau Monde et dans l'Ancien. [...] Avant de commencer ce travail, son auteur en connaissait la difficulté, la quasi-impossibilité. Il l'a entrepris simplement parce que quelqu'un devait l'entreprendre. Parce que l'homme est aujourd'hui incapable de suivre la civilisation dans la voie où elle s'est engagée. *Parce qu'il y dégénère* ». Se donnant comme un intermédiaire entre différents âges de l'humanité, comme le maître du mystère physiologique et chimique de l'infiniment petit, le docteur Carrel met tout le poids de son autorité scientifique dans le diagnostic de « dégénérescence » qui incarne dans ce moment historique le

26. Lettre à son beau-frère, 12 avril 38, citée par Alain Drouard, *Une inconnue des sciences sociales*, *op. cit.*, p. 100.

« retour du mythe ». Dans le livre de Carrel, la dégénérescence est à nouveau liée essentiellement à la dénatalité qui menace d'extinction « les meilleurs éléments de la race », et tient à notre (mauvaise) volonté de nous « émanciper des lois naturelles » : « Nous avons oublié que la nature ne pardonne jamais », conclut-il dans la préface qu'il a écrite pour une nouvelle édition américaine, en juin 1939. La rhétorique de l'expiation dans sa dimension biologique confère à la « nature » le soin de châtier les coupables. On ne peut qu'être frappé de la similitude existant entre le texte vengeur du Commissariat général à la famille, « *Dies Irae* », les propos de Drieu La Rochelle sur « la loi de l'espèce » et celle du « talion », et ceux de Carrel sur les lois naturelles et la vengeance de la nature : le mythe dans sa version scientifique fait écho à la théologie du Dieu terrible. Par une loi du 17 novembre 1941, l'État français créera la Fondation française pour l'étude des problèmes humains dont Alexis Carrel sera le « régent » et sur laquelle nous reviendrons plus loin ; la Fondation sera la concrétisation de cette utopie d'une politique scientifique de gestion du capital humain.

Les intellectuels et les hommes d'Église qui font croisade pour le retour des femmes au foyer lisent, relisent et citent beaucoup le docteur Carrel dont la légitimité scientifique apporte une caution exceptionnelle à la conception vichyste de la remise en ordre. Dans l'utopie carrélienne, les femmes, encore une fois, sont chargées du retour à la nature et du rétablissement de la soumission aux lois « naturelles » par le retour à leur « vocation » féminine. Et si l'homme est un inconnu, la femme, elle, reste sans surprise. « Les femmes doivent développer leurs aptitudes dans la direction de leur propre nature, sans chercher à imiter les mâles ». « Il ne faut pas donner aux jeunes filles la même formation intellectuelle, le même genre de vie, le même idéal, qu'aux garçons. Entre les deux sexes, il y a d'irrévocables différences. Il est impératif d'en tenir compte dans la construction du monde civilisé ». « La femme doit être rétablie dans sa fonction naturelle qui est non seulement de faire des enfants mais de les élever ». « La société moderne a commis la sérieuse faute de substituer, dès le plus bas âge, l'école à l'enseignement familial. Elle y a été obligée par *la trahison des femmes*. Celles-ci abandonnent leurs enfants aux "kindergarten" pour s'occuper de leur carrière, de leurs ambitions mondaines, de leurs plaisirs sexuels, de leurs fantaisies littéraires ou artistiques, ou simplement pour jouer au bridge, aller au cinéma, perdre leur temps dans une paresse affairée »[27]. En conclusion de ces constats, le docteur Carrel réclame la promulgation de lois visant à limiter l'éducation des filles, à protéger l'institution du mariage, à interdire le divorce, tout cela « dans l'intérêt de la prochaine génération ».

### *Le marché de la natalité*

La politique familiale de Vichy est pour beaucoup une politique nataliste et le régime va parachever la construction de la dénatalité comme question politique et lui donner une forme extrême : « En deux mots, il s'agit d'aménager la France pour la commodité des familles nombreuses et non pour celle des familles stériles »[28]. Dans *Le Chef et la Famille*, brochure de propagande du Commissariat général à la famille destinée aux Chantiers de la jeunesse[29], l'eschatologie pétainiste reprend la litanie des fautes ayant conduit à la défaite et désigne la « politique familiale et nataliste » comme le remède qui permettra de relever le « climat moral de la France d'hier » marqué par l'union libre, l'abandon de famille, le divorce, l'égoïsme conjugal, l'avortement, la légèreté sexuelle et la débauche. Dans la préface de cet ouvrage, le général Lafont, chef du scoutisme français, politise ainsi la question : « Conduite depuis des années par des chefs célibataires, divorcés ou mariés sans enfants, la France avait négligé, systématiquement peut-on dire, de pratiquer une politique de la famille. Aux cris d'alarme poussés par quelques patriotes clairvoyants, on répondait par des discours ; on répandait des informations tendancieuses sur les progrès en tous

27. « Quelques extraits de *L'Homme, cet inconnu* du Dr Carrel », annexe à *L'Éducation des filles. Quelques principes directeurs*, Limoges, Association des parents d'élèves de l'enseignement libre, APEL, 1941 ; souligné par nous. L'ouvrage de Carrel, qui obéit à la logique du « mythe savant », se prête de façon privilégiée à ce mode de citations brèves sous forme d'aphorismes qui fera fureur pendant la Révolution nationale.

28. Éditorial de *La Famille dans l'État, nouvelles dispositions juridiques, principes d'action, réalisations pratiques, Les Documents français*, juill. 1942 ; ce mensuel, édité à partir de janvier 41 à Clermont-Ferrand, porte comme sous-titre *Revue des hautes études politiques, sociales, économiques et financières*, et propose des dossiers sur les grands ministères vichystes et les réformes législatives qu'ils accomplissent.

29. Office de publicité générale, 1942 ; BDIC, réserve, Gr. fol. 126-18.

pays du malthusianisme, du *birth control* ». De nombreux juristes, médecins et démographes, qui avaient mené les croisades natalistes de l'entre-deux-guerres, se retrouveront tout naturellement dans une philosophie sociale qui veut faire de la famille « la cellule essentielle, l'assise même de l'édifice social », comme le rappelle Philippe Renaudin, commissaire général à la Famille : « Ainsi s'exprime le Maréchal au lendemain de la catastrophe qui a laissé les Français interdits et la France sans lumière. Ces paroles du chef sont un diagnostic et elles sonnent comme une consigne »[30].

Philippe Renaudin, maître des requêtes au Conseil d'État, dirigera le Commissariat général à la famille à partir de septembre 41 ; ce Commissariat dont les structures ont été mises en place dès septembre 40 dépendra de la Santé jusqu'en mai 42, puis sera rattaché directement à cette date au chef de l'État par l'intermédiaire de l'amiral Platon, secrétaire d'État auprès du chef du gouvernement, délégué à la Famille[31]. « C'est la première fois qu'en France une organisation officielle aussi complète fonctionne au service de la famille. Quand on songe qu'il y a toujours eu un Ministère du Commerce et de l'Industrie, un Ministère des Travaux Publics, un Ministère de l'Éducation Nationale et qu'il n'existe que depuis l'avènement du Maréchal, sous le nom de Commissariat général à la Famille, un Ministère de la Famille. Certes, le Commerce, l'Industrie, les Travaux Publics sont les colonnes de la prospérité nationale, comme l'Instruction publique est la condition du progrès national. Mais la Famille est le fondement même de la Société, de la Nation »[32]. Le Commissariat général à la famille est une institution centrale du régime puisqu'il aura la charge de prendre l'initiative des lois visant à « protéger » la famille, lois qui concernent le mariage, le divorce, le travail des femmes et l'éducation des filles, et qui participeront donc largement à la définition d'État de l'identité féminine et du partage des rôles masculins et féminins. Il contrôle également l'application de la législation, l'action régionale des associations familiales dont il favorise la constitution comme force politique, et est enfin le maître d'œuvre de

30. Philippe Renaudin, *La Famille dans la nation*, conférence du 16 juin 43 à la Sorbonne, publication du Commissariat général à la famille; BDIC, réserve, Gr. fol. 126-2.

31. Aline Coutrot, « La politique familiale », in *Le Gouvernement de Vichy, 1940-42*, sous la direction de René Rémond, Armand Colin, 1972, p. 245 *sq.*

32. *La Commune rempart de la famille*, brochure du Commissariat général à la famille, Office de publicité générale, s.d. ; BDIC, réserve Gr. fol. 126-7.

la propagande officielle en matière de femmes et de familles. Le Commissariat à la famille et le Comité consultatif de la famille, créé par la loi du 5 juin 41, constituent des exemples privilégiés de ces « lieux neutres » propres à rassembler un groupe à la structure éclectique et à réunir des agents appartenant à différentes fractions des classes dominantes et des classes moyennes, lieux dont la fonction première est de produire du consensus[33].

Institutions investies, dès la proclamation de l'État français, par tous ceux qui avaient partie liée avec la défense de la natalité et la défense de la famille depuis le début des années 30, elles imposeront une *vision consensuelle* de la politique familiale et nataliste contre des visions antérieures divergentes, parfois opposées, de l'ordre familial et de l'ordre démographique. Ce processus de conciliation idéologique n'est pas pour rien dans la simplification extrême des schèmes dominants sur la famille, et donc sur les femmes, sous la Révolution nationale. Les « lieux neutres » où s'élaborent les « lieux communs » sont toujours des lieux de *banalisation de la violence* qui, tout en construisant la famille, par exemple, comme question politique, mettent en avant l'apolitisme de leurs préoccupations attachées, « depuis toujours », à ces réalités « naturelles » et « éternelles » de l'ordre humain que sont le groupe familial et l'équilibre des rôles parentaux ; ils imposent de la sorte une vision de la question familiale comme question « neutre », naturalisant ainsi l'arbitraire. La thèse abondamment répandue de la continuité en matière de politique familiale entre la fin de la IIIe République, avec son point d'achèvement qu'est le Code de la famille du 29 juillet 1939, la Révolution nationale et l'après-guerre – thèse qui est en affinité avec l'idée que la famille, c'est « apolitique » –, risque toujours de faire oublier les effets spécifiques de l'unanimisme qui opère un refoulement des controverses et des débats au profit d'un seul son de cloche ; elle contribue également à faire oublier la violence spécifique de la politique du régime à l'égard des femmes due, en grande partie, à leur désignation collective comme élément clé de la déchéance et de la régénération nationales en ces domaines[34]. A la manière du racisme ordinaire, la

33. Pierre Bourdieu et Luc Boltanski, « La production de l'idéologie dominante, lieux neutres et lieux communs », *Actes de la recherche en sciences sociales*, 2/3, 1976, p. 58 *sq*.

34. Comme exemple de cette violence ordinaire, ce commentaire d'une photo d'un poulailler encombré de poussins de Coop-Élevage : « La dénatalité n'a pas

désignation de la responsabilité féminine dans la défaite opère sur un mode infra-conscient. Le « racisme sexuel », dans sa version musclée de période de crise, peut s'appuyer sur tout un stock culturel disponible, toujours prêt à être mobilisé, d'images du « destin » féminin : c'est cette préexistence de l'argumentation qui permet de *dénier*, au sens freudien, sur le coup et après coup, la violence propre de la stigmatisation dans un *moment historique où les contre-pouvoirs et les garde-fous ont cédé.* C'est en ce sens que la thèse de la continuité sans histoire de la politique familiale contribue à renforcer cette dénégation comme elle a sans doute empêché pendant longtemps que n'apparaisse l'intérêt d'une recherche sur les femmes pendant la période.

Pour aborder ce phénomène d'unanimisme dans une autre perspective, on peut penser également qu'une prompte participation aux débats engagés en 40 sur les causes de la défaite permettait de marquer sa place – et d'accroître sa part d'audience et d'influence – dans ce marché des biens symboliques : plus la dénatalité et la faiblesse de l'institution famille occupent une place importante dans les représentations des causes de la défaite, plus les natalistes et les familiaux auront un rôle important à jouer dans ce colloque à ciel ouvert où se pense le relèvement du pays et plus ils pourront se tailler un espace d'intervention et d'action important dans ce qu'on pourrait appeler le *marché du relèvement* – Conseil national, ministères, commissions, revues et collections. Et ils ne tarissent pas de condamnations sur l'égoïsme des couples et la chute des valeurs familiales, réservant aux femmes, à leur tour et à leur manière, aux côtés des philosophes, des romanciers et des directeurs de conscience, une place de choix parmi les responsables de la défaite, les parquant du même coup dans un espace symbolique et pratique réservé, celui de la reproduction.

Georges Pernot, avocat, catholique pratiquant et président de la puissante Fédération des associations de familles nombreuses depuis 1930, sénateur du Doubs (Union républicaine), membre du

---

encore atteint, Dieu merci, les basses-cours de France », 10 juin 43 ; reproduit dans *La Propagande sous Vichy*, sous la direction de Laurent Gervereau et Denis Peschanski, Nanterre, BDIC, 1990, p. 19. La comparaison faite par le propagandiste de l'élevage de volailles peut être rapprochée du texte suivant de Goebbels : « La femme a le devoir d'être belle et d'enfanter. La femelle de l'oiseau se pare pour son mâle et couve les œufs pour lui » ; cité par Rita Thalmann, *Être femme sous le IIIᵉ Reich, op. cit.*, p. 101.

Haut Comité de la population et de la famille mis en place en 1938 et éphémère ministre de la Famille, du 5 au 16 juin 40, dans le gouvernement Reynaud, sera collaborateur bénévole du secrétariat d'État à la Famille dès l'instauration de l'État français et sera nommé au Conseil national en novembre 41 [35]. Il choisit d'emblée de placer son mouvement sous la devise « Travail, famille, patrie » et remet, dès le 29 juillet 40, une « Note sur la politique familiale » au maréchal Pétain où il fait siennes les formules du chef : « La Nation n'est pas un groupement d'individus, mais un groupement de Familles. La famille étant "*la* cellule sociale", c'est en fonction de la Famille, et non pas en fonction de l'individu que l'État doit légiférer. Les textes ne doivent recevoir la sanction du législateur que s'ils sont propres à favoriser la création et la fécondité des foyers ». Cette note réclame une réforme de l'École qui « doit surtout former des citoyens courageux et de bonnes mères de famille », une révision législative visant à refréner le divorce, un renforcement de la lutte contre l'avortement et une refonte de l'organisation du travail selon les trois « postulats » suivants : « la mère au foyer familial » ; la rémunération du père fixée en raison directe du nombre de ses enfants ; « la priorité des chefs de famille » pour l'accession aux emplois publics et privés [36].

Fernand Boverat, au nom de l'Alliance nationale contre la dépopulation, proposera de réviser les manuels scolaires dans le sens d'une omniprésence de l'enseignement conjugué de la démographie et de la morale familiale, en histoire et en géographie, mais aussi en morale, en lecture, langues vivantes, arithmétique, dans le primaire, le secondaire et le supérieur [37], ce qui sera fait par un arrêté du 11 mars 1942. Vice-président du Conseil supérieur de la natalité, inspirateur de la loi de 1939 par laquelle le Code de la famille rendait plus faciles les poursuites contre l'avortement, membre des Hauts Comités de la population de 1939 et de 1945, Boverat sera entre-temps secrétaire général de l'équipe Natalité de la fondation Carrel et l'un des maîtres à penser du Commissariat

35. Rémi Lenoir, « Transformations du familialisme et reconversions morales », art. cité, p. 24 ; Michèle Cointet, *Le Conseil national de Vichy*, *op. cit.*, p. 104, 147.

36. Georges Pernot, *Note sur la politique familiale*, 29 juill. 40 ; BDIC, réserve, Dossier Z2, « Jeunesse, famille ».

37. Fernand Boverat, *L'Enseignement de la démographie et la morale familiale. La révision des manuels scolaires*, Alliance nationale contre la dépopulation, délégation générale en zone non occupée, Lyon, s.d. ; BDIC, réserve, Q pièce 3998.

à la famille où il mènera une lutte d'autant plus acharnée contre l'avortement qu'elle est désormais à l'abri de toute discussion et de toute critique. Il faut en effet rappeler qu'au moment des débats sur la répression de l'avortement qui avaient abouti à la loi du 31 juillet 1920, le professeur Pinard lui-même, autorité médicale incontestée de l'obstétrique française, ardent défenseur de la natalité et de la vocation maternelle des femmes, s'était élevé contre ce texte répressif et, à ses yeux, inutile [38] ; il avait aussi voulu protéger les « filles mères » proposant de les considérer comme des « mères abandonnées », quand Boverat se battait, « dans l'intérêt du pays », disait-il, pour qu'on évite de faire à la fille mère « une situation privilégiée vis-à-vis de la mère légitimement mariée » [39].

Fernand Boverat inonde de courrier le chef du cabinet civil du maréchal auquel il adresse brochures sur l'avortement et « Conseils aux jeunes pour être heureux » dans lesquels il défend que « le mariage est plus nécessaire encore à la femme qu'à l'homme » au point de vue physique, puisqu'on peut voir « le rajeunissement que quelques mois de mariage réalisent chez bien des jeunes filles qui à 25 ans commençaient déjà à se faner et à perdre une partie de leur charme », et au point de vue moral, puisque la femme a « besoin de donner libre cours aux sentiments affectueux que la nature a mis en elle ». Il réclame fermement l'obligation de l'enseignement ménager pour les filles : « Je me permets de vous signaler une autre question qui a peut-être échappé à Monsieur le Maréchal. D'après le programme actuel de nos lycées et collèges, l'enseignement du dessin et de la musique est obligatoire. Mais l'enseignement ménager (couture, tricot, tenue de maison, cuisine) reste facultatif. On enseigne à nos jeunes filles deux arts d'agrément, on ne leur enseigne pas des choses essentielles à de futures mères de famille. C'est absolument le contraire de ce que Monsieur le Maréchal a annoncé et de ce qu'il veut. Je suis donc persuadé qu'il n'est pas au courant de cette situation contraire aux intérêts de la famille et de la natalité » [40]. Fernand Boverat demande également l'appui du maréchal pour rééditer son livre *La Résurrection par la natalité* dont il dit, un peu à la manière de Carrel, qu'il a été « le premier à

38. Francis Ronsin, *La Grève des ventres, op. cit.*, p. 145.

39. Françoise Thébaud, *Quand nos grand-mères donnaient la vie. La maternité en France dans l'entre-deux-guerres*, Presses universitaires de Lyon, 1986, p. 222.

40. Lettre du 27 octobre 1941, à M. Lavagne d'Ortigue, chef du cabinet civil du maréchal Pétain ; Archives nationales, 2 AG 497, « Famille », chemise Fernand Boverat.

exposer une doctrine de politique familiale et nataliste ». Il obtiendra gain de cause et le livre deviendra un autre manifeste prophétique sur les causes de la défaite qui fait de la démographie, cette fois-ci, comme Carrel le faisait de la médecine, une science totale. Dans un compte rendu de cet ouvrage, *L'Actualité sociale* souligne, en 1942, l'adéquation miraculeuse entre les mots d'ordre du maréchal et les cris d'alarme du démographe : « Une parole du Chef de l'État a défini les causes de la défaite actuelle de la France "Trop peu d'enfants, trop peu d'armes, trop peu d'alliés". M. Boverat en fait l'éloquent commentaire » ; il met au premier rang des causes de la dénatalité, souligne la revue qui appuie fermement ce jugement de causalité, la diminution de la foi religieuse et la diffusion des pratiques anticonceptionnelles. *L'Actualité sociale*, bulletin mensuel des allocations familiales fondé en 1928, va consacrer pendant la guerre de nombreux articles à la démographie française et européenne et voit dans les modèles italien et allemand des exemples à méditer. « L'expérience allemande démontre selon nous que la famille s'épanouit non parce qu'elle est une fin en elle-même, mais parce que la notion de patrie est exaltée : la venue d'enfants outre-Rhin depuis 1933 est bien l'effet d'une action essentiellement politique »[41].

Gustave Bonvoisin, directeur général du Comité central des allocations familiales, vice-président du Comité France-Allemagne où il a eu des contacts avec de nombreuses personnalités du Reich, membre du Conseil national au côté de nombreux autres représentants des mouvements de défense de la famille[42], directeur des Éditions sociales françaises qui publient collections et revues en faveur de la famille (*L'Actualité sociale, Éducation, Benjamin*), fait de *La Revue de la famille* un organe de propagande du régime. La faculté de « prémonition » dont se targuent les « familiaux » en fait les chantres tout désignés de l'eschatologie vichyste : « Comme les fils prodigues des paraboles, les Français reviennent aujourd'hui à la famille. [...] Pas de familles nombreuses, pas d'enfants, et au moment de l'offensive, pas assez d'effectifs. [...] N'est-ce pas ce que nous avions dit et répété ici durant douze ans avant la guerre ?

41. G. Jeannin, « Démographie européenne », *L'Actualité sociale*, 166, oct. 41.
42. Au Conseil national également, Gaston Lacoin, avocat, catholique, président de La plus grande famille, vice-président de la Fédération des familles nombreuses ; Michèle Cointet, *Le Conseil national de Vichy, op. cit.*, p. 97, 147.

Hélas ! c'est seulement après la défaite que la France fait oraison. Mais il n'est jamais trop tard pour bien faire »[43]. En octobre 40, la revue commente avec reconnaissance « La politique sociale de l'avenir », texte-manifeste paru le 15 septembre dans *La Revue des deux mondes*, dans lequel le maréchal réécrit ainsi la devise républicaine Liberté, Égalité, Fraternité : liberté mais « à l'abri d'une autorité tutélaire », égalité mais « encadrée dans une hiérarchie rationnelle », fraternité mais exclusivement au sein de ces « groupes naturels que sont la Famille, la Cité, la Patrie ». En donnant à ce texte de philosophie politique définissant les nouveaux principes de citoyenneté établis par l'État français un large écho dans ses colonnes, la presse familialiste lui assure du même coup une vaste diffusion par ses lecteurs, professionnels et militants du mouvement, qui forment dès lors un corps d'*intermédiaires idéologiques* propres à accroître ainsi considérablement le retentissement des thèmes les plus politiques du régime en même temps qu'ils nourrissent régulièrement le pétainisme ordinaire par le rappel constant de leur accord profond avec la politique familiale du maréchal. « Le Maréchal Pétain vient de réunir en brochure le texte des appels et messages qu'il a adressés aux Français de juin 40 à juin 41. Le rapprochement de ces directives en fait mieux ressortir l'unité, la rectitude en même temps que la sagesse et le bon sens. Il n'est pas un Français qui ne se doive de faire de ce petit manuel tricolore son livre de chevet, qui n'ait intérêt à se pénétrer des vérités qu'il rappelle sur le ton de l'autorité la plus paternelle, à s'inspirer des conseils qu'il prodigue au nom de la plus clairvoyante affection »[44]. En alignant sans se forcer leur rhétorique sur celle des *Appels et Messages* du maréchal et sur le style idéologique des commentaires autorisés auxquels ils donnent lieu, les revues familialistes participent à leur manière au renforcement du mythe pétainiste qui fait du chef de l'État le « père » de tous les Français, et de son « affection paternelle » le ressort ultime de l'autorité et de la soumission[45].

43. « Retour à la famille », *La Revue de la famille*, 208, sept. 40.

44. G.-M. Bonvoisin, « La politique familiale du Maréchal », *L'Actualité sociale*, 169, janv. 42.

45. Sur ces thèmes, voir Gérard Miller, *Les Pousse-au-jouir du maréchal Pétain*, *op. cit.*, p. 52 *sq.* et *La Propagande sous Vichy*, Laurent Gervereau et Denis Peschanski dir., *op. cit.*, p. 122-135.

En juin 42, *La Revue de la famille* participe à l'analyse des résultats du grand « concours-référendum » sur les causes de la dénatalité, organisé en décembre 41 par le Commissariat général à la famille avec la collaboration très active des mouvements familiaux, et auquel 500 000 personnes auraient répondu. Le Commissariat avait proposé comme causes dans l'ordre : « les jeunes ménages préfèrent le cinéma ou l'auto » ; « divorce possible sans enfants, difficile avec enfants » ; « absence ou insuffisance de religion » ; « réduction du train de vie lorsqu'il y a des enfants » ; « les femmes coquettes redoutent de perdre leur ligne » ; « travail de la femme hors du foyer : magasins, usines », etc., la « peur des souffrances de la maternité » ne venant qu'en quatorzième position. L'irréligion, les difficultés à élever les enfants et le travail des femmes hors du foyer remportent les suffrages de l'« opinion publique ». Dans une des conférences organisées par l'Édition sociale française, Bonvoisin, alors président du Centre de coordination et d'action des mouvements familiaux de la région parisienne, reviendra sur les réponses au référendum qui, dit-il en retrouvant aisément le langage de la confession et de « la volonté de savoir », « constituent autant d'*aveux* ». « La plupart des formes d'expression de la pensée [...] avaient fait de la famille un sujet de dérision, de la femme qui refuse de transmettre la vie l'héroïne proposée à l'admiration du public ». Contre cette déchéance, le retour à l'évidence : « Pour toute femme *non dénaturée*, c'est une évidence ; la maternité l'épanouit, l'amour maternel est le seul amour humain qui s'approfondisse en elle avec le temps, avec l'*épreuve* »[46].

Thème consensuel et intégrateur, apolitique en apparence, la défense de la famille qui peut mobiliser à la fois les cautions les plus savantes et les notions de sens commun impose des représentations de l'ordre social, naturalise des différences (ici de sexes), socialement et historiquement construites, organise la domination symbolique (ici la domination masculine), réactive la violence symbolique et impose des mesures juridiques qui ont des effets concrets sur la vie et la mort des individus. Les analyses de Rémi Lenoir sur la construction sociale de la notion de « famille normale » et sur celle de la démographie comme « science naturelle et politique » par sa coupure d'avec les sciences sociales et son insti-

46. Gustave Bonvoisin, « Revive la France ! », *La Revue de la famille*, janv. 43 ; souligné par nous.

tutionnalisation comme science d'État, et celles d'Hervé Le Bras sur l'archéologie des constructions démographiques, montrent bien que cet « apolitisme » a des effets très politiques[47].

L'arsenal juridique de Vichy concernant la famille, c'est-à-dire inséparablement les femmes, sur lequel nous reviendrons, mobilisera, aux côtés des familiaux et des natalistes, certaines fractions conservatrices et catholiques du Barreau. Tous ces « patriotes clairvoyants », pour reprendre la formule du général Lafont, ces croisés de la natalité, investiront massivement leurs compétences, leur capital social et leur force de travail dans l'œuvre entreprise par le Commissariat général à la famille, ce « service supérieur des intérêts de la famille », comme dit Gustave Bonvoisin. La nouveauté, par rapport à l'entre-deux-guerres, c'est que le nouvel État français en construisant politiquement la famille comme l'assise de la société et en la plaçant aux frontons des mairies à la place de l'Égalité de la devise républicaine, ouvre un gigantesque *appel d'offres* en matière d'ordre familial, démographique et nataliste dans lequel vont s'engouffrer, en tant qu'hommes d'appareil soucieux de défendre et de développer leur apport intellectuel, éthique et institutionnel, tous ceux qui avaient depuis longtemps vocation en ces domaines. L'heure n'est plus aux controverses, et la situation de crise impose d'être présents au front, à côté des autres, dans un élan unanimiste fait du sentiment d'être enfin pleinement reconnus et irremplaçables à cet instant. Cette forme d'adhésion immédiate et collective, au-delà des contradictions internes du mouvement familial et nataliste lui-même, impose une *surenchère* des discours et une *simplification* des analyses qui aboutit à re-construire l'ordre familial et nataliste sur la base de l'opposition « éternelle », fondée en « nature », entre « vocations » féminines et masculines. La situation de crise et le discours prophétique qu'elle engendre ont eu pour effet principal de nier jusqu'à la possibilité même d'un débat, d'un affrontement d'idées, sur les fondements mythiques du nouvel ordre social – et sexuel – qui assurera la relève dans tous les sens du mot. Des conflits entre l'Alliance nationale contre la dépopulation, à visée nataliste et justification démographique, et les associations familiales, préconisant un programme de redressement moral d'inspiration religieuse, conflits

47. Rémi Lenoir, « Transformations du familialisme et reconversions morales », art. cité ; Hervé Le Bras, « Histoire secrète de la fécondité », *Le Débat*, 8, janv. 1981.

où pouvaient se glisser des controverses sur les rôles et fonctions des deux sexes, tout va s'effacer au profit d'une vision totale de la démographie comme science morale et religieuse et de la famille comme seul espace féminin légitime. La démographie elle-même, au moins dans ses congrès internationaux, avait pourtant été un lieu d'affrontements contradictoires : ainsi, au Congrès mondial de la population, tenu en 1927 à Genève et présidé par une féministe américaine néo-malthusienne, on avait surtout traité des rapports entre croissance de population et croissance des ressources [48]. La journaliste française Renée Duc, qui appelle de ses vœux dès 1937 la mise au pas démographique, montre bien, en signalant aux lecteurs allemands les ennemis français de la famille, l'existence de ces espaces de réflexion contradictoire qui ne pourront plus s'exprimer à partir de 40 : « Il n'y a rejet du mariage et des enfants que chez les femmes d'organisations et de partis de gauche en France et dans les organisations qui, sous prétexte d'aider la femme dans sa lutte et ses droits, cherchent à détruire les caractères féminins et les vertus les plus précieuses de la race. Il n'y a pas beaucoup d'enfants parce qu'*on veut jouir de la vie*. Seul un changement de régime peut améliorer la situation démographique de la France » [49].

La Révolution nationale se présente ainsi comme la vie contre la mort, le rachat contre le péché, le renouveau contre la dégénérescence. « La France compte actuellement 25 000 divorces par an, un pour douze mariages ; 400 à 600 000 avortements – d'aucuns viennent de prononcer le chiffre d'un million – c'est-à-dire autant, presque autant ou plus que de naissances. Les fléaux sociaux minent les foyers. D'aucuns concluent de ce tableau : famille morte, sentiment familial mort. A ceux-là nous demandons : pourquoi n'allez-vous pas au bout de votre raisonnement qui est : France morte ? Le corps ne survit pas à la cellule. Mais il est des forces de renouveau. L'œuvre sera de longue haleine, mais elle peut être entreprise avec confiance. C'est toute une éducation qui est à refaire » [50].

C'est à ce type d'éducation que s'attache *Françaises que ferons-nous ?* [51], sorte de *vade-mecum* du nouvel ordre moral, ouvrage col-

48. Alain Girard, *L'Institut national d'études démographiques, op. cit.*, p. 32.

49. Renée Duc, interview au *Berliner Lokalanzeiger*, févr. 37, cité par Rita Thalmann, *Être femme sous le III^e^ Reich, op. cit*, p. 119 ; souligné par nous.

50. Philippe Renaudin, *La Famille dans la nation, op. cit.*, p. 20.

51. *Françaises que ferons-nous ?*, Saint-Amand, R. Bussière impr., 1943, « France plus belle ».

lectif de « vulgarisation », sans noms d'auteurs, qui mêle dans le désordre poèmes de Péguy, de Supervielle et chansons édifiantes sur la joie féminine faiseuse de courage, photos de cerisiers en fleur et dessins stylisés qui sont autant de leçons de morale féminine, adages, images de nourrissons, citations encadrées du maréchal – ainsi, « La Révolution Nationale signifie la volonté de renaître, affirmée soudain du fond de notre être, un jour d'épouvante et de remords » – et conseils de lectures : Bainville, Thibon, Pourrat, Carrel, Guitton et le père Daniélou. Sorte d'almanach du mieux-faire, bien dans le goût stylistique du régime, il propose des réponses à toutes les questions imposées sur la « nature » et les fonctions féminines légitimes. Le texte d'ouverture, intitulé « Notre responsabilité », encourage les femmes à faire leur examen de conscience : « Il nous aura été donné de voir la France presque mourir [...]. Étions-nous penchées sur elle comme une mère sur son enfant en danger [...]. Tu as entendu dire bien souvent après la défaite : n'accusez pas les chefs. Chacun de nous, le moindre des Français est responsable. [...] Ne te satisfaisais-tu pas de l'oubli négligent entre le cinéma du dimanche, ton journal de mode, ta porte refermée sur ton petit bonheur ? [...] Ton indifférence a laissé tes enfants grandir dans une mentalité de jouisseur. [...] Tu avais perdu de vue ton rôle de femme qui est de veiller aux traditions et d'incarner les valeurs nouvelles ». Comme le dit le maréchal, la Révolution nationale signifie la « volonté de renaître » d'un peuple, disent les auteurs du manuel, « intellectuellement diminué », « moralement dégénéré », « démographiquement affaissé, sans enfants, sans avenir, sans espoir ». Dans ce tableau sinistre, les causes de la dénatalité, désordre premier, sont l'égoïsme des couples – « L'enfant c'est la gêne des dimanches en tandem » – et le travail des femmes. Le tandem fait partie des fantasmes du régime, matérialisation à la fois du plaisir « égoïste », sans enfant, et surtout des acquis sociaux du Front populaire – « les tandems enfourchés à l'occasion de congés payés démagogiques »[52]. Dans sa préface à *France 41*, Raymond Postal, directeur des éditions Alsatia et maître d'œuvre de l'ouvrage, écrit : « Il n'est que trop évident que la famille, cellule sociale, a, chez nous, abusé tragiquement de la liberté de se suicider. [...] La première qualité, quoi qu'on dise, en ce domaine-là, est celle du nombre. [...] Je me suis

52. Jean-Pierre Azéma, *De Munich à la Libération, op. cit.*, p. 93.

demandé parfois si le tandem des sorties dominicales, où un lyrisme de couplets populaires voyait l'image du couple allant d'un même rythme à travers la vie heureuse, n'était pas un symbole qui signifiait beaucoup contre la famille. Un couple n'est pas une famille. Si la tentante machine coûtait plus aux livrets de caisse d'épargne des jeunes ménages qu'une naissance, un berceau, une layette, elle ne donnait du moins que des agréments. L'enfant né, d'aventure, quelques-uns ajoutaient pour lui une petite selle ou une remorque à la bicyclette conjugale. La plupart le mettaient en nourrice. Tandem des uns, vie mondaine des autres, tout conspirait contre la fécondité des foyers français »[53].

### *Natalité et naturalisations*

Ce temps fort de reconstruction de la domination masculine, qui balise une nouvelle fois avec violence les territoires féminins légitimes en empruntant à l'ordre de la nature, est inséparablement un temps fort de l'*exclusion*. Le discours sur les femmes au foyer et sur la dénatalité est toujours aussi un discours sur les dangers des naturalisations et de la contamination de la race. Les experts en « éternel féminin », qui font croisade en 1940, mettent tous en relation la dénatalité et l'immigration, l'esprit familial étant d'abord un esprit national et, comme le dit Maurras, le « pays réel devant retourner à son organisation naturelle » : « Les folles naturalisations d'après 1924 seront révisées avec soin. “Les Français sont chez eux”, disait une chanson ancienne : ce n'était qu'un beau cri de nos volontés juvéniles. Nous n'avons pas fini de vivre qu'elles vont devenir des vérités en exécution de la grande devise, Travail, famille, patrie »[54]. Dans une note sur les principes de l'ordre social nouveau qu'il adresse au maréchal Pétain le 28 juin 40, le général Weygand définit ainsi les raisons profondes du retour à la famille. « La baisse de la natalité, en diminuant le potentiel de la France, nous a amenés : – du point de vue militaire, à défendre notre territoire avec une proportion inadmissible de contingents nord-africains, coloniaux et étrangers ; – du

53. Raymond Postal, « Le Chef, la Nation, les Hommes », in *France 41. La Révolution nationale constructive, un bilan et un programme*, *op. cit.*, p. 15.
54. Charles Maurras, *La Seule France*, *op. cit.*, chap. 7, « Restauration de l'État ».

point de vue national, à effectuer des naturalisations massives et regrettables, et à livrer une partie de notre sol et de nos richesses à des exploitants étrangers. *La famille doit être remise à l'honneur* »[55].

Les métaphores biologiques qui imprègnent les textes de l'État français et de ses intellectuels organiques associent dans une même préoccupation sanitaire nationale la question de la natalité et celle de l'immigration. La méditation sur le « suicide de la cellule familiale » s'inscrit dans une réflexion plus large sur « l'obligation de regrouper les forces françaises dont une longue hérédité a fixé les caractéristiques »[56] qui retrouve aisément, en ce moment où il s'agit de penser le chaos, les thèses des vieux théoriciens de l'anthropologie française raciste et leur vision politico-biologique de la communauté nationale. Ainsi s'associent tout naturellement, dans cette entreprise de désignation de coupables, protection des frontières et protection de la santé nationale : « La révision des naturalisations, la loi sur l'accès à certaines professions, la dissolution des sociétés secrètes, la recherche des responsables de notre désastre, la répression de l'alcoolisme témoignent d'une ferme volonté d'appliquer, dans tous les domaines, un même effort d'assainissement et de reconstruction »[57].

Dès le 16 juillet 40 – six jours seulement après que le maréchal Pétain était devenu chef de l'État –, la législation antisémite de Vichy avait été précédée par une loi précisant que l'étranger devenu Français pouvait être déchu de cette nationalité, puis par une loi du 22 juillet instituant une commission chargée de réviser toutes les naturalisations intervenues depuis 1927 afin de pouvoir retirer la nationalité française à tous les naturalisés jugés indésirables[58]. Le

55. Cité par Jacques de Launay, *Le Dossier de Vichy*, Julliard, « Archives », 1967, p. 264 ; c'est Weygand qui souligne.

56. Exposé des motifs de la loi portant statut des juifs du 3 octobre 1940, *Journal officiel*, 18 oct. 40 ; cité par Jean Thouvenin, *Une année d'histoire de la France, 1940-1941*, Sequana, 1942, p. 257. Thouvenin, directeur de la collection « La France nouvelle » chez Sequana, se félicite ainsi des lois anti-étrangers et antisémites : « Il apparaît légitime que nous désirions supporter notre souffrance entre nous, entre vrais Français » ; p. 254-255.

57. Allocution du maréchal Pétain du 10 octobre 1940, citée par Jean Thouvenin, *ibid.*, p. 216.

58. 15 000 citoyens, dont environ 6 000 juifs, perdirent ainsi la nationalité française ; Michaël R. Marrus et Robert O. Paxton, *Vichy et les juifs*, Calmann-Lévy, 1981, Livre de poche, « Biblio essais », p. 18. Sauf indication contraire, nous nous référons à cet ouvrage pour ce qui suit et notamment au chapitre 2, « Les origines de l'antisémitisme de Vichy ».

27 août 40 est annulé le décret-loi Marchandeau du 21 avril 39 qui punissait la diffamation ou l'injure envers des « personnes appartenant par leur origine à une race ou à une religion déterminée ». Le premier statut des juifs du 3 octobre 40, dont l'objectif principal était l'élimination des juifs de la fonction publique, avait été suivi, le 7 octobre 40, par l'abrogation de la loi Crémieux de 1871 qui avait étendu la nationalité française aux juifs d'Algérie [59]. La rapidité de ces premières mesures et l'ampleur de l'arsenal juridique contre les étrangers et les juifs, français et étrangers ou « dénaturalisés », ne se comprennent que sur le fond de la poussée xénophobe et du renouveau de l'antisémitisme qui a caractérisé les années 30.

La crise économique, les menaces sur l'emploi, la peur du Front populaire s'étaient conjuguées pour favoriser l'expression extrémiste d'un refus de l'immigration et d'un rejet des réfugiés qui renouaient avec les vieilles traditions antisémites. La victoire du Front populaire a renforcé la xénophobie des années 30 sur le thème « la naturalisation est devenue une industrie électorale » : dans *Gringoire*, en août 36, on pouvait lire que les manifestants de 1936 n'ont « ni le parler, ni la figure de chez nous » [60]. Si le nombre des étrangers en France avait diminué entre 31 et 36 (passant de 2,9 millions à 2,4 millions) du fait du retour chez eux de travailleurs affrontés au problème de l'emploi, à la fin des années 30, le problème de l'immigration se confond avec celui des réfugiés. C'est cette nouvelle catégorie d'immigrés, population « déplacée », qui devient un problème politique et social. La France a reçu proportionnellement plus de réfugiés qu'aucun autre pays et il faut souligner que face au problème des juifs allemands et autrichiens dans les années 38-39, aucun État ne modifia substantiellement ses contingents d'immigration. Si chacun des 32 États qui participaient à la conférence internationale d'Évian sur les réfugiés, en juillet 38, avaient accepté d'admettre 17 000 juifs allemands, le nombre des apatrides de l'été 38 aurait pu être résorbé, soulignent Michaël

59. Le second statut des juifs du 2 juin 1941 étend l'exclusion professionnelle, impose le *numerus clausus* à l'Université, décide le recensement détaillé de tous les juifs de la zone non occupée et de leurs possessions, et l'aryanisation des entreprises et biens juifs, toutes ces mesures s'appliquant aux juifs français comme aux juifs étrangers ; le 11 décembre 1942, l'État français impose que les documents personnels des juifs français et étrangers résidant en zone libre, carte d'identité et carte d'alimentation, portent la mention « Juif ».

60. Ralph Schor, *L'Opinion française et les Étrangers, 1919-1939*, Publications de la Sorbonne, 1985, p. 639 *sq*.

Marrus et Robert Paxton. Les réactions françaises xénophobes à l'immigration des réfugiés dans les années 30 doivent donc être rapportées à l'indifférence internationale organisée qui a répondu à la tragédie européenne. « L'opinion ne veut pas entendre parler de réfugiés politiques qui sont, par définition, de futurs assistés ou de futurs délinquants, des concurrents de l'ouvrier ou de l'intellectuel français sur le marché du travail, et dont les idéologies contradictoires ne peuvent, en s'affirmant sur notre sol, que créer du désordre, conseiller la violence, faire couler le sang », écrit *Le Temps* en novembre 38, reprenant le thème des juifs fauteurs de guerre qui se répand à mesure que monte la menace allemande.

Durant cette période, marquée par l'obsession des déficiences nationales et de la faiblesse de la « race », la question de l'immigration et celle de la dénatalité font déjà système. Dans *Gilles*, paru en 1939, Drieu La Rochelle trace le portrait d'un jeune Français à son image : « Il méprisait et haïssait de tout son cœur d'homme le nationalisme bénisseur, hargneux et asthmatique de ce parti radical qui laissait la France sans enfants, qui la laissait envahir et mâtiner par des millions d'étrangers, de juifs, de bicots, de nègres, d'Annamites ». Dans la même veine et au même moment, *Candide* s'élève contre l'accueil des réfugiés au nom de la protection des petites Françaises : « Jeune filles, n'aimez que les hommes de votre pays ! », écrit un journaliste qui s'inquiète du nombre des « petites Françaises massacrées par leurs amants métèques »[61]. En 1938, on peut lire sur un tract distribué à Paris : « FRANÇAISE, fais-toi respecter. **Si le gros juif t'ennuie...** n'hésites pas d'appeler à l'aide et **donnes-lui la correction qu'il mérite !** »[62]. Pierre-Étienne Flandin plaide la cause du renouveau français par la race et la famille, la France ayant été « abâtardie » par les étrangers[63]. Si des oppositions à l'antisémitisme s'élèvent en ces années-là dans différents espaces sociaux, au sein de l'Église, chez les communistes et même dans les mouvements de droite (chez les Croix de Feu par exemple), il n'y eut pas d'expression collective, organisée et construite, permettant d'opposer un front commun et des argu-

61. Cité par Eugen Weber, *L'Action française*, *op. cit.*, p. 552.
62. Reproduit dans Ralph Schor, *L'Opinion française et les Étrangers, op. cit.*, p. 624 ; en gras dans le texte, orthographe du tract.
63. Pierre-Étienne Flandin, « Risques de guerre et chances de paix », *Revue politique et parlementaire*, 10 avr. 39.

ments, historiques, économiques, culturels, à cette focalisation de tous les griefs sur les « étrangers ». Le discours xénophobe devient banal, et la presse donne à l'« opinion publique » des lieux communs racistes pour discuter péril démographique : « Dans un pays de faible natalité comme le nôtre, il est à priori tout indiqué de chercher à pallier les inconvénients d'une déficience démographique par l'afflux de sang nouveau, dès lors que cet afflux prudemment calculé et sagement aménagé ne menacerait ni l'unité nationale, ni l'intégrité de la race » ; mais, concluait *Le Temps* en avril 39, la menace est réelle et il faudrait plutôt se préoccuper d'une politique d'« assimilation sélectionnée ». Et Georges Mauco, expert officiel en matière d'immigration et de démographie, secrétaire général de l'Union scientifique internationale de la population de 1937 à 1953, pouvait écrire : « Il y a danger à ce que des éléments physiquement inférieurs ou trop différents ethniquement abâtardissent la race et y apportent des germes de maladie que celle-ci était parvenue à diminuer »[64].

Jean Giraudoux, commissaire à l'Information dans le gouvernement Daladier en 1939, avait conçu son ouvrage *Pleins Pouvoirs*, qui rencontra un énorme succès, comme un manifeste sanitaire et appelait en conclusion à forger rapidement « une doctrine du peuplement, de l'urbanisme, des grands travaux et de l'honnêteté nationale ». Dans le deuxième chapitre, « La France peuplée », Giraudoux analyse le problème de la « race française » en liant, lui aussi, natalité et naturalisations, perte de vitalité démographique et immigration « barbare ». L'État doit considérer que « sa principale mission est celle du chef de famille » et que « les deux mamelles de la France ne sont plus le labourage ni le pâturage, mais ses mamelles propres », car « toutes les phobies dont s'encombre en ce moment l'imagination française s'inspirent, sans le savoir, du même sentiment : le Français devient rare » ; mais la situation n'est pas sans remède « puisque l'Allemagne, où le taux des naissances était devenu inférieur au nôtre, par de simples mesures législatives les a relevées de 300 000 en moins de quatre ans ». Aux « optimistes », qui font valoir l'apport démographique des étrangers naturalisés, Giraudoux rétorque : « Notre terre est devenue terre d'invasion », soumise, comme la Rome antique, à une « infiltration

64. Georges Mauco, *Les Étrangers en France : leur rôle dans l'activité économique*, Armand Colin, 1932, p. 490.

continue des Barbares », cette « cohorte curieuse et avide de l'Europe centrale et orientale » ; il faut donc qu'un « nouvel état-major », composé des « sommités de l'administration et de la science », dose « l'afflux et la qualité des immigrants », car « quelle mission plus belle que de modeler avec amour sa race ». On éviterait ainsi « l'installation en France » de cet « immigrant débarqué à onze heures à la gare de l'Est » et qui peut « à midi, occuper une boutique du boulevard de Sébastopol et vendre ses bagages et ses fourrures » ; ceux-là « dénaturent notre pays par leur présence et leur action », « l'embellissent rarement par leur apparence personnelle » et « nous les trouvons grouillants sur chacun de nos arts ou de nos industries nouvelles et anciennes, dans une génération spontanée qui rappelle celle des puces sur le chien à peine né ». Ainsi « sont entrés chez nous, par une infiltration dont j'ai essayé en vain de trouver le secret, des centaines de mille Askenasis, échappés des ghettos polonais ou roumains » qui « apportent là où ils passent l'à peu près, l'action clandestine, la concussion, la corruption, et sont des menaces constantes à l'esprit de précision, de bonne foi, de perfection qui était celui de l'artisanat français. *Horde qui s'arrange pour être déchue de ses droits nationaux* et braver ainsi toutes les expulsions, et que sa constitution physique, précaire et anormale, amène par milliers dans nos hopitaux qu'elle encombre »[65]. Les images de cet écrivain prestigieux qu'est Giraudoux s'alignent sur celles qui courent la presse la plus ordinaire et la plus raciste, et dans son emportement sanitaire se profile l'idéologie vichyste de l'assainissement national – artisanat de vieille souche et lait français de la mère patrie permettront de rétablir « une race qui doit sa valeur à la sélection et à l'affinement de vingt siècles »[66].

Le souci des dirigeants de Vichy est de restaurer l'homogénéité et de lutter contre les divisions perçues comme affaiblissantes pour l'organisme national : pluralisme culturel, classes sociales, politique des partis, étrangers et cosmopolitisme ; « il était dangereux à cette époque d'être différent »[67]. La revendication féministe s'ins-

65. Jean Giraudoux, *Pleins Pouvoirs*, Gallimard, 1939, p. 56-66 ; souligné par nous.
66. *Ibid.*, p. 62.
67. Michaël R. Marrus et Robert O. Paxton, *Vichy et les juifs, op. cit.*, p. 506-507.

crit directement dans l'inventaire des menaces porteuses de divisions[68] : pour les femmes, l'assimilation, c'est de rester à sa place, de se fondre dans la « race » des femmes, comme disait le père Doncœur, d'accomplir la mission à laquelle leur chair les destine. Et il n'est pas sans intérêt de noter que dans les années 30, période de crise et de poussée xénophobe, le féminisme était attaqué comme une invention de l'étranger (« Est-ce cette influence cosmopolite qui en fait un produit si peu assimilable à l'organisme français ? », s'interroge Théodore Joran), antiféminisme et antisémitisme allant souvent de pair[69]. Comme les immigrés, les femmes sont alors accusées de prendre la place des chômeurs, et les dirigeantes féministes sont stigmatisées comme juives, Cécile Brunschvicg, une des trois femmes secrétaires d'État du gouvernement Blum, cumulant tous les handicaps aux yeux de l'extrême droite. Le journaliste Clément Vautel, champion de l'antiféminisme, écrivait en 1936 : « Le féminisme est en France une opinion ou une attitude d'avocates, juives pour la plupart, de doctoresses, de bas-bleus, d'intellectuelles qui, au fond, sont humiliées d'être des femmes » ; il voyait dans l'« immense foule des épouses, des mères », « des Françaises moyennes », « qui font humblement et courageusement leur devoir traditionnel de chaque jour », le rempart contre les revendications féministes, la palme revenant (déjà !) aux paysannes qui répondraient, sainement selon lui, à toutes ces fariboles par « un éclat de rire ou un coup de balai »[70]. Tout ce qui dévie la « vocation » féminine est porteur de chaos, comme en est porteuse la « nature » « inassimilable » des « étrangers » dont l'incarnation extrême serait le juif réfugié d'Europe centrale dont

68. Évoquant pour les condamner les revendications féministes des années 30, André Rouast, juriste catholique et ardent défenseur de la Révolution nationale, prend justement pour cible le droit d'une femme étrangère mariée à un Français de garder sa nationalité d'origine : « Dès 1927, la campagne pour l'émancipation de la femme aboutissait à faire admettre qu'elle garde sa nationalité propre en se mariant, au risque de créer une désunion morale entre les époux qui conservent chacun une nationalité distincte » ; A. Rouast, *La Famille dans la nation*, PUF, « Bibliothèque du Peuple », 1941, p. 20.

69. Cité par Christine Bard, *Les Filles de Marianne. Histoire des féminismes, 1914-1940*, Fayard, 1995, p. 406.

70. *Ibid.*, p. 409. Dans *Le Journal*, en 1933, le même Clément Vautel menait campagne contre l'accueil des réfugiés juifs allemands « qui se disent victimes du régime hitlérien » ; cité par Ralph Schor, *L'Opinion française et les Étrangers*, *op. cit.*, p. 625.

Giraudoux, parmi d'autres et sans plus de nuances, a diabolisé l'image. Toutes les peurs des années 30 sont à l'œuvre dans l'idéologie de la Révolution nationale, et la doctrine de l'assimilation que la tradition républicaine avait érigée comme rempart contre le racisme peut prendre par temps de crise une tonalité d'exclusion. « Quand la vie nationale semble prête à être submergée par une foule d'étrangers exotiques, l'obligation de l'assimilation culturelle peut prendre un sens exclusif. La différence semblait une menace à partir de 1940, et le pluralisme une forme de faiblesse. Malheur, alors, aux juifs, aux tsiganes, et à tous ceux qui sont réfractaires à l'assimilation. Une différence délibérée, obstinée, provocante, semble en ce cas non seulement un rejet mais une menace »[71].

C'est donc la « Française moyenne », comme le dit Vautel, qui va soutenir la régénération et cela, principalement, par la natalité et le retour au foyer. Comme les naturalisés de fraîche date, sans feux ni lieux, les femmes ont eu le tort de quitter leurs foyers, les feux, dont l'assemblage dans les petites patries font l'ordre national. Il faut qu'elles redeviennent les gardiennes des feux pour que l'on revienne à un ordre « naturel » : « L'individu qui n'est qu'abstraction ne possède rien, ni valeurs temporelles, ni valeurs spirituelles. Comment porterait-il dans sa chair les valeurs nationales ? Comment comprendrait-il les valeurs de chair et de sang, lui qui n'a pas de foyer, pas de lignage ? Pour nous qui aimons le sol dont nous vivons, pour nous qui aimons en nos enfants notre chair et notre sang, nous comprenons et nous aimons notre patrie, cette patrie dont le sol nous délivre d'une errance misérable (comme l'errance du peuple juif), dont le lignage choisi nous assure une hérédité magnifique et nous délivre des tares raciales »[72]. Dans ce contexte, la démographie devient une science politique et morale – une morale qui « ne devra pas être seulement à tendance familiale, mais à tendance nataliste »[73] –, puisqu'elle permet de perpétuer la race des ancêtres, de repeupler sans diversité, de ramener de l'homogénéité dans le corps national. La femme française doit donc d'abord procréer et redevenir ce qu'elle était, la tradition. « Il fut un temps où non seulement il

71. Michaël R. Marrus et Robert O. Paxton, *Vichy et les juifs*, *op. cit.*, p. 508.

72. William Garcin, *L'Individualisme. Cahiers de formation politique*, Vichy, s.d., première partie, Cahier 1, p. 10.

73. Fernand Boverat, *L'Enseignement de la démographie et de la morale familiale. La révision des manuels scolaires*, *op. cit.*

y avait une tradition de la femme française, mais où l'on pouvait dire que la femme française *était* la tradition. [...] où c'était une réalité que de dire que la conservation, non seulement de la race, mais des mœurs essentielles du Pays, était le fait de la femme française. [...] La Patrie était essentiellement *Matrie*. [...] Si nous voulons échapper à la décadence et à la mort qui nous menaçaient, l'une des conditions primordiales de notre salut ce sera la restauration de la femme dans son rôle de mère, de force de conservation, de force de continuation. [...] Il s'agit pour la jeune Française d'aujourd'hui de retrouver la confiance, la foi et la volonté de redevenir Française autant que femme. Les mots les plus anciens de notre langue, ceux qui nous attachent le plus profondément à notre sol ancien, par les racines de la race, ce sont ceux qui, précisément comme le mot *berceau*, ont trait à la famille et à la mère. La race française n'est pas aussi physiquement décrépite qu'on a bien voulu le dire. Il appartient aux jeunes Françaises de prouver qu'elle est toujours aussi vivace et féconde, à l'image de son sol »[74]. La démographie a bien affaire aux femmes et si la France a péché contre la famille, c'est qu'« à Paris, en 1938, mille femmes ne mettaient même plus au monde 500 filles destinées à les remplacer et à avoir à leur tour des enfants »[75]. L'« éternel féminin », version science démographique, se coule tout naturellement dans la logique de calcul des « taux nets de reproduction » et de « fécondabilité » qui s'impose à la fin du XIXe siècle : à partir de ce moment en effet, pour les démographes, ce sont les femmes qui font les enfants (nombre moyen d'enfants par femme); les filles doivent donc être plus nombreuses que les mères[76].

Le « drame démographique », selon la formulation du Commissariat général à la famille, qui est au cœur des préoccupations familialistes de l'État français, donne lieu à des analyses très politiques qui associent systématiquement la question nataliste et la question de l'immigration. « Les courbes fatales vous sont connues. Ce drame a plusieurs aspects : insuffisance de vie, vieillissement, transfusion de sang étranger. [...] Cette population se dévitalise. Enfin, l'étranger remplace le Français ; la France est la terre d'im-

74. Georges Pelorson, « Jeunesse 1941 », in *France 41. La Révolution nationale constructive, op. cit.*, p. 223-225 ; souligné dans le texte.
75. « Famille d'abord ! », *La Revue de la famille*, 224, janv. 42.
76. Hervé Le Bras, « Histoire secrète de la fécondité », art. cité, p. 94.

migration de l'Europe. Dans l'inquiétude où la met sa perte de substance, elle en était venue à tout absorber sans sélection »[77]. Le problème des réfugiés étrangers est ainsi repensé à la lumière du projet politique de la Révolution nationale comme un problème sur lequel une saine politique nataliste aurait prise, abstraction étant faite de toutes les raisons de cette immigration particulière. Ainsi se trouvent opposés un peuple de France potentiel, réarmé par les natalistes, et un peuple composite, hétérogène, affaibli par l'apport du sang étranger. Les obsessions des années 30 sont rationalisées par la démographie d'État qui propose des analyses réduisant les conditions historiques des passages de frontières à une théorie des vases communicants. L'afflux des étrangers fait désormais partie des thèmes obligés du discours démographique et il occupe une large place dans les brochures de propagande. Paul Haury, vice-président de l'Alliance nationale contre la dépopulation, explique la catastrophe de 40 par « le bilan démographique des cinq années qui l'ont précédée » et considère que le vide démographique a « favorisé l'afflux de trop nombreux indésirables ce qui – on s'en est aperçu trop tard – a gravement altéré le caractère national. La France était devenue le grand foyer d'immigration de l'Europe et risquait d'en être le dépotoir. [...] Au recensement de 1936, s'il y avait un peu plus de Français et moins d'étrangers, c'est grâce aux naturalisations, donc à un simple changement d'étiquette, à un jeu d'écriture faisant passer les étrangers naturalisés dans la catégorie des Français »[78]. Si une procédure de naturalisation est assimilée à un « jeu d'écriture », on comprend qu'une procédure de révision des naturalisations coule de source. La mise en perspective des considérations sur la natalité et les naturalisations, de la prophétie démographique et de la dénonciation du péril apatride, est devenue une banalité. Dans chaque appel à la maternité, on entend le prêche pour une France homogène et « purifiée ». Même la plus « féminine » et, apparemment, anodine, des brochures du Commissariat général à la famille, *La Vie en fleur*, abondamment illustrée de photos et de dessins de nourrissons et de croquis de jeunes et élégantes mamans, qui diffuse la vision médicale de l'embellissement par la maternité, analyse « l'artificiel appoint de 45 000 enfants d'étran-

77. Philippe Renaudin, *La Famille dans la nation*, *op. cit.*, p. 8-9.

78. *L'Université devant la famille*, brochure du Commissariat général à la famille, Office de publicité générale, 1942 ; BDIC, réserve, Gr. fol. 126-19.

gers » et souligne combien la France de 1913, avec ses « trente-sept millions d'habitants (dont 2 % seulement d'étrangers) », était une nation « plus homogène » que la France de 1938, avec ses quarante-deux millions et « 8 à 9 % d'étrangers ».

L'appel à la natalité et à la maternité françaises s'inscrit donc dans une vision politique qui repense l'histoire récente en termes d'invasion et de pollution par des éléments étrangers inassimilables par le corps social. La construction d'une image officielle de la féminité, centrée sur la maternité, a partie liée avec la construction de l'étranger, naturalisé ou non, comme menace pour la santé nationale. C'est sans doute le fondement le plus sombre de la surproduction d'« éternel féminin » dans ce moment de crise.

Si l'on choisit d'approfondir l'analyse de la dimension eschatologique de la Révolution nationale, on voit donc que les femmes occupent une place centrale dans le schème de la contrition/rédemption. Au-delà de la désignation unanime du péché capital de dénatalité par les fractions les plus conservatrices du champ littéraire, de l'Église, du champ médical et du champ juridique, qui constituent les femmes en cibles privilégiées du *mea culpa* collectif auquel invite le régime, la désignation d'un « éternel féminin » que le pays, pour son malheur, aurait oublié dans ses périodes d'errements démocratiques permet de penser la Révolution nationale comme le retour à l'ordre « naturel » du monde.

Dans cette entreprise, très politique, de naturalisation des différences, les experts jouent un rôle fondamental en apportant, chacun dans leur domaine, à la fois la légitimité de leurs savoirs et de leurs compétences, et leur intérêt (parfois leur intérêt passionné), historiquement produit contre d'autres fractions de leur champ d'appartenance, à faire triompher leur vision de la division sexuelle du monde social qui est aussi une vision de l'ordre social.

Si l'« éternel féminin » des discours savants semble échapper à l'histoire, c'est que tout un stock culturel d'images du féminin et de l'opposition masculin/féminin existe, disponible, construit progressivement au cours du temps – le plus souvent en temps de crises et d'affrontements, au XVe siècle ou après la Commune par exemple –, et dont on a « oublié » les conditions historiques de production. Ces schèmes, qui font partie de l'inconscient social, peuvent toujours être remobilisés, épurés, en quelque sorte, des contradictions propres à leurs processus historiques de production, et apparaître ainsi comme des vérités éternelles, des valeurs sûres, auxquelles il est toujours bon de revenir, « les routes éternelles hors desquelles il est dangereux de s'aventurer », comme le dit le journaliste de *Candide*, et qui mènent à cet « âge d'or » auquel seule la vision mythique du monde social donne accès.

# 2. La culture du sacrifice

4

# VIOLENCE ET PROPAGANDE D'ÉTAT

La politique vichyste du retour de la mère au foyer, qui imposera, à partir de mai 41, la fête des mères comme fête nationale, semble faire abstraction des réalités de la situation professionnelle, scolaire et intellectuelle des femmes françaises, telles qu'on peut les saisir en 1939 et telles qu'elles ont évolué depuis le XIXe siècle. En effet, comparativement aux autres pays d'Europe, les femmes en France ont beaucoup, et depuis longtemps, travaillé, comme elles ont investi largement le marché scolaire dans ses développements successifs.

De 1906 à 1946, les Françaises représentent presque 40 % de la population active, le travail des femmes mariées étant courant – avant la guerre, les deux tiers des femmes exerçant un métier ont une famille à charge – alors qu'il demeure une exception en Angleterre[1]. Donc travail soumis à la logique de la nécessité pour la majorité d'entre elles qui travaillent dans l'industrie et dans l'agriculture : en 1921, 46 % des femmes actives sont agricultrices, 40 % encore en 1936 ; en 1911, 56,6 % des femmes travaillant hors de l'agriculture étaient employées dans l'industrie, 44 % en 1936. En Grande-Bretagne où le chômage est endémique, la culture du travail s'effondre avant la Première Guerre mondiale chez les femmes de la classe ouvrière au point qu'en 1913 l'expression *working mothers* désigne désormais les femmes au foyer ; en France, les déplorations de Michelet sur « l'ouvrière, mot impie, sordide… » auront la vie d'autant plus longue que les

1. Anne-Marie Sohn, « Entre deux guerres, les rôles féminins en France et en Angleterre », in Georges Duby et Michelle Perrot dir., *Histoire des femmes en Occident*, t. 5, *Le XXe Siècle*, sous la direction de Françoise Thébaud, Plon, 1992, p. 95.

femmes insistent[2]. On retrouvera souvent cette citation de Michelet dans les florilèges vichystes sur la promotion de la mère au foyer.

La conséquence majeure de la Première Guerre mondiale sur le marché de l'emploi féminin fut l'augmentation du taux d'activité féminin au sein des classes moyennes liée à la baisse de leurs revenus et au déséquilibre démographique qui avait accru le célibat des femmes. Dès 1930, les filles sont majoritaires dans les écoles normales, et l'école d'infirmières de la Salpêtrière inscrit les candidates sur listes d'attente ; les banques et les assurances jouent un rôle moteur dans la croissance de l'emploi féminin et, dans les services publics, la part des femmes double entre 1906 et 1936[3]. Dans les classes moyennes et dans certaines fractions de la bourgeoisie, les stratégies familiales en matière d'éducation des filles et les investissements scolaires féminins sont désormais aussi de l'ordre de la nécessité. Soif de savoir, survie économique et processus de déqualification structurelle des métiers « féminins » concourent à *la montée régulière de la demande féminine d'instruction.*

La parité filles-garçons dans l'enseignement primaire est réalisée dans les années qui suivent les lois Ferry, l'accroissement régulier de la scolarisation féminine pouvant déjà être constaté entre 1847 et 1881[4]. L'investissement féminin dans le primaire supérieur, mesuré aux statistiques des EPS, est important et précoce puisque en 1911 on y compte 42 % de filles, en 1926, 49 %, et, en 1936, 50 % ; dans les écoles professionnelles de commerce et d'industrie, la proportion de filles augmente dans l'entre-deux-guerres, passant de 21 % en 1911 à 26,5 % en 1926 et 30 % en 1936 ; les lycées et collèges conservent un recrutement beaucoup plus masculin que le primaire supérieur, 21 % de filles en 1911, 30 % en 1936[5].

L'enseignement secondaire public de filles a longtemps eu un statut particulier – cinq ans d'études au lieu de sept, pas de préparation

2. Pour une analyse des représentations de l'économie politique du XIX^e siècle sur le travail des femmes dans l'industrie et, notamment, de leurs limites conceptuelles qui imposent l'idée que le travail et la famille appartiennent à deux mondes distincts, voir Joan Scott, « L'ouvrière, mot impie, sordide », *Actes de la recherche en sciences sociales*, 83, 1990.

3. Rose-Marie Lagrave, « Une émancipation sous tutelle. Éducation et travail des femmes au XX^e siècle », in *Histoire des femmes en Occident*, *op. cit.*, p. 438.

4. Antoine Prost, *L'Enseignement en France, 1800-1967*, Armand Colin, 1968, p. 103-104.

5. *Ibid.* ; nous avons calculé ces pourcentages à partir des tableaux statistiques reproduits p. 346.

au baccalauréat mais un diplôme de fin d'études interne à l'établissement[6], pas de latin ni de grec mais un enseignement moderne ressemblant beaucoup à l'enseignement spécial – et il faudra attendre 1924 pour que l'enseignement secondaire féminin soit assimilé à l'enseignement masculin et 1930 pour que le concours général s'ouvre enfin aux élèves des lycées de jeunes filles[7]. Ces lois tardives qui accordent une pleine existence scolaire – et donc professionnelle – à l'enseignement secondaire féminin ont été imposées par l'évolution de la demande féminine d'instruction dans la bourgeoisie et les fractions supérieures des classes moyennes, la législation venant une fois encore reconnaître un état de fait : en 1912, dans l'Académie de Paris, les jeunes filles avaient passé 208 diplômes « de fin d'études secondaires » et 66 baccalauréats, en 1921, 169 diplômes et 606 baccalauréats ; dès 1916, une commission d'enquête avait pris acte de l'évolution de la demande sociale (donner aux filles des moyens d'existence dans une période de crise, de fortunes menacées, d'inflation dévalorisant dots et rentes et, ajoutant à la fin de ses travaux, en 1919, de difficultés à trouver un conjoint)[8].

Plus on monte dans les degrés du système d'enseignement, plus l'accès des femmes est lent et violemment contré. Ainsi, dans l'enseignement supérieur le nombre de diplômées est extrêmement faible jusqu'à la guerre de 14, ce qui ne veut pas dire qu'elles ne fréquentent pas l'université témoignant de la sorte encore une fois de la force de la demande féminine de qualification scolaire. La thèse de droit d'Edmée Charrier, soutenue en 1930, constitue la meilleure source sur la scolarisation supérieure des femmes jusqu'en 1929[9]. En 1914, 481 baccalauréats de philosophie et mathématiques sont obtenus par les femmes ; en 1926, 2 134, pour un nombre de baccalauréats masculins de 7 000 et 9 200 les mêmes années ; en 1929, 22 000 femmes environ étaient pourvues de ce diplôme. Dans l'Académie de Paris, les femmes représentent 1/30 des étudiants

6. « Ce n'est pas une clef, c'est un hochet », écrivait de ce diplôme M^me^ Crouzet-Ben Aben dans « La clientèle secondaire féminine et ses besoins », *Revue universitaire*, 1911, t. 2.

7. Voir Françoise Mayeur, *L'Enseignement secondaire des jeunes filles sous la III^e^ République*, Presses de la FNSP, 1977.

8. Robert Viala, « Comment fut créé l'enseignement secondaire de jeunes filles », in *Le Sexe des élites*, *Les Amis de Sèvres*, 126, 1987.

9. Edmée Charrier, *L'Évolution intellectuelle féminine*, Éd. Albert Mechelink, 1931 ; pour les données qui suivent, nous nous référons à cet ouvrage.

en 1890, 1/8 en 1914 et un quart en 1929; en 1928-1929, pour la France entière, on dénombre 12669 étudiantes pour 39319 étudiants, les facultés de médecine accueillant la plus forte proportion de femmes, celles de droit la plus faible. Le nombre de diplômées reste très faible jusqu'en 14 et augmente lentement dans l'entre-deux-guerres : 790 femmes obtiennent le doctorat en médecine de 1870 à 1928; les statistiques disponibles ne permettent pas de faire de recension nationale pour les facultés de lettres, de sciences et de droit, mais pour Paris on note un fort accroissement entre 1918 et 1928 – le nombre des licenciées en droit quintuple (98 sur un total de 781 licences); celui des licenciées ès sciences passe de 37 en 1914 à 64 en 1928 (plus du quart du total pour la même année); en lettres où la première licence féminine est obtenue en 1871 [10] et la deuxième en 1891, 52 licences sont délivrées en 1914, 157 en 1928 (un tiers du total); à l'École normale supérieure, 12 jeunes filles seulement ont été reçues au concours d'admission jusqu'en 1930; enfin, si les femmes sont admises depuis la guerre à l'École libre des sciences politiques, on exige d'elles le baccalauréat qui est facultatif pour les hommes, signe que l'accès des femmes à l'université est encore un accès sous conditions. Ainsi, l'entrée dans les carrières libérales, accordée assez tôt aux femmes, reste quantitativement faible : 95 femmes médecins exercent en 1903, 300 en 1921, 519 en 1929; 12 femmes sont avocates en 1914, 96 en 1928; 7 femmes seulement sont professeurs de faculté en 1930; le débouché des diplômées reste massivement l'enseignement primaire et secondaire de filles.

Le discours qui va se déployer avec la Révolution nationale fait abstraction des réalités de la condition et des aspirations féminines avec une force aveugle qui nous surprend aujourd'hui : violence de la permanence d'une image et d'une imagerie de la femme à la cui-

10. La première licenciée ès lettres fut Julie Daubié (faculté de Paris, 8 octobre 1871), déjà reçue première bachelière à la faculté de Lyon en 1862. Julie Daubié n'était alors plus toute jeune puisqu'elle avait publié un livre en 1866, *La Femme pauvre au* XIXe *siècle*, rassemblant des textes qui avaient déjà obtenu le prix d'un concours organisé par l'académie de Lyon en 1859, « Quels moyens de subsistance ont les femmes ? ». Comme on le voit, Julie Daubié s'intéressait plus à la sociologie et à l'économie qu'aux belles-lettres. A l'inverse de Jules Simon (*L'Ouvrière*, 1860) qui ne voyait de solution à la misère féminine ouvrière que dans le maintien des femmes au foyer, elle demandait la mise en œuvre de l'égalité devant la loi, dans la confection de ces lois, dans l'accès à la formation et à l'apprentissage et dans les salaires. Sur ce débat, voir Joan Scott, « L'ouvrière, mot impie, sordide », art. cité.

sine qui resurgit intacte, intouchée par les luttes pour le vote des femmes, par la participation de trois femmes au gouvernement du Front populaire, par l'accès des femmes à l'enseignement supérieur et à de nombreux emplois qualifiés, par la permanence du travail féminin dans l'industrie, l'agriculture et les bureaux, et où s'est même perdu le constat, unanimiste en d'autres temps, du courage et des capacités des femmes pendant la Première Guerre mondiale[11]. Telle une lame de fond qui laisse un sable vierge sur lequel on peut re-commencer à écrire l'histoire de l'« éternel féminin ». Une armée de réserve va s'y investir.

### *La condamnation vichyste du travail féminin*

Sous l'État français, la défense et promotion du « métier de mère » et du retour de la mère au foyer – c'est-à-dire l'imposition des équivalences femme = mère, espace féminin = espace domestique – ne se déploie pas seulement au plan symbolique en produisant des classements, des déclassements et des reclassements mais s'incarne dans un vaste arsenal juridique aux effets potentiels bien réels. Ces lois qui concernent tantôt la Famille, tantôt l'Éducation, le Travail ou la Santé (les majuscules renvoyant aux ministères concernés) forment un réseau serré d'incitations, de prescriptions et d'interdictions qui dessinent une *cartographie des espaces féminins légitimes*, désignent les transgressions et, parfois, prévoient les sanctions.

Ainsi, dans la première fournée des lois d'exclusions, l'acte du 11 octobre 1940, dit relatif au travail féminin, interdit l'embauche des femmes mariées dans la fonction publique et parapublique (exception faite des femmes ayant passé un concours de la fonction publique), engage les jeunes femmes célibataires de moins de 28 ans à chercher un mari dans un délai de 2 ans et leur assure alors un pécule (si elles venaient à divorcer, elles pourraient être réintégrées à condition d'être « bénéficiaires » du divorce), met en congé

11. Ainsi, en janvier 1918, le président d'âge de la Chambre des députés, Jules Siegfried, appelait à la reconnaissance du droit de vote des femmes pour saluer leur collaboration à la défense nationale. « Il faudra que dans tout le pays, comme dans cette enceinte, subsiste l'union sacrée et qu'aux élections prochaines, par un geste de justice et de reconnaissance, il soit donné aux femmes le bulletin de vote, pour leur admirable attitude pendant la guerre » ; cité par Joseph Barthélemy, *Le Vote des femmes*, Félix Alcan, 1920, p. 132.

sans solde les mères de moins de 3 enfants dont le mari travaille, met à la retraite d'office les femmes de plus de 50 ans, assimile femmes mariées et concubines pour toutes ces restrictions, et enfin autorise le travail temporaire – renforçant ainsi la conception dominante du travail féminin comme *appoint* – à condition en outre qu'il soit exercé près du domicile conjugal pour que les femmes puissent « accomplir les travaux du ménage »[12]. Michèle Bordeaux fait remarquer que, dans le secteur privé également, l'embauche a été défavorable aux femmes du fait de la loi du 8 octobre 40 donnant priorité à l'embauche des pères de famille de plus de 3 enfants, aux démobilisés et aux veuves ayant plus de 2 enfants. Entre octobre et décembre 40, le Commissariat général à la famille élabore de surcroît un projet de loi réglementant l'exercice d'un emploi salarié *privé* par les femmes mariées[13]. Les manuscrits, puis les versions dactylographiées successives de ce texte, qui sont conservés aux Archives nationales, portent comme titre « Mère au foyer, Travail des femmes », manifestant ainsi *l'unité politique* d'un programme d'imposition idéologique de la « vocation » reproductrice des femmes et de restrictions législatives du travail féminin. Ce projet de loi stipule que le travail de la femme mariée est interdit dans le privé « lorsque le salaire, le revenu professionnel ou les bénéfices industriels, commerciaux ou artisanaux du mari sont suffisants et stables », que « cette interdiction est

12. Voir Michèle Bordeaux, « Femmes hors d'État français », in Rita Thalmann éd., *Femmes et Fascismes, op. cit.*, p. 141-143. Peu d'études existent sur la politique de Vichy envers les femmes, et seules des femmes s'y sont intéressées. Outre le travail de Michèle Bordeaux qui aborde le thème des femmes anti-héros de l'histoire et épouses fidèles des héros et analyse les lois sur le travail des femmes et le divorce, et celui d'Hélène Eck, « Les Françaises sous Vichy, femmes du désastre, citoyennes par le désastre ? » (in Georges Duby et Michelle Perrot dir., *Histoire des femmes en Occident*, *op. cit.*, p. 185-211), qui étudie le renforcement de l'institution familiale, les ambiguïtés du « social » et le travail des femmes, Miranda Pollard a publié « Women and the National Revolution » (in Roderick Kedward et Roger Austin dir., *Vichy France and the Resistance*, Totowa (New Jersey), Barnes and Noble Books, 1985, p. 36-47) qui propose une analyse du « genre » dans l'idéologie du régime, et « La politique du travail féminin » (in Jean-Pierre Azéma et François Bédarida dir., *Le Régime de Vichy et les Français, op. cit.*, p. 242-250) ; dans le même ouvrage, Dominique Veillon étudie « La vie quotidienne des femmes » (p. 629-639). Ce n'est pas l'un des moindres effets de violence symbolique exercés par l'apparente banalité du discours vichyste sur les femmes que d'avoir empêché que cette question soit construite comme un objet légitime de la recherche historique si abondante maintenant sur cette période.

13. Archives nationales, 2 AG 497.

étendue aux femmes vivant en concubinage », et que toute infraction à l'interdiction sera punie d'un emprisonnement de un à huit jours et d'une amende de 50 à 500 francs qui sera versée par la « délinquante » à une caisse d'allocations familiales.

La politique de Vichy à l'égard du travail des femmes mériterait à elle seule une étude approfondie qui tiendrait compte à la fois des contradictions entre *Realpolitik* et philosophie sociale du régime, des modalités effectives de l'application des nouvelles restrictions dans les différentes administrations et entreprises, des débats et interprétations auxquels ces mesures ont donné lieu. Ainsi, à Rennes, des employeurs s'interrogent sur le « seuil » à partir duquel le salaire du mari est « suffisant » et sur l'immoralité qu'il y a à employer des concubines alors qu'on licencie d'honnêtes femmes mariées[14]. La politique du régime a basculé à partir de mai 42, moment où l'on commence à manquer de main-d'œuvre féminine, le STO épuisant les réserves de travailleurs qualifiés[15] : en septembre 42, tous les articles de l'acte du 11 octobre 40 sont suspendus excepté les dispositions incitatives au mariage. Si l'on ne possède pas d'études précises pour la période sur les fluctuations de l'embauche des femmes selon les secteurs industriels, les types d'emplois de bureau et la qualification des postes de travail, en fonction également des exigences économiques imposées par l'Allemagne et des besoins nationaux, il semble toutefois, selon l'analyse d'Hélène Eck[16], que le travail féminin, indispensable à la survie des foyers dans les classes populaires et certains secteurs des classes moyennes, se soit maintenu, et peut-être même accru, pendant l'occupation.

Dans sa terminologie, ses attendus et ses exceptions, la loi du 11 octobre 40 reste cependant une expression particulièrement achevée de la place faite aux femmes dans la cité par la Révolution nationale. Et cette sorte de marchandage entre impératifs économiques et défense de l'ordre symbolique de la mère au foyer, qui a pu opposer en France le secrétariat d'État à la Production industrielle et le Commissariat général à la famille, a caractérisé égale-

14. Madeleine Cazin, *Le Travail féminin*, thèse de droit, Rennes, 1943, citée par Michèle Bordeaux, « Femmes hors d'État français », in *Femmes et Fascismes*, *op. cit.*

15. La question de l'enrôlement des femmes dans le STO s'est heurtée à l'opposition ferme de l'Église soutenant que ces départs allaient mettre les femmes en danger moral ; Wilfred D. Halls, *Les Jeunes et la Politique de Vichy*, *op. cit.*, p. 377.

16. Hélène Eck, « Les Françaises sous Vichy. Femmes du désastre, citoyennes par le désastre ? », in *Histoire des femmes en Occident*, *op. cit.*

ment la politique nazie du travail féminin qui s'est infléchie dans le sens d'une exploitation intensive de la main-d'œuvre féminine en fonction de l'accroissement des besoins de l'économie de guerre, alors qu'elle avait commencé par prôner le retour des femmes au foyer sous le mot d'ordre de la « femme et mère allemande »[17]. Parmi les premières mesures législatives prises après l'arrivée de Hitler au pouvoir, en janvier 33, les interdits concernant le travail des femmes occupent une large place : ainsi, en juin 33, le licenciement des femmes fonctionnaires mariées. Proposant d'analyser de façon comparative les politiques du travail féminin, y compris sous le régime nazi, Margaret Maruani insiste sur la fonction centrale de la politique de l'emploi féminin dans le renforcement de la domination masculine et sur l'articulation permanente des discours et pratiques portant sur la production et sur la reproduction : « Le discours idéologique sur la maternité est souvent d'abord un plaidoyer contre le travail des femmes. Le natalisme n'est pas seulement un parti pris démographique, c'est aussi une idéologie de la domination. [...] Car on n'interdit pas le travail des femmes sans "justification" idéologique. Les dirigeants nazis parlaient sans cesse de restaurer l'honneur de "la femme et mère allemande", de lui rendre sa "dignité" en lui enlevant son droit au travail »[18]. Sous le régime de Vichy, souci nataliste, défense et glorification du métier de mère et politiques de l'emploi féminin ne sont pas contradictoires ; le travail des femmes est placé sous le signe du « salaire d'appoint » et, concernant surtout la production industrielle, il obéit à la logique de l'*armée de réserve*. Façons de dire et de redire, au mépris de toutes les réalités sociales et économiques, qu'il n'est pas dans l'ordre des choses que les femmes travaillent, mais aussi discours imposant l'idée qu'il est des travailleurs légitimes en toutes circonstances – économiques – et d'autres non ; femmes et immigrés partagent ici ce statut précaire. Dans un article paru en octobre 40, Charles Richet, qui poursuit la croisade nataliste et eugénique de son père, condamne le travail féminin puisque le « divorce » entre travail et vie familiale « fut en grande partie la cause de notre décadence depuis vingt ans ». Nocif au plan de la natalité, le travail

17. Voir Rita Thalmann, *Être femme sous le III^e Reich*, *op. cit.*, p. 144 *sq*.

18. Je remercie Margaret Maruani de m'avoir communiqué le projet de recherche inédit, « Crise économique et droit à l'emploi des femmes », qu'elle a présenté dans le cadre du CNAM en 1983.

féminin est également « déplorable au point de vue de l'honnêteté conjugale. Au sens banal du mot si, dans un atelier ou un bureau, femmes et hommes travaillent ensemble, une promiscuité s'établit. Ce que ouvrières et employées appellent "un peu de liberté" n'est que la traduction élégante de cet affranchissement conjugal qui contribue à désorganiser peu ou prou la vie de famille »[19].

### *Retour à l'univers domestique et domestication de l'opinion publique*

Mères de la famille, les mères de famille sont convoquées par les idéologues de la Révolution nationale pour que les Français puissent « prendre leur point d'appui sur les institutions naturelles et morales auxquelles est lié [leur] destin ». Ainsi s'exprime le maréchal qui, dans son message aux mères françaises du 25 mai 41[20], énonce les prérogatives féminines – « maîtresse du foyer » –, dote les femmes de qualités spécifiques – « affection, tact, patience, douceur » –, qui en font les « inspiratrices de notre civilisation chrétienne », et leur assigne comme fonction éducative préparatoire à celle de l'État de « donner à tous ce goût du travail, ce sens de la discipline, de la modestie, du respect qui fait les hommes sains et les peuples forts ». Elles sont ainsi désignées également comme les mères de l'ordre social. Glorifiées enfin comme « mères de nos tués, mères de nos prisonniers, mères de nos cités » et « mères de nos campagnes qui, seules à la ferme, faites germer les moissons », elles deviennent mères de la patrie. Sainte patronne des trois piliers de la « maison France » rénovée, la figure de la mère de famille est construite comme la seule identité féminine légitime. A une maison « France et Cie » aux volets clos, surmontée d'un ciel sombre où se profile l'étoile de David, et qui s'écroule sous le travail de sape de ces taupes que sont la démocratie, l'égoïsme, la juiverie, le pastis, le communisme, etc., l'illustrateur d'une affiche de propagande oppose une maison France aux fenêtres brillantes, bâtie sur les piliers de l'ordre nouveau et surmontée des sept étoiles qui ornent le bâton du maréchal ; au premier étage de cette maison remise d'aplomb et dont

19. Charles Richet, « Travail et famille », *Revue des deux mondes*, 10 oct. 40.
20. Maréchal Pétain, *La France nouvelle. Principes de la communauté, Appels et Messages*, *op. cit.*, p. 60 *sq.*

la treille porte à nouveau des feuilles, une mère ouvre la fenêtre pour faire entrer l'air pur [21]. Comme le montrent à satiété les textes et les images de propagande, une femme sans enfants n'existe pas, excepté sous le visage de la religieuse ou de son double laïc, l'assistante sociale ; les petites filles s'entraînent avec leurs poupées à répéter le seul rôle qu'elles auront à jouer – « Maintenant un jeu, plus tard une mission », dit la légende d'une affiche du Commissariat général à la famille –, et les déesses de la fécondité de Maillol dominent la représentation plastique du corps féminin reléguant dans l'ombre la silhouette mince de la garçonne [22].

Comment se construit une propagande d'État ? En matière de femmes et de familles, elle semble avoir été élaborée exclusivement au sein du Commissariat général à la famille, sans que les documents et les archives disponibles nous permettent de reconstruire les discussions, les affrontements éventuels, les logiques sociales du consensus qui ont présidé à son élaboration. Ainsi on ne sait pas au terme de quelles négociations ou de quelles offres de services, la ligne nataliste a fini par dominer toute l'action du Commissariat en ce domaine, l'aspect proprement familialiste – la famille comme lieu d'éducation morale par exemple – étant relativement absent de l'iconographie et des slogans de cette administration. On a le sentiment que la croisade démographique a réussi à imposer ses mots d'ordre à la propagande d'État ou, en tout cas, que ses mots d'ordre se prêtaient particulièrement bien à ces formes de *simplification* des idées que constituent les tracts, les affiches ou les brochures de réarmement moral destinés à des publics cibles. Il est probable que Paul Haury a été l'un des artisans de cette prédominance des natalistes dans l'œuvre de propagande du Commissariat. Inspecteur général de l'Instruction publique, il deviendra directeur de cabinet du docteur Serge Huard – secrétaire général à la Santé en juillet 40, puis secrétaire d'État à la Famille et à la Santé dès la création du portefeuille, d'août 41 à avril 42 – et fera le lien entre l'enseignement public et le Commissariat, rédigeant les manuels de l'« enseignement démographique et familial » des classes de lycées, rendu obligatoire à partir de 41. Dans les années 30, l'inspecteur Haury avait été l'un des plus actifs animateurs de l'Alliance nationale contre la dépopulation dont

21. Affiche reproduite in *La Propagande sous Vichy, 1940-1944*, Laurent Gervereau et Denis Peschanski dir., *op. cit.*, p. 25.

22. Laurent Gervereau, « Y a-t-il un style de Vichy ? », *ibid.*, p. 110-147.

il deviendra vice-président et il écrivait alors dans la revue du mouvement des articles prémonitoires – « La fête des mères, ce qu'elle est, ce qu'elle devrait être » ou « Fêtons les principes de 1789, mais sachons les adapter » – et des hymnes aux vertus féminines : « Si l'homme est la pensée, vous êtes la vie [...]. C'est à la maternité et à tout ce qu'elle comporte de renoncements, de souffrances et de soucis que se rattachent les traits essentiels de la psychologie féminine *de tous les temps* avant qu'elle n'ait été déformée par les outrances de l'individualisme contemporain »[23]. La politique de la Révolution nationale en matière de femmes va permettre au professeur Haury de développer le thème à satiété et d'imposer son style dans les brochures que le Commissariat édite en direction du monde enseignant (*L'Instituteur et son rôle dans la restauration de la famille française*, *L'Université devant la famille*, *L'École et la Famille*, *Étudiant mon camarade*) qui sont tirées à 200 000 exemplaires et destinées à tous les membres de l'enseignement public et privé.

La brochure sur le rôle de l'instituteur[24] s'ouvre encore une fois sur une apologie de la défaite propre à remettre les choses en place et chacun à sa place, soulignant du même coup l'évidence du pétainisme ordinaire : « Aux faux calculs du Français moyen d'avant guerre, ratatiné dans son moi rétréci, vous opposerez la beauté rayonnante d'un idéal familial que d'autres Français ont su vivre, même dangereusement. Vous trouverez les accents du cœur pour évoquer ces réalités réconfortantes que sont les joies du foyer que la femme illumine de sa présence et réchauffe de son activité [...]. C'est parce que cet idéal a été vécu depuis des siècles par des millions et des millions de Français, que les paroles du Maréchal, au lendemain de l'armistice, ont éveillé dans d'innombrables cœurs un si profond écho. Enfin ! le Chef de l'État français retrouvait la clé des *vérités éternelles*, en opposant à l'esprit de jouissance l'esprit de sacrifice, en replaçant la famille à la base de l'édifice social ». L'instituteur doit donc veiller à ne pas produire de « déclassés », ces nomades de l'ordre social si bien dépeints par Paul Bourget dans

23. Cité par Françoise Thébaud, « Maternité et famille entre les deux guerres », in Rita Thalmann éd., *Femmes et Fascismes*, *op. cit.* ; souligné par nous.

24. *L'Instituteur et son rôle dans la restauration de la famille française*, par un instituteur, préface de Paul Haury, Commissariat général à la famille, Office de publicité générale, s.d. ; BDIC, O pièce 22715. Cette forme d'anonymat corporatiste est bien dans le ton du régime ; il est probable que l'inspecteur Haury a inspiré et corrigé la copie.

*L'Étape*, à laisser les fillettes de la campagne à leurs coiffes traditionnelles, à établir un climat familial dans la classe et à favoriser l'« apprentissage concret » chez les filles auxquelles on enseignera « à faire le ménage, à composer et à exécuter un menu familial en maniant le balai et les casseroles ». « Nos petites, enfin, ont des poupées chéries ; qu'elles apprennent à les langer, à les baigner... ou à faire semblant, à leur préparer un biberon ». Cette brochure, qui concerne l'enseignement primaire, parle des classes populaires et de la propagande nataliste qui leur convient selon les élites éclairées. Ainsi cette parabole où l'institutrice, missionnaire de la natalité, fait l'éducation des masses : « Dans un quartier populeux de Paris, une femme d'ouvrier, mère déjà de trois enfants, vient trouver la directrice de l'école. Un quatrième enfant s'annonce. Les voisines "charitables" ont donné certains conseils. – Alors, qu'est-ce que vous feriez à ma place ? L'institutrice ne se trouble ni ne s'indigne. Elle parle avec son cœur et convainc la mère égarée. Le bébé naquit, ce fut une belle petite fille. Plusieurs années après, la voyant jouer et chanter dans la cour de l'école, l'institutrice à qui le bonheur d'avoir des enfants avait été refusé, pouvait dire avec un sourire – celle-ci est plus à moi que si je l'avais mise au monde, je lui ai sauvé la vie. Qui peut mieux que l'institutrice *éclairer les consciences obscures de ces femmes* ? ». « Mère » des élèves de sa classe – comme l'instituteur en est le « père » –, l'institutrice est là pour enseigner à devenir mère. Le Commissariat collectionne les coupures de presse qui font écho à ses brochures et témoignent de leur accueil. En novembre 41, celle-ci est saluée par plusieurs journaux dont *L'Action française* qui y voit un « chef-d'œuvre » et voudrait que l'on en tire une version moins luxueuse pour la diffuser « à des millions d'exemplaires »[25].

A l'université, le public change et la rhétorique aussi[26] : la « révélation de juin 1940 », cette « tragique leçon de choses », doit être l'occasion de corriger « l'erreur intellectualiste » pour former non des « cerveaux » mais des « élites de chair et de sang ». Pour instaurer la « natalité dirigée », on convoque les grands auteurs, ainsi Giraudoux qui, dans *Juliette au pays des hommes*, « ramène au mariage normal une jeune intellectuelle éprise d'indépendance et avide d'expérience », et on subordonne l'enseignement de l'his-

25. Archives nationales, 2 AG 498.

26. Paul Haury, *L'Université devant la famille*, préface de Gilbert Gidel, recteur de l'académie de Paris, *op. cit.*

toire à la leçon de choses démographique. Mais c'est surtout au professeur de philosophie de « dénoncer la duperie qu'est pour la femme la pseudo-émancipation dont on l'a leurrée sous le nom de féminisme, et qui faisait tout simplement abstraction de ce qu'il y a en elle de proprement féminin » : « Égale de l'homme en dignité, mais remplissant dans la famille et dans la nation des fonctions différentes, conformes à sa nature et nullement inférieures, la femme moderne redeviendra la gardienne du foyer ».

Cette volonté d'ajustement de la propagande aux caractéristiques sociales des publics ciblés témoigne de la visée proprement politique du Commissariat, qui conduit sa campagne nataliste de promotion de la famille comme une campagne électorale, et elle se retrouve dans d'autres textes que l'on peut étudier également de façon comparative, par exemple *Une belle mission des travailleuses sociales*[27] et *La Plus Belle Femme du monde*[28]. *La Plus Belle Femme du monde* se présente comme une revue féminine de luxe, ponctuée de publicités raffinées, qui encense la beauté féminine à la lumière de la maternité. Lucien François, le rédacteur en chef de *Votre Beauté*, qui préface ce numéro spécial, dresse une liste des qualités féminines que seule la maternité révèle : « sens du concret et de l'image », en « prise directe sur le réel », « altérocentrisme », « puissance intuitive et imagination », « tels sont les atouts que l'Ève éternelle ne peut mettre vraiment dans son jeu que si les soins et l'éducation des enfants lui donnent le prétexte de s'en servir » ; elle pourra ainsi « *émerger du domaine obscur* où, jusqu'à l'adolescence, elle somnole ». Qui a convaincu l'équipe de *Votre Beauté* et les grands experts parisiens en esthétique féminine d'apporter leurs voix au programme de la Révolution nationale en matière de femmes ? Et a-t-il fallu vraiment convaincre ? Dans ce bref éditorial, qui mobilise instantanément, sur le mode de la louange, les stéréotypes les plus normatifs sur la « nature » féminine, ne peut-on voir apparaître la face cachée du journal qui ne fait jamais, dans les temps ordinaires, que modeler au goût du jour des stéréotypes sans âge ? Dans *Une belle mission des travailleuses sociales*, ces « infirmières du mal social »,

27. Préface de M. Hardouin, secrétaire générale des travailleuses sociales, Commissariat général à la famille, Office de publicité générale, s.d. ; BDIC, réserve Gr. fol. 126-4.

28. Édité par l'Office de propagande générale avec le concours de *Votre Beauté*, s.d. ; BDIC, réserve Gr. fol. 126-3.

le rappel à l'ordre prend des accents plus militaires – « la désertion de la femme met la France en péril de mort » – et les coupables désignés sont justement les faiseurs de mode qui ont transformé la femme en « caricature », « triste poupée ne vivant que pour son corps, sa toilette et son sex-appeal ». Sur la couverture de la brochure, l'ombre protectrice d'une assistante sociale géante, en tailleur sombre et chapeautée, pose sa main sur l'épaule d'une chétive jeune fille au visage souffreteux : chez « nos petites des faubourgs », l'éducation familiale et ménagère doit inculquer « le souci de l'intérieur ». On propose donc aux femmes de la bourgeoisie de lutter contre l'« égoïsme » lié à la mondanité en leur montrant que leur beauté ne peut que gagner à la maternité ; aux femmes « des faubourgs » et aux petites filles des écoles primaires, on propose l'éducation ménagère et les allocations familiales. Il reste que, dans tous les cas, les professeurs de morale nataliste – l'institutrice mise en scène par l'inspecteur Haury comme l'expert de *Votre Beauté* – s'accordent à placer la conscience féminine du côté de l'*obscurité*, redonnant ainsi une nouvelle vie aux vieilles oppositions mythiques.

En novembre 41, le docteur Huard adresse au maréchal Pétain un *Album de propagande familiale* – immense dossier cartonné rouge évoquant les livres d'or – qui comprend des affiches, tracts, citations, brochures et coupures de presse, et fait le résumé des réalisations « acquises en moins de trois mois »[29]. Le Commissariat mène une politique systématique de mobilisation de l'« opinion », comme il dit, pour « l'amener à comprendre la nécessité d'une "mystique familiale" », en jouant « dans le cadre habituel de chacune des revues en fonction du public auquel elle s'adresse » ; il est précisé que les envois du Commissariat sont adressés à 825 journaux. Les tracts et les affiches édités par le Commissariat – « La femme coquette, sans enfants, n'a pas sa place dans la cité, c'est une inutile » ; « L'enfant unique est triste » ; « La France nouvelle protège la mère » ; « Les chefs de demain seront les enfants de familles nombreuses », etc. – devront être diffusés par les grandes administrations publiques, les établissements de crédit, les magasins d'alimentation dans leur personnel féminin ; dans les magasins de nouveautés, de chaussures, dans les secteurs de la mode et de la coiffure, parmi le personnel et la clientèle féminine. Dans la lettre qui accompagne l'envoi de cette propagande aux intéressés, le secrétaire général du Commissariat

29. Archives nationales, 2 AG 498.

précise que « ces affiches sont un élément de la CROISADE DE LA FAMILLE entreprise sur l'ordre de Monsieur le Maréchal Pétain sous la forme d'une grande campagne d'opinion ».

Le Commissariat déclare que son action idéologique utilise « les moyens les plus modernes de la publicité » – « affichages massifs, concours spectaculaires, tracts attrayants » – et révèle une capacité d'utilisation de la presse féminine remarquable, jouant des publics cibles chers aux études de marché. Il investit également la radio avec l'émission « France-Famille », diffusée trois fois par semaine à 19 heures 20 (« *prime time* » déjà !)), qui fait saisir aux familles « combien le gouvernement du Maréchal s'inquiète de leur sort » et qui fonctionne comme une « boîte aux lettres », créatrice d'un supplément quotidien d'« opinion publique » ; l'émission ne néglige pas la « valeur persuasive du *slogan* » qui a fait ses preuves dans le domaine de la « publicité commerciale » – « Le meilleur plaisir est de répandre la joie dans sa famille » ; « La jeune fille doit se préparer de bonne heure à sa mission en secondant sa mère à la maison » ; « C'est votre goût de l'ordre et de la propreté qui rendront votre maison attrayante pour votre mari et pour vos enfants », etc. [30]. L'exposition de la Famille française, présentée en 43 à la mairie du Panthéon, dans le Ve arrondissement, et qui doit circuler ensuite à travers le pays, est une apothéose de cette pédagogie par l'image, le mot d'ordre, la photo, la sculpture – « O clair et lumineux visage de la mère triomphante dans sa modestie ». Reprenant le schème contrition-rédemption, cette exposition stigmatise le célibat, la contraception, l'avortement et l'alcoolisme : « Évadons-nous de ces sphères maléfiques... Tout cet exposé serait vain parce que négatif si l'on n'avait pris soin de montrer près du mal le remède, si l'on n'avait réalisé que le public a besoin de sentir un sol ferme auprès de ces précipices qui donnent le vertige » [31].

La presse féminine a sans doute constitué un relais privilégié pour mettre au goût du jour ces thématiques vieilles comme le monde fournissant aux figures mythiques la légèreté et la banalité des dessins de mode et des publicités esthétiques et domestiques qui construisent inséparablement un marché féminin et une identité féminine, une sous-culture de genre, comme dit Erving Goffman [32].

30. *La Famille dans l'État, Les Documents français, op. cit.*

31. Jean Bergeaud, conférencier du Commissariat général à la famille, « L'exposition de la famille française », *La Revue de la famille*, juill. 43.

32. Erving Goffman, « La ritualisation de la féminité », *Actes de la recherche en sciences sociales*, 14, 1977.

L'importance de la propagande d'État dans le régime de Vichy a été soulignée par la recherche historique, et certaines de ses caractéristiques ont été mises en évidence, ainsi les luttes qui ont opposé le Secrétariat général à l'information de Paul Marion à la Légion française des combattants et à l'Amicale de France, le rôle central de vecteur de la propagande qu'a joué l'École, la surproduction de paraboles illustrées dans la symbolique politique vichyste [33]. Dans le domaine que nous étudions, la Légion et l'Amicale de France – ces deux grands mouvements rassemblant les « pétainistes actifs », selon la formule d'Yves Durand – ne sont pas muettes mais leur approche des femmes et de la famille est différente de celle du Commissariat : la Légion développe davantage le thème de la famille élément central de l'ordre politique nouveau sur lequel nous reviendrons plus loin ; l'Amicale de France, notamment dans son *Bulletin des jeunes*, qui définit ce que doit être un « jeune révolutionnaire national », approuve sans réserve les modèles fascistes d'encadrement de la jeunesse masculine et féminine [34] qui réalisent, à ses yeux, une mobilisation exemplaire des filles, ces « femmes et mères de demain » [35].

33. Voir Denis Peschanski, « Vichy au singulier, Vichy au pluriel. Une tentative avortée d'encadrement de la société (1941-1942) », *Annales*, mai-juin 1988, et *La Propagande sous Vichy, 1940-1944*, *op. cit.*

34. G. de Korff, « La jeunesse en Italie », et « La jeunesse allemande », *Bulletin des jeunes*, 28, août 42, et 33, nov. 42. Dans le *Bulletin de France*, l'Amicale cite Bonald pour qui la Révolution française a donné l'enfant unique, développe une défense sans surprise de la famille et de la natalité, étayée sur les écrits de Fernand Boverat, et ridiculise régulièrement le personnage de « Simplet » qui est pour les juifs, la franc-maçonnerie et les Américains. Dans le numéro du 10 août 41, on trouve la lettre d'une « Française dévouée à sa patrie », incarnation féminine des « propagandistes d'élite » que rassemble l'Amicale : « Nous projetons quelques dames et moi de combattre le laisser-aller, de remettre en honneur la sobriété et la correction de l'habillement. [...] Je crois que pour qu'un mouvement de bon goût réussisse, il faut qu'il soit lancé par des femmes ayant une grosse influence leur venant de leur fortune, de leur famille. On ne sera jamais trop pour balayer le laisser-aller et le vulgaire ». Expression particulièrement sinistre de la Révolution nationale, l'Amicale de France, qui annonce 600 000 abonnés au *Bulletin* en juin 41, milite pour une remise au pas musclée utilisant l'intimidation et la délation. Il n'existe pas à notre connaissance d'étude détaillée sur ce mouvement mais peut-être les archives ne le permettent-elles pas. Claude Lévy et Dominique Veillon ont souligné l'importance de cette association privée qui se met au service de la propagande d'État ; « Propagande et modelage des esprits », in *Le Régime de Vichy et les Français*, *op. cit.*, p. 186.

35. « Rôle de la jeunesse féminine dans la jeunesse française », *Bulletin des jeunes*, 15, déc. 41.

### *L'imposition de la fête des mères*

Si la fête des mères n'est pas à proprement parler une invention de Vichy, c'est cependant sous l'État français qu'elle va acquérir sa pleine charge symbolique devenant définitivement une fête nationale sous la dénomination de « journée des mères », le terme « fête » étant jugé malsonnant dans la situation de défaite que connaît le pays.

L'idée d'une célébration nationale des mères françaises était apparue à la fin de la Première Guerre mondiale à un moment où, du fait des circonstances historiques, les experts en identité féminine s'étaient affrontés sur les priorités en matière d'investissements sociaux féminins. Si la figure de la marraine de guerre ou celle de l'infirmière dévouée aux blessés pouvaient aisément être assimilées à l'« invention de nouvelles maternités »[36], le travail des femmes dans les usines d'armement faisait l'objet de vives controverses entre tenants de la production de munitions et tenants de la repopulation. Comme le dit joliment une revue féministe, *La Française d'aujourd'hui*, en 1917 : « On compte sur l'ouvrière pour enfanter des milliers d'obus et tourner des douzaines d'enfants ». Pour le *Bulletin des usines de guerre*, « l'œuf » de ces ouvrières vaut celui du commun de la classe travailleuse, tandis que pour le professeur Pinard, patron de Baudelocque, qui défend une vision maximaliste de la puériculture – la mère étant au service de l'enfant depuis le début de la conception –, l'usine est une « tueuse d'enfants ». Dans la Seine, en 1914, les femmes représentent 5 % de la main-d'œuvre dans la métallurgie, elles constitueront, en 1918, 30 % des ouvriers de guerre ; au plan national, l'industrie de l'armement emploie 430 000 femmes sur 1,7 million d'ouvriers au moment de l'armistice[37]. Le travail en usine est pour ces femmes une nécessité vitale et, massivement, il sera un travail non qualifié : on loue leur aptitude aux tâches monotones et on leur dénie toute « attention inventive », toute capacité à prendre des décisions. Pourtant, les « munitionnettes », comme on les appelle, formeront la majorité des grévistes

36. L'expression est d'Émile Faguet dans *Le Gaulois* du 4 juin 1915, cité par Yvonne Knibiehler et Catherine Fouquet, *Histoire des mères*, *op. cit.* ; les informations qui suivent sont tirées de ce texte, p. 302-310.

37. Mathilde Dubesset, Françoise Thébaud et Catherine Vincent, « Les munitionnettes de la Seine », in *1914-1918. L'autre front*, Cahier du Mouvement social n° 2, coordonné par Patrick Fridenson, Éditions ouvrières, 1977, p. 189-219.

dans les nombreux mouvements qui ont eu lieu à partir de 1916; elles privilégieront la grève « intempestive », qui balaie les procédures d'arbitrage et de conciliation mises en place début 1917, et manifesteront des capacités de résistance et de négociation remarquables; leur action revendicative provoquera dans la police et la presse de droite l'accusation de « mauvaise mœurs » et la condamnation d'attitudes « peu féminines ». Dans ce contexte, et la guerre achevée, l'idéologie repopulationniste émet des jugements extrêmes : « Le prix de la femme, c'est l'enfant. Volontairement stérile, elle retombe au rang de la prostituée, de la fille de joie dont les organes ne sont plus que des instruments, des jouets obscènes au lieu de rester le moule vénérable de tous les siècles futurs »[38].

L'armistice à peine signé, Louis Loucheur presse les femmes de rentrer chez elles, sans indemnités, pour accueillir les soldats survivants et libérer des postes de travail; et c'est ainsi que, aux lendemains de la guerre, s'organise pour la première fois une campagne systématique pour ramener la mère au foyer[39], campagne qui verra simultanément, et ce n'est sûrement pas un hasard, la première ébauche de la « fête des mères » et le vote de la loi de 1920 sur la répression renforcée de l'avortement et de la propagande anticonceptionnelle. A l'instigation du Conseil supérieur de la natalité et des ligues de défense de la famille nombreuse, les pouvoirs publics, par une circulaire du 24 avril 1920, instituent donc une fête des mères. Par un décret du 26 mai 1920 est créée également une médaille de la famille française destinée à récompenser « les mères de familles françaises qui ont eu au moins cinq enfants vivant simultanément, et qui par leurs soins éclairés, leur activité laborieuse et leur dévouement, auront fait un constant effort pour inspirer à leurs enfants, dans les meilleures conditions d'hygiène physique et morale, l'amour du travail et de la probité, et le souci de leurs devoirs sociaux et patriotiques »[40]. Cette première tentative pour faire de la catégorie

38. G.A. Doleris et J. Boucastel, *Maternité et Féminisme. Éducation sexuelle*, Paris, 1918, cités par Mathilde Dubesset, Françoise Thébaud et Catherine Vincent, « Les munitionnettes de la Seine », art. cité, p. 208.

39. Yvonne Knibiehler et Catherine Fouquet, *Histoire des mères*, *op. cit.*, p. 309. Sur l'offensive familialiste de la période de reconstruction nationale face à la persistance du travail des femmes mariées dans les années 20, voir Rose-Marie Lagrave, « Une émancipation sous tutelle. Éducation et travail des femmes au XXe siècle », *Histoire des femmes en Occident*, *op. cit.*, p. 432 *sq*.

40. Robert Talmy, *Histoire du mouvement familial en France, 1896-1939*, *op. cit.*, t. 2, p. 217-220.

« mère » l'emblème national de la célébration des femmes eut relativement peu de succès pendant l'entre-deux-guerres et il faudra attendre la Révolution nationale pour que cette fête soit imposée à tous et devienne un rituel central des grandes manœuvres de la maternité. Jusque-là, les rappels à l'ordre de différents ministères concernés et du Conseil supérieur de la natalité attestent du peu d'écho rencontré par cette initiative. De 1926 à 1935, les instances officielles ne cessent de déplorer la non-célébration ou la célébration restreinte de la fête des mères et, pour la revivifier, érigent en 1938, boulevard Kellermann, un monument « Aux mères sublimes, la patrie reconnaissante », au pied duquel la Ligue du droit des femmes déposera une gerbe de dérision portant l'inscription « Hommage aux mères françaises, sublimes mais non électrices »[41], donnant ainsi, encore une fois, l'exemple de ces expressions de contre-pouvoir condamnées au silence par la Révolution nationale.

La recherche de Rita Thalmann sur la politique en matière de femmes sous le IIIe Reich fait apparaître les similitudes de ces conceptions nationales de la célébration des mères : le grandiose monument à la Maternité en granit rose, mesurant 18 mètres sur 25, est érigé au centre de Berlin en 1934 ; la fête des mères est transformée en Allemagne en fête nationale en 1935 ; à partir de 1938, une médaille frappée de la devise « L'enfant ennoblit la mère » est distribuée en grande pompe aux mères de familles nombreuses, le 30 août, jour anniversaire de la mère de Hitler. Le culte de la mère remonte en Allemagne au XIXe siècle et est lié aux processus politiques et culturels de la construction nationale. Il s'exprime de façon privilégiée dans la vénération dont a fait l'objet la reine Louise de Prusse, progressivement représentée comme l'incarnation idéale de la maternité la plus pure : son masque mortuaire a été traité comme un buste de madone par le sculpteur Schadow et, après sa mort, en 1910, d'innombrables œuvres plastiques loueront ses vertus domestiques dans le style bourgeois, son action politique bien réelle étant définitivement laissée dans l'ombre. La symbolique nazie elle-même abandonnera la figure de *Germania* comme symbole national au profit d'une nouvelle résurrection du personnage de la reine Louise dans sa dimension de gardienne de la famille vouée à la fonction maternelle[42]. Dans l'idéologie mussolinienne également, les

41. Rita Thalmann, *Être femme sous le IIIe Reich, op. cit.*, p. 112-113.
42. George L. Mosse, *Nationalism and Sexuality, op. cit.*, p. 95 *sq.* et 161 *sq.*

femmes italiennes ne sont là que pour produire des enfants et se réaliser comme épouses, mères et gardiennes de l'espace familial, même si la division entre les sexes y était moins rigide qu'en Allemagne ; et les régimes autoritaires d'Espagne et du Portugal imposeront le même clivage masculin/féminin et le même partage sexuel du monde social. Pour George L. Mosse, ces symboliques nationales contribuent à fixer les femmes à leur place et à renforcer la distinction entre les sexes, renforçant du même coup celle entre *le normal et l'anormal*, telle que l'a définie l'ordre bourgeois dans la construction de la respectabilité qu'il mène tout au long du XIX^e^ siècle et qui préoccupera à son tour largement le régime nazi. L'imposition de la fête des mères comme *rituel étatique* est une manifestation du lien privilégié que les régimes fascistes et autoritaires entretiennent avec le retour ou le maintien de la mère au foyer.

En revenant sur la sociogenèse de la fête des mères et sur le rôle déterminant qu'a joué l'État français dans son instauration définitive comme fête nationale, on voudrait mettre au jour l'arbitraire d'une telle *désignation d'État du féminin* – et de l'opposition masculin/féminin – dont on a fini par oublier l'acte de naissance tant l'institution a réussi à s'imposer dans les faits et dans les cerveaux. On peut ainsi se poser la question suivante : en faisant de la fête des mères une fête nationale, l'État intervient-il seulement sur l'espace public ?

A partir de 1941, la journée des mères devient l'une des grandes journées de célébration nationale de l'État français, le dernier dimanche de mai. Mai, le mois du renouveau, a été depuis longtemps l'occasion de rituels agraires à composante érotique, bien avant que l'Église le consacre à Marie [43]. La liturgie étatique s'approprie donc ici tout un inconscient collectif à forte charge émotionnelle. La force du mythe est ainsi mise au service de l'ordre moral contre les dévoiements du mois de mai par le peuple menaçant des villes tels que les décrit Bonnard, dernier ministre de l'Éducation nationale de Vichy : « Par les dimanches de mai, quand les hordes urbaines se répandent dans la campagne, il est affreux de voir comment elles y saccagent le printemps » [44]. En ce jour de fête nationale, le maréchal lui-même adresse un message aux mères de France ; les municipalités honorent les mères de familles nom-

43. Maurice Crubelier, *Histoire culturelle de la France, XIX^e^-XX^e^ siècle*, Armand Colin, « U », 1974, p. 61-62.
44. Abel Bonnard, *Éloge de l'ignorance*, Hachette, 1926, p. 21.

breuses qui reçoivent la médaille de la famille française; dans les églises, les prédicateurs exaltent le rôle sacré des mères; on organise des réunions récréatives locales; le gouvernement offre une ration supplémentaire de légumes secs et, aux mères des familles les plus nombreuses, un sac à provisions garni; et « il n'est pas jusqu'à certains monuments aux morts que des mains pieuses ont tenu à fleurir pour associer l'hommage rendu aux Mères au souvenir des enfants dont elles portent le deuil »[45]. Dans leurs hommages à la fête des mères, les revues familialistes évoquent la dimension de fête nationale de la journée des mères en ces années sombres : « Tous ont senti le caractère particulier qu'elle revêtait; la Journée des Mères du 25 mai 41 aura été celle de la France qui retrouve, dans l'hommage rendu à celles dont nous tenons la vie, le sentiment de sa noblesse et l'espoir de son relèvement »; ailleurs, on parle de « journée de reconnaissance, de recueillement et d'espoir ». La célébration des mères de France est célébration de la France et, à travers l'héroïsme des mères françaises, c'est le potentiel de régénération nationale par les enfants nés et à naître qui est rappelé. Mais la mise en avant de cette composante patriotique dans le contexte de l'occupation ne doit pas masquer le fait que l'*imposition politique* d'une fête des mères, comme la mise en place de rituels privés et publics convenant à sa célébration, opère un coup de force symbolique dont les effets sur la symbolique de la partition sexuelle du monde social survivront largement au régime de Vichy.

Robert Paxton souligne la fièvre de cérémonies publiques et d'activités collectives qui a animé le nouveau régime à la différence de la IIIe République et il précise que les cérémonies d'État n'avaient pas été réglées avec un tel zèle didactique depuis que David avait travaillé pour le Comité de salut public[46]. Lorsqu'il se rend en zone libre pour la première fois en 42, Jean Guéhenno décrit ainsi Châteauroux : « Un étrange pays, une sorte de principauté où tout le monde, depuis les enfants de six ans enrégimentés dans les "Jeunesses" jusqu'aux "anciens combattants", porteurs de francisques ou d'insignes de la légion, m'a paru être en uniforme. Où est la France ? »[47]. Les mères de famille n'ont pas besoin d'uni-

45. « La journée des mères 1941 », *L'Actualité sociale*, juin-juill. 41.
46. Robert O. Paxton, *La France de Vichy*, *op. cit.*, p. 214.
47. Jean Guéhenno, *Journal des années noires*, Gallimard, 1947, Livre de Poche, 1966, p. 313.

formes mais elles sont là sur les photos, bien alignées, tenant par la main petites filles et petits garçons, portant les plus petits dans leurs bras, tandis que le maréchal, grand-père national, les passe en revue et les embrasse. La journée des mères est une journée de mobilisation organisée dont la préparation, qui n'est pas laissée au hasard, est l'occasion de rappeler à tous les principes généraux de la philosophie sociale du régime. Le 12 mai 41, Vichy adresse aux Chantiers de la jeunesse une circulaire relative à la fête des mères dans laquelle chacun est encouragé à relayer l'œuvre de « restauration de l'idée familiale », entreprise par le maréchal, « par son exemple personnel » en évoquant « la somme de sacrifices, de dévouements, de renoncements, d'amour dont il a été l'objet » ; il s'agit d'obtenir des jeunes qu'ils fassent « un geste de gentillesse » vis-à-vis de leur propre mère ; pour l'organisation des feux de camp, cercles d'études et veillées qui devront être organisés du 18 au 25 mai, des thèmes de discussions, des récitations, des pièces à jouer et des exemples de poèmes sont joints à la circulaire[48]. En 1941, chaque élève des classes de 6e et de 5e doit écrire une lettre à sa mère célébrant son travail domestique ; les meilleures seront envoyées à Vichy et lues à la radio ; en 42, ce sont tous les élèves, dans le primaire, le secondaire et le technique, qui doivent réaliser un travail d'« Hommage à la mère » pendant les vacances de Pâques, les meilleurs devant être lus à la radio puis diffusés par les délégués régionaux à la famille, leur publication dans un *Livre d'or de la mère* étant envisagée au plan national[49]. La circulaire sur la fête des mères destinée au corps enseignant et signée de Jérôme Carcopino – ministre de l'Éducation nationale de février 41 à avril 42 – sera distribuée à 70 000 exemplaires en mai 41 : « Venant à l'appui de ses efforts de rénovation familiale, Monsieur le Maréchal Pétain a demandé que la célébration habituelle [*sic*] de la Fête des Mères revête à l'avenir un éclat plus grand que par le passé. J'ai donc décidé d'associer l'Université à cet effort et je vous envoie ci-joint des affiches à apposer dans chacune des classes de votre établissement scolaire. Je vous demande d'attirer l'attention de vos élèves sur tout ce que la vie de leur mère représente de

48. Archives nationales, F 41921, État français, Chantiers de la jeunesse, note relative à la fête des mères, 12 mai 41.

49. J.A.D. Long, *The French Right and Education : the Theory and Practice of Vichy Education Policy, op. cit.*, p. 203.

dévouement, de sacrifice, d'amour, dans l'accomplissement du labeur quotidien au service de la famille »[50]. L'affiche, placardée dans toutes les écoles, qui représente sept enfants (les sept étoiles du bâton du maréchal) – quatre filles (dont une essuie une assiette, les trois autres offrant des cadeaux) et trois garçons (deux offrant leurs résultats scolaires exceptionnels et le troisième un portrait encadré du maréchal), le groupe des enfants symbolisant ainsi dans son offrande même la division sexuelle du travail social –, est légendée ainsi : « Ta maman a tout fait pour toi... LE MARÉCHAL [en lettres rouges] te demande de l'en remercier gentiment »[51]. Pour la fête des mères de 1941, trois millions de cartes postales seront commandées, des centaines de milliers d'affiches dont 4000 de format 80/120 sur lesquelles on peut lire le texte suivant ponctué d'une francisque : « As-tu réfléchi à ce que LA VIE DE TA MÈRE représente de DÉVOUEMENTS quotidiens, de discrets SACRIFICES, de vrai et pur AMOUR. N'as-tu pas oublié bien souvent de lui montrer : Que tu comprenais ses conseils [...]. En nous demandant à tous de célébrer LA FÊTE DES MÈRES, le Maréchal nous donne le moyen de RÉPARER CET OUBLI »[52].

Le service de propagande du Commissariat général à la famille envoie, en avril 42, aux délégués régionaux à la famille des plans de conférence pour la journée des mères qui sont un véritable organigramme de l'identité féminine telle que la veut le régime : « Mère assise fondamentale de la famille. Mère créatrice, grandeur et servitude de la maternité. Mère éducatrice, éveiller, former, éduquer l'âme et le corps ; met deux fois l'enfant au monde, physiquement et moralement ; citations de grands hommes. Mère consolatrice, premières tristesses de l'enfant et de l'adolescent. Mère conseillère et guide du foyer ; elle trouve dans son amour des intuitions qui ne trompent pas. La mère a la mystique du sacrifice ; l'amour maternel se satisfait de donner plus que de recevoir et il s'enrichit en se dépensant. La mère est l'âme de la maison ; citation "la maison est le vêtement de pierre de la famille" (abbé Lemire) ». La circulaire appelle à faire de cette journée une « fête populaire » à laquelle devront être associés des « représentants des divers milieux sociaux » afin qu'elle soit une « fête d'union sociale, toutes

50. Archives nationales, F 41291.
51. Reproduite in *La Propagande sous Vichy, op. cit.*, p. 119.
52. Archives nationales, F 41291.

classes mêlées »[53]. Par la voix du Commissariat à la famille, la journée des mères est ainsi désignée par l'État comme un outil idéologique de la *paix sociale* dans une perspective organiciste qui s'exprimera également dans l'option corporatiste de la Révolution nationale. Le commentaire de Jérôme Carcopino sur la nouvelle symbolique du 1er Mai inventée par le régime est éloquent à cet égard : « On se rappelle peut-être que le Maréchal avait voulu, sans mécontenter la classe ouvrière, abolir la fête du 1er mai en la convertissant en une fête de l'État qui serait pour toutes les classes ensemble la fête du Travail et qu'une heureuse rencontre de calendrier ferait coïncider avec la Saint-Philippe »[54].

Dans les grandes villes, la journée des mères est célébrée par les représentants de l'État et de l'Église et les institutions culturelles. A Paris, en 41, une matinée à la Comédie-Française, une célébration à la mairie du XVIIe organisée par le théâtre de l'Étoile et une réception offerte par le directeur de cabinet du secrétaire général à la Famille où se répondent les discours et notamment celui du président du Centre national de coordination des mouvements familiaux en zone occupée[55]. A Lyon, le cardinal Gerlier prononce une allocution à la basilique de Fourvière et le soir, à l'hôtel de ville, le secrétaire d'État à la Famille souligne que cette fête des mères consacre « enfin officiellement la politique familiale jadis inaugurée et menée, contre combien de résistance ! par une élite d'hommes clairvoyants. N'est-ce pas au foyer domestique que se forge la destinée des États ? »[56]. Le spectacle *Le Plus Beau Métier du monde* est donné devant 3 200 jeunes filles à Bordeaux, et la Monnaie de Paris grave une médaille *Amour maternel*[57]. Au grand casino de Vichy, on joue *L'Annonce faite à Marie* et, à l'entracte, en mai 41, l'actrice principale déclame une ode de Claudel à Pétain : « France, écoute ce vieil homme qui sur toi se penche et qui te parle comme un père ! Fille de Saint Louis, écoute-le et dis : en as-tu assez maintenant de la politique ? »[58].

Cette ré-invention de la fête des mères, et son instauration définitive comme fête nationale, constitue un bon exemple du travail de

53. Archives nationales, F 41291.
54. Jérôme Carcopino, *Souvenirs de sept ans, 1937-1944*, Flammarion, 1953, p. 434.
55. *L'Actualité sociale*, juin-juill. 41.
56. *Cité nouvelle*, 25 juin 41.
57. *La Propagande sous Vichy, op. cit.*, p. 119.
58. Jacques Duquesne, *Les Catholiques français sous l'occupation, op. cit.*, p. 63.

sélection opéré, dans certaines conjonctures historiques, dans le stock culturel disponible des représentations du féminin et de l'opposition masculin/féminin. Ce travail de mobilisation de représentations symboliques et d'interprétation du sens des symboles, qui limite et contient leurs potentialités métaphoriques, aboutit à renforcer les énoncés normatifs sur la « nature » féminine et à produire l'illusion d'un consensus social, depuis toujours, sur ce qui a pu être précisément objet de conflit ou, à tout le moins, était loin d'avoir obtenu l'adhésion générale. Les différences perçues entre les sexes sont ainsi canalisées dans des représentations figées prenant la forme d'une opposition binaire éternelle, réaffirmant de façon normative et univoque la nature du masculin et du féminin[59]. La construction de la fête des mères par Vichy se donne pour la simple continuation d'une célébration « habituelle », comme le dit Carcopino, alors que le processus de sélection des schèmes d'opposition masculin/féminin qui l'accompagne refoule toutes les possibilités alternatives, y compris le souvenir de la relative non-existence, symbolique et pratique, de cette commémoration pendant l'entre-deux-guerres.

Le Commissariat général à la famille, qui centralisera la propagande d'État dans cette entreprise de *tri culturel* des représentations du féminin, recevra le concours de multiples institutions, notamment l'Église, qui nourriront sa politique d'images, de mythes, de symboles et lui fourniront les moyens d'une réécriture de l'histoire contribuant à produire une archéologie orientée du culte des mères qui imposera des filiations et des incarnations exemplaires, des fondations et des ancêtres fondateurs. Le mouvement familialiste va bien sûr s'investir totalement dans la construction symbolique de cette fête des mères, en participant à l'invention de son rituel et en mobilisant pour sa réussite tous ses militants. Ainsi, les Éditions sociales françaises publient un *Petit Guide de la journée des mères*, premier volume d'une nouvelle collection « Les petits guides des fêtes françaises »[60]. Visant à « rétablir dans tous les foyers de France un certain style de vie » – la « grande majorité de nos concitoyens » ayant perdu le « respect des traditions » et ayant « tendance à vivre au jour le jour, animalement » –, ce petit guide se donne pour objec-

59. Voir Joan Scott, « Gender, a Useful Category of Historical Analysis », art. cité.
60. Maurice Jacquemont, *Petit Guide de la journée des mères*, Édition sociale française, 1943 ; préface de Georges Hourdin, secrétaire général du Centre national de coordination et d'action des mouvements familiaux.

tif de « systématiser » l'expérience en matière de fête des mères acquise, précise-t-il, depuis 1941. Il élabore une *philosophie sociale* de la fête des mères – « prise de conscience collective » et manifestation de la « reconnaissance unanime d'une nation pour laquelle l'individu n'est pas tout » – et propose des thèmes de réflexion et d'inspiration sur le « métier de la mère » – science de la cuisine, mobilier et ménage, vêtements et linge, chansons du foyer, etc. Il dessine enfin le « plan » d'une journée des mères – de huit heures du matin, à la maison, puis à l'église, à l'école, dans les hôpitaux et les maternités, dans la ville pour un concours de la maison la plus joliment décorée ; et l'après-midi, à la mairie, au théâtre municipal ou dans une grande cour d'école pour les « séances officielles » avec discours, diplômes et médailles et audition collective du message radiodiffusé du chef de l'État suivie de « séances récréatives » ; en fin de journée, inauguration de la Maison de la famille et résultats du concours de vitrines, puis retour à la maison pour des chants et jeux « traditionnels ».

Le guide consacre un long développement au rituel public de la célébration auquel, dit-il, il est souhaitable de « donner le caractère d'un cérémonial » qui a pour but de « faire se succéder les actes d'une cérémonie avec ordre et ampleur » et « d'éclairer et amplifier le sens d'une cérémonie officielle ». Comme dans tout rituel, l'espace est découpé d'une façon rigoureuse qui donne à voir la séparation des groupes : sur une estrade, les officiels, la fanfare et la chorale ; au centre de l'enceinte, devant la tribune, les mères de famille seront encadrées par les enfants, les jeunes, les anciens ; tout autour, le public. Sonneries de trompettes, maître de cérémonie, service d'ordre assuré par les enfants sont là pour mettre chacun et chacune à sa place. Des écoliers, promus pour leur mérite, sortiront du rang pour aller en délégation chercher les mères dans leurs maisons avec des « objets symboliques (fleurs, livres, instruments de travail, corbeilles de fruits) », pendant que la masse des enfants entonnera un canon ; par trois fois le chant s'arrête et on écoute dans le silence l'arrivée du cortège des mères qui entre lentement dans l'allée centrale tandis que s'agitent les fanions et que reprennent les chants. L'hommage du président du jour à toutes les mères sera suivi de l'hommage rendu par le maître de cérémonie à celles qui incarnent le parfait accomplissement du métier de mère et auxquelles leurs propres enfants remettront les récompenses officielles ; le cérémonial se clôt par un « remerciement des mères » exprimé par une lettre géante, écrite par une mère anonyme, apportée « avec une certaine mise en scène jusqu'à l'estrade » et lue par le maître de cérémonie. Les séances récréatives seront l'occasion de mobiliser le fonds culturel national sur la maternité : mères légendaires et mères d'hommes célèbres, avec tous les poèmes que les hommes de lettres ont dédiés à leurs mères ; hommage des corps de métier au « premier métier » ; tableaux vivants de petites filles « jouant à la maman » ; énumération des tâches de la mère qui « nourrit, soigne, console », etc. ; sélection de berceuses et saynètes illustrant l'amour maternel chez les animaux ; célébration du mois de mai « consacré à la femme féconde ». Un chapitre enfin fait l'inventaire des « traditions » conservées dans le folklore, cette « civilisation populaire », et souligne que la fête des mères est l'exemple achevé du « folklore vivant » : terre et maternité ; mois de la fécondité et mois de Marie ; Isis, Cérès et Proserpine ; fêtes familiales locales du XVIIIe siècle et livres de raison (ces journaux tenus par le père de famille) ; métier de mère et « mère » des Compagnons. Les préoccupations folkloristes du régime et de ses écrivains officiels s'enrichissent ici d'une notion idéologiquement inépuisable, celle de *folklore vivant*, dont les femmes sont le support et l'enjeu : si la maternité donne et redonne vie au folklore, c'est bien que les femmes sont du côté de l'éternel retour. On retrouve ici les thèmes chers à l'Action française qui cherchait à concilier forces de vie et vocation conservatrice dans une éternité reconstituée.

Mais par-delà son exploration systématique d'une officialisation de la journée des mères et des enseignements qu'il faut en tirer pour l'avenir, le guide rappelle, dès les premières pages, que « ce doit être d'abord une journée *familiale*, la journée où chaque garçon, chaque fille, chaque homme, chaque femme pense à *sa* mère, sert *sa* mère, met *sa* mère à la *place d'honneur* ». En associant ainsi le rituel public et le rappel à l'ordre de la célébration privée, chacun, petit ou grand, devant honorer sa propre mère, ce code cérémoniel livre la vérité sociologique de la fête des mères telle que l'a voulue l'État français. Cette journée nationale est en fait un rite de consécration, de légitimation, c'est-à-dire un *rite d'institution* tel que l'a défini Pierre Bourdieu à propos des rites de passage[61] : l'effet majeur du

61. Pierre Bourdieu, « Les rites comme actes d'institution », *Actes de la recherche en sciences sociales*, 43, 1982 ; pour le développement qui suit, nous nous référons à cet article.

rite est celui qui passe le plus complètement inaperçu puisqu'il est moins de transformer celui que le rite concerne que d'instituer une limite, une coupure, entre ceux que le rite concerne et ceux qu'il ne concerne pas. L'initiation des jeunes gens consacre d'abord la différence entre hommes et femmes et l'*institue* en instituant l'homme en tant qu'homme et la femme en tant que femme. De la même manière, le rite de la fête des mères est la consécration magique d'une différence qui *institue une identité* et impose une essence sociale sur la base des différences biologiques. En séparant les mères dans l'espace de la cérémonie et dans l'espace temporel du calendrier, l'État impose des limites et « un droit d'être qui est inséparablement un *devoir être* » ; en signifiant aux femmes-mères leur identité, il réalise un effet d'assignation statutaire qui a des effets réels, la consécration imposant un destin et enfermant ceux et celles qu'elle distingue dans les limites qui leur sont ainsi assignées et qu'elle leur fait reconnaître. Ce rite d'institution qu'est la fête des mères érige d'abord une frontière magique entre le masculin et le féminin. Les femmes n'ont plus qu'à se contenter d'être « ce qu'elles ont à être ». En janvier 42, *La Revue de la famille* et le Centre national de coordination et d'action des mouvements familiaux, organe consultatif associé à l'action du Commissariat général à la famille, organisent un grand concours de textes, dessins, affiches et photographies pour enrichir la célébration de la journée des mères. Le texte qui remporte le premier prix de la section littéraire, « Le psaume des jeunes mamans », exprime sous une forme saisissante cette fête de la privation qui nie la privation et impose aux femmes une représentation univoque d'elles-mêmes et le devoir être qui y est associé : « La maison se fait notre cloître. Notre vie a sa règle immuable, et chaque jour son office, toujours le même : l'heure des toilettes et des promenades, l'heure des biberons et des heures de classe. Enchaînées ainsi aux mille petites exigences de la vie, esclaves de toutes ses petites complications, détachées, par force, à tout instant, de notre volonté propre, voyez mon Dieu, nous vivons dans l'obéissance. […] Il en est qui passant près du piano fermé et des livres endormis écoutent au fond de leur cœur tinter le glas mélancolique de tous leurs goûts ensevelis »[62]. Il faudrait commenter chaque mot de cette description féminine du destin féminin qui est nourrie de la culture féminine du sacrifice et du désinvestis-

62. *La Revue de la famille*, mai 42.

sement du monde et qui est loin d'être réductible à une pose littéraire ; le vocabulaire de la claustration, bien proche de celui de la « petite voie » de Thérèse de Lisieux [63], dessine une coupure totale entre le monde extérieur et un espace domestique où les livres ont fini de parler. Mais, pour le jury du concours, l'œuvre de cette femme constitue simplement « une magnifique élévation spirituelle, dressée comme une véritable cathédrale, en témoignage de notre foi dans la mission de la Mère ».

Le rituel tire sa force de la croyance collective de tout un groupe. Derrière chaque petit enfant qui revient de l'école avec son poème, son dessin ou sa broderie, qui expriment sa reconnaissance envers les vertus féminines légitimes placées sous le signe du sacrifice et de l'oubli de soi, c'est l'État qui rentre dans l'intimité de l'espace privé pour rappeler la séparation des destins masculins et féminins et la seule identité féminine qu'il reconnaît et dont il officialise la reconnaissance. Le rite d'institution est toujours imposition de structures cognitives. En ordonnant et contrôlant les témoignages de reconnaissance privée à l'échelle nationale, l'État, par un coup de force symbolique, impose un *ordre des corps*, et amène chacun, dès son plus jeune âge, ou avec les souvenirs de son plus jeune âge, à intérioriser les divisions de cet ordre. « Le mardi, je réunis mes "types" au foyer. Très simplement je leur ai parlé, évoquant même devant eux des souvenirs personnels. [...] Les jeunes étaient pris comme jamais je ne l'avais vu. Çà et là des larmes perlaient à la dérobée. [...] A leurs mamans, presque tous écrivirent une lettre de circonstance. Ce geste était tellement nouveau pour la plupart d'entre eux qu'un de mes gars me confie : "Je ne savais pas qu'il était si difficile d'exprimer des sentiments qui paraissent si naturels !" » [64]. L'évocation de la fête des mères sera toujours l'occasion de souligner la spontanéité et le « naturel » de la démarche des

63. La « petite voie » de Thérèse a été construite par les exégètes et censeurs artisans de sa canonisation comme une forme vulgarisée de la sainteté qui incarne parfaitement l'idéologie officielle de l'Église sur la mystique féminine à la fin du XIXe siècle. Comme le dit Veuillot dans *L'Univers* en 1906, la jeune carmélite – « humble », « modeste », « obéissante » – « avait simplement servi Dieu, avec une fidélité confiante et assidue, dans les plus petites choses » ; Rupert Muller-Rensmann, *Trois Grands Pôles du miracle en France. La médaille miraculeuse, Lourdes, Thérèse de Lisieux*, thèse de 3e cycle sous la direction de Jacques Maître, EHESS, 1983, p. 336 *sq*.

64. Gabriel Robinot Marcy, « Aux chantiers de jeunesse. Pour la fête des mères », *Cité nouvelle*, 10 oct. 41.

enfants, caution intouchable de la légitimité d'une telle célébration, dans l'ordre des choses et sur laquelle il n'y a pas à s'interroger. Dans sa circulaire pour la préparation de la fête de 1941, Carcopino fait de l'« invention » enfantine le garant de cette légitimité : « Si on peut *suggérer* à tous les enfants de France l'idée de manifester leur affection et leur reconnaissance à leur mère, il importe absolument de laisser à ce geste toute la sincérité, la spontanéité, la naïveté, faute desquelles il perdrait toute valeur vraie et profonde. L'enfant doit *inventer* et *décider* lui-même le geste qu'il accomplira »[65]. Ce serait une naïveté de ne voir dans le rituel que de grandes manœuvres de la spontanéité – même si cet aspect existe comme peuvent en témoigner nos propres souvenirs d'enfance de la préparation scolaire des travaux pour la fête des mères. Un tel rituel touche au plus profond puisque, en rappelant à l'ordre des corps, l'État mobilise l'expérience première du monde. En tant que rite d'institution, la journée des mères fait ainsi méconnaître en tant qu'arbitraire et reconnaître en tant que légitime, naturelle, une limite arbitraire. Dans son deuxième message aux mères de familles françaises du 31 mai 42, le maréchal Pétain tient désormais le discours épuré de l'*arbitraire naturalisé* : « En transmettant la vie, en élevant l'enfant dont demain vous serez fière, vous réalisez pleinement la destinée de la femme ; vous trouvez la joie profonde dans cette obéissance simple aux lois de la nature ». Il est relayé par l'amiral Platon qui s'adresse ainsi aux mères la même année : « Vous goûtez à la joie pure et durable que donne l'obéissance aux lois naturelles, joie que l'égoïsme jamais ne dispense »[66]. Et le Commissariat général à la famille fait de la fête des mères un temps fort de l'éducation des jeunes filles et de l'institution d'une identité féminine : « Il faut leur montrer que la plus haute gloire de la femme est dans le parfait accomplissement de son rôle de mère »[67].

L'État seul n'aurait jamais réussi à instituer la fête des mères et à imposer sa célébration dans l'intimité familiale. Il y a fallu beaucoup de relais. Relais étatiques bien sûr, comme l'École, les préfectures et les municipalités, et tout le travail de propagande du

65. Archives nationales, F 41291, souligné dans le texte.
66. *La Revue de la famille*, juin 42.
67. Archives nationales, F 41291, brochure de propagande pour la journée des mères destinée aux délégués régionaux à la famille, avril 1942.

Commissariat général à la famille, mais surtout relais privés, formés de cette masse d'organisations et de revues d'inspiration catholique qui se consacrent depuis toujours à la promotion de la famille. La décision politique de célébrer officiellement et nationalement la fête des mères, à partir de 1941, agit comme un appel d'offres suscitant l'activisme des initiatives privées qui enrichira le rituel étatique en proposant une réserve inépuisable des expressions de la reconnaissance de et envers les vertus maternelles. L'autorité de l'État a permis ce coup de force symbolique qui impose un « devoir être » qui a réussi à se faire oublier comme tel. Et les mères ne sont pas les dernières à fêter la fête des mères et à exprimer dans leurs lettres aux revues et leurs réponses aux concours qu'elles se contentent d'être ce qu'elles ont à être, la fête des mères qui les honore les privant de la conscience de la privation elle-même.

Le triomphe de la fête des mères et la poursuite de sa célébration bien au-delà du régime de Vichy, sans que soit plus jamais posée la question de son origine comme c'est le cas dans les coups de force symboliques réussis, amènent à s'interroger sur la conjoncture historique particulière que constitue la *crise*. A la faveur de la situation de crise, ici la défaite, la « décomposition », l'instauration d'un État autoritaire et cette forme particulière de révolution culturelle qu'est la Révolution nationale, on peut observer un phénomène de *cristallisation* idéologique. Tout un ensemble d'institutions et de courants d'idées qui existaient en ordre dispersé vont se combiner de façon nouvelle et vont dessiner un nouvel ordre dans lequel il n'y a plus de place pour l'expression de contre-pouvoirs ou pour l'affrontement idéologique, tels qu'ils ont pu s'exprimer dans la presse féministe, les critiques de grands médecins à l'égard de la politique répressive nataliste, les partis et organisations de gauche. Tous les garde-fous ont sauté. A l'indifférence générale qui avait répondu aux essais d'institution d'une fête des mères dans l'entre-deux-guerres va succéder la conjonction d'un intérêt d'État et d'intérêts particuliers qui vont trouver chacun à s'exprimer *plus totalement* et à s'inspirer les uns les autres, tirant des profits matériels et symboliques du fait de pouvoir vendre de l'« éternel féminin ». Dans cette situation inédite, la logique de la surenchère amène une surproduction massive de cérémonials, de dogmes, d'anathèmes, qui construisent un ensemble nouveau à partir d'éléments anciens. Vichy est toujours déjà là, mais était impensable quelques années auparavant.

Lorsqu'on dépouille les archives qui concernent la famille pour la période 1940-1944, on constate la pression qu'exercent sans répit sur les services du Commissariat à la famille les entrepreneurs en « mère au foyer », comme si la situation historique de la défaite et de l'occupation ne modifiait aucune donne. Chacun y va de son offre de service, renouvelle ses vœux pour la réussite d'un programme de remise en ordre familial, apporte son idée, son innovation, demande des crédits pour une œuvre qui n'avait pu jusqu'ici voir le jour, alerte sur ce qu'il désigne comme la lenteur ou la mollesse des mesures prises, propose d'aller plus loin, toujours plus loin, sur le chemin de l'ordre « naturel » familial et de la fécondité parentale. Un ministère a été créé et il s'agit d'y faire sa place, que le régime ait ou non rompu avec les principes démocratiques. Un ministère « technique » qui plus est, auquel on peut collaborer sans se soucier du choix politique de la collaboration. Et si « la mère au foyer » était un slogan politique ? Si le retour à la seule fonction reproductrice qui est ainsi assigné aux femmes et sa légitimation par l'imposition d'une représentation de la « nature » féminine tout entière organisée autour de la répétition, d'une génération à l'autre, de la fonction maternelle, avaient comme principal effet politique un effet de rassemblement ? Comment ne pas fêter la « journée des mères », cet hommage familier des petits enfants organisé par les écoles et les églises sous le patronage du maréchal ?

5

# HÉRITAGE ET INCARNATIONS DE LA CULTURE CATHOLIQUE FÉMININE

Les adhésions féminines à la politique vichyste du maintien de la mère au foyer seront nombreuses et militantes. Elles sont l'occasion de découvrir et de mesurer la forte présence dans la France de l'entre-deux-guerres, où se sont construites les logiques sociales de reconnaissance de et envers la Révolution nationale, de ce que l'Église nomme le « féminisme chrétien », montrant ainsi clairement sa volonté d'être active sur le front de l'aggiornamento des investissements féminins dans le monde social. L'expression apparaît dès le début du siècle à l'occasion de congrès d'œuvres où s'exprime la nécessité d'un engagement social de la femme chrétienne pour lutter contre l'influence socialiste et laïque, et une revue intitulée *Féminisme chrétien* est créée en 1896 par Marie Maugeret qui organise à l'Institut catholique de Paris des rencontres sur le « devoir social » de la femme[1]. Sur la base de la défense de la famille comme « cellule sociale de base » et du maintien de la mère au foyer, les mouvements féminins ou à forte participation féminine qui se reconnaissent sous ce vocable de « féminisme chrétien » – et qui, pour certains d'entre eux, luttaient paradoxalement pour faire avancer les droits des femmes « obligées » de travailler – vont se trouver en affinité particulière avec le régime. Comme le souligne Yves Durand, le régime de Vichy « n'est pas superposé à la société française » mais, « lié à elle de diverses manières », il s'efforce d'« exploiter et entretenir les adhésions spontanées » tout autant que de « main-

1. Henri Rollet, *L'Action sociale des catholiques en France 1871-1914*, Desclée de Brouwer, 1958, t. 2, p. 34.

tenir, par persuasion ou contrainte, la tranquillité de l'opinion »[2].

Le Commissariat général à la famille exploitera et entretiendra l'enthousiasme de ces mouvements – producteurs privés d'identité féminine, souvent inspirés par le courant du catholicisme social –, et les militantes et dirigeantes de ces associations liront la Révolution nationale comme un livre d'or de la défense de la famille et de la mère de famille, produisant pour et avec le régime un balisage serré du « féminin ». Ainsi la revue *Renouveaux* signale et salue une de ces multiples « enquêtes » qui fleurissent à la faveur de la Révolution nationale, les enquêteurs renforçant le régime de l'assentiment de l'« opinion publique » : « Il faudrait faire *chacun pour soi* l'enquête à laquelle invite le bulletin d'octobre de l'ACIF [mouvement d'Action catholique indépendante féminine de Mme Payen, Lyon], "Quels sont les maux dont souffre actuellement la famille ?" »[3]. La *Chronique sociale de France* donne la parole à Mme du Peloux de Saint-Romain qui, dans une causerie à l'Union féminine civique et sociale (UFCS), rappelle que la femme mariée qui « accepte un élargissement d'influence », dans « la cité », doit « l'exercer de manière à montrer que la femme en dehors, aussi bien que chez elle, doit consacrer le meilleur de ses soins à sa famille »[4]. Et la loi d'octobre 40 portant atteinte au travail des femmes sera jugée « bien insuffisante », puisque « l'effort législatif restera inopérant » tant qu'on n'aura pas supprimé « tout ce qui empêche dans les âmes l'éclosion de l'esprit de sacrifice »[5]. Le ton est donné.

La compréhension de cet engagement en faveur de l'« éternel féminin », qui fonde souvent un appui global au régime, nécessite un retour en arrière sur certains moments historiques des investisse-

2. Yves Durand, *Vichy 1940-1944*, *op. cit.*, p. 81.

3. « France nouvelle, Plan 3 : Communauté familiale et ordre nouveau », *Renouveaux*, 1er janv. 41 ; souligné par nous. La date de l'« enquête », octobre 40, montre assez la rapidité de l'engagement des dames de l'action catholique. Une recherche de sociologie historique serait à mener sur les développements qu'a connus la notion d'« opinion publique » sous Vichy et sur ses usages concrets aussi bien dans les organes d'État que dans le large secteur de l'initiative privée qui se mobilise pour la reconstruction sociale ; à la lumière de ce qui se passe dans le secteur femmes et familles, secteur traditionaliste s'il en est, on constate un recours important à cette forme *moderne* de gouvernement et d'imposition de schèmes politiques. La Révolution nationale prend ainsi par moments l'aspect saugrenu d'une immense enquête d'opinion publique ininterrompue.

4. « La femme et la maison », *Chronique sociale de France*, mai-juin 43.

5. « Un problème familial, à propos de la réglementation du travail des femmes », *Renouveaux*, 1er déc. 40.

ments de l'Église en direction des femmes et des investissements des femmes dans l'Église, seul capable, nous semble-t-il, de rendre compte de la force de ces visions du monde qui sont à l'origine d'adhésions sans nuances à ce qui est perçu d'abord comme le triomphe d'une cause longtemps défendue. Défendre Vichy à travers l'« éternel féminin », c'est défendre ici une image de soi-même qui touche au plus profond des investissements dans tous les sens du terme.

La production par l'Église et par la masse des institutions à base large qu'elle contrôle ou patronne d'une représentation des femmes et des territoires féminins légitimes a construit une sous-culture de genre qui a connu un développement ininterrompu depuis le début du XIXe siècle. Nous centrerons notre analyse sur les temps forts de cette production : l'élaboration au XIXe siècle d'une culture religieuse à dominante féminine, incluant la mystique féminine ; les offensives menées par l'Église, à partir du tournant du siècle, sur le terrain de l'éducation des filles et de l'action sociale et politique féminine en réaction aux lois scolaires républicaines qui imposent les écoles publiques obligatoires de filles et créent un corps enseignant féminin d'État ; l'encouragement à l'élaboration d'un « féminisme chrétien » et à son développement dans les années 20 en réponse à l'enracinement du féminisme laïc d'inspiration républicaine, lié au mouvement radical, au protestantisme et à la franc-maçonnerie, et à son monopole dans la lutte suffragiste ; la création, enfin, dans les années 1925, de nouvelles formes d'action sociale féminine qui participent du large courant du catholicisme social. Ces moments d'« invention » ne doivent toutefois pas être considérés uniquement d'un point de vue chronologique, la force de l'institution Église sur le marché de l'identité féminine résidant justement dans son extraordinaire capacité à pouvoir et savoir faire coexister des images et des normes d'âges différents, ce qui impose à son discours – même le plus moderne – sur le féminin un caractère d'éternité. Pourtant, ce sont bien des luttes politiques qui sont à l'origine des avancées catholiques dans la construction de la féminité et ce sont ces luttes qui dessinent, à partir de la fin du XIXe siècle, ce que nous proposons de considérer comme un champ du féminisme.

### *Un univers féminin séparé*

Pour des raisons qui tiennent à la fois à la politique de reconquête apostolique de la société française et à une demande féminine envers l'Église – demande dont les conditions sociales et culturelles de production nécessiteraient une étude approfondie –, la seconde moitié du XIXe siècle apparaît comme un âge d'or de la relation Église-femmes. On peut en voir les signes dans la forte progression des vocations religieuses féminines, dans la reviviscence du culte marial, dans la réinvention du miracle comme politique apostolique et dans la reconnaissance officielle de nouvelles formes de piété féminines qui trouve son achèvement avec la béatification de Thérèse Martin. Des premières visions de la Vierge et du cœur de saint Vincent par Catherine Labouré (béatifiée en 1912) en 1830, quelques jours avant les « Trois Glorieuses », aux apparitions de La Salette et de Lourdes, en 1846 et 1856, puis à celle de la Vierge encore à Pontmain en Mayenne en janvier 1871, jusqu'aux miracles qui suivent ces visions (la médaille miraculeuse de Marie, la grotte de Lourdes) ou qui opèrent par l'intermédiaire d'un saint ou d'une sainte comme Thérèse de Lisieux, la figure de la Vierge et des femmes ou des enfants intercesseurs domine les formes de religiosité de cette époque, renforçant ou induisant un lien privilégié entre l'Église et les femmes dans une période où les historiens du catholicisme constatent par ailleurs un recul de la pratique et de la foi. Les statistiques des miracles dus à la médaille miraculeuse, établies en 1842 et en 1878, font apparaître que les deux tiers des miraculés sont des femmes ; c'est vrai également des miracles de Lisieux [6].

Mais la manifestation la plus éclatante de cet investissement féminin de et dans l'Église est la croissance ininterrompue des effectifs congréganistes féminins et l'incessante création de congrégations nouvelles du début du XIXe siècle à 1880 [7], multiplication d'autant plus impressionnante si on la compare à l'essor limité des religieux et des frères ; cette disparité aura pour conséquence d'accroître l'in-

6. Nous nous référons à Rupert Muller-Rensmann, *Trois Grands Pôles du miracle en France. La médaille miraculeuse, Lourdes, Thérèse de Lisieux*, *op. cit.*, et à A. Latreille, E. Delaruelle, J.-R. Palanque, R. Rémond, *Histoire du catholicisme en France*, *op. cit.*, t. 3.

7. Claude Langlois, *Le Catholicisme au féminin. Les congrégations françaises à supérieure générale au XIXe siècle*, Cerf, 1984.

dépendance et l'autonomie du mouvement congréganiste féminin, la non-mixité institutionnelle favorisant le développement d'une *culture religieuse féminine*. Entre 1808 et 1880, le nombre de religieuses et de congréganistes passe de moins de 13 000 à plus de 130 000 – au total 200 000 femmes sont passées par les noviciats des congrégations pendant cette période – et on constate une féminisation progressive des cadres permanents du catholicisme français. L'anticlérical Charles Sauvestre, ancien fouriériste, écrit en 1867 : « Un tel entraînement qui jette 100 000 femmes hors du monde et les fait renoncer aux plaisirs du jeune âge et aux joies de la famille, au milieu d'une société sceptique et matérialiste, constitue un phénomène digne d'une sérieuse attention »[8]. Il est significatif que le maximum de recrutement soit atteint entre 1855 et 1859, dans la « conjoncture politique très favorable » de l'Empire autoritaire, comme le remarque Claude Langlois, dans la conjoncture également, faut-il ajouter, du renouveau du culte marial, des apparitions et de la proclamation, en 1854, par le Vatican du dogme de l'Immaculée Conception, tous éléments qui invitent à une « remise de soi » des femmes à l'Église. Dans un siècle où l'Église attaque sans relâche la civilisation moderne, l'industrialisation et l'urbanisation, et idéalise le moyen âge[9], son repli sur une clientèle féminine, sa valorisation de la croyance et de la mystique féminines – le *fiat* de Marie – et son exploitation du culte marial dans le sens d'une réduction à la féminité idéale – modestie, dévouement et acceptation résignée[10] – produisent une surproduction du lien femmes-éternité et un espace-refuge, symbolique et pratique, pour les femmes.

« L'emprise de la religion s'ancre dans l'interface entre le renforcement qu'elle procure aux idéologies des groupes les plus divers et le langage de désir qu'elle tient aux sujets individuels : ce dispositif capte l'adhésion des individus à des stratégies sociales dont la nature

8. *Ibid.*, p. 307-309.

9. Cet antimodernisme prédominera pendant l'entre-deux-guerres dans l'influent courant thomiste, et l'insigne de la Fédération nationale catholique (FNC), présidée par le général de Castelnau, qui conduit dans les années 20 une véritable action de ligue contre le Cartel des gauches, est un chevalier armé de pied en cap et bardé de fer ; le mythe moyenâgeux s'épanouira sous Vichy. Voir *Histoire du catholicisme en France, op. cit.*, t. 3, p. 581 *sq.*, et Serge Berstein, *La France des années 30*, Armand Colin, 1988, p. 62.

10. Sur la banalisation de la figure de Marie et du culte marial, voir Jean-Marie Aubert, *L'Exil féminin. Antiféminisme et modernisme*, Cerf, 1988, p. 135 *sq.*

déterminée est ainsi *occultée* aux yeux des acteurs eux-mêmes »[11]. Les travaux de Jacques Maître sur l'articulation entre approches psychanalytiques et approches sociologiques des phénomènes religieux, et notamment de la mystique féminine saisie à travers le cas de Thérèse de Lisieux, sont très précieux pour analyser plus profondément ces affinités – contrôlées – historiquement reconduites entre l'Église et les femmes. Ils montrent par exemple la violence et la force de la relation à la mère et du traumatisme qu'a représenté sa perte dans l'histoire de Thérèse et d'autres mystiques, et la façon dont l'univers religieux a été investi comme univers maternel ; la vision maternisée de Jésus dans le vécu mystique permet de poser l'hypothèse d'une correspondance entre religion de la mère et relation archaïque du sujet à sa mère. L'espace religieux serait ainsi marqué par la filiation matrilinéaire et la toute-puissance maternelle, l'investissement des objets culturels institués et contrôlés par l'organisation religieuse permettant d'éviter l'engloutissement psychotique dans la symbiose et le code officiel catholique rendant possible l'orchestration d'un discours socialisant dans le domaine du lien symbiotique originaire. L'institution Église va intégrer ces expériences qui touchent au plus profond de la psychosomatique – que l'on pense par exemple aux guérisons miraculeuses bien antérieures aux canonisations qui ont institutionnalisé les miracles – et va contrôler le récit de la vie des saintes dans le sens d'un rappel à l'ordre des « vertus » « naturellement » « féminines » – oubli et don de soi – en développant des harmoniques qui associent maternité, repli sur le privé, reconnaissance des hiérarchies et *célébration d'un univers féminin séparé*, jouant ainsi sur les demandes sociales féminines enfermées dans le cercle enchanté de l'entre-soi. Comme l'a fait Carlo Ginzburg à propos des procès de sorcellerie dans l'Italie du XVIe siècle[12], il faudrait étudier les « procès » de béatification et de canonisation des grandes saintes modernes comme la retraduc-

11. Jacques Maître, « Entre femmes, notes sur une filière du mysticisme catholique, *Archives de sciences sociales des religions*, janv.-mars 1983, p. 105, souligné par nous ; pour ce qui suit, nous nous référons à ce texte. Voir également du même auteur, « Idéologie religieuse, conversion mystique et symbiose mère-enfant, le cas de Thérèse Martin (1873-1897) », *Archives de sciences sociales des religions*, janv.-mars 1981, et « L'adolescence d'une grande mystique : Thérèse Martin (sainte Thérèse de l'Enfant-Jésus) », *Recherches et Documents du Centre Thomas-More*, sept. 1984.

12. Carlo Ginzburg, *Les Batailles nocturnes*, Flammarion, 1984.

tion dans la culture savante de l'Église de ces expériences mystiques féminines ainsi apprivoisées dans la logique de l'histoire édifiante, analyser les controverses et les élagages dont ils ont été l'occasion et apprendre à déchiffrer les réécritures savantes des croyances « populaires » : Thérèse meurt en 1897 et, après les premiers miracles-guérisons de 1903-1904, on s'attache à montrer la compatibilité du message thérésien avec la doctrine antimoderniste de Pie X ; le procès de béatification, qui commence en 1910, développe le thème de la faiblesse qui se transforme en force et les valeurs de la famille et de la patrie ; les congrégations féminines sont ainsi rappelées à l'ordre social.

Au recrutement plus urbain de la première moitié du siècle succède lentement, dans les congrégations féminines, un recrutement majoritairement rural, et les rares données disponibles font apparaître une tendance à la démocratisation et au glissement vers les professions les plus modestes de chaque groupe social[13] ; la forte hiérarchisation interne aux congrégations et la hiérarchisation des congrégations entre elles permettent de gérer aisément cette stratification sociale. Dans une période de désintérêt des classes dominantes pour la carrière ecclésiastique et de relative inaccessibilité de cette carrière aux hommes issus de la paysannerie encore peu alphabétisée, les congrégations féminines ont permis au catholicisme « de maintenir d'étroits contacts avec les classes dirigeantes et d'étendre plus largement son emprise sur les milieux populaires »[14].

Les femmes, de leur côté, soumises à l'époque à un assujetissement juridique étroit, ayant peu d'espoir d'émancipation par l'accès à une vie professionnelle et n'ayant d'autre protection sociale que les dépendances familiales souvent invivables, ont pu trouver dans ces espaces religieux des formes réelles de sécurité, d'exercice professionnel et d'*accès au savoir*. Comme le dit Claude Langlois, « femmes d'action » mais aussi « cadres moyens » ont trouvé à s'exprimer dans les congrégations dont il ne faut pas oublier qu'une grande majorité était orientée vers l'enseignement, des grands pensionnats aux écoles rurales. Et si la diffusion, inégale mais continue tout au long du siècle, de l'enseignement primaire est apparue comme un facteur de la démocratisation du recrutement de ces institutions, on peut penser également que la demande

13. Claude Langlois, *Le Catholicisme au féminin*, *op. cit.*, p. 601 *sq.*
14. *Ibid.*, p. 645.

populaire d'instruction qui s'exprime avec force au XIX^e siècle a joué un rôle premier dans leur remarquable développement. Le thème de l'ouvrier et du paysan débauchés par la culture hante le discours des fractions conservatrices de la classe dominante et, en 1869, on dénombre 33 600 cours d'adultes qui touchent presque 800 000 personnes [15]. La demande féminine d'instruction a joué fortement dans le succès des congrégations, et l'instauration de l'enseignement républicain pour les filles, gratuit, laïc et obligatoire, va bouleverser un paysage culturel où, en 1863, 70 % des institutrices publiques étaient congréganistes et 69 % non brevetées, 85 % des instituteurs étant laïcs et 88 % brevetés.

Les œuvres, l'enseignement congréganiste et les activités soignantes des religieuses, qui auront le monopole du travail infirmier féminin jusqu'à la fin du siècle, ont ainsi constitué un important *marché du travail féminin* où s'est forgée une culture du rapport des femmes à la cité, nourrie des vieilles oppositions chrétiennes des rapports masculin et féminin au monde social et apte à les enrichir sans cesse. Secourir, soigner, éduquer ne sont que des modes d'exercice d'une *maternité symbolique*. Les contraintes spécifiques appliquées aux ordres contemplatifs féminins renforcent encore ces limitations et l'imposition d'espaces réservés : alors que la clôture consistait uniquement pour les hommes à refuser l'entrée du couvent aux femmes, pour les religieuses, la clôture est totale, leur interdisant de sortir, et le parloir est traversé d'une double grille hérissée de pointes [16], cet enfermement venant comme symboliser l'exclusion quasi totale de la religieuse des fonctions *publiques* de l'Église. Ainsi, que ce soit dans les congrégations actives ou dans les ordres cloîtrés, la vie des religieuses au XIX^e siècle était entièrement conçue comme « un isolement à l'égard du dehors » : comment ne pas voir dans cet isolement et ce « règlement de vie », dans cette insistance sur les soins du ménage et de la propreté, dans la règle de modestie qui impose un maintien corporel placé sous le signe de l'interdiction, de l'humilité et de la retenue, dans l'autorité faite « de douceur et d'amour » de la supérieure et dans la position maternelle attribuée aux religieuses des pensionnats [17], un catalogue des qualités

15. Antoine Prost, *L'Enseignement en France, 1800-1967*, *op. cit.*, p. 183.
16. Jean-Marie Aubert, *L'Exil féminin*, *op. cit.*, p. 96.
17. Odile Arnold, *Le Corps et l'Ame. La vie des religieuses au XIX^e siècle*, Seuil, 1984.

féminines légitimes, qui serait inspiré par la « nature » féminine telle que l'ont définie de toute éternité les Pères de l'Église (saint Paul, saint Augustin et saint Thomas notamment), propre à orienter, bien au-delà de la clôture, l'éducation des filles. La charge symbolique de ce modèle tient à la fois à sa référence omniprésente et diffuse au seul rôle féminin légitime, celui de la mère de famille, au fait qu'il a inspiré la grande majorité des identités professionnelles féminines qualifiées pendant tout le XIXe siècle et qu'il n'a pas été réellement concurrencé, au plan symbolique, par les nouvelles identités féminines laïques proposées par l'École de la République. L'école normale primaire supérieure de filles de Fontenay et les écoles normales primaires d'institutrices ont largement intégré les règles religieuses, et leur définition implicite de la bonne occupation féminine du poste s'est coulée, au moins jusqu'à la Première Guerre mondiale, dans le modèle religieux d'exercice des « aptitudes » féminines. Il n'y a jamais eu de femmes parmi les « hussards noirs de la République », et l'analyse du rapport subjectif au métier d'institutrice dans les années 1880-1914 met en évidence les sentiments de solitude sociale et affective fondés sur l'intériorisation d'une « juste » place sociale et culturelle – « digne et modeste » – qui impose retenue et mise à l'écart avec, pour compagnie, « nos amis les livres », comme le disent celles qui ont témoigné [18].

Le travail d'encadrement symbolique de l'Église envers les femmes ne s'est pas arrêté avec la mise en place du système scolaire républicain. Bien au contraire, les mesures scolaires anticléricales – les effectifs des écoles primaires et primaires supérieures de filles congréganistes passeront de plus de 750 000 en 1880 à 520 000 en 1890 pour tomber à moins de 50 000 en 1905 [19] – et la mise en place de l'enseignement secondaire public de filles provoqueront un nouvel élan et un aggiornamento de l'enseignement confessionnel féminin par la création d'un vaste ensemble institutionnel d'enseignement privé primaire et, dans une moindre mesure, secondaire, par la création d'écoles normales catholiques et l'ouverture de la licence de lettres aux filles à l'Institut catho-

18. Voir Francine Muel-Dreyfus, *Le Métier d'éducateur. Les instituteurs de 1900, les éducateurs spécialisés de 1968*, Minuit, « Le sens commun », 1983, p. 65-73.

19. Jacques Gadille, Jean Godel, « L'héritage d'une pensée en matière d'éducation des femmes », in *Éducation et Images de la femme chrétienne en France au début du XXe siècle*, sous la direction de Françoise Mayeur et Jacques Gadille, Université Jean-Moulin, Lyon, L'Hermès, 1980, p. 21.

lique dès 1909[20]. De 1878 à 1901, les effectifs des écoles libres congréganistes passent de 623 000 élèves à 1 257 000 ; avec les mesures restrictives de Combes, le nombre des élèves a chuté à 188 000 en 1906 mais, dans le même temps, les écoles privées « laïques » gagnent 700 000 élèves – le combisme ayant fait perdre à l'enseignement primaire confessionnel un peu moins du tiers de ses élèves. Les proportions de filles et de garçons dans l'enseignement libre resteront très inégales de 1906 à la veille de la Première Guerre, respectivement 33 % et 14 %[21]. L'enseignement secondaire féminin public connaît, lui, un faible développement entre 1880 et 1900 et ne délivre pas de sanction utile – les élèves qui ont besoin de travailler passent le plus souvent à l'époque le brevet supérieur.

Le secondaire sera le véritable lieu de l'affrontement privé/public sur le terrain, à forte charge symbolique, de l'éducation des femmes, devenu, dans les années 20, terrain de la professionnalisation des femmes. « L'éducation des filles est l'un des points sensibles de l'opposition entre les "cléricaux" et les "hommes de progrès", les libéraux : ainsi s'expliquent les dimensions prises par la campagne épiscopale contre les cours secondaires de Duruy en 1867, ou par l'hostilité aux lycées de jeunes filles fondés par la loi Camille Sée »[22]. Pendant une vingtaine d'années, l'enseignement secondaire confessionnel de filles restera en sommeil, l'État assumant bien des traits de l'enseignement clérical ; de façon paradoxale, c'est l'archaïsme même de l'enseignement public (essentiellement la non-préparation des filles au baccalauréat jusqu'en 1924) qui place à nouveau l'enseignement privé en position d'initiative : au collège Sainte-Marie de Neuilly, on prépare explicitement au baccalauréat dans les années qui précèdent la guerre de 14[23]. Ainsi, l'Église reste influente dans le domaine, central pour elle, de l'éducation des filles à la fois par sa forte présence dans l'enseignement primaire, par la permanence des institutions privées de province, qui continuent à préparer au brevet, et par des avancées innovatrices, nées de sa prise

20. Claude Langlois, « Aux origines de l'enseignement secondaire catholique de jeunes filles, jalons pour une enquête, 1896-1914 », *ibid.*, p. 88-89.

21. Antoine Prost, *L'Enseignement en France, 1800-1967*, *op. cit.*, p. 204, 207-208, 218.

22. Françoise Mayeur, *L'Enseignement secondaire des jeunes filles sous la IIIe République*, *op. cit.*, p. 1.

23. *Ibid.*, p. 389-392.

de conscience de la demande féminine d'instruction, qui viennent concurrencer le secondaire public. L'importance de l'engagement féminin dans l'action catholique des années 30 n'est sans doute pas sans rapport avec cette permanence inventive de l'Église dans le champ scolaire. L'aggiornamento reste toutefois limité ; concernant essentiellement la région parisienne, le secondaire privé catholique ne pourra, dans l'entre-deux-guerres, remettre en cause la suprématie du secondaire public de filles qui assurera massivement la scolarisation-professionnalisation des femmes, l'Église continuant à tenir sur l'éducation des filles un discours conditionnel qui puise aussi dans son fonds culturel le plus archaïque.

### *L'Église, la République et la mobilisation politique des femmes*

L'analyse des mouvements féministes et d'action féminine, plus ou moins engagés dans la revendication suffragiste depuis le tournant du siècle, fait également apparaître la présence active de l'Église sur ce nouveau terrain de production d'identité féminine qui peut être saisi, pour une part, comme un champ de luttes d'influence et de luttes symboliques entre le catholicisme et l'État républicain. En considérant ensemble les mouvements proprement féministes et les mouvements d'action féminine catholiques – qui mènent eux aussi des luttes partielles pour la défense des femmes et qui se reconnaissent dans l'appellation de « féminisme chrétien » – ou plutôt en considérant *l'ensemble de ces mouvements comme un « champ »*, on peut mieux rendre compte de la logique sociale des prises de positions (qui porteront les prises de positions ultérieures à l'égard de la politique vichyste envers les femmes), comme des contraintes structurelles qui ont pesé sur les luttes symboliques féministes en France. Nous posons l'hypothèse que c'est avec l'avènement de la IIIe République, qui ravive l'opposition Église/État, que le féminisme se constitue comme un champ soumis aux oppositions et aux clivages qui organisent également la polarisation du champ universitaire et du champ politique.

Dans la période qui va des années 1880 à la Première Guerre mondiale, le féminisme « républicain » s'exprime dans des groupes aux objectifs et aux idéologies différents dont certains se regrouperont dans les deux grands mouvements qui le domineront sur la scène publique jusqu'en 1940[24]. Le Conseil national des femmes françaises (CNFF) issu de deux congrès tenus en 1900, l'un ouvertement féministe et l'autre marqué par la philanthropie, fédère plus de 30 sociétés et son influence s'étend surtout à Paris ; dominé par la grande bourgeoisie républicaine protestante (Mme Jules Siegfried, fille du pasteur Puaux, de l'Ardèche, Sarah Monod), on y trouve également des femmes de la grande bourgeoisie juive et des grandes figures de l'enseignement (Pauline Kergomard) ou de l'hygiène (Mme Alphen-Salvador, fondatrice de la première école d'infirmières de Paris) ; le CNFF intégrera la Ligue française du droit des femmes (LFDF) au passé féministe prestigieux (fondée en 1882 par Léon Richer, journaliste républicain et franc-maçon, et Maria Deraismes, compagne de lutte de Louise Michel, avec le soutien de Victor Hugo) ; ce rassemblement rencontre à la fois l'opposition des groupes féminins catholiques et des féministes radicales qui préfèrent l'action directe. Le second mouvement, l'Union française pour le suffrage des femmes (UFSF), qui va fédérer l'action suffragiste dans les années 20, est plus faible avant 14 ; il doit beaucoup de son dynamisme à l'appui de la Fédération féministe universitaire dont le réseau d'institutrices fera de l'UFSF l'association la mieux représentée en province ; présidé par la protestante Mme de Witt-Schlumberger et dirigé par Cécile Brunschvicg, épouse du philosophe et fille d'un industriel juif alsacien, il bénéficiera pour sa propagande de l'hebdomadaire *La Française*, fondé en 1906 par la journaliste Jeanne Misme. Dans l'aile radicale du féminisme, on trouve des groupes qui allient tendances radicales et réformistes (comme l'Union fraternelle des femmes, dreyfusarde et anticléricale, héritière au départ de *La Fronde* de Marguerite Durand), des groupes plus orientés à gauche qui récusent les méthodes trop modérées de l'UFSF (comme la Ligue nationale pour le vote des femmes), le Groupe des femmes socialistes, fondé en 1913, subordonné au parti, et dont les positions sont partagées sur les alliances avec le « féminisme bourgeois », et des militantes qui se trouvent privées d'assises associatives à la veille de 14, comme la néo-malthusienne Madeleine Pelletier.

24. Pour les informations sur les mouvements féministes dans les années 1870-1914, nous nous référons à Laurence Klejman et Florence Rochefort, *L'Égalité en marche. Le féminisme sous la IIIe République, 1868-1914*, Des femmes/Presses de la FNSP, 1989 ; pour les années 1914-1940, à Christine Bard, *Les Filles de Marianne. Histoire des féminismes, 1914-40, op. cit.*

Dans ce temps fort des affrontements de l'Église et de l'État, notamment sur la question scolaire, et face à ce développement important du courant féministe d'inspiration républicaine, à sa mobilisation dans les milieux universitaires et à son association, plus ou moins réussie, avec des groupes féministes plus radicaux, un vaste mouvement d'action féminine catholique va se mettre en place. Marie Maugeret, qui lance en 1896 le journal *Le Féminisme chrétien* – relayé par *La Femme contemporaine* (1903-1913) –, antidreyfusard et antisémite, fonde l'Union nationaliste des femmes françaises. En 1901, année où est votée la loi sur la liberté d'association qui impose l'autorisation aux seules congrégations religieuses – et vise donc les ordres enseignants –, est créée à Lyon la Ligue des femmes françaises qui se donnera pour objectif de développer l'apostolat religieux dans les couches populaires. En 1902, le comité parisien de cette ligue fonde la Ligue patriotique des Françaises, association pour la liberté d'enseignement, contre le socialisme, le « complot maçonnique » et la « juiverie », qui s'élèvera contre le transfert des cendres de Zola au Panthéon ; le nombre d'adhérentes tournera autour de 500 000 jusqu'en 1914 et atteindra 1 500 000 en 1932. En plein cœur de l'affaire Dreyfus, la Ligue des femmes françaises placarde une affiche sous forme d'imagerie d'Épinal où, sous le patronage de Clothilde, Geneviève et Jehanne, elle lance cet appel : « Donnez votre obole pour soutenir la patrie, la propriété, la liberté. Faites voter pour un candidat honnête votre mari, vos fils, vos frères, et 35 millions de Français échapperont au joug de 25 000 francs-maçons et la France appartiendra aux Français »[25]. Souhaitant au départ moderniser le conservatisme politique français sur le modèle anglais, la Ligue se range bientôt sous la bannière du journal *La Croix*, dont elle développe la diffusion, et travaille au renforcement de l'enseignement catholique, créant même des écoles en province. Si, pour la police, le mouvement est inféodé à l'Alliance libérale et aux Assomptionnistes, il apparaît en fait que les ligueuses mènent une action autonome, et leur réussite, attestée par la progression spectaculaire des adhésions, témoigne aussi d'une demande féminine de participation à la vie publique, au nom d'in-

25. « La France aux Français » était le slogan inventé par l'antisémite Édouard Drumont. Exposition « L'affaire Dreyfus et le tournant du siècle, 1894-1910 », BDIC, Musée d'histoire contemporaine, Hôtel national des Invalides, avr.-juin 1994.

térêts typiquement « féminins » puisque ressortissant à l'espace privé de la famille (défense de la liberté d'enseignement ou développement de l'action sociale familiale, par exemple)[26]. L'épouse du bâtonnier Chenu avait créé, en 1900, l'Action sociale de la femme, qui reçoit les parrainages de Brunetière, Jules Lemaître et Goyau, figures célèbres de l'antidreyfusisme, et, parallèlement, se mettent plus modestement en place les prémices du travail social catholique avec la fondation, en 1911, de l'École normale sociale qui veut « susciter, former des élites sociales féminines dans tous les milieux sociaux, pour une action large, compétente, éclairée, qui tende à établir l'ordre social chrétien »[27] ; parmi les animatrices de ces nouvelles formes d'assistance, on trouve des adhérentes de la Ligue de la patrie française, le rassemblement des intellectuels antidreyfusards[28].

Ainsi, des débuts de la IIIe République à la guerre de 14, les clivages entre les mouvements féministes « républicains » et les mouvements d'action féminine catholiques – comme les clivages internes au mouvement féministe – sont largement soumis à la logique des oppositions du champ politique, et les différents mouvements portent les couleurs des partis masculins et des idéologies qui s'y affrontent. Le CNFF et l'UFSF sont animés par des femmes qui appartiennent au monde républicain et, souvent, à cet univers très influent dans les débuts de la IIIe République qu'est la grande bourgeoisie industrielle protestante et juive, majoritairement originaire d'Alsace, si liée aux développements de l'École républicaine et à l'invention de formes modernes de protection sociale[29] ; les deux mouvements reçoivent de nombreux soutiens masculins chez les radicaux, les socialistes et à la Ligue des droits de l'homme, et auront également des relations importantes avec la franc-maçonne-

26. Pour les informations sur ce mouvement, nous nous référons à Anne-Marie Sohn, « Les femmes catholiques et la vie publique : l'exemple de la Ligue patriotique des Françaises », in *Stratégies des femmes*, Tierce, 1984, p. 97 *sq*.

27. Henri Rollet, *Andrée Butillard et le féminisme chrétien*, Spes, 1960, p. 63.

28. Voir Henri Rollet, *L'Action sociale des catholiques en France, 1871-1914*, *op. cit.*, p. 35 ; Jeannine Verdès-Leroux, « Pouvoir et assistance : cinquante ans de service social », *Actes de la recherche en sciences sociales*, 2/3, 1976 ; R.-H. Guerrand, M.-A. Rupp, *Brève histoire du service social en France, 1896-1976*, Privat, 1978.

29. Le milieu socioculturel des cercles dirigeants de ces mouvements se confond avec celui de la famille Dreyfus, de ses alliés et des dreyfusards appartenant aux élites de la République ; Michael Burns, *Histoire d'une famille française, les Dreyfus. L'émancipation, l'affaire, Vichy*, Fayard, 1994.

rie par l'intermédiaire de la LFDF (Ligue française du droit des femmes) dont les dirigeantes successives appartiennent à l'obédience du Droit Humain. Dans les mouvements catholiques d'action féminine, la noblesse et l'antidreyfusisme dominent. L'affaire Dreyfus constitue ici aussi le principe de polarisation apparent de l'ensemble de ces mouvements qui sont massivement pris dans les débats idéologiques sur « le mode de légitimation des catégories dirigeantes et sur la fonction sociale des intellectuels »[30].

Mais les affrontements dans le champ politique ne doivent pas masquer le fort consensus qui réconcilie l'ensemble des classes dominantes sur les limites symboliques dans lesquelles doivent rester cantonnés les modes d'expression des engagements féminins sur la scène politique. Les hommes sympathisants du « féminisme chrétien » ou du suffragisme féminin d'inspiration républicaine – souvent des hommes politiques ou des intellectuels comme l'antidreyfusard François Coppée, l'un des fondateurs de la Ligue de la patrie française, qui apporte son soutien à la Ligue patriotique des Françaises, ou Francis de Pressensé, membre de la Ligue des droits de l'homme, qui apporte le sien à l'Union française pour le suffrage des femmes (UFSF)[31] – s'accordent à rendre hommage à un féminisme modéré, de bon aloi et de bonne compagnie, un féminisme qu'on pourrait dire « sous conditions ». Joseph Barthélemy, défenseur catholique du vote des femmes, oppose ainsi un « féminisme convulsé, coiffé du bonnet phrygien », qui exalte « la peur des charges de la famille et de la maternité », à ces femmes « auxquelles Joseph de Maistre reconnaissait une aptitude spéciale à s'incliner devant les supérieurs » et qui sauraient donc mettre leur clairvoyance dans leurs bulletins de vote[32]. De son côté, rendant hommage à sa mère, M^me^ Jules Siegfried, à l'occasion du cinquantenaire du Conseil national des femmes françaises (CNFF), André Siegfried trouve un ton semblable : « Je crois que sa formule était que plus on est féministe, plus on doit être féminin. [...] Elle disait qu'une femme doit être une femme, qu'elle doit être élégante, qu'elle doit être femme du monde, qu'elle doit être différente de ce

30. Christophe Charle, *Naissance des « intellectuels », 1880-1900*, Minuit, « Le sens commun », 1990, p. 93.

31. Anne-Marie Sohn, « Les femmes catholiques et la vie publique : l'exemple de la Ligue patriotique des Françaises », art. cité, p. 98 ; Christine Bard, *Les Filles de Marianne, op. cit.*, p. 43.

32. Joseph Barthélemy, *Le Vote des femmes, op. cit.*, p. 598 et 605.

que sont les hommes. [...] C'est ainsi qu'elle a rendu le service de transformer sous une forme acceptable un certain nombre d'idées »[33]. Pour affermir l'expression « acceptable » de revendications féministes, l'ensemble de ces mouvements ont eu recours aux parrainages masculins, vraisemblablement porteurs de formes diverses d'autocensure. Dans les années 20, l'UFSF travaille à la constitution d'un groupe parlementaire des droits de la femme où l'on trouve des communistes, des socialistes, des radicaux, que rallient bientôt des hommes de droite et du centre et où figurent des hommes d'État; mêmes soutiens masculins des milieux conservateurs au comité de patronage de l'Union nationale pour le vote des femmes (UNVF), association catholique suffragiste fondée en 1920, où l'on retrouve Jean Ybarnégaray, militant des ligues fascisantes puis député du Parti social français après 36, qui sera secrétaire d'État à la Jeunesse en 1940 et qui, dans une correspondance avec le préfet des Basses-Pyrénées, demandera la révocation de deux institutrices, opposées à Vichy, les traitant de « moujiks femelles »[34].

Et la structure du pouvoir dans les mouvements de femmes républicains et conservateurs aboutit à surreprésenter les femmes mariées dans les instances dirigeantes (à la fois par rapport à la proportion de célibataires dans l'ensemble des mouvements et dans le pays), l'UFSF recommandant aux sections locales de choisir comme dirigeantes « des femmes honorablement connues, des mères de famille si possible, mais surtout pondérées et d'esprit tolérant. On a si vite fait d'identifier le groupe avec sa présidente »[35]. Le destin souvent dramatique des féministes radicales, qui font du célibat un militantisme – à un moment où le célibat féminin n'a d'autre issue socialement légitime que la modestie des institutrices ou l'apostolat de l'action catholique religieuse et laïque – et s'habillent parfois comme des hommes, est là pour rappeler que les conditions sociales et culturelles d'une révolution symbolique en ce domaine étaient loin d'être réunies à l'époque. La comparaison des vies de Blanche Edwards-Pilliet et de Madeleine Pelletier, une féministe acceptable et une féministe stigmatisée, est riche d'enseignements à cet égard : elles sont toutes deux docteurs en médecine, la première, première

33. Conseil national des femmes françaises, *Cinquante années d'activité 1901-1951*, La célébration du cinquantenaire, 11 janvier 1952, p. 28-29.

34. Robert O. Paxton, *La France de Vichy, 1940-1944, op. cit.*, p. 155, 161.

35. Cité par Christine Bard, *Les Filles de Marianne, op. cit.*, p. 231.

femme interne des hopitaux de Paris en 1885, la seconde, première femme interne des asiles de la Seine en 1903 ; la première, membre du CNFF, de l'Association nationale des libres-penseurs, de la Ligue de l'enseignement et vice-présidente de la LFDF entre les deux guerres, sera faite chevalier de la Légion d'honneur en 1924, la seconde, qui publie en 1913 *Droit à l'avortement*, sera peu à peu privée de toute assise associative et, en 1939, dénoncée comme avorteuse, sera internée à l'asile de Perray-Vaucluse où elle mourra ; la première, fille de médecin, mariée avec trois enfants, a fondé la Ligue des mères de famille, la seconde, née dans une famille pauvre, célibataire sans enfants, a écrit qu'il fallait « être des hommes socialement »[36]. Le verdict social balise les limites de l'historiquement tolérable dans l'ordre symbolique. Madeleine Pelletier est bien du côté de la « souillure » et pourrait figurer parmi ces « individus en colère dont la position est interstitielle », doués d'un « pouvoir psychique antisocial », ces « polluants » qui ont « toujours tort », dont Mary Douglas analyse ainsi la place : « D'une manière ou d'une autre, ils ne sont pas à leur place, ou encore ils ont franchi une ligne qu'ils n'auraient pas dû franchir et de ce déplacement résulte un danger pour quelqu'un »[37]. Ne possédant ni capital économique, ni capital social, ni appuis masculins, ses transgressions l'ont condamnée à la mort sociale, cette sentence rappelant les limites imposées de fait aux luttes féministes, le féminisme le plus « acceptable » étant le plus « féminin », comme dit si bien André Siegfried[38]. Les rappels à l'ordre symbolique de l'opposition masculin/féminin traversent ainsi l'ensemble du champ des mouvements féministes et d'action féminine, manifestant la force de la résistance, au sens militaire et psychanalytique, qu'ont pu réveiller de tels mouvements. Ces formes sourdes du refus œuvreront largement dans les assentiments proclamés ou tacites à la politique antiféministe de Vichy.

Cette soumission relative au champ politique et à ses luttes qui a permis aux mouvements féministes et d'action féminine de construire et de renforcer leur existence sociale et aux femmes

36. Voir Claude Barbizet, *Blanche Edwards-Pilliet : femme et médecin, 1858-1941*, Le Mans, Cénomane, 1988, et Christine Bard dir., *Madeleine Pelletier (1874-1939). Logique et infortunes d'un combat pour l'égalité*, Côté-Femmes, 1992.

37. Mary Douglas, *De la souillure*, François Maspero, 1981, p. 119, 128.

38. George L. Mosse a bien montré l'existence, partout en Europe, de ce souci de « respectabilité » des mouvements d'action féministe et féminine, et leur adoption des stéréotypes dominants de la féminité ; *Nationalism and Sexuality, op. cit.*, p. 110 *sq.*

de ces mouvements d'échapper définitivement à la représentation de la « virago » militante, largement développée dans la classe politique masculine depuis la Révolution et, avec une violence inégalée, après la Commune, ne doit pas conduire à sous-estimer l'extraordinaire moyen d'accès à la vie publique qu'ont constitué pour les femmes les tribunes proprement féministes mais aussi ce vaste secteur d'action féminine catholique. Ainsi s'opposent la lutte féministe des mouvements féministes, liés à l'univers politique et idéologique républicain, pour le suffrage des femmes et la reconnaissance de leurs capacités universitaires et professionnelles, et une lutte féminine pour le droit des femmes à défendre sur la scène publique les valeurs de leur sphère privée menacées par le jacobinisme. Les mouvements féminins d'action catholique n'ont pas encore, à cette date, donné son sens plein à la notion de « féminisme chrétien », mais ils contribuent à développer une culture féminine catholique qui intègre la participation à l'espace public sous réserve de n'y défendre que ce qui touche aux espaces « traditionnels » de la responsabilité féminine.

### *L'action catholique féminine dans les années 20*

Après la guerre de 1914, cette culture féminine catholique va s'élargir elle aussi au suffragisme et à la professionnalisation des femmes dans des espaces séparés, les luttes du champ politique continuant à polariser les oppositions symboliques et la politique de rechristianisation, qui s'opère à travers l'action sociale catholique, donnant un nouvel élan à la participation des femmes aux affaires publiques tout en assujettissant l'action féminine à sa manière.

Malgré quelques tentatives unitaires comme les États généraux du féminisme organisés par le Conseil national des femmes françaises (CNFF) en 1929, 30 et 31, qui provoquent un rappel à l'ordre du Saint-Siège n'y autorisant la participation des femmes catholiques qu'à titre individuel, le clivage religieux continuera à opérer avec force dans les années 20 et 30. Les mouvements « républicains » centreront leurs luttes sur le vote des femmes qui deviendra aussi rapidement un enjeu chez les catholiques, une déclaration pontificale s'étant prononcée en sa faveur en 1919 : en 1931, l'encyclique *Quadragesimo Anno* reconnaît définitivement le droit des femmes au vote et à l'instruction tout en leur ordonnant le retour au foyer. Dans un contexte marqué par le déclin des vocations religieuses où l'Église se consacre à la « crise du sacerdoce », créant en 1934 l'Œuvre des vocations [39], la consolidation de l'École républicaine, la montée de la demande féminine d'instruction et de professionnalisation et l'augmentation du célibat féminin après l'hécatombe de la guerre, le mouvement féminin d'action catholique va trouver un nouveau dynamisme. L'Union nationale pour le vote des femmes (UNVF), créée en 1920 par la duchesse de La Rochefoucauld, ne cache pas ses sympathies pour la droite : pour ses fondatrices, parmi lesquelles on retrouve des dirigeantes catholiques des mouvements féminins antidreyfusards des années 1900 (M^me^ Chenu, la fondatrice de l'Action sociale de la femme, la marquise de Moustier, présidente de la Ligue patriotique des Françaises), la défense du vote des femmes est d'abord défense du catholicisme, la révolution russe convertissant au suffragisme dans les années 20 conservateurs et catholiques (Maurras lui-même s'est déclaré partisan du suffrage féminin) [40].

C'est à partir des années 1920 également que le courant de l'action sociale catholique connaît un grand rayonnement, favorisant de nouvelles expressions du « féminisme chrétien », et investit différents secteurs de la vie publique, ce qui suscite une forte opposition des défenseurs du catholicisme traditionnel comme le général de Castelnau. Chacun des nombreux mouvements de la jeunesse catholique qui se créent à partir de 1922 – Fédération française des étudiants catholiques (1922), Jeunesse ouvrière chrétienne (1926), Jeunesse étudiante chrétienne (1929), Jeunesse agricole chrétienne (1929) – voit bientôt naître son homonyme pour la jeunesse féminine, l'action catholique spécialisée proposant ainsi aux jeunes filles de nouvelles modalités d'action dans l'Église et d'intervention sur la société qui constituent un modèle novateur de mobilisation des élites féminines dans l'Église [41]. Dans un contexte historique de crise de l'apostolat, l'idée de l'apostolat des laïcs comme prolongement naturel de la vie chrétienne se développe largement et l'exaltation du célibat consacré est progressivement battue en brèche par la pro-

39. A. Latreille, E. Delaruelle, J.-R. Palanque, R. Rémond, *Histoire du catholicisme en France, op. cit.*, t. 3, p. 544 ; Charles Suaud, « L'imposition de la vocation sacerdotale », art. cité.
40. Christine Bard, *Les Filles de Marianne, op. cit.*, p. 268 *sq.*
41. Claude Langlois, *Le Catholicisme au féminin, op. cit.*, p. 634.

motion du mariage chrétien et la célébration de la spiritualité conjugale[42]. Ce renouveau religieux – contemporain de la conversion de nombreux intellectuels qui voient dans le catholicisme l'antidote du monde moderne et développent les études thomistes – est renforcé par la condamnation par l'Église de l'Action française que nombre de ses sympathisants abandonnent. Ces courants divers, et parfois antinomiques, de rechristianisation rencontrent également l'aspiration à la « révolution spirituelle » seule propre à mettre un terme au « désordre établi », selon la pensée des « non-conformistes des années 30 » : « Nous voulons et devons retrouver notre âme profonde. [...] Il faut rejoindre la plus authentique tradition, retrouver les valeurs spirituelles que le monde moderne attaque et avilit à chaque instant », répond Jean-Pierre Maxence à l'enquête de Brasillach sur l'après-guerre ; « subversion des valeurs » pour Thierry Maulnier, « épanouissement spirituel de l'homme » pour *Esprit*, « reconnaissance que nous sommes âme d'abord » pour Jean de Fabrègues, tels sont les leviers de la « révolution nécessaire »[43]. L'audience de ce renouveau chrétien s'incarne dans les grandes manifestations religieuses qui encadrent le Front populaire : commémoration au Parc des Princes en 1936 du cinquantenaire de l'ACJF – Association catholique de la jeunesse française qui fédère les mouvements de jeunesse, jeunes et moins jeunes –, rassemblements de foule en 1935 à Lourdes et, en 1937, à Lisieux pour la consécration de la basilique dédiée à sainte Thérèse[44].

C'est dans ce contexte que se développe un vaste secteur de travail social catholique qui prend et marque définitivement ses distances avec le mouvement féministe d'inspiration républicaine. Le Congrès des institutions d'assistance et d'hygiène sociale de 1921 est le lieu d'une rupture entre l'action sociale catholique et celle menée par l'Union française pour le suffrage des femmes (UFSF)

42. On constate cependant, entre 1920 et 1940, une reprise importante du recrutement religieux féminin, presque comparable au maximum de 1855-1880, dont on peut voir les raisons dans le déséquilibre démographique de l'après-guerre qui impose un fort célibat féminin et concourt ainsi à la fois au renforcement des congrégations et à l'idéalisation du mariage chrétien ; le succès durable de la JAC dans les campagnes et de la JEC en milieu urbain contribuera finalement à tarir les sources du recrutement congréganiste ; voir Claude Langlois, *ibid.*, p. 524, 633.

43. Jean-Louis Loubet del Bayle, *Les Non-Conformistes des années 30. Une tentative de renouvellement de la pensée politique française*, Seuil, 1969, p. 290 *sq.*

44. Pour ces informations, nous nous référons à l'*Histoire du catholicisme en France*, *op. cit.*, t. 3, p. 578 *sq.*

qui, à l'indignation des mouvements catholiques présents, avait clos ce congrès d'assistance avec une motion jugée trop radicale sur le vote des femmes : « Ainsi prit fin le mouvement féministe – au moins chez les travailleuses sociales – en ce congrès de juillet 1921. Plus jamais elles ne se hasarderont à des prises de positions aussi risquées »[45]. Ce nouveau marché du travail impose aussi en France, à la différence des pays anglo-saxons, le postulat que le service social ne peut être confié qu'à des femmes et qu'à des femmes définies comme des « religieuses laïques ». En 1925, *La Rose des activités féminines pour l'orientation professionnelle des jeunes filles* précise que les carrières sociales ne conviennent qu'aux âmes « d'apôtres » et aux célibataires ; l'abbé Grimaud, spécialiste réputé de la famille catholique, écrit en 1933 que l'assistante sociale est toujours une « non-mariée » et une « mère universelle »[46]. Au moment où la famille était reconnue par la hiérarchie catholique comme cellule d'église et organe naturel d'apostolat, est fondée l'Union catholique des services de santé et des services sociaux qui entretiendra des liens étroits avec les nombreuses associations catholiques de défense de la famille[47]. Ainsi, dans une période de l'histoire du catholicisme en France où coexistent condamnation de la modernité et invention de formes modernes du prosélytisme, l'important secteur catholique de la professionnalisation des femmes, qui n'échappe pas aux effets de l'accroissement de la demande féminine de scolarisation, intègre l'héritage symbolique des congrégations du XIXe siècle qui prônaient l'obligation du célibat, même pour les laïques, dans certaines professions comme l'enseignement et propageaient de la sorte l'idée qu'il existe des métiers spécifiquement féminins dans l'éducation, la santé et la protection sociale.

45. R.-H. Guerrand et M.-A. Rupp, *Brève histoire du service social en France*, *op. cit.*, p. 56.

46. *Ibid.*, p. 64-65 et 90.

47. A l'instigation des ligues familiales est créé, en 1920, un Comité d'études familiales où l'on trouve de nombreux industriels du Nord, qui va œuvrer pour la famille nombreuse et le vote familial ; en 1927, la puissante Fédération des Unions de familles nombreuses du Nord, fondée aussi en 1920, rassemble 400 groupements et 180 000 personnes ; en 1930, le congrès de la Fédération nationale des familles nombreuses, qui se tient à Lille, est l'occasion pour les « familiaux » d'affirmer clairement leur objectif et de se distinguer ainsi de l'Alliance nationale contre la dépopulation : sauver la religion par la famille et la famille par la religion. Robert Talmy, *Histoire du mouvement familial en France, 1896-1939*, *op. cit.*, t. 1, p. 221, t. 2, p. 107 *sq.*

Au point de conjonction de tous ces enjeux, se trouve le mouvement créé en 1925 par Andrée Butillard – la fondatrice, en 1911, de l'École normale sociale –, l'Union féminine civique et sociale (UFCS), qui veut élargir l'action sociale féminine à la défense de « l'idéal du catholicisme social » et de « toutes les libertés remises en cause depuis quelques mois par la politique gouvernementale du "Cartel des gauches" » et qui veut lutter également contre les « doctrines erronées » qui sous-tendent les actions en faveur du vote des femmes ; l'UFCS veut réfléchir sur « les causes des injustices sociales » et « étudier leurs solutions à la lumière de la doctrine sociale catholique ». Le supérieur du séminaire des Carmes, le cardinal Verdier, sera le directeur de conscience du mouvement dont il définira ainsi le féminisme bien tempéré : « Le mouvement féminin dans un certain nombre de ses revendications, notamment dans le vote féminin, n'est pas injuste et peut-être opportun, à la condition toutefois que seront toujours sauvegardées, d'une part la hiérarchie familiale, et de l'autre la mission d'épouse et de mère qui est l'honneur de la femme »[48]. L'UFCS développera son action dans trois directions principales : dans la ligne de l'encyclique *Quadragesimo Anno* de 1931 – « C'est à la maison avant tout, ou dans les dépendances de la maison, parmi les occupations domestiques, qu'est le travail des mères de famille » –, elle constitue un comité national de la Mère au foyer qui recueille en quelques mois 30 000 adhésions, la Ligue de la mère au foyer œuvrant pour l'établissement d'allocations spéciales pour les mères qui ne travaillent pas ; dans la poursuite des travaux de sa commission de la moralité publique, elle lance l'idée d'une éducation des parents et participe à la création de l'École des parents en 1930 ; enfin, elle assure la formation de « promotrices » et de « propagandistes » du syndicalisme chrétien féminin – dont le penchant en faveur des ouvriers ne doit pas être exagéré – et l'organisation de semaines syndicales féminines[49].

48. Henri Rollet, *Andrée Butillard et le féminisme chrétien, op. cit.*, p. 74-75, 85.

49. Dès sa fondation, l'École normale sociale s'était intéressée à former des militantes catholiques à l'action syndicale ; en 1925, elle publie un guide pratique de la formation syndicale : l'« apostolat social » de la « syndiquée apôtre », défini par l'Union féminine civique et sociale, inspirera largement le syndicalisme féminin de la CFTC des années 1920 à la guerre ; voir Joceline Chabot, « Les syndicats féminins chrétiens et la formation militante de 1913 à 1936 », *Le Mouvement social*, 165, 1993.

### *Le « féminisme chrétien » et la politisation du champ du féminisme*

Mêlant l'héritage de l'action philanthropique de la fin du XIXe siècle et des mouvements féminins catholiques contre la politique de laïcisation scolaire d'avant 14 au nouvel univers de la relation Église/femmes qui se construit à partir des années 20, le « féminisme chrétien » balise les espaces sociaux légitimement féminins. Ce travail de cartographie symbolique lui permet à la fois de rappeler la « vraie » mission de la femme – mère au foyer – et de dégager des missions de substitution qui placent le travail des femmes dans la succession directe des tâches congréganistes. Les Semaines sociales de France, cette université itinérante qui regroupe des intellectuels clercs et laïcs pour penser l'Église dans le monde moderne, se consacrent en 1927 à « La femme dans la société »[50] et constituent des états généraux de ce « féminisme chrétien », alternative idéologique face à la pression croissante de la scolarisation supérieure et de la professionnalisation des femmes. Dans ces rencontres où s'expriment positions conservatrices et positions novatrices, l'accord se fait majoritairement sur la reconnaissance d'une « nature » féminine – scientifiquement attestée par le docteur Biot, « Ce que la biologie nous apprend de la nature de la femme » – et sur la définition d'un territoire proprement féminin : Eugène Duthoit, président des Semaines sociales, ouvre les travaux avec « La famille, donnée essentielle du problème de la femme », les juristes catholiques s'attachent à « L'épouse et mère en droit français » et les économistes à « La reine du foyer, la femme ordonnatrice de l'économie domestique ». Le père Gillet, professeur à l'Institut catholique de Paris, rappelle que s'il y a une « égalité morale » des deux sexes, l'« inégalité matérielle » est « un fait contre quoi on ne saurait s'insurger sans dommage », « les conséquences individuelles de l'inégalité sexuelle de la femme » ayant trait « à sa vie physiologique et à son développement intellectuel »[51]. Face à toutes ses évidences que subliment les éloges des vierges, mères et veuves chrétiennes – « le christianisme ayant fait de la femme un type plus humain

50. Semaines sociales de France, Nancy, XIXe session, 1927, *La Femme dans la société*, Lyon, Chroniques sociales de France, 1928.
51. R.P. Gillet, O. P., « L'unité de la morale pour les deux sexes », *ibid.*, p. 110-111.

d'humanité »[52] –, le féminisme doit être repensé dans le sens d'une « revendication de la femme à sa qualité essentielle de personne » qui exclut ce « féminisme devenu individuellement utilitaire », celui des « féministes libres-penseurs, anarchiques et maçonniques », contre lequel il faut sauver le « féminisme chrétien »[53]. Si l'Union féminine civique et sociale est saluée ici comme une institution exemplaire du « féminisme chrétien » par les autorités ecclésiastiques, c'est qu'elle lutte sur le terrain même du féminisme, en respectant la spécificité féminine, et contre les idées de gauche, sans se mêler de politique : « Devant les conséquences douloureuses que les idées malsaines ont produites dans les masses féminines et dans la perspective de leur participation au suffrage universel qui paraît être dans un avenir plus ou moins rapproché un fait accompli, l'apostolat de l'École normale sociale trouve sur le terrain civique un champ d'action qui peut rendre de très grands services aux œuvres catholiques en général. [...] Il n'est sans doute pas question et vous l'avez très bien compris, de jeter les femmes dans la mêlée des partis politiques, mais bien de les former à une action sociale plus précise, plus spécifiée par l'apostolat que l'Union féminine civique et sociale a créé à cet effet »[54].

Au-delà des oppositions idéologiques – politiques et religieuses –, la césure qui structure l'ensemble des mouvements féminins comme champ depuis la fin du XIXe siècle est la question de la scolarisation des femmes et donc de leur professionnalisation. Les enjeux du travail des femmes sont au centre des mouvements féministes républicains. L'importance numérique des femmes qui travaillent parmi leurs militantes et, parmi elles, la prépondérance des

52. R.P. Albert Valensin, professeur à la faculté de théologie de Lyon, « Le christianisme et la femme, ce qu'il pense d'elle, ce qu'il a fait d'elle », *ibid.*, p. 159. Sur l'idéalisation de la femme comme moyen de sa mise à l'écart de la vie publique, voir Jean-Marie Aubert, *L'Exil féminin*, *op. cit.*, p. 135 *sq.*

53. Léontine Zanta, « Le féminisme : ses manifestations variées à travers les faits, les institutions, les tendances, les mouvements d'opinion », in *La Femme dans la société*, *op. cit.*, p. 69, 71, 79. Première Française docteur en philosophie, l'une des rares intellectuelles diplômées de l'Université du courant du « féminisme chrétien », Léontine Zanta définit ainsi, avec un humour peut-être involontaire, les attendus des Semaines sociales : « La place de la femme est en effet au foyer, dans la famille, et tous les efforts de cette Semaine, si j'ai bien compris la pensée de ceux qui l'organisèrent, est de la lui laisser, mais en la rendant plus stable et meilleure » ; p. 68.

54. « Lettre du cardinal Gasparri, écrivant au nom de Sa Sainteté Pie XI, à l'École normale sociale, le 9 novembre 1925 », *ibid.*, p. 163.

professions enseignantes, des avocates, des journalistes, des membres des services sociaux, des femmes de lettres et des médecins[55], est renforcée du fait des liens personnels et institutionnels qui existent entre des associations professionnelles féminines comme l'Association française des femmes diplômées des Universités, fondée en 1920, l'Union nationale des avocates, la Fédération internationale des femmes médecins et la Société des agrégées, fondée aussi en 1920, et les mouvements féministes créés au début du siècle avec la bénédiction de Ferdinand Buisson, l'un des pères de l'École républicaine. On peut donc se demander si l'efflorescence de tous ces groupements de femmes intellectuelles à l'orée des années 20 ne fut pas la véritable raison de la création, en 1920, de l'Union nationale pour le vote des femmes (UNVF), cette avancée de l'Église sur le terrain du droit de vote des femmes. Du côté des mouvements catholiques, la question de l'investissement scolaire féminin est, d'une part, prise dans la condamnation de l'École républicaine qui constituera parfois la raison explicite de la fondation d'une association féminine catholique – la Ligue patriotique des Françaises mènera une lutte de longue haleine contre l'école laïque – et, d'autre part, soumise à la conception catholique récurrente d'un enseignement féminin propre à étayer, dans la majorité des cas, le primat de la femme au foyer. A l'UNVF, on ne trouve pas d'enseignantes et peu d'avocates mais beaucoup de femmes de la noblesse ou des milieux industriels catholiques vouées au bénévolat, et le droit au travail reste subordonné à la maternité et à la famille. Dans le mouvement féminin aussi, *la question scolaire est bien une question politique* et l'accès des femmes à l'instruction secondaire et supérieure, condition de leur professionnalisation, est la question centrale du féminisme de cette époque et le véritable terrain de sa lutte symbolique. Luttes symboliques et politiques sont ici inséparablement liées, les femmes d'action défendant, à travers leurs images des femmes d'élite et des femmes du peuple, leur conception de l'élite et de sa reproduction. Quand l'école laïque sera muselée et « assainie » par l'État français, les porte-parole des mouvements d'action catholique et ceux de l'enseignement privé développeront sans restrictions leur programme d'un minimum scolaire féminin et d'un minimum scolaire pour les enfants d'ouvriers et de paysans.

55. Christine Bard, *Les Filles de Marianne*, *op. cit.*, p. 178 *sq.*

L'irréductibilité de ces deux positions dans le champ des mouvements féministes et d'action féminine va s'accroître et se durcir avec la montée des luttes sociales et politiques des années 30. Ainsi, s'attaquant au travail des femmes dans l'industrie et dénonçant, avec justesse, leurs conditions de travail et de salaire, l'Union féminine civique et sociale développe du même coup une apologie du travail féminin ménager et familial très vivement critiquée par l'Union française pour le suffrage des femmes qui, dans une réunion à la Mutualité en 1935, affirme le droit de la femme à gagner sa vie, « droit qui ne doit être retiré ni pour des questions de sexe, ni pour des raisons de mariage », et l'égale nocivité du chômage pour les femmes et pour les hommes. L'UFSF s'attaque également à la proposition déposée à la Chambre par Philippe Henriot – militant de la Fédération nationale catholique, député de la Gironde du Parti républicain national et social, rédacteur à *Je suis partout* et future vedette de la radio collaborationniste en 1944[56] – qui veut que l'on accorde à la femme mariée qui abandonne son travail à un chômeur l'indemnité préalablement touchée par celui-ci ; pourquoi pas à une chômeuse, rétorquent les associations féministes. Pour l'UFSF, cette proposition du député de droite rejoint le point de vue des associations féminines catholiques qui accusaient alors le féminisme de défendre et de propager l'union libre en défendant l'indépendance économique de la femme[57]. Devant cette indignation des mouvements féministes et leur appel à l'union pour la défense du travail féminin si violemment attaqué, l'Union féminine civique et sociale fait machine arrière et précise : « L'œuvre immense de la restauration des valeurs spirituelles et sociales demande que l'on remette à l'honneur la maternité, avec ses charges et ses devoirs, ses joies et ses droits. Toutefois, dans l'état actuel de la vie économique, nous estimons que le travail salarié de la mère ne peut pas faire l'objet d'une interdiction légale ». Pourtant, en 1937, l'UFCS organise un grand congrès international sur le thème « La mère au foyer, ouvrière de progrès humain ». Cette persévérance vaudra à Andrée Butillard, fondatrice et dirigeante du mouvement, d'être reçue en audience privée par le pape, signe de l'importance accordée par l'Église à ces questions[58].

56. Yves Durand, *Vichy 1940-1944, op. cit.*, p. 163.
57. *La Française*, 15 février 1936.
58. Henri Rollet, *Andrée Butillard et le féminisme chrétien, op. cit.*, p. 101-117.

Le second affrontement ouvert éclate à l'occasion du projet de réforme relatif à la capacité civile de la femme mariée. Au début des années 30, la réforme du statut juridique de la femme mariée est étudiée par une commission législative où interviendront les féministes suffragistes (notamment la section juridique de l'UFSF) et les « féministes » catholiques (notamment l'UFCS), les premières voulant tirer le maximum d'une réforme qu'elles considèrent comme une manœuvre de diversion par rapport au vote des femmes, les secondes, alliées aux groupes de pression que constituent les « familiaux » – représentés par le sénateur Georges Pernot –, défendant des aménagements à ce projet qui laisseraient intacte la notion du mari « chef de famille » et maintiendrait son droit de veto sur le travail de sa femme. En février 1937, les deux groupes s'affrontent, une dizaine de mouvements d'action féminine catholique dont l'UFCS, la Ligue de la mère au foyer et l'UNVF, venant demander à la commission de législation du Sénat que l'autorité maritale soit reconnue par le droit et que le mari puisse s'opposer à l'exercice d'une profession par la femme. C'est sur ce dernier point que la bataille fut la plus vive et le courant conservateur l'emportera, le mari, « dans l'intérêt du ménage et de la famille », pouvant s'opposer à l'exercice d'une profession par son épouse, celle-ci pouvant recourir en ce cas à l'arbitrage des tribunaux [59]. Les associations qui se sont mobilisées pour restreindre la portée de cette loi, votée finalement, le 18 février 1938, avec les amendements Pernot qui maintiennent la notion de « chef de famille » et l'autorité du chef de famille dans de nombreux domaines (art. 213 et 216), se retrouveront aux côtés du Commissariat général à la famille et l'épauleront dans ses tâches pratiques et idéologiques. La violence de ces affrontements tient aussi au climat social tendu marqué par les retombées en France de la crise de 29, les manifestations de février 34, le Front populaire.

On ne peut qu'être frappé de la permanence et du dynamisme de l'ample mouvement d'action catholique féminine depuis le début du XIX^e siècle. Ce mouvement est pris dans les conflits entre l'État laïc et l'institution Église qui ont composé avec la force croissante de la demande féminine de participation aux affaires publiques. A travers cet essai d'histoire sociale du « champ » des mouvements féministes et d'action féminine depuis les années 1880, on voit que la production d'« éternel féminin » se réalise dans des luttes sym-

59. *La Française*, 20 février, 10 avril, 17 avril 1937.

boliques et pratiques, sourdes ou explicites, sur la définition de l'identité féminine. L'étude de la sociogenèse de ces affrontements et des représentations de l'opposition masculin/féminin qui s'y construisent nous semble constituer une sorte de *psychanalyse de la conscience sociale* contre l'amnésie de la genèse qui tend à éterniser et à réifier les classements et les identités. Les définitions du féminin, celles de la place des femmes dans la cité par leur accès aux titres scolaires, aux postes professionnels et aux droits civiques, s'expriment d'autant plus clairement et d'autant plus violemment qu'elles sont produites dans des temps forts de débats politiques et idéologiques dont on aurait pu penser, au premier abord, qu'ils se seraient peu souciés de la « question féminine ». Finalement, la lutte pour l'imposition d'une représentation de la féminité participe pleinement des luttes politiques. Elle accompagne par exemple les étapes des affrontements entre l'Église et l'État sur la question scolaire : les fondations des mouvements catholiques d'action féminine ont toujours partie liée avec la défense de l'enseignement congréganiste puis de l'enseignement privé. Plus frappant encore, elle se coule dans les oppositions sociales dont l'affaire Dreyfus est le révélateur au point qu'on serait tenté de faire un parallèle entre les processus d'intégration par l'investissement scolaire chez les juifs et chez les femmes, la Ligue patriotique des Françaises s'alignant sur la Ligue de la patrie française pour défendre les élites « naturelles » que fait « naturellement » éclore la présence des mères au foyer, ces « vraies » élites si chères, nous le verrons, à la philosophie sociale de la Révolution nationale. Les représentations de la division sexuelle du monde social sont toujours des représentations de l'ordre social.

### *Appropriations, intériorisations et incarnations de la culture catholique de l'« éternel féminin »*

La dureté et la pérennité de ces luttes, leur inscription dans le champ politique, la force des *croyances* qu'elles ont mobilisées et mobilisent et des *investissements* qu'elles ont suscités et suscitent sont l'héritage caché – l'inconscient social – de la production d'identité féminine dont la Révolution nationale va être l'occasion.

On ne peut réduire l'existence et la capacité de résurgence du « féminisme chrétien » depuis les années 1880 à la seule volonté politique et apostolique de l'Église déployant des stratégies inédites successives de conquête d'une clientèle féminine élargie. Les différents courants historiques de ce mouvement ont été portés, incarnés et investis par des femmes, appartenant à des espaces sociaux et idéologiques diversifiés, qui s'y sont reconnues et leur ont donné et redonné vie sur la base de la défense d'intérêts qui dépassaient souvent les intérêts proprement religieux. Et d'abord, paradoxalement, l'intérêt à l'instruction auquel les congrégations et l'enseignement privé ont largement répondu à leur manière ; de façon tout aussi paradoxale, l'intérêt à la professionnalisation en développant un espace pour les « femmes d'action » et un large secteur du travail « féminin ». En enregistrant ces demandes sociales, l'Église a, d'une part, maintenu et renforcé son influence sur les femmes ou, plutôt, développé la liaison Église/femmes, élaborée au cours du XIXe siècle, et, d'autre part, continué à imposer, à travers toutes sortes d'aggiornamentos, sa vision de la féminité et du rapport masculin/féminin. Ainsi s'est développée, dans des mouvements structurellement jeunes et vieux, conservateurs et progressistes, dont la coexistence fait la force de l'institution Église puisqu'elle lui permet de répondre à des systèmes d'aspiration d'âges différents, une *culture catholique féminine* susceptible d'intégrer l'ancien et le nouveau. Peut-être saisit-on là un des ressorts de la *production récurrente d'éternel féminin* : en réinventant des formes sociales de la présence féminine catholique au monde, l'Église lâche sur l'accessoire en conservant l'essentiel. Et c'est encore une fois le père Sertillanges, virtuose de la police symbolique en ce domaine, qui, en partageant le « bon » du « mauvais » « féminisme », trace les limites de l'intransgressable : « Si l'on entend par féminisme : premièrement une lutte des sexes, deuxièmement un individualisme, un égoïsme pour la femme, et enfin, une tendance à supprimer la différence de travail humain en écartant la femme des rôles familiaux pour la jeter ex aequo avec l'homme dans la vie publique, alors, nous ne sommes pas féministes. Mais si, par féminisme, on entend l'émancipation de plus en plus effective de la personne morale féminine, son développement en valeur, son application enrichie à toutes les occupations en rapport avec ses aptitudes et ses devoirs [...], en ce cas, nous en sommes »[60]. Il n'y a qu'une vocation pour les femmes, celle de mère au foyer, les autres sont données en plus, le célibat consacré, l'apos-

60. Antonin Sertillanges, *Féminisme et Christianisme*, Gabalda, 1908, p. 337.

tolat laïc, tous ces métiers qui sont des « maternités symboliques », et la participation à l'espace public sur la base de la défense de la famille – qui inclut évidemment la défense de la « liberté » d'enseignement. Comme nous avons tenté de le montrer, c'est paradoxalement pour une part sur la base d'une demande féminine de savoir, de travail et de participation à la vie publique que cet univers symbolique a été investi et réinvesti. C'est parce que l'Église a produit et reproduit au cours du temps une culture féminine qu'elle a produit des générations de femmes susceptibles d'incarner cette culture et de se l'approprier successivement sur un mode préréflexif. En ne prenant que ce qui leur était déjà donné, elles ont reconstruit à chaque époque des *espaces féminins séparés*, déniant les déterminismes sociaux et culturels qui sont à l'œuvre dans les principes de la séparation et redonnant de la sorte en permanence une force vive à cette culture de la clôture.

Ainsi cette Bretonne, conquise dans les années 30 par la propagande féministe locale pour le droit de vote, qui veut susciter la naissance d'un groupe de femmes à Vannes et fait venir une conférencière de Paris ; le succès est complet et une section rapidement créée mais elle s'aperçoit très vite que certaines déclarations sur le divorce ou le rôle de la femme ne sont pas dans « sa ligne de pensée » et elle met fin à son action. Apprenant l'existence de l'Union féminine civique et sociale, elle écrit à sa fondatrice qui accepte de venir faire une première conférence devant les 500 femmes qu'elle avait réunies : « Je n'avais aucune idée de la doctrine sociale de l'Église. J'en avais tous les germes dans mon cœur et M^lle^ Butillard allait faire s'épanouir toute cette richesse. Les cours de doctrine sociale, si lumineux, furent pour moi une révélation. Tout ce que j'avais pressenti confusément de l'ordre social, je le comprenais enfin ! ». Devenue propagandiste de l'UFCS, cette femme créera cinq sections locales et se partagera entre les cadres de Vannes, de Lorient et de Rennes[61]. Des mots comme pressentiment et révélation appartiennent au vocabulaire de l'accord profond, celui qui se donne immédiatement, la vérité découverte étant connue depuis toujours, portée par cet enseignement féminin de l'Église qui n'a pas d'âge. C'est cette culture intériorisée qui va trouver à se manifester en toute liberté dans une Révolution nationale qui s'appuie sur l'« éternel féminin » pour faire revenir la femme au foyer.

61. Henri Rollet, *Andrée Butillard et le féminisme chrétien, op. cit.*, p. 78-79.

Son expression idéologique la plus officielle sera un texte-programme de Vérine, « La Famille », seule contribution féminine à ce manifeste thématique de la remise en ordre entreprise par la Révolution nationale qu'est *France 41*. Vérine, pseudonyme de Marguerite Lebrun, mère de famille nombreuse, intervient dans cet ouvrage d'experts en ordre moral et social au titre de fondatrice et de présidente de l'École des parents dont l'éditeur Raymond Postal dit, dans son introduction, que si elle pouvait en d'autres temps « témoigner seulement d'un souci de science plus sûre et de perfection plus grande, elle est aujourd'hui une nécessité impérieuse et quasi générale ». On ne connaît pas le détail des démarches qui ont obtenu l'assentiment de l'auteur à figurer dans cette anthologie idéologique du régime, ni les raisons conjoncturelles de son assentiment, mais un bref historique de l'École des parents montre tout l'intérêt politique pour la légitimation de l'État français qu'a pu représenter l'adhésion, par celle de sa présidente-fondatrice, d'une telle institution, riche en capital social et culturel, forte aussi de ce qu'on pourrait appeler un capital de respectabilité.

Appartenant au milieu médical – fille d'un médecin d'Ivry passionné de questions sociales, mariée en 1904 avec Émile Lebrun, médecin légiste –, Vérine, membre de la commission de la moralité publique de l'Union féminine civique et sociale, publie à la fin des années 20 plusieurs ouvrages sur l'éducation sexuelle dans la famille et sur la vie conjugale sous les auspices de l'Association du mariage chrétien (fondée par l'abbé Viollet, l'animateur des œuvres sociales familiales du Moulin-Vert)[62]. Lors du premier conseil d'administration de l'École des parents, le 25 janvier 1930, Vérine retrace le contexte de la fondation de cette institution qui se réclame des « *schools mothers* » anglaises. C'est en fait pour contrer le projet d'éducation sexuelle dans les lycées qui est sur le point d'aboutir que Vérine, à la demande de membres de l'UFCS, rédige en 1927 et 1928 six articles pour *La Femme dans la vie sociale*, le journal du mouvement, qui démontrent que « cette édu-

62. Voir *L'École des parents*, 3, 1957, et 10, 1959 ; Henri Rollet, *Andrée Butillard et le féminisme chrétien, op. cit.*, p. 83 *sq.* ; André Isambert, *L'Éducation des parents*, PUF, « Paideia », 1960, p. 30 *sq.* Nous nous référons principalement aux comptes rendus manuscrits des premiers conseils d'administration et aux coupures de presse des années 30-35 conservés dans les archives de l'École des parents. Je remercie Christine Michel qui m'a aidée à rassembler la documentation sur l'histoire de cette fondation.

cation individuelle et progressive doit être faite par la mère » ; l'idée d'une « école des parents » naît de cette défense d'une « éducation des sens et des sentiments par la famille » dans le contexte, encore une fois, d'une lutte contre l'enseignement public. En janvier 1929, le premier acte officiel de l'École des parents est une conférence au lycée Louis-le-Grand pour annoncer son opposition à un enseignement sexuel dans les lycées. Parmi les premiers membres de l'École, des représentants des mouvements familiaux, de l'enseignement privé, de nombreux médecins, l'UFCS retirant son patronage trop marqué confessionnellement pour que l'École puisse rassembler dans son premier congrès, au Musée social, « les familiaux de toutes les croyances ». Fin 1929, l'École des parents demande à l'Alliance nationale contre la dépopulation de l'« adopter » afin de bénéficier de son infrastructure et s'engage en échange à développer l'enseignement nataliste dans le sens de son propre programme d'éducation morale. Née dans un mouvement catholique et d'une opposition à un projet laïc, cette institution a su, d'une part, intégrer les représentants d'autres confessions – l'abbé Dassonville, de l'Action libérale populaire, le pasteur Marc Boegner, président de la Fédération protestante de France, et le rabbin Louis-Germain Lévy, de l'Union libérale israélite, traitent du rôle du sentiment religieux dans l'éducation de l'adolescent au deuxième congrès en 1931 – et, d'autre part, associer à la défense d'une vision traditionaliste de l'éducation familiale des courants pédagogiques modernes et les nouvelles avancées de la psychologie de l'enfant qui vont enrichir le rôle de la mère de famille de tout un bagage médico-psychologique, la répugnance de Vérine à l'égard des doctrines freudiennes continuant toutefois à prévaloir.

Dans les années 30, l'École des parents défend la famille – « la plus précieuse conquête de la civilisation d'Occident » – et sa suprématie sur l'École – « l'école appartient de fait et de droit aux pères de famille, ce sont eux qui devraient la régir et la contrôler » –, la non-mixité scolaire, y compris dans les petites classes des lycées, et la différence absolue de formation des jeunes gens et des jeunes filles. « Nous voudrions que les jeunes gens sachent qu'ils ne sont pas appelés à être seulement des Chefs dans l'ordre professionnel, mais aussi des Chefs de Race. [...] C'est justement parce que nous sommes pour l'égalité dans la dissemblance que l'École des Parents entend préparer différemment jeunes gens et jeunes filles au mariage. [...] Que certaines féministes le veuillent ou non, les puissances de vie, ce n'est pas nous, les femmes, qui les détenons ; nous en sommes les dépositaires ; c'est aussi noble et aussi lourd de responsabilités ». Il faut donc « réhabiliter l'art ménager, la science culinaire, la puériculture, trop souvent dédaignés aujourd'hui par nos jeunes intellectuelles en mal de diplômes »[63]. Mme Vérine se dit par ailleurs « absolument acquise à la cause féministe », défendant le droit de vote des femmes qui donnera « aux mères en particulier des moyens d'action nouveaux et puissants »[64]. Les colloques, conférences et publications de l'École des parents martèlent les principes « éternels » de la culture et des valeurs féminines sous une forme traditionnelle ou psychologisée : « La mère doit préparer la fillette au mariage dès sa plus tendre enfance, lui inculquer l'esprit de sacrifice. Le bonheur conjugal exige l'oubli de soi, le don de soi avec le sourire et la gaîté »[65] ; « Parfois les mères, dans la faiblesse de leur tendresse, compriment la personnalité de leurs enfants avec l'angoisse inconsciente qu'ils leur échapperont. A celles-là il faut rappeler que *tout le nœud de l'éducation est dans le sacrifice de soi : savoir souffrir et se faire souffrir pour éviter de faire souffrir, savoir mourir à soi-même pour faire vivre* »[66].

Le « féminisme chrétien » a trouvé sa version scientifique, de nouvelles légitimations, de nouvelles tribunes, une nouvelle audience ; c'est de tout ce savoir autorisé et, à ses yeux, prédictif, que se réclame Vérine pour apporter sa contribution à l'idéologie de la Révolution nationale. Mais le contexte historique durcit les discours et bien des jeunes auditeurs et auditrices de l'École des parents – et, comme on peut l'imaginer, certains de ses conférenciers – n'ont pas dû reconnaître leur intérêt pour les nouvelles sciences de l'éducation dans cette apologie menaçante de la mère au foyer, « la vraie mère française ». « Nous ne nous lasserons donc jamais de répéter ceci : *la femme, épouse et mère, est faite pour l'homme, pour le foyer, pour l'enfant. Tant que toutes les jeunes épousées de France ne com-*

63. Allocution de Mme Vérine, *Le Noviciat du mariage*, recueil des conférences de l'École des parents, Spes, 1932, p. 16-17 ; majuscules de l'auteur.

64. « A propos de l'École des parents, ce que nous dit Mme Vérine », *La Française*, 19 septembre 1931.

65. Mme Gernez, « Comment on prépare la jeune fille au mariage », in *Le Noviciat du mariage, op. cit.*

66. Mme de Martrin-Donos, « Le rôle de la famille dans la formation de la personnalité », in *De la personnalité, formation et conquête*, École des parents, Spes, 1933, p. 267 ; souligné par l'auteur.

*prendront pas, ne vivront pas cette vérité de nature, rien ne se construira dans la cité.* La femme fut donnée à l'homme pour être sa compagne [...] et non pour être sa concurrente, sa rivale et prendre une telle place dans tous les domaines et dans toutes les facultés que le pauvre homme n'en aurait plus trouvé pour lui demain, si le fléau de la Guerre [...] n'était venu remettre les cerveaux à l'endroit. [...] Depuis plusieurs années, la Ligue de la Mère au Foyer, sentant la gravité du danger de l'"hominisme", avait entrepris une magnifique campagne de redressement ; cette campagne est plus nécessaire que jamais, car elle est humaine, civilisatrice au premier chef, et elle rétablira l'ordre éternel : chacun à la place qui lui est assignée par la nature »[67].

L'Union féminine civique et sociale et sa filiale la Ligue de la mère au foyer (cette filiale, fondée en 1933, sera supprimée en 1946) se mobiliseront elles aussi pour participer à l'œuvre du « relèvement » et de la « rénovation française ». A lire *La Femme dans la vie sociale* pendant ces années de guerre, on constate l'extraordinaire vitalité de ces associations qui se mettent à multiplier les campagnes et les adhésions, créent de nouvelles sections, pourvoient les nouveaux conseils municipaux nommés en mères de famille compétentes (115 adhérentes de l'UFCS sont conseillères municipales en 1942), servent de relais au gouvernement sur les questions féminines[68] et participent activement aux travaux du Comité consultatif de la famille où ont été nommées toutes leurs dirigeantes nationales et aussi des « vraies mères au foyer », comme elles disent. La représentation intemporelle et ahistorique qu'elles ont du groupe fami-

67. Vérine, « La Famille », in *France 41*, *op. cit.*, p. 197, souligné par l'auteur. En 1942, Vérine construit l'unanimisme familial, rempart contre le « sectarisme » et les « passions partisanes », comme une arme explicitement politique étant donné le contexte : « Quant au point de vue politique, il ne devrait jamais y avoir de division dans les familles à son sujet ; la souffrance doit être une école d'énergie et dans le malheur il n'y a qu'une seule issue : se serrer autour du chef qui représente la Patrie et donner, nous parents, l'exemple du loyalisme, de la discipline, de l'obéissance et de la patience » ; Vérine, « Climat familial 42 », in G. Bertier *et al.*, *Les Devoirs présents des éducateurs*, Édition sociale française, 1942.

68. « Du Centre d'information et de propagande de Vichy – section féminine – des questionnaires arrivaient au secrétariat central de l'UFCS avec demande de les faire passer à nos adhérentes. [...] C'était donc une excellente occasion d'apporter notre modeste collaboration au Centre d'information et par là au gouvernement, en disant notre pensée de femmes, soucieuses de voir le pays s'engager de plus en plus dans la voie du véritable redressement » ; « Ce que pensent les femmes françaises », *La Femme dans la vie sociale*, 138, mai 41.

lial[69], la manière dont elles retrouvent la devise « Travail, famille, patrie » à l'œuvre depuis toujours dans la doctrine sociale de leur mouvement[70] et les mots clés de la nouvelle idéologie en feuilletant la collection de leur journal[71], donnent à leur adhésion au nouveau régime l'allure d'un auto-plébiscite autant que d'un plébiscite et leur permettent sans doute d'investir avec un enthousiasme naïf le nouvel ordre social qu'elles réduisent à un forum de mères de familles. « Refaire le pays par la famille, refaire la famille par la mère au foyer » ; « La femme sert le pays en servant la famille ». Les vieux slogans des deux associations n'ont pas été inventés pour la Révolution nationale, mais la Révolution nationale est l'occasion d'une véritable explosion de ces mouvements qui, selon leurs théoriciennes, n'attendaient que cet instant historique pour trouver leur véritable dimension : « Quand un feu est bien préparé, il suffit d'approcher l'allumette et tout s'enflamme en un instant. Il en est ainsi actuellement pour la LIGUE de la MÈRE au FOYER. Partout où quelqu'un la suscite, la LMF ne rencontre que sympathie. Rapidement le mouvement s'étend de proche en proche ; beaucoup de mères apportent leur adhésion, certaines se révèlent particulièrement propagandistes, d'autres plus organisatrices. Ainsi la section prend corps ; loin d'être un “feu de paille”, elle devient un organisme vivant et agissant, une lumière pour tous les foyers »[72]. On peut penser que la petite phrase du maréchal sur « l'esprit de jouissance » et « l'esprit de sacrifice » est l'étincelle qui a mis le feu à toute la plaine[73]. En Camargue où la mairie des Saintes-Maries met la salle du conseil

69. « Le groupe familial doit survivre à tout changement de régime, à tout bouleversement social, et parce qu'il est d'ordre naturel, et parce qu'il est proprement irremplaçable » ; « Personne humaine et cadres sociaux », *La Femme dans la vie sociale*, 144, janv. 42.

70. Résumant, en juin 1941, la doctrine sociale de leur mouvement, formulée en 1925 par le chanoine Verdier, devenu cardinal, elles la découpent par trois nouveaux intertitres : Famille, Travail, Patrie.

71. « Continuons à relire les titres des articles de fond. Comme ils parlent clair ! “Rénovation”... Le numéro est-il de 1941 ? Non : cet article est de janvier 39 » ; « Notre journal et sa carrière », *La Femme dans la vie sociale*, 147, avr. 42.

72. « Comment la LMF se développe », *La Mère au foyer, ouvrière de progrès humain*, Ligue de la mère au foyer, mai 41.

73. En introduction de sa brochure, la LMF cite l'allocution d'avril 41 du cardinal Suhard, archevêque de Paris, sur la journée des mères : « Si nous voulons que la France vive, donnons donc à la France de vraies mères de famille [...]. Une mère sait que rien de grand ne se fait ici bas qu'à travers la souffrance. Il faut que les mères rappellent à tous la fécondité du sacrifice ».

municipal à la disposition de la LMF pour des conférences archicombles sur « tout ce que doit savoir une mère de famille », en Avignon où la Ligue, à peine créée, compte déjà quatre sections et une centaine d'adhérentes, à Marseille où un concours récompense une militante qui a fait trente adhésions et où Andrée Butillard « montre comment la LMF a toujours rempli la devise que nous propose aujourd'hui le chef de l'État : Famille, Travail, Patrie », en Ardèche et au Puy où l'UFCS crée de nouveaux cadres animés par des femmes de la grande bourgeoisie, l'activité de propagande et de recrutement semble inlassable[74]. De multiples raisons matérielles, mais aussi l'isolement de nombreuses femmes affrontées à des situations familiales très dures, concourent vraisemblablement aux succès locaux de cette campagne expansionniste : les réunions donnent des informations sur les aides gouvernementales et municipales, les droits des veuves et des femmes de prisonniers, proposent des cours de coupe et de couture, s'occupent de questions alimentaires[75].

Mais l'instauration de l'État français offre d'abord à de tels mouvements de femmes l'occasion d'imposer leur vision hiérarchique du rapport masculin/féminin et leur représentation dominée de l'identité féminine. Ainsi, la Ligue de la mère au foyer se propose de rééduquer et de réarmer moralement les femmes qui supportent mal d'avoir perdu leur emploi du fait de la loi d'octobre 40 interdisant le travail des femmes dans la fonction publique, en leur faisant découvrir « la supériorité de leur mission familiale et sociale sur leurs anciennes tâches professionnelles »[76]. Les limites objectives historiquement et socialement assignées au travail, à la scolarisation et à la professionnalisation des femmes, à leur participation aux affaires publiques, sont devenues « sens des limites », ce « *sens of one's*

74. *La Femme dans la vie sociale*, 138, mai 41, et 153, nov. 42.

75. 1,3 million d'hommes, dont 767 000 mariés et pères de famille sont prisonniers en Allemagne ; la pauvreté de leurs femmes est extrême ; Dominique Veillon, « La vie quotidienne des femmes », in Jean-Pierre Azéma et François Bédarida dir., *Le Régime de Vichy et les Français*, *op. cit.*, p. 629-639.

76. A. Butillard, « Licenciement des femmes », *Chronique sociale de France*, nov.-déc. 40. Contre certains articles qui « persistent à ne pas vouloir ouvrir les yeux », la revue *Renouveaux* rappelle que ce que fait cette loi « est nécessaire mais bien insuffisant » puisqu'il faut supprimer « tout ce qui empêche dans les âmes l'esprit de devoir et de sacrifice qui sont à la base de l'institution familiale » et que « le rôle naturel de la femme, sa mission sociale par excellence, est d'être la gardienne du foyer et l'éducatrice de ses enfants » ; « A propos de la réglementation du travail des femmes », *Renouveaux*, 1er déc. 40.

*place* qui porte à s'exclure de ce dont on est exclu ». Et la réinvention permanente d'une culture féminine catholique a joué un rôle central de médiation dans cette correspondance entre structures sociales et structures mentales qui fonde une perception du monde social par laquelle « les dominés tendent d'abord à s'attribuer ce que la distribution leur attribue, refusant ce qui leur est refusé ("ce n'est pas pour nous"), se contentant de ce qui leur est octroyé, mesurant leurs espérances à leurs chances, [...] acceptant d'être ce qu'ils ont à être, "modestes", "humbles" et "obscurs" » [77]. Photo d'une petite fille, poupée dans les bras, frère et sœur cadets assis dans l'herbe auprès d'elle : « Elle garde dans ses bras la poupée-enfant qui dans son jeune cœur éveille déjà le sentiment maternel [...]. Mères, servons-nous de ce jeu charmant de la poupée pour enseigner à nos petites filles couture, lessivage et repassage ; [...] ainsi tout en s'amusant, les gestes deviendront adroits, tout un apprentissage s'accomplira préparant la maman en herbe à sa future tâche » [78]. Le Commissariat général à la famille n'aurait pas fait mieux. Et si l'UFCS se donne pour « non partisane », indifférente au gouvernement au pouvoir [79], elle prend parti explicitement quand il le faut, le maintien de l'union autour du maréchal lui apparaissant comme la condition de son accroissement d'influence et de la survie de son action sociale. « Le Maréchal Pétain disait dans son émouvante allocution du nouvel an : "l'unité des esprits est en péril". Pourquoi tant de divisions dans les esprits ? Nous les constatons tout autour de nous et si elles pénétraient "chez nous", elles risqueraient de paralyser notre apostolat social ». Il s'agit donc d'« unifier » la France, « non dans des paroles et des gestes imposés, mais dans une *tension des esprits, des cœurs comme des muscles* vers l'accomplissement de la devise "Famille, Travail, Patrie" [*sic*] qui nous a été formulée dès la conclusion de l'armistice. [...] Françaises, nous continuons notre activité avec un courage renouvelé par la vue d'une nécessité accrue et par la constatation que le chef qui a en ce moment tragique la responsabilité de la France a fait entendre l'appel à des vertus civiques auxquelles depuis notre fondation nous avions consacré, contre vents et marées, tous nos efforts » [80].

77. Pierre Bourdieu, *La Distinction*, *op. cit.*, p. 549.
78. *La Mère au foyer*, *op. cit.*, p. 49.
79. « Notre journal et sa carrière », art. cité.
80. « Andrée Butillard, l'unité nécessaire », *La Femme dans la vie sociale*, 146, mars 42 ; souligné par nous.

La Révolution nationale constitue une situation quasi expérimentale pour étudier la force vive de cette culture catholique de la féminité puisqu'elle permet de prendre conscience de son intériorisation inconsciente qui est le véritable ressort de ces investissements immédiats vécus dans le registre du « pressentiment », de la « révélation », de la « tension des esprits, des cœurs, des muscles », tout ce vocabulaire de la rencontre inouïe entre la prophétie et les aspirations de ceux qui la reçoivent comme le message attendu depuis toujours. S'il y a de nombreux enjeux politiques dans la défense du nouveau régime sur la base de la défense de l'« éternel féminin », si elle est également l'occasion de conquérir ou d'élargir des marchés – à la fois marchés de biens symboliques et marchés professionnels comme le travail social qui connaîtra un extraordinaire développement sous Vichy –, l'adhésion à la réorganisation sexuelle du monde social entreprise par l'ordre nouveau s'étaie sur l'identification totale de ces femmes d'influence à la culture catholique féminine qui va se trouver réactivée par son accession à la tribune d'État. Culture de la clôture née dans le congréganisme féminin, culture du sacrifice, du renoncement et de l'oubli de soi vont nourrir – et se nourrir de – la sous-culture de genre produite par l'État français. Comme dans le cas de la section féminine de la Phalange espagnole[81], qui a permis de sublimer les contradictions entre défense de l'abnégation féminine et reconnaissance d'un héroïsme féminin capable de pousser cette abnégation jusqu'au bout en valorisant la notion de sacrifice qui imprégnait majoritairement l'éducation féminine pour la faire accéder au rang de *valeur politique*[82], la reconnaissance d'État des valeurs féminines « éternelles », largement produites par la culture catholique, réalise une mobilisation immédiate.

81. Marie-Aline Barrachina, « La section féminine de la Phalange espagnole. L'exclusion du politique comme aboutissement d'un discours survalorisant », in Rita Thalmann éd., *Femmes et Fascismes, op. cit*, p. 119-133.

82. Quand le parti nazi décide l'exclusion des femmes de toutes ses instances dirigeantes, la décision sera approuvée par les quelques militantes présentes dont l'action politique autorisée prendra dès lors l'appellation de « Service du sacrifice » ; Rita Thalmann, *Être femme sous le III$^{e}$ Reich, op. cit.*, p. 66.

## 6

# IMPÉRIALISME FAMILIAL ET SUJÉTION FÉMININE

En 1940, la situation n'est plus au débat mais au monopole. La représentation de l'« éternel féminin » avec tout ce qu'elle implique de naturalisation de l'arbitraire – fondant, par exemple, le destin social sur le destin biologique – semble alors s'imposer de toute éternité. L'amnésie de la genèse opère un refoulement des processus historiques concurrentiels de la construction de la féminité et, en authentifiant le point de vue devenu dominant comme le produit historique d'un consensus social, impose du même coup un rapport d'évidence au mythe.

La situation inédite que constituent la Révolution nationale et son programme de refonte de l'ordre social – l'un de « ces rares moments où l'on peut modifier le cours des choses »[1] – va offrir aux tenants de l'« éternel féminin » une *tribune d'État* où s'exprimeront *ensemble* toutes les facettes de la culture catholique féminine, les rappels à l'ordre des natalistes, les condamnations de l'École républicaine, les mots d'ordre des œuvres et des professions féminines placées dans la mouvance de l'Église, ceux des mouvements de défense de la famille et du « chef de famille » et, enfin, de l'enseignement « libre ». La propagande d'État aura ainsi toute faculté pour puiser dans ce réservoir inépuisable de ce qui se donne alors pour le « sens commun ». La construction vichyste de l'identité féminine est donc une *construction collective*. Le Commissariat général à la famille est totalement investi par les représentants des associations privées qui se battent depuis le début du siècle pour le retour de la mère au foyer, l'opposition antérieure entre « familiaux » (soucieux de privilégier la valeur

1. Robert O. Paxton, *La France de Vichy, op. cit.*, p. 138.

morale de l'institution famille) et « natalistes » (défenseurs du réalisme démographique) perdant beaucoup de sa pertinence dans l'« atmosphère de fermentation spontanée »[2] qui caractérise les débuts de l'État français.

Si cette vision peut s'imposer si aisément, n'est-ce pas parce que les valeurs qui l'inspirent ont une histoire beaucoup plus ancienne que les valeurs concurrentes défendues, notamment, par des mouvements féministes ou universitaires féminins inscrits dans le lent et récent processus de la scolarisation secondaire et supérieure des femmes ? La révolution culturelle menée par le nouveau régime mobilise « l'homme d'hier » dont nous parle Durkheim. « En chacun de nous, suivant des proportions variables, il y a de l'homme d'hier ; et c'est même l'homme d'hier qui, par la force des choses, est prédominant en nous, puisque le présent n'est que bien peu de choses comparé à ce long passé au cours duquel nous nous sommes formés et d'où nous résultons. Seulement, cet homme du passé, nous ne le sentons pas, parce qu'il est invétéré en nous ; il forme la partie inconsciente de nous-mêmes »[3]. Cette partie inconsciente, « invétérée en nous », peut aisément retrouver le chemin du retour à des représentations construites en d'autres temps et dont on a oublié les processus sociaux successifs de production, leur redonnant ainsi la force aveugle des « démons mythiques ».

L'adhésion à la Révolution nationale sur la base de la défense et promotion de l'« éternel féminin » apparaît comme une adhésion sans limites, à la mesure sans doute de la violence des luttes symboliques qui ont marqué les processus de construction de l'identité féminine depuis un siècle : l'élimination de la concurrence et l'accession inespérée au *monopole de la définition légitime* jouant dans ce domaine, comme dans d'autres, le rôle d'un accélérateur qui entraîne surproduction, surenchère et durcissement. Et si personne n'invente rien, à proprement parler, quelque chose de nouveau s'invente au cours de cette création collective : un nouveau mode d'exercice de la violence symbolique dans une situation inédite de monopole réalisé. Les experts et militants de la « vocation » maternelle féminine et du maintien de la mère au foyer vont en effet pouvoir produire de l'identité féminine au service d'une cause poli-

2. Yves Durand, *Vichy, 1940-1944*, *op. cit.*, p. 27.

3. Émile Durkheim, *L'Évolution pédagogique en France* (cours professé de 1904 à la guerre de 14 ; première édition 1938), PUF, « Quadrige », 1990, p. 18-19.

tique, celle de la construction de la famille comme cellule « initiale » de la société et agent privilégié de la vie politique. C'est parce que l'État français oppose la hiérarchie familiale à l'individualisme hérité de la Révolution française et fait des vertus familiales le fondement et le modèle des vertus civiques, que le rappel des femmes à l'ordre maternel déborde largement la cause traditionnellement définie comme « familialiste » pour devenir un élément central de l'ordre politique nouveau.

L'instauration de la famille comme un des éléments clés du nouvel État français est, inséparablement, un processus d'assujettissement des femmes qui leur impose une identité dominée restreinte à la sphère domestique. Ces redéfinitions d'une nouvelle sous-culture de genre ont partie liée avec la construction d'un ordre politique familial qui dépasse de beaucoup et à beaucoup d'égards la simple mise en application du Code de la famille de 1938 et de ses mesures natalistes puisqu'il s'agit maintenant de revenir aux structures hiérarchiques « naturelles » mises à mal par la Révolution française et le péché d'individualisme.

### *La famille, « cellule initiale », contre l'individualisme*

Le fait que la rhétorique familialiste élaborée dans la mouvance idéologique de l'Église depuis les années 1880 et, avec une vigueur particulière, dans l'entre-deux-guerres, use et abuse des notions de « valeurs éternelles » et de « droit naturel » et qu'elle inspire largement la philosophie politique du régime en matière familiale a contribué à favoriser la thèse d'une extraordinaire continuité de la « politique familiale » avant, pendant et après Vichy [4]. Cette thèse qui tend à *banaliser* les mesures familiales de la Révolution nationale et, du coup, empêche de les construire comme des mesures politiques, parties intégrantes d'un système qui a balayé en six

4. Voir notamment Aline Coutrot, « La politique familiale », in *Le Gouvernement de Vichy, 1940-42*, sous la direction de René Rémond, *op. cit.*, p. 245-263, et Michèle Cointet-Labrousse, « Le gouvernement de Vichy et les familles », *Informations sociales*, 4/5, 1980, p. 26-30. Alors qu'elle dissocie nettement l'action du Commissariat général à la famille de l'idéologie politique organiciste du régime, Aline Coutrot évoque cependant une « discontinuité » de la politique familiale, prise dans son ensemble, entre Vichy, la IIIe et la IVe République, mais cela n'infléchit pourtant pas son analyse.

mois les principes démocratiques, privilégie l'aspect technique d'une politique dont la charge idéologique nous semble pourtant considérable dans les processus de légitimation de ce qui se donne explicitement pour un ordre nouveau.

Dans « Politique sociale de l'avenir », programme de philosophie sociale du « nouvel État français » et apologie pour un « État fort », Pétain donne la place d'honneur à la famille. « Le droit des familles est en effet antérieur et supérieur à celui de l'État comme à celui des individus. La famille est la cellule essentielle ; elle est l'assise même de l'édifice social ; c'est sur elle qu'il faut bâtir ; si elle fléchit, tout est perdu ; tant qu'elle tient, tout peut être sauvé ». Ce commandement, qui sera inlassablement commenté par tous ceux qui défendent une place dans le marché de la famille, introduit à une leçon d'instruction civique sur les limites de la devise républicaine révoquée dès juillet 40. « Lorsque nos jeunes gens, lorsque nos jeunes filles entreront dans la vie, nous ne les abuserons pas de grands mots et d'espérances illusoires ; nous leur apprendrons à ouvrir les yeux tout grands sur la réalité. Nous leur dirons qu'il est beau d'être libre, mais que la “Liberté” réelle ne peut s'exercer qu'à l'abri d'une autorité tutélaire […]. Nous leur dirons ensuite que l'“Égalité” est une belle chose, sur certains plans et dans certaines limites ; mais que […] les diverses sortes d'égalités doivent s'encadrer dans une hiérarchie rationnelle, fondée sur la diversité des fonctions et des mérites. Nous leur dirons enfin que la “Fraternité” est un idéal magnifique, mais qu'à l'époque douloureuse que nous traversons, il ne saurait y avoir de fraternité véritable qu'à l'intérieur de ces groupes naturels que sont la famille, la cité, la patrie »[5]. La famille constitue également l'exemple premier donné par le maréchal pour stigmatiser « les faux principes de l'individualisme » : « La préface nécessaire à toute reconstruction, c'est d'éliminer l'individualisme destructeur, destructeur de la “famille” dont il brise ou relâche les liens, destructeur du “travail”, à l'encontre duquel il proclame le droit à la paresse, destructeur de la “patrie” dont il ébranle

5. *Revue des deux mondes*, 15 sept. 40, repris dans *La France nouvelle, principes de la communauté, Appels et Messages, op. cit.*, p. 60-62. *Le Temps* lie aussi le retour à la famille, « colonne la plus forte du nouvel État que nous voulons instaurer », à une lutte contre l'individu « déraciné » et contre « la liberté de l'individu qui n'était qu'un leurre, un mirage, une fiction » ; « La famille dans l'État », *Le Temps*, 10 août 40.

la cohésion quand il n'en dissout pas l'unité »[6]. Enfin, dans son premier message aux « mères de familles françaises », le chef de l'État salue d'abord la famille : « Depuis dix mois, je convie les Français à s'arracher aux mirages d'une civilisation matérialiste. [...] Je les ai invités à prendre leur point d'appui sur les institutions naturelles et morales auxquelles est lié notre destin d'homme et de Français. La famille, cellule initiale de la société, nous offre la meilleure garantie de relèvement »[7].

Cellule « initiale » et « essentielle », institution « naturelle » par excellence et incarnation exemplaire de ces unités « organiques » qui seront les nouveaux intermédiaires entre les individus et l'État « fort » en lutte contre l'individualisme républicain et le suffrage universel, la famille occupe une position stratégique dans le dispositif politique du nouveau régime. Et la métaphore familiale permet même de ramener la devise républicaine à de justes proportions, la liberté, l'égalité et la fraternité étant encadrées par les autorités « tutélaires », les hiérarchies « rationnelles » et les groupes « naturels ». Des commentaires les plus politiques aux textes les plus techniques des « familiaux » ordinaires, le contenu proprement politique de la philosophie familiale du régime sera repris intégralement et donc largement diffusé, comme si la condamnation du suffrage universel qui en constitue l'arrière-plan allait de soi.

Ainsi René Gillouin, idéologue influent du régime, définit le nouvel État comme « national, autoritaire, hiérarchique et social ». National, « il bannit de son sein ou il dépouille de toute influence dirigeante, les individus et les groupes qui, pour des raisons de race ou de conviction, ne peuvent ou ne veulent souscrire au primat de la patrie française : étrangers, juifs, francs-maçons, communistes, internationalistes de toute origine et de toute obédience » ; autoritaire, il « s'inscrit en faux contre la liberté-principe », mais admet des « libertés concrètes » par exemple les droits inhérents aux « groupes naturels » ; hiérarchique, il « s'inscrit en faux contre l'égalité-principe » ; social, il « exclut l'individualisme », « l'universalisme », le « libéralisme politique » ; et, à ces divers « systèmes également ruineux », il oppose les quatre principes de la « commu-

6. « Individualisme et nation », *La Revue universelle*, 1er janv. 41, repris dans *La France nouvelle, op. cit*, p. 112, 116.

7. *La France nouvelle, op. cit*, p. 155.

nauté familiale », professionnelle, locale et régionale, nationale[8].

Ainsi, William Garcin, chef des services sociaux de la Légion, secrétaire général de la Fédération des familles françaises, chef du bureau de législation du Commissariat général à la famille, participe pleinement à la construction idéologique de la Révolution nationale en rédigeant deux volumes – *L'Individualisme*, *La Famille* – de la très officielle collection des « Cahiers de formation politique ». Dans le premier volume de la collection, *L'Individualisme*, les auteurs disent s'adresser aux étudiants afin de diffuser la pensée des « lumineux messages du Maréchal » en un « plan logique des idées maîtresses », chaque lecteur pouvant « pousser plus ou moins loin dans le sens déterminé », pour « faire passer les nouveaux principes non plus dans les textes mais dans les faits et dans les mœurs ». Les « Cahiers de formation politique » sont regroupés en trois ensembles : Le Réel, Politique réaliste, Politique libérale. Dans chacune des parties thématiques de cette collection de philosophie sociale où l'on retrouve l'influence de Thibon, la famille figure en bonne place venant explicitement étayer la nouvelle « doctrine politique » : aux côtés des « Cahiers » consacrés à *La Race*, à *La Commune* et aux *Communautés intermédiaires*, elle figure dans la partie constructive intitulée « Le Réel » ; aux côtés du *Corporatisme*, du *Régionalisme*, *Le Mariage*, dans sa « conception traditionnelle », vient asseoir la « Politique réaliste » ; dans la partie critique intitulée « Politique libérale », *Le Divorce* est associé au *Syndicat*, au *Département* et aux *Partis*, comme l'un des éléments qui ont brisé les « communautés ». Dans sa contribution sur la famille, William Garcin lie explicitement critique de l'individualisme, condamnation des droits de l'homme et nécessité de l'assujettissement féminin : « Comment notre société a-t-elle pu se désintéresser de la famille, source de sa vie ? Disons-le, ce suicide est l'un des effets de l'individualisme [...] légalisé par la Révolution de 1789 et codifié par la Déclaration des Droits de l'Homme. Il est encore des Français qui se proclament "fils de la Déclaration des Droits de l'Homme". Singulier père ! La Déclaration des Droits de l'Homme déracine l'homme de sa famille, proclame que les hommes naissent libres et égaux en droits, en quelque sorte adultes et sans famille »[9].

8. René Gillouin, « Pétain », texte d'ouverture de *France 41. La Révolution nationale constructive*, *op. cit.*, p. 79-80.

9. Garcin donne ici une formulation plus explicitement politique de la condamnation récurrente de l'individualisme juridique qui aurait perverti le Code civil, condamnation qui emprunte inlassablement la formule de Renan. Ainsi Gustave

Or, *La Cité antique*, de Fustel de Coulanges, montre bien que « les familles se sont développées, avec cette autorité paternelle qui était toute-puissante. Droit de vie et de mort sur la femme, sur les enfants et sur les esclaves, sur les serviteurs, sur les clients et sur les bêtes » ; et « les matrones romaines qui avaient perdu le sens de leur dignité » sont responsables de la chute de Rome. Il faut donc revenir à la famille, « société entièrement naturelle et spontanée » qui « comporte un chef indiqué par la nature et accepté par ses membres » et « un conseil naturel et c'est le rôle de la mère » [10].

Le projet de constitution proposé par le Conseil national, en juillet 1941, inscrit dans son article 3 : « La nation n'est pas seulement composée d'individus mais de groupes naturels ou spontanés. L'État les respecte, les contrôle, les organise, les harmonise ». Le titre troisième du projet est consacré à ces « groupes sociaux » qui sont « les éléments organiques de la Nation » (art. 52) et d'abord à la famille qui fait l'objet du chapitre un : elle est « le groupe social de base » (art. 53) ; elle a un chef : « le mari est le chef du ménage, le père est le chef de la famille » (art. 54) ; « La loi, par un ensemble d'avantages réels et de mesures efficaces, favorise le mariage, facilite la fondation de foyers, soutient la maternité, assiste les familles nombreuses, *retient* la mère au foyer, protège l'enfance » (art. 56) [11].

Sous l'État français, la question familiale devient donc explicitement une question politique. La condamnation du suffrage universel, de l'individualisme, des Droits de l'homme, va de pair avec celle de l'abandon de la famille. La définition d'État de l'identité féminine est soumise à cette logique politique. Les femmes n'ont d'autre destin légitime que celui de gardiennes de cette « cellule initiale », de ce « groupe naturel » dont il s'agit de défendre la pérennité et la représentativité. La redéfinition de la place des femmes dans la cité en vertu de leur « vocation naturelle » a donc maintenant des enjeux autrement importants que ceux du vieux combat fami-

---

Bonvoisin écrit dans « Revive la France ! », art. cité : « Il est trop difficile d'élever des enfants ? Pourquoi ? Mais parce que, dans notre France contemporaine, tout, comme disait déjà Renan, semble avoir été prévu pour un homme isolé, qui naîtrait enfant trouvé et mourrait célibataire ».

10. William Garcin, in *La Famille, étude de la communauté familiale*, « Cahiers de formation politique », 6, Vichy, s.d., p. 6, 13, 22.

11. Archives nationales, 2 AG 645, reproduit dans Michèle Cointet, *Le Conseil national de Vichy, op. cit.*, p. 411 *sq.* ; souligné par nous.

lialiste. Et c'est bien à arracher le mot « famille » à ses connotations désuètes pour lui donner la jeunesse d'un slogan politique que s'attache le commissaire général à la Famille : « Le mot Famille est inférieur à sa taille. [...] Trop souvent, Famille n'évoque en passant qu'un foyer vertueux, qu'associations poussiéreuses dotées de Présidents parfaitement honorables, que concours d'âmes bien-pensantes et charitables, logées d'ailleurs fréquemment dans des corps de célibataires. Le mouvement familial n'apparaît alors que comme une action aigrie et revendicatrice [...]. Si le programme familial se réduisait à ces préoccupations mesquines, en aurait-on fait vraiment la base d'une politique nationale ? »[12]. Cette *politique nationale* passe d'abord par une réforme juridique des droits et devoirs de la famille – personne morale – qui fournira autant d'occasions qu'il y eut de textes législatifs de rappeler les principes « éternels » du partage sexuel du monde social.

### *Droits et devoirs familiaux*

Un très large ensemble de lois visent à promouvoir un renforcement de l'institution familiale (*L'Actualité sociale* se félicite d'avoir relevé « 99 lois, décrets ou arrêtés intéressant la Famille » entre octobre 40 et décembre 41[13]), la définition des droits et devoirs de chaque conjoint, des parents envers les enfants, de la protection du patrimoine et de la structure familiale hiérarchique « par essence », agissant comme autant de rappels à un ordre familial où la place de chacun est définie par la loi. Ce quadrillage juridique de l'institution Famille, l'un des trois piliers de la « maison France » rénovée, apparaît inséparablement comme une tentative pour fixer les femmes à leur fonction de mère au foyer et pour fixer les hommes à leurs devoirs paternels : « Libre, [l'individu] refuse de se lier pour la vie à une femme. Il ignore toute discipline sexuelle. Que peut enseigner ce robot à son fils engendré au hasard d'une rencontre ? »[14]. Le législ-

12. Philippe Renaudin, *La Famille dans la nation, op. cit.*, p. 5.

13. G. Bonvoisin, « La politique familiale du Maréchal », *L'Actualité sociale*, janv. 42. L'article s'ouvre sur un rappel des « Paroles du Chef » et reprend à son compte la condamnation de l'individualisme – « le Chef de l'État dénonce hardiment l'individualisme comme la grande erreur qui a vicié l'éducation du peuple français » –, l'intégrant ainsi sans aucun recul à la nouvelle célébration de la famille.

14. William Garcin, *L'Individualisme, op. cit.*, p. 8-9.

lateur et ses exégètes « familiaux » et « natalistes » peuvent ainsi défendre que l'esprit de la loi est la volonté de protéger les femmes et les mineurs plutôt que celle de traiter les femmes en mineures qui ne pourraient s'écarter sans risque de l'espace familial où le juriste les protège. La violence symbolique est ici à son comble puisque le martèlement sur la vocation familiale féminine se pense et se donne à penser comme protection contre l'« égoïsme » masculin. Et l'on pourrait presque parler de « chantage au symbolique » puisque la moindre priorité, prime ou allocation vient nourrir l'imaginaire de l'« éternel féminin ».

*L'Espoir français*, « organe de Propagande française », inscrit bien sûr la question familiale dans ses numéros spéciaux sur les sujets « à l'ordre du jour ». En mars 41, dans un numéro intitulé *Pour le relèvement de la France*, l'éditorial « La France maintenue en ordre » se félicite que le maréchal ait « sauvé l'ordre français » en pourchassant les communistes, en détruisant la franc-maçonnerie et le syndicalisme « rouge », en démissionnant les maires et les municipalités « partisanes », et met au centre de ce qu'il désigne comme la « nouvelle grandeur française » les garanties et privilèges accordés à la famille « cellule de base ». En regard d'une illustration où l'on voit la soupière servie à la table familiale autour de laquelle sont déjà assis le père, le grand-père et deux enfants, la mère, portant un bébé dans ses bras, et la grand-mère étant encore debout, l'éditorialiste commente : « La place de la famille dans l'ordre national n'était plus celle qui convenait. La sauvegarde du patrimoine, bien traditionnel de famille, le soin de l'éducation des enfants par les parents étaient sacrifiés à la mystique de l'égalité. Attirées par les mirages de l'indépendance et de la facilité, les jeunes femmes, en trop grand nombre, abandonnaient leurs foyers et les trop rares enfants dont elles avaient l'aimable charge de surveiller et de guider les premiers pas dans la vie ». Aujourd'hui, « LES MÈRES DE FAMILLE *ont été récompensées de leur dévouement au foyer* par l'octroi d'une prime mensuelle égale à 10 % du salaire départemental moyen », en même temps que « LA DESTRUCTION DU FOYER *a été proscrite* par la réforme de la législation du divorce ». L'illustration par le dessin dans le style des leçons de choses et l'imposition des mots d'ordre par la typographie viennent ici, comme souvent dans les textes de propagande que nous avons étudiés, renforcer la rhétorique du bâton et de la carotte qui caractérise l'idéologie familiale du régime.

La loi sur le divorce du 2 avril 1941 [15] modifie radicalement la loi du 27 juillet 1884 qui avait été intangible sous la IIIe République. Cette loi, qui rétablissait le divorce dans le Code civil, avait retenu trois motifs valables, l'adultère, la condamnation à une « peine afflictive et infamante » et les « excès, sévices ou injures *graves* ». Jugeant cette formulation propre à toutes les surinterprétations et donc à tous les laxismes, la nouvelle loi va s'efforcer de « préciser dans un sens restrictif la notion d'excès, sévices et injures graves à laquelle la jurisprudence avait donné une extension indéfinie » [16]. Dans la liste des ennemis de la France dressée par la tradition antisémite, Alfred Naquet, l'instigateur de la loi de 1884, figure en bonne place, le divorce étant, pour Drumont par exemple, « une idée absolument juive » ; de la même façon, le livre de Léon Blum, *Du mariage*, paru en 1907, et plus tard le programme scolaire d'éducation sexuelle proposé par Jean Zay, seront analysés comme une même entreprise juive de démolition systématique de la famille [17]. En mars 1942, *La Révolution nationale*, hebdomadaire collaborationniste fondé en 41 par le Mouvement social révolutionnaire, parle du livre de Léon Blum comme d'un « livre pornographique (chiennerie et collectivisation de la femme) » [18]. Chez les idéologues et les partisans de la Révolution nationale, la condamnation de cet ouvrage réapparaît de façon systématique dans les écrits les plus anodins et les plus techniques sur la famille. Dans sa préface à Jean Guibal, *La Famille dans la révolution nationale* (Éd. Fernand Sorlot, « Cahiers français », 1940), René Gillouin écrit : « Vous avez cité, mon cher Maître, un texte vraiment affreux de Léon Blum, le triste auteur de ce livre sur le mariage qu'on pourrait définir un manuel de chiennerie consciente et organisée ». Dauvillier dans *Le Divorce* parle d'« ouvrage immonde ». La reconstruction politique de l'institution famille a partie liée avec l'antisémitisme d'État auquel elle fournira des armes spécifiques.

La nouvelle loi soumet la procédure de divorce à des difficultés

15. Voir Robert O. Paxton, *La France de Vichy*, *op. cit*, p. 165 ; Michèle Bordeaux, « Femmes hors d'État français, 1940-1944 », in *Femmes et Fascismes*, *op. cit.*, p. 145-147 ; André Desqueyrat, « La nouvelle loi sur le divorce », *Cité nouvelle*, 10, mai 41.

16. Jean Dauvillier, in *Le Divorce*, Cahiers de formation politique, 16, Vichy, s.d., p. 33.

17. Pierre Birnbaum, *Un mythe politique : la « République juive »*, Fayard, 1988, p. 219 *sq*.

18. Cité par Michèle Cotta, *La Collaboration 1940-44*, Armand Colin, 1964, p. 66.

multiples et à des lenteurs calculées en même temps qu'elle privilégie les procédures de conciliation et impose des sanctions pécuniaires à l'époux « coupable » : au délai de trois ans à compter du mariage au cours duquel aucune demande en divorce ne sera reçue, s'ajoute l'ajournement de un à deux ans laissé au bon vouloir du juge puis, en cas d'absence de la condamnation de l'un des époux à une « peine afflictive et infamante » dans les motifs de la séparation, un nouveau délai de deux ans peut s'écouler avant que le tribunal ne prononce le divorce. Le délai de réflexion peut ainsi atteindre sept ans : seule exception à ce souci de protection de la famille légitime, le cas des couples mixtes ; l'« aryanisation » des biens juifs, mise en œuvre par la loi du 22 juillet 41, ne devant pas subir de retards, Joseph Barthélemy adressa aux procureurs généraux, en septembre 42, une circulaire visant à accélérer à cette fin la procédure de divorce des couples mixtes[19]. Cette loi se veut de surcroît d'application rétroactive, à l'encontre des principes du droit français, ce que justifie ainsi, dans un discours radiodiffusé le 12 avril 41, Joseph Barthélemy, le garde des Sceaux : « Toutes les lois antérieures sur le divorce ont été inspirées par des préjugés politiques, par des conceptions philosophiques, par des croyances confessionnelles ; la loi actuelle ignore toutes ces considérations, elle se préoccupe uniquement du bien de l'État »[20]. Le divorce n'est plus objet de débat mais est soumis à la raison d'État puisque « la famille stable doit être la règle » et qu'il doit rester « le remède exceptionnel des situations désespérées », selon les termes de Barthélemy, cité par Franck Alengry qui ajoute aux propos du garde des Sceaux : « Telles sont les paroles mêmes de M. Joseph Barthélemy, auteur de la nouvelle loi, éminent et fidèle interprète des pensées du Maréchal sur ce sujet, interprète au cœur humain, profondément humain, comme celui du chef »[21]. Joseph Barthé-

19. Michaël R. Marrus et Robert O. Paxton, *Vichy et les juifs*, *op. cit.*, p. 204.

20. Cité par Michèle Bordeaux, « Femmes hors d'État français, 1940-1944 », in *Femmes et Fascismes*, *op. cit.*

21. Franck Alengry, *Principes généraux de la philosophie sociale du Maréchal Pétain*, Limoges, Lavauzelle, « La grande lignée française », 1943, p. 27. Professeur de droit constitutionnel à la faculté de Paris et à l'École des sciences politiques, Joseph Barthélemy avait été battu aux élections de 1936 et s'était violemment opposé au Front populaire ; il sera ministre de la Justice de février 41 à mars 43 et dit dans ses *Mémoires* que « s'il y a eu, en France, un culte pétainiste nécessaire, il en fut, avec bonheur, un grand prêtre » ; Robert O. Paxton, *La France de Vichy*, *op. cit.*, p. 239 ; Michèle Cointet, *Le Conseil national de Vichy*, *op. cit.*, p. 64.

lemy, si « profondément humain », a participé activement à l'élaboration du second statut des juifs du 2 juin 41 qu'il commentait ainsi : « [les juifs] refusent depuis des siècles de se fondre dans la communauté française. [...] Le gouvernement français leur interdit seulement les fonctions de directeur de l'âme française ou des intérêts français » [22]. La « famille stable » est, semble-t-il, dans l'esprit de cet éminent juriste, au cœur de l'« âme française ».

En ne reconnaissant comme motif de divorce que la « violation grave ou renouvelée des obligations du mariage », en faisant passer de un à trois ans le délai de conversion de la séparation de corps en divorce, en refusant le « consentement mutuel », en punissant d'emprisonnement et d'amendes les « officines incitatrices » spécialisées dans les procédures de divorce, en soustrayant les débats au public puisqu'ils auront lieu désormais dans le local où le tribunal se retire d'ordinaire pour délibérer, le législateur dramatise la procédure et lui donne un caractère exceptionnel. Il incite les époux à s'en remettre à la sagesse paternelle de la loi et des magistrats qui énoncent les principes « éternels » constitutifs du couple et la philosophie morale du mariage : allonger le délai légal entre mariage et divorce, c'est en effet rappeler qu'il faut faire « les concessions nécessaires pour s'adapter à la vie commune et créer l'harmonie des goûts et des caractères » ; et la nouvelle forme des débats, secrète et recueillie, sera peut-être l'occasion de « l'apaisement propice au pardon des offenses et à la réconciliation » [23]. « Harmonie en nous et autour de nous » propose comme devise à la femme de la nouvelle France un catéchisme social du régime : « Il lui faut vivre juste en ce point d'harmonie de sa puissance et de sa soumission. Elle n'est pleinement mère que si elle est pleinement épouse » [24]. Ce schème de la femme faiseuse de concessions et d'harmonie, omniprésent dans la philosophie familiale de Vichy, alimente (et se nourrit) des représentations collectives inconscientes du « sacrifice », composante de l'honneur féminin tel que le définit le régime.

22. Michaël R. Marrus et Robert O. Paxton, *Vichy et les juifs*, *op. cit.*, p. 143-144.

23. Henri Solus (professeur à la faculté de droit de Paris), « La réforme du divorce », *L'Actualité sociale*, juin-juill. 41.

24. *Françaises que ferons-nous ?*, *op. cit.*, p. 48.

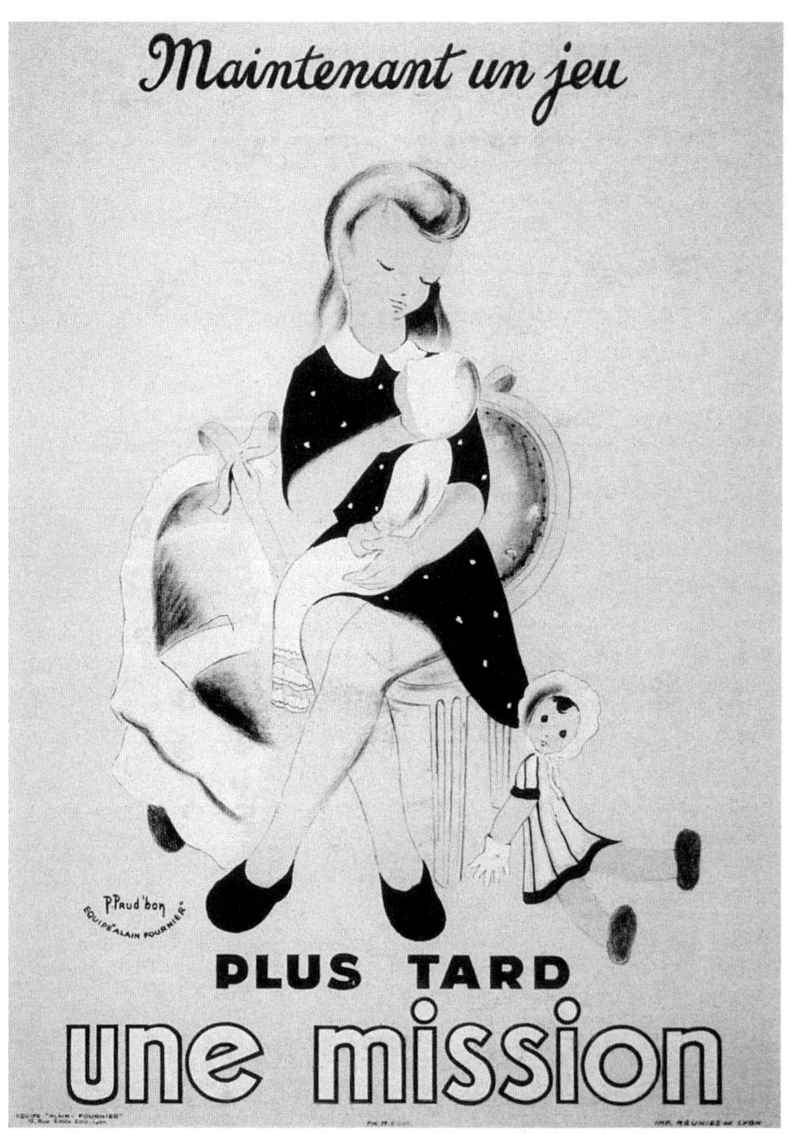


1. Affiche de P. Prud'hon ; équipe Alain Fournier.
Commissariat général à la famille.

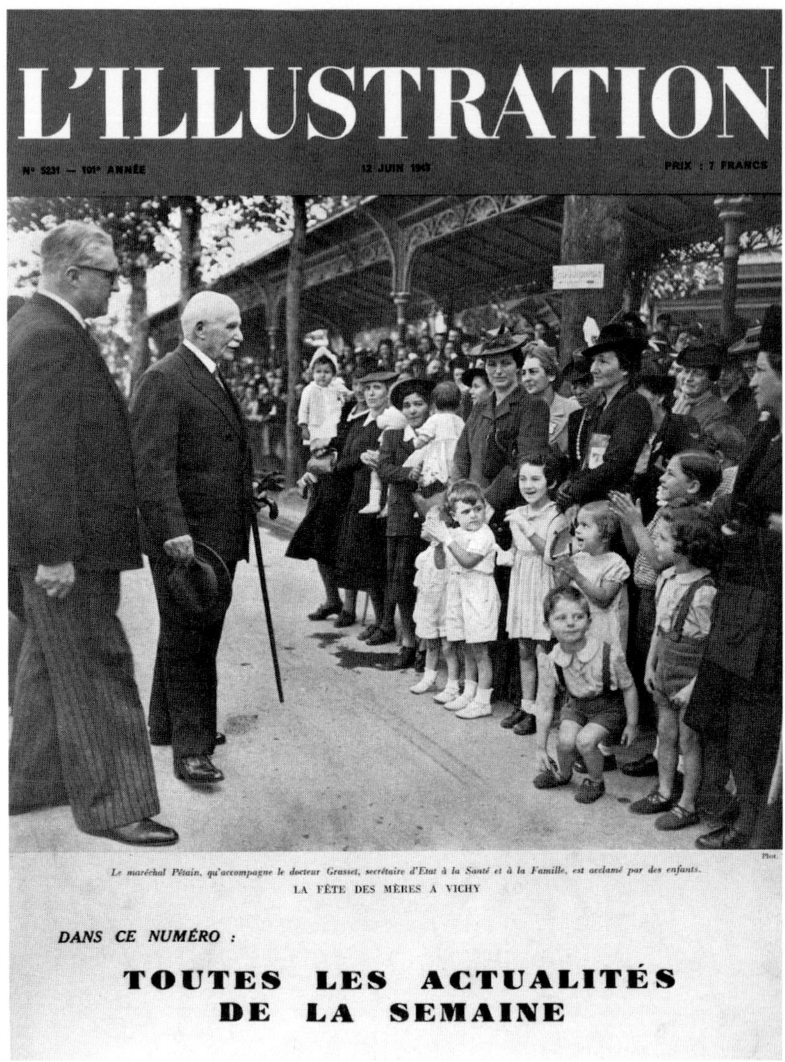

# L'ILLUSTRATION

N° 5231 — 101° ANNÉE | 12 JUIN 1943 | PRIX : 7 FRANCS

Phot.

*Le maréchal Pétain, qu'accompagne le docteur Grasset, secrétaire d'Etat à la Santé et à la Famille, est acclamé par des enfants.*

LA FÊTE DES MÈRES A VICHY

***DANS CE NUMÉRO :***

**TOUTES LES ACTUALITÉS DE LA SEMAINE**

2. La fête des mères à Vichy, 12 juin 1943.
« Le maréchal Pétain, qu'accompagne le docteur Grasset, secrétaire d'État à la Santé et à la Famille, est acclamé par des enfants. »

*(Les légendes entre guillemets sont les commentaires de l'époque accompagnant la photo.)*

COMMISSARIAT GÉNÉRAL A LA FAMILLE

Édité par
l'Office de Propagande Générale
37, Rue de Lille - PARIS (VIIe)

L'HOMMAGE DES ENFANTS

Personne n'est mieux placé que vous, pour créer dans l'âme de vos élèves le "climat" de reconnaissance joyeuse que doit être celui de la JOURNÉE des MÈRES. Prolongement du foyer, l'Ecole abritera tout naturellement, au cours des jours qui précèdent la Grande Fête, toutes les surprises que les enfants destinent à leurs mamans. C'est à vous de conseiller, d'encourager, de diriger. Cette collaboration avec vos élèves sera votre plus bel hommage envers les mères qui vous font une telle confiance !

**Membres de l'enseignement**

C'EST A L'ÉCOLE QUE SE PRÉPARE

LA JOURNÉE DES MÈRES

3. Tract du Commissariat général à la famille, mai 1943.

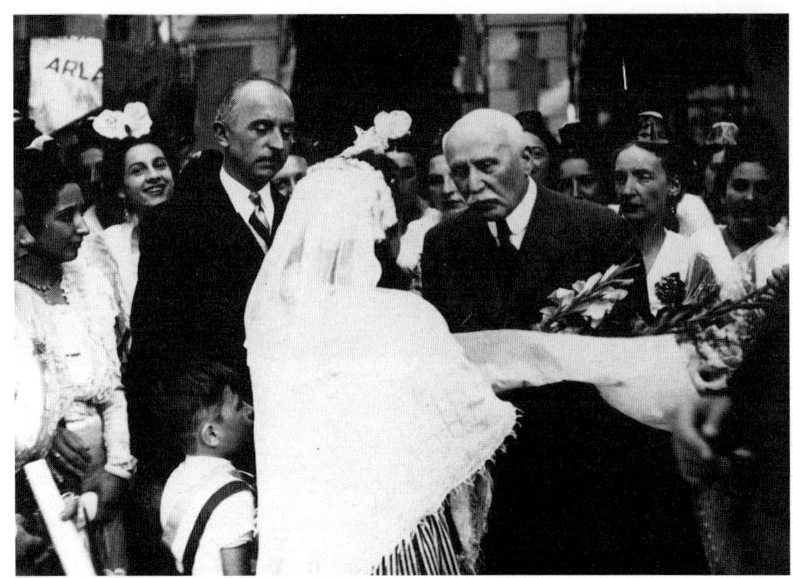

4. Femmes « folklore vivant ».
Voyage du maréchal à Arles, décembre 1940.

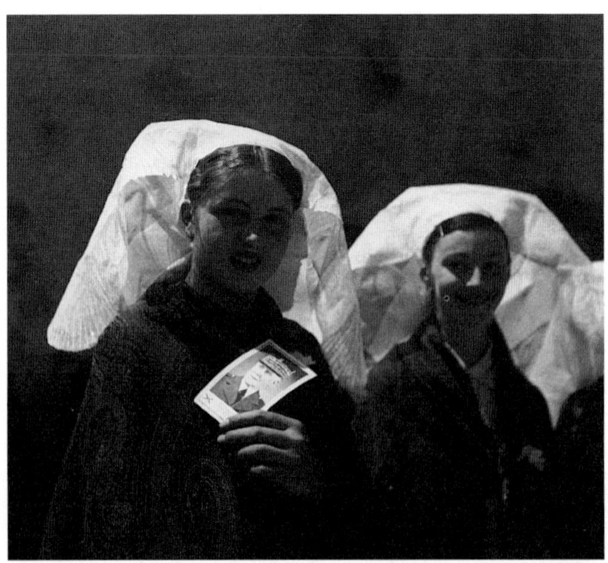

5. Voyage du maréchal en Limousin, juin 1941.

6. Le pèlerinage du Vernet, septembre 1941 (voir p. 62).

7. « La procession de la Grande Supplication se déroule à Notre-Dame de Paris pour la première fois depuis trente ans. »

8. « M. Henri Pourrat, lauréat du prix Goncourt, dont l'œuvre est toute située dans son Auvergne natale, photographié chez une repasseuse de bonnets de la campagne d'Ambert, s'entretenant à la veillée des coutumes locales, ces coutumes dont le Maréchal souhaite le retour », 1941.

9. Éloge des femmes de la terre.

10-11. Le retour à la nature. Service rural des jeunes chômeuses de Marseille. Pernes-les-Fontaines (Vaucluse).

12. « A courir ainsi, de distractions coûteuses en randonnées épuisantes, ont-ils appris à se connaître, à se comprendre ?
Des qualités profondes ont moins de chance de plaire que des défauts charmants… vus de l'extérieur.
Et, avec une légèreté déconcertante, on décide "d'essayer de se marier" ! Car enfin, il y a le divorce. »
Extrait d'*Une belle mission des travailleuses sociales,* Commissariat général à la famille.

La femme coquette, sans enfants...
... n'a pas sa place dans la Cité...
...C'EST UNE INUTILE...
LA MÈRE DE FAMILLE
Y A SON ROLE
MAIRIE
... PARCE QU'ELLE EST COMPÉTENTE...
ELLE SAIT SOIGNER...
...ELLE SAIT ÉLEVER...
...ELLE SAIT ÉDUQUER...
ELLE SAIT LE PRIX DE LA VIE...
...ELLE CONNAIT LES VRAIES VALEURS...
...ELLE SERT

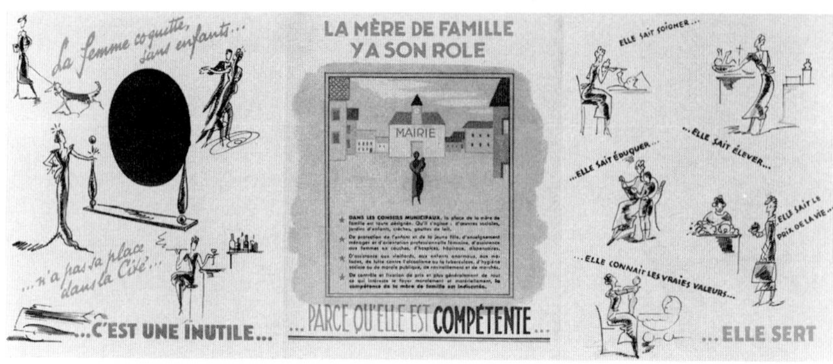

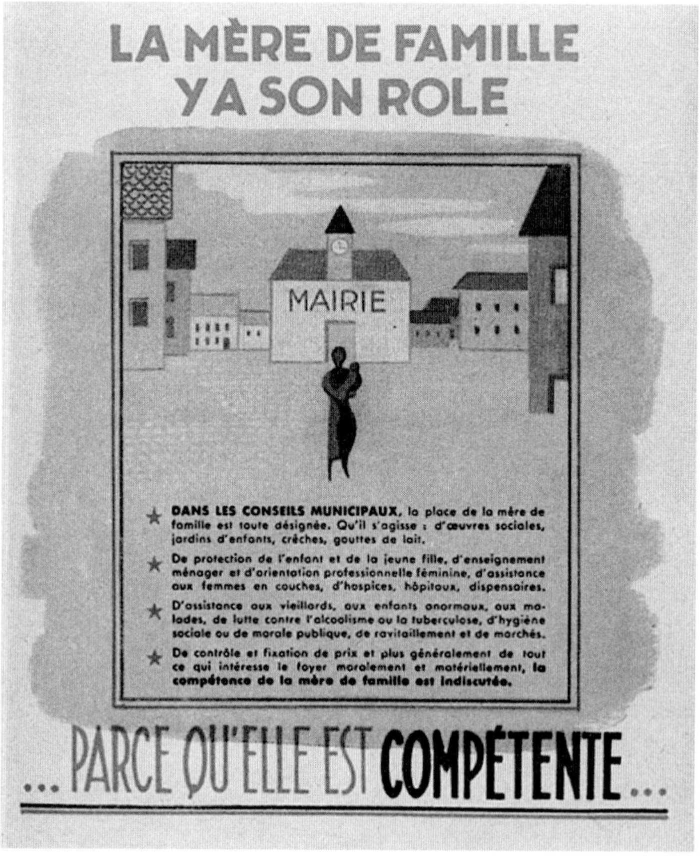

LA MÈRE DE FAMILLE
Y A SON ROLE
MAIRIE
DANS LES CONSEILS MUNICIPAUX, la place de la mère de famille est toute désignée. Qu'il s'agisse : d'œuvres sociales, jardins d'enfants, crèches, gouttes de lait.
De protection de l'enfant et de la jeune fille, d'enseignement ménager et d'orientation professionnelle féminine, d'assistance aux femmes en couches, d'hospices, hôpitaux, dispensaires.
D'assistance aux vieillards, aux enfants anormaux, aux malades, de lutte contre l'alcoolisme ou la tuberculose, d'hygiène sociale ou de morale publique, de ravitaillement et de marchés.
De contrôle et fixation de prix et plus généralement de tout ce qui intéresse le foyer moralement et matériellement, la compétence de la mère de famille est indiscutée.
... PARCE QU'ELLE EST COMPÉTENTE...

13-14. Tracts du Commissariat général à la famille.

**FRANÇAISES !**

**VOICI L'AIDE DE LA NATION :**

Prime à la première naissance - Primes de natalité - Indemnités journalières en période d'accouchement - Primes d'allaitement - Réductions sur les impôts et les droits de succession.

Œuvre de la Goutte de lait - Protection de la Maternité et de l'Enfance - Allocations pour enfants secourus - Carte nationale de priorité.

Avantages de rationnement accordés aux mères - Congé obligatoire aux accouchées - Allocations familiales - Allocation de salaire unique.

Répression de l'avortement - Dispensaires d'hygiène sociale - Réductions aux familles sur les tarifs de chemin de fer - Bourses d'enseignement nationales ou départementales - Réductions sur les frais de scolarité des enfants des familles nombreuses.

SECRETARIAT D'ETAT A LA FAMILLE ET A LA SANTE
**COMMISSARIAT GÉNÉRAL A LA FAMILLE**

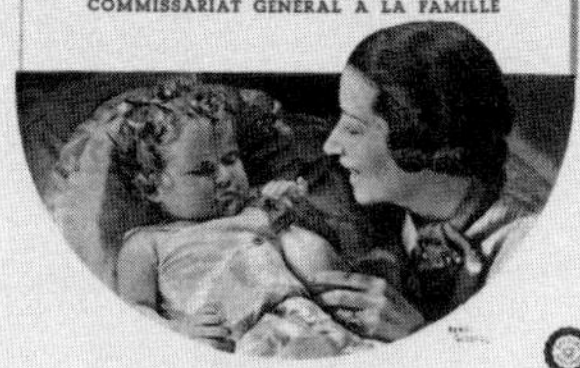

**Ils étaient 3 petits enfants...**

**3 qui cherchaient une maman...**

**Le premier dit :**

**..."Je serai Maréchal."**

**Et la deuxième :**

**..."J'aurai beaucoup d'enfants autant que de poupées."**

**Quant au troisième :**

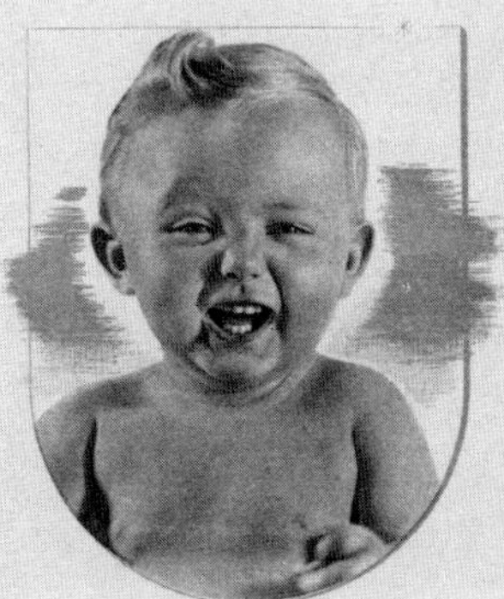

**...Il est encore trop petit ! Mais il est assez grand pour combler le cœur d'une maman.**

**Ils sont 3 petits Français...**

- qui sont **"en puissance"** dans votre cœur maternel,
- qui veulent naître de vous,
- qui veulent vivre de votre amour.

Les refuserez-vous à votre aspiration naturelle ?
Les refuserez-vous à votre bonheur ?
Les refuserez-vous à leur avenir ?
Les refuserez-vous à votre vieillesse ?
Les refuserez-vous à la France ?

Si vous les refusez, qui sait ?
c'est un Pascal,
c'est un Pasteur,
c'est un Lyautey,
dont vous priverez peut-être le monde, par égoïsme

**Femmes de FRANCE !**

La maternité réunira la joie au devoir.
La maternité vous épanouira.
La maternité vous vaudra l'estime toujours, la gloire peut-être.
La maternité vous rendra plus belle, plus saine, plus équilibrée, plus utile.

**ET LA NATION VOUS AIDERA...**

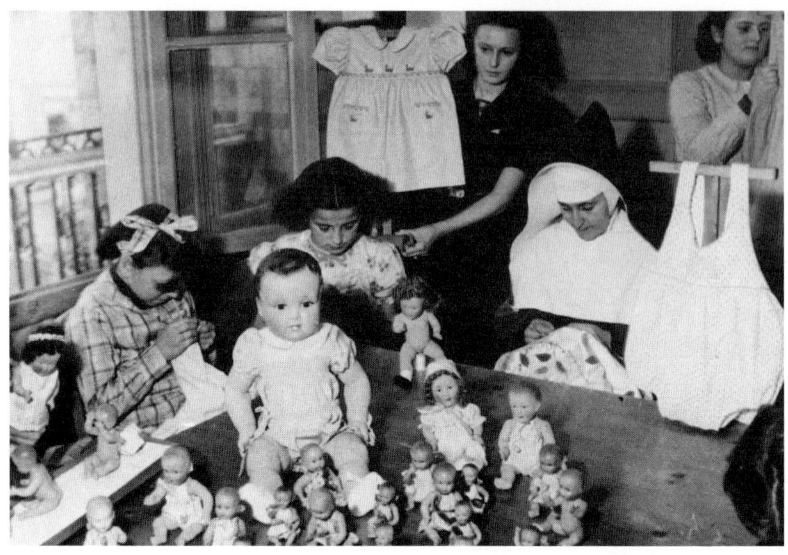

15. Centre de Saint-Désiré à Lons-le-Saunier.
« Jeunes filles confectionnant des robes et des poupards destinés à être distribués dans la Quinzaine des jeunes aux enfants de la ville de Lyon. »

16. Portrait de groupe avec le maréchal.

17. Centre de jeunes filles de Bussière-sur-Ouche.
« Jeunes filles filant comme à l'époque de nos grands-mères dans le cadre merveilleux d'une ancienne abbaye. »

18. Délégation de l'école ménagère de la JACF de Cussac.

19. Cérémonies du serment de l'athlète au vélodrome de Vincennes, 17 mai 1942.

20. Chantier de la jeunesse.

Si l'État français n'a pas été jusqu'à interdire purement et simplement le divorce comme l'a fait le régime de Mussolini, les commentateurs autorisés le déplorent et présentent la loi du 2 avril 41 comme un « timide essai », un « palliatif insuffisant », en attendant la suppression définitive du divorce[25]. Pour concilier l'intérêt général et l'intérêt particulier, un juriste propose même de demander aux futurs époux, lors de la cérémonie civile du mariage, de se prononcer sur la renonciation au divorce, cet engagement leur interdisant d'y avoir recours ultérieurement, ce qui reviendrait, en ce cas, à assimiler mariage civil et mariage religieux[26]. L'UFCS déplore quant à elle que la nouvelle loi « ne soit pas aussi stricte que nous aurions pu l'espérer », car il a fallu « tenir compte d'une mentalité créée par des habitudes et une éducation sans solide base morale »[27]. La logique de la surenchère œuvre de concert avec l'appel à la vigilance et à la sévérité accrue des magistrats pour durcir la politique familiale et l'infléchir dans un sens intégriste, les luttes de concurrence au sein du champ juridique ayant certainement leur part dans ce processus. En multipliant les réformes législatives, le nouveau régime élargit en effet le marché juridique de la famille, suscitant des logiques de conquête, propres à multiplier commentaires et aménagements, dont l'analyse imposerait une histoire du champ juridique et de ses clivages idéologiques et professionnels dans l'entre-deux-guerres.

La même volonté de renforcement juridique de l'institution famille s'exprime dans la loi du 23 juillet 42 sur l'abandon de famille qui élargit cette notion bien au-delà de l'abandon pécuniaire et fait de l'abandon du domicile conjugal pendant plus de deux mois une faute pénale susceptible d'une peine d'emprisonnement de trois mois à un an : « Le mal, déjà aigu avant la guerre, s'est aggravé au milieu des tragiques perturbations de la tourmente... Dans trop de ménages, séparés par les événements, un vent d'indépendance a soufflé, qui pousse les époux à méconnaître leurs devoirs les plus élémentaires » ; c'est pourquoi la nouvelle loi sanctionne l'abandon

25. Jean Dauvillier, *Le Divorce*, *op. cit.* ; l'auteur se réfère à Paul Bourget (*Un divorce*, 1904) pour qui le principe du « sacrifice de l'intérêt individuel à l'intérêt général » impose l'indissolubilité du mariage.

26. Alfred Coste-Floret (chargé de cours des facultés de droit), « La réforme du divorce », *Cité nouvelle*, 25 févr. 41.

27. « Un frein au divorce », *La Femme dans la vie sociale*, 138, mai 41.

physique « à l'égal d'une désertion car, en détruisant le foyer, un tel abandon sape dangereusement cette pierre angulaire de la société française sur laquelle tout doit être reconstruit »[28].

Seule une étude approfondie de la jurisprudence et des commentaires juridiques de ces lois pendant la période permettrait d'apprécier l'apport spécifique des juristes et de la pratique judiciaire à l'idéologie vichyste du retour et du maintien de la femme au foyer comme cela a été fait à propos de la banalisation du droit antisémite dans la pratique judiciaire ; Danièle Lochak a ainsi mis en évidence le conformisme teinté de corporatisme qui a caractérisé massivement le corps des juristes pendant la période et les a amenés à contribuer à la légitimation de l'antisémitisme d'État[29]. En janvier 43, *La Revue de la famille* appelle explicitement les magistrats à la sévérité : « Il était temps qu'au lendemain de la défaite la France réagît et étendît à la famille la protection de la loi. [...] D'où une tendance nouvelle des tribunaux à réprimer enfin sévèrement les crimes commis contre l'enfant et le foyer. Durant la seule semaine qui vient de s'écouler, on a vu ainsi le Tribunal Correctionnel condamner à l'emprisonnement une mère de famille nombreuse qui avait abandonné le domicile conjugal et le Tribunal d'État assigner vingt ans de travaux forcés à une avorteuse. En une France qui veut revivre sur les bases du Travail et de la Famille, il n'y a plus de place pour les assassins et les déserteurs. La famille étant redevenue la base de la société, tout crime contre la famille constitue un crime contre la patrie ». Comme on le voit, le ton n'est pas à la légèreté : parler de « déserteurs », c'est en appeler à la sévérité de cette justice d'exception qu'est le tribunal militaire, et désigner comme « assassins » les fauteurs de troubles familiaux, c'est appeler à la vigilance locale dans le maintien de l'ordre familial. Dans le département du Lot, les dénonciations des « mauvais Français » se font par lettres anonymes adressées aux nouvelles autorités locales ; des « mères de famille », par exemple, s'indignent de la « joyeuse vie » menée par des femmes de prisonniers[30].

28. Georges Desmottes (docteur en droit, avocat à la cour d'appel de Caen, chargé de mission au Commissariat général à la famille), « L'abandon de famille », *L'Actualité sociale*, nov. 42.

29. Danièle Lochak, « La doctrine sous Vichy ou les mésaventures du positivisme », in *Les Usages sociaux du droit*, *op. cit.*, p. 253-285.

30. Pierre Laborie, *Résistants, Vichyssois et Autres. L'évolution de l'opinion et des comportements dans le Lot de 1939 à 1944*, *op. cit.*, p. 197 *sq*.

Pour parodier le maréchal, on peut dire que la *mystique familiale* – selon la formule consacrée des desservants de la Révolution nationale – « n'est pas neutre ».

## *Le gouvernement de la famille*

Ce travail juridique foisonnant de défense de la famille dans la ligne de l'ordre nouveau revient enfin, par la loi du 22 septembre 42, sur les droits et devoirs respectifs des époux, terrain privilégié d'une imposition symbolique de rôles et de compétences masculins et féminins. Cette loi qui est souvent présentée comme un simple prolongement de la loi du 18 février 1938, qui avait reconnu à la femme mariée la capacité civile, associe davantage encore la femme mariée à la direction de la famille ; elle a pu ainsi apparaître comme une étape supplémentaire dans la voie d'une égalité des droits et devoirs des époux. C'est oublier que, comme nous l'avons vu plus haut, la loi de février 38 avait été l'occasion, de février à avril 37, de violents affrontements au Sénat au sujet d'un amendement, proposé par le leader familialiste Georges Pernot, qui aboutit à ajouter, à l'article 213, « le mari est le chef de la famille », et, à l'article 216, le veto que le mari peut opposer à l'exercice d'une profession par la femme. L'« oubli » de ces débats si proches, des forces qu'ils ont mobilisées dans les mouvements de femmes, dans le champ politique et le champ judiciaire, illustre bien la remarque de Joan Scott sur l'amnésie des conflits et des luttes idéologiques qui caractérise le point de vue normatif, ici juridique, devenu dominant, sur la nature du masculin et du féminin. De 1938 à 1942, les juristes « familiaux » mettent en avant la progression des prérogatives féminines dans le ménage légitime et font l'impasse sur la question centrale et éminemment politique de la fonction masculine de chef de famille. La loi de septembre 42, qui marque le triomphe des fractions catholiques et conservatrices des juristes de la famille, affirme à nouveau la puissance maritale et établit définitivement la formule, le mari « chef de famille ». Les commentaires de cette loi et le climat idéologique auquel elle appartient laissent assez entendre que la *structure hiérarchique de la famille* est – depuis toujours et pour toujours – intouchable tandis que, de façon subtile, la loi permet des exégèses sur le partage des pouvoirs qui réussissent à la fois à faire valoir le souci du régime d'élargir les droits des femmes mariées et à réaffirmer les « vocations » féminines spécifiques dans la sphère privée. Comme le disait, à propos des amendements Pernot, le 10 avril 1937, une éditorialiste de *La Française*, qui signait Marianne, ce prénom devenu suspect sous Vichy : « Les sénateurs de droite, si ardemment suffragistes lorsqu'ils espèrent bénéficier pour leur parti du vote des femmes, sont, dès qu'il s'agit de leurs droits civils ou économiques, les piliers les plus solides du conservatisme. [...] Qui pourrait n'être pas fixé sur les sentiments "féministes" de ces messieurs après leurs efforts en séance et hors séance pour que le mari demeure "le chef" ».

La loi du 22 septembre 42 est présentée par les commentateurs comme une véritable « constitution » de la famille puisque *« faire vivre ensemble deux personnes »* c'est poser *« un problème de gouvernement »*. Or, « de tout temps, c'est au mari que la loi française a confié cette prérogative. A-t-elle eu tort, a-t-elle eu raison ? Certains en discutent, mais la majorité des esprits admet qu'il doit en être ainsi dans l'*ordre de la nature* ». Pour que le père puisse mener à bien les « activités extérieures » qui lui incombent, il faut que sa femme, « vice-président du conseil » et « ministre de l'intérieur », le « seconde », lui apporte un concours « désintéressé et dévoué » et le remplace s'il en est besoin « pourvu, bien entendu, qu'elle en soit digne, ce dont les tribunaux seront juges » [31]. Désormais, l'épouse jouit d'un « pouvoir ménager », c'est-à-dire qu'elle représente le mari « dans tous les actes courants concernant les besoins du ménage » [32]. Des juristes catholiques, comme André Rouast, professeur de droit civil à la faculté de Paris, membre de la commission générale des Semaines sociales de France et conseiller de l'Union féminine civique et sociale, ont joué un rôle central dans la construction et l'imposition de ces schèmes. Dans un ouvrage publié en 41, qui fait l'apologie de ces réformes juridiques concernant la famille, il salue l'heureuse prudence de la loi de 1938 qui avait tenu « à proclamer que le mari est Chef de famille, ce que le Code civil n'avait pas dit expressément », refuse de s'attendrir sur le sort de la fille

31. Étienne Videcoq, « Les droits et les devoirs des époux » et « Qui doit diriger la famille ? », *La Revue de la famille*, janv. et févr. 43 ; souligné par nous.

32. Commentaire de la loi dans le numéro spécial de *L'Espoir français*, « Le Maréchal protège la famille », août 43, tirage spécial pour le ministère de l'Information, qui propose un panorama illustré de toutes les mesures du régime en faveur de la famille.

mère dont des « raisons sentimentales » ne doivent pas faire excuser la situation, et s'attache à préciser le rôle qui incombe à la femme dans le ménage : « On aura intérêt sur ce point à s'inspirer du Droit allemand et du Droit suisse qui lui reconnaissent une fonction propre sous le nom de “puissance des clés”, en coordonnant cette fonction avec le pouvoir de direction générale qui reste au mari. “Le mari chef, la femme collaboratrice”, telle doit être la formule » [33]. Il ressort clairement de ces textes que le droit de la famille – comme le droit du travail – est un lieu de production de classements sur le féminin et le masculin propres à mobiliser et à nourrir l'inconscient social sur le partage sexuel du monde social par une forme spécifique de jeu avec les mots qui impose avec la force de la loi des couples d'opposition vieux comme le monde : chef/mineure (« collaboratrice ») ; extérieur/intérieur (« puissance des clés », « pouvoir ménager »). En août 43 se tient à Lourdes un congrès familial qui rassemble 40 000 participants sur le thème des conditions du redressement ; et c'est « le problème capital de l'autorité du chef de famille » qui est au centre des débats, étudié, disent les commentateurs, « non à la façon des académies, mais à la manière des architectes qui ont une maison à bâtir, à la manière des hommes d'action qui veulent aménager l'habitat social de leurs petits-fils ». Pour l'Église, en ce temps fort de la crise, l'autorité du chef de famille est le symbole de l'« union qui implique l'abandon des préférences personnelles pour se grouper avec discipline autour des chefs responsables », « en cessant d'être des partisans pour redevenir des Français » [34]. L'union autour du chef de famille est bien décidément un problème de gouvernement.

### *La culture du foyer : dévouement et renoncement*

En même temps qu'elle désigne la famille comme rempart contre l'individualisme, ce péché des démocraties, et lui assigne une fonction centrale dans le retour à un « ordre naturel », la philo-

33. André Rouast, *La Famille dans la nation*, *op. cit.*, p. 21, 43, 46.

34. « Le congrès familial de Lourdes », *L'Actualité sociale*, 185, oct. 43, et « La famille à l'honneur au 70e pèlerinage national de Lourdes », *La Revue de la famille*, 243, oct. 43 ; en 1943, le terme « partisan » résonnait politiquement pour tout le monde.

sophie politique du régime définit les responsabilités féminines dans la construction de l'ordre nouveau par la famille et fonde ainsi une classification des vertus féminines positives et négatives.

La construction d'une sous-culture de genre s'élabore à l'intersection des enjeux *politiques* de l'impérialisme familial et des enjeux *éthiques* du « familialisme » d'inspiration catholique. La définition de l'identité féminine inlassablement produite depuis un siècle par le « féminisme chrétien » va se conjuguer avec l'assignation de territoires féminins légitimes sous-tendue par la visée politique d'un retour aux communautés « naturelles ». Et il devient quasiment impossible de démêler ce qui, dans cette production, revient plus spécifiquement aux idéologues de la Révolution nationale considérée comme régime politique et aux vieux combattants de la famille et des vertus familiales qui se réfèrent toujours à l'inusable doctrine de Le Play. Dans cette conjonction unique et inimaginable quelques mois auparavant (« divine surprise » ?), le raz-de-marée familialiste impose un discours univoque, répétitif – les mêmes formules courant d'un texte ou d'une déclaration à l'autre –, sur le « destin » féminin, discours dont la charge de violence symbolique tient pour beaucoup à cette rencontre de l'ancien et du nouveau, de l'« éternel », culturel, et de l'inédit, historique et politique.

Exemplaire à cet égard, *La Femme dans la France nouvelle* qui paraît dès 1940, tout armé de citations du maréchal, du père Sertillanges, de Gina Lombroso, de Mgr Dupanloup et de représentantes prestigieuses des services catholiques d'action sociale, pour défendre la trilogie « Travail, Famille, Patrie », « triptyque sacré qui éveille en nous des émotions profondes »[35]. L'« émancipation exagérée de la femme », sa « concurrence avec l'homme », le fait qu'elle a voulu « vivre sa vie, suivre son caprice, conquérir son indépendance pour mener sans contrôle une existence joyeuse en apparence » ont, selon l'auteur et ses auteurs de référence, détruit les traditions familiales. C'est donc à la femme de reconstruire ce qu'elle a détruit : « La tendance *nouvelle* est de reprendre l'*ancienne* formule, la femme au foyer », « de récentes dispositions

35. Georgette Varenne, *La Femme dans la France nouvelle*, Clermont-Ferrand, Imprimerie Mont-Louis, 1940, p. 5. L'auteur a écrit deux autres catéchismes, sur le travail et la patrie, celui-ci étant consacré, à travers « la » femme, à la famille ; nous nous référons aux pages 38, 6, 10, 28, 20, 58, 55.

[dressant] dorénavant devant elle mille barrières qui l'éloigneront des situations réservées désormais aux hommes ». La femme de la France nouvelle doit redevenir capable de « s'immoler en silence », capable du « plus complet renoncement », et retrouver ses qualités de toujours : « Cette merveilleuse puissance d'aimer, d'admirer, de se dévouer, cette sagesse prudente, cette force dans la faiblesse ». Bref, elle doit retrouver les formes d'action et les sentiments « caractéristiques de l'âme féminine » : « Le désintéressement, le don total de soi pour les autres [...], toutes les caractéristiques de l'amour maternel auquel, en définitive, se rattachent plus ou moins toutes les formes de l'amour chez la femme ».

L'idéologie vichyste de la femme au foyer mobilise une *culture féminine du renoncement* où s'exprime un réseau d'oppositions et d'équivalences mythiques qui découlent de l'opposition fondatrice entre « esprit de jouissance » et « esprit de sacrifice ». D'un côté donc, la femme coquette – « une femme coquette sans enfants n'a pas sa place dans la cité, c'est une inutile », comme dit le tract du Commissariat général à la famille –, de l'autre la mère de famille nombreuse, vouée à l'« altérocentrisme » (concept développé par Gina Lombroso, antiféministe italienne, dans *L'Ame de la femme* publié en France en 1924) : « Cette tendance à placer le centre du plaisir et de l'ambition *non en soi-même* mais en une autre personne, à sentir vivement les douleurs, les joies, les déceptions d'autres êtres, à ne pouvoir se passer de l'approbation et de la reconnaissance de son prochain est la clef de voûte de l'âme féminine »[36]. Il n'y a plus qu'une seule voie de l'honneur féminin, les appels répétés au respect de la femme constituant autant de rappels de sa « vocation principale » d'épouse et de mère. Une femme respectée est une femme qui se respecte en respectant les limites et les fonctions que sa « nature » lui assigne. Et la Légion française des combattants retrouve aisément la vieille tactique de l'Église d'idéalisation de la femme corrélative de sa mise à l'écart du monde. « "Tombe au pied de ce sexe auquel tu dois ta mère", avait pu chan-

36. Dr P. Merle, « La nature féminine, sa singularité dans l'universel humain », in *La Femme et sa mission*, ouvrage collectif, Plon, « Présences », 1941 ; souligné par nous. Cet ouvrage d'« experts » abondamment cité, par exemple dans le numéro spécial de *Votre Beauté, Femme, Famille, France*, d'octobre 41, s'achève sur une synthèse de Daniel-Rops : « Un régime nouveau ne pourra s'établir en France sans définir avec beaucoup de précision la place qu'il entend accorder à la femme et le rôle qu'il souhaite lui voir jouer ».

ter le poète. [...] Ne donnons donc plus notre faveur, nos applaudissements aux divettes de music-hall, aux stériles, aux étoiles divorcées du cinéma, ni à toutes les figures peintes et épilées, se promenant en cheveux courts et en costumes masculins. [...] Il ne faudra plus laisser impunément outrager et tourner en ridicule la pureté, la chasteté, la modestie féminine. Loin de la méconnaître, il faut honorer la dignité de la femme mère et éducatrice, toute aux soins de l'intérieur et des petits, qui sont sa vraie noblesse »[37].

Pour la Révolution nationale, honneur et déshonneur féminins sont essentiellement du côté du corps. Le corps s'éduque tôt. Les petites filles n'ont d'autre apprentissage à faire que le mime de la maternité, et la stigmatisation de l'enfant vedette vient étayer la dénonciation familialiste et nataliste de l'« égoïsme », cette expression féminine de l'« individualisme ». « Sous l'influence de la mode et du cinéma en particulier, les parents ne voient en leur petite fille qu'une star en herbe. Les ravages causés par le sourire aux dents limées de Shirley Temple sont incalculables. Habituée à une mise trop élégante – il faut si peu d'étoffe pour habiller une gamine avant l'âge de raison ! – la petite devient une poupée exigeante et futile. Dix ans plus tard, c'est une coquette et une égoïste »[38]. La mère digne de ce nom ne peut que former une future mère, apprenant au corps de son enfant de sexe féminin à écouter toutes les fibres secrètes de l'appel de la maternité et, finalement, c'est là la tâche essentielle des femmes à nouveau enfermées dans le cercle enchanté de l'entre-soi propre à la culture mystique féminine. « C'est vers le mariage que tendent, inconsciemment d'abord, de plus en plus consciemment ensuite, les aspirations les plus profondes de nos fillettes. En berçant leurs poupées, *en se berçant elles-mêmes* au récit des contes bleus ; en cherchant à pénétrer plus tard, à mesure que s'éveillent en elles des sentiments nouveaux, les mystères qu'elles pressentent et qu'on leur cache, c'est à créer un foyer qu'elles se préparent ». Pour aider à former cet inconscient féminin, la mère doit « entrevoir » en sa fillette « la maîtresse de maison future ». « En agissant ainsi, *l'une et l'autre* obéissent à l'instinct le plus indéracinable de leur nature »[39].

37. René d'Argentan, « Le respect de la femme », *La Légion*, 15 avr. 42.

38. *L'Instituteur et son rôle dans la restauration de la famille française*, par un instituteur, *op. cit.*, p. 26-27.

39. Georgette Varenne, *La Femme dans la France nouvelle*, *op. cit.*, p. 62 ; souligné par nous.

Les « coquettes » « égoïstes », ce pôle répulsif de la féminité construit pendant la Révolution nationale, sont à l'image de la femme-belette, la femme-cavale, la femme-singe ou la femme de mer, ces représentations des mauvaises femmes que Nicole Loraux a étudiées dans les mythes grecs et qui ont toutes en commun de transgresser parce qu'elles n'enfantent pas. Du côté positif, la mère de famille nombreuse, honorée par la fête des mères, est à l'image de la femme-abeille, la *melissa*, « cette bonne épouse, aimante, vieillissant aux côtés de son seigneur et maître » qui assure « la croissance florissante des biens du ménage » et sa « pérennité en enfantant une belle progéniture »[40]. Aux fantasmes de l'inspecteur Haury sur les dents limées et les jupes trop courtes des petites filles perdues d'avance pour la fonction reproductrice répond un travail de remodelage de l'esthétique féminine mené par des experts, journalistes de la presse féminine, visagistes, coiffeurs et couturiers qui vont se démarquer de l'« artificialité » de l'avant-guerre imposée, disent-ils, par le cinéma américain, pour reconstruire le visage et le corps de la « vraie » Française, celle qui ne triche plus avec les apparences. En avril 41, *Votre Beauté* lance un manifeste éthique et esthétique, « Cette femme se maquillait trop, nous l'avons rendue à sa vraie nature » : « Un nouveau style est né de femmes fraîches, à peine maquillées et d'une coquetterie naturelle. De vraies femmes, quoi ! », s'exclame Marcel Rochas ; la revue souhaite un maquillage si transparent « que les multiples expressions de la vie de l'âme peuvent s'inscrire sur le visage »[41]. La femme doit être transparente, lisible, sans fard, comme la terre qui « ne ment pas », selon la formule du maréchal. Et sur son visage vieillissant, c'est le stigmate de son accomplissement féminin – renoncement, sacrifice et oubli de soi –, sur le seul territoire féminin légitime – la famille – qui signe la vraie beauté : « La femme qui dépasse en altruisme le précepte fondamental de la charité, "aime ton prochain comme toi-même", en aimant ses semblables, son mari, ses enfants, tous les siens *plus* qu'elle-même, cette femme prouvera aux instituts de beauté que leur efficacité discutable cède le pas au rayonnement des

40. Nicole Loraux, *Les Enfants d'Athéna. Idées athéniennes sur la citoyenneté et la division des sexes* (Maspero, 1981), Seuil, « Points Sciences humaines », 1990, p. 107-109.

41. Cité par Dominique Veillon, *La Mode sous l'Occupation. Débrouillardise et coquetterie dans la France en guerre, 1939-45*, Payot, « Histoire », 1990, p. 224-226.

grands cœurs »[42]. Cet argumentaire emprunte largement à la rhétorique catholique sur le vieillissement féminin : « Et puis les années s'envolent, les rides se creusent. [...] Et puis on a souffert ! La bonne souffrance est le grand secret de la vie. Elle aura pu marquer son stigmate sur un visage de femme, elle laisse intact le charme de son sourire »[43].

Cette culture féminine du sacrifice doit donc être intériorisée dès l'enfance par un apprentissage inséparablement corporel et moral : « Ne faites pas de vos fillettes des idoles en les parant comme des châsses ; ne leur répétez pas qu'elles sont jolies [...]. Si nos fillettes commençaient de bonne heure des exercices de *gymnastique morale* afin de s'oublier et de penser aux autres, elles en arriveraient à éprouver un sentiment de bien-être à pratiquer ces vertus, vraie détente pour l'âme comme les sports (non exagérés) le sont pour le corps. [...] Pour bâtir le foyer, il faut que l'époux et l'épouse, *mais surtout cette dernière*, mette dans les fondations beaucoup de renoncement, de dévouement et d'oubli de soi ! »[44]. Ainsi pourra se construire cette *culture du foyer* qui, comme nous l'ont rappelé les juristes, doit permettre de résoudre un « problème de gouvernement ».

Fort de son expérience de père de famille nombreuse et de ses responsabilités de vice-président du Comité consultatif de la famille, créé en 1941, où il préside la commission chargée d'étudier le statut des associations familiales, le vice-amiral d'escadre de Kervéreguin de Penfentenyo rédige un guide des devoirs maritaux qui constitue un bon exemple de la rééducation familiale entreprise par le régime. S'adressant à son fils François et à sa jeune belle-fille Marie (prénom prédestiné à un cours d'éducation civique familiale), il leur rappelle les devoirs du mari et de la femme : « Si François est le chef de famille, tu es sans conteste la reine du foyer [...]. François étant le chef responsable, il lui appartient de prendre les décisions importantes concernant la famille ; mais loin de t'en désintéresser tu dois lui donner ton avis après mûre réflexion. [...] Lorsque François

42. Georgette Varenne, *La Femme dans la France nouvelle, op. cit.*, p. 57.

43. Paule-Marie Weyd, « La femme à la campagne », *Cité nouvelle*, 13, 10 juill. 41.

44. A. du Palais, *Pour la refaire*, Paris-Avignon, Les Livres nouveaux, novembre 1940 ; souligné par nous. « Cette tâche de redressement n'est pas réservée à notre grand chef ; nous y sommes tous appelés et je répète en appuyant, surtout *toutes* ! Car pour refaire la patrie, il faut avant tout reconstruire la famille, or cela est essentiellement notre œuvre » ; p. 8.

aura pris sa décision, même et surtout si elle est contraire à ton avis, ne manifeste pas de mauvaise humeur, et agis comme si tu l'avais prise toi-même. [...] Les fautes commises par les femmes ont des conséquences plus graves encore que les faiblesses des hommes. Il t'appartient donc de donner tous les bons exemples : tenue morale, piété, dignité de vie, franchise, loyauté, bonne humeur en toutes circonstances. [...] La femme mérite donc, *à condition de bien rester dans sa voie*, le profond respect de tous »[45]. Réduite à la seule « puissance des clés » – « Nos grand'mères portaient toujours sur elles un gros trousseau de clés. Rien ne sortait sans leur contrôle. Elles étaient vraiment "Reines et Maîtresses" dans leur domaine » –, Marie, comme les sœurs tourières, n'a plus qu'à gérer l'espace séparé qui est le sien, ordonnant ses actes et ses humeurs selon les règles des *Traités de l'humilité, de la modestie et du silence* qui soumettaient la vie des religieuses du XIXe siècle à un assujettissement de tous les instants[46].

La définition de cette culture de la communauté familiale, modèle premier de toutes les communautés organiques chargées désormais de tisser le lien social à l'abri des conflits et dans la complémentarité éternelle des rôles et des compétences, a donc été l'occasion d'opérer un partage entre qualités masculines et qualités féminines, partage sur lequel s'étaie la structure hiérarchique de la famille. « Dans cette communauté dont l'homme est le chef, dans laquelle il représente l'effort, apporte la puissance, suggère les initiatives [...], la femme représente l'amour et tout ce que ce grand mot évoque et implique de patience, de vigilance, de constance, d'espérance, de dévouement, de charité, de courage, de sainteté » ; la femme « suggère et suscite » [...]. "Obéir pour mieux régner", telle est bien l'idéale formule »[47]. Cet ouvrage rédigé par un couple de médecins biologistes place ses chapitres successifs sous l'autorité d'une citation du maréchal et s'en prend lui aussi à l'« individualisme » qui trouve « en chacun de nous, en notre égoïsme foncier, tant de plus ou moins secrètes complicités, au point qu'il

45. Vice-amiral de Penfentenyo, *Manuel du père de famille*, Flammarion, 1941, avec lettre-préface du maréchal Pétain qui souhaite qu'il soit « diffusé au maximum » ; p. 34-35, 38, 113 ; souligné par nous.

46. Odile Arnold, *Le Corps et l'Ame. La vie des religieuses au XIXe siècle*, *op. cit.*, p. 85 *sq.*

47. E. et H. Biancani, *La Communauté familiale*, Plon, « Présences », 1942, p. 20, 27.

ait reçu, dans notre pays, une consécration officielle sous la forme de la Déclaration des Droits de l'Homme, véritable "catéchisme de l'individualisme" (Barrès) »[48]. On ne saurait dire plus clairement que l'imposition d'un destin féminin dans la communauté familiale, destin fondé sur les qualités « naturelles » de la femme – oubli de soi et subordination silencieuse –, est une arme politique contre les principes égalitaristes des droits de l'homme. Hommes et femmes ne sont pas égaux, et dans la « communauté familiale » encore moins qu'ailleurs qui ne perdure que dans la complémentarité de leurs compétences et de leurs fonctions. La famille est donc une société où chacun apporte son savoir-faire ; elle est le modèle de toute société. Par la faute de « l'individualisme » et de la « manie de l'égalitarisme », par la faute de « l'intellectualisme dévié et niveleur », « on a perdu de vue le sens de la finalité de nature, comme si l'homme et la femme dans leurs fonctions personnelles étaient interchangeables ! La jeune fille doit être un jour épouse et mère. *Est dans l'ordre* ce qui la prépare noblement à ce rôle, l'y maintient et l'aide à y prendre sa pleine valeur. *Est mal* ce qui la fait dévier de cette noble fin »[49].

### *Le sens civique féminin*

L'État français va mobiliser la culture féminine du sacrifice et ainsi enrôler les femmes qui s'en font les porte-parole où s'y reconnaissent en ces temps de crise, dans la construction d'un *ordre politique familial*. Dans cet ordre, elles auront à défendre sur la scène publique les limitations structurelles de leurs fonctions pri-

48. *Ibid.*, p. 179.

49. *Équipes et Cadres de la France nouvelle*, mouvement de formation de cadres spirituels, civiques et nationaux, Vichy, 2 rue de l'Église, Tract 5-A-1, « Appui mutuel des époux », et Tract 25-A-7, « Rôle civique de la femme et de la jeune fille » ; souligné par nous. Cette association, déclarée en février 1941 et agréée en octobre 1942, est typique de ces groupements de propagande qui se mettent au service du régime ; fondée par d'anciens des DRAC, Ligue des Droits du religieux ancien combattant créée en 1924 pour résister à la politique laïque du Cartel, elle se donne pour but de former des « cadres » dans tous les milieux en leur fournissant des « plans de travail » sur les « données essentielles à la reconstruction du pays », afin de diffuser des « idées saines sur le plan civique ». Sur la fondation et l'activité du mouvement DRAC qui compte 35 000 membres en 1930, voir Antoine Prost, *Les Anciens Combattants et la Société française, 1914-1939*, Presses de la FNSP, 1977, vol. 1, p. 98, et vol. 3, p. 155.

vées, offrant ainsi une image de la citoyenneté qui soumet la liberté, l'égalité et la fraternité « principes », selon la formule de Gillouin, aux principes d'autorité dont la structure familiale, hiérarchique par « nature », est le terrain d'application premier. A leur côté, l'État convoque les professionnelles du service social, ces « non mariées »[50], vouées aux « maternités symboliques », qui vont pouvoir élargir leur zone d'action et d'influence puisqu'elles sortent définitivement des limites du rôle de l'« infirmière-visiteuse » pour devenir des techniciennes de la « santé morale du pays » : comptant « parmi les agents les plus importants de la politique familiale de l'État nouveau », elles doivent désormais « maintenir ou refaire la cohésion de la communauté familiale »[51].

C'est à l'échelon local, celui de la commune et de la « petite patrie » chère à Maurras, que les femmes sont appelées à donner leur mesure dans l'œuvre de régénération nationale qui veut restaurer dans le pays « les valeurs fondamentales, celles qui puisent dans la nature et dans la vie »[52]. Par une loi du 16 novembre 1940, les maires des villes de plus de 2000 habitants ne sont plus élus mais nommés par le gouvernement, les conseillers municipaux étant choisis eux aussi sur une liste soumise par le nouveau maire ; le conseil général avait été également remplacé, le 12 octobre, par un conseil administratif dont les membres sont nommés. Les justifications avancées après coup d'un retour à la règle tocquevillienne de notables gérant la chose publique « en pères de famille »[53] ne

50. Nous empruntons cette expression au titre d'un article de *La Femme dans la vie sociale* (« Figures de non mariées », 144, janv. 42) qui, à travers son plaidoyer pour les « vieilles filles », constitue une formulation saisissante de cette vision du monde où la femme sans enfants est une paria. « Celles qui n'ont pu se marier, parce que la patrie ou l'idéal même du mariage exigea ce renoncement, loin d'être refoulées en marge du mouvement familial lui fournissent un exemple de cet esprit de sacrifice, sans lequel il n'est pas de foyer solide et fécond. Il y a toutes les chances d'ailleurs que leur désir inemployé de maternité les incline à se faire les mères en suppléances et pour les familles ces auxiliaires du dehors dont nous parlerons dans d'autres articles ».

51. « Les moyens d'action », *La Famille dans l'État, Les Documents français*, *op. cit.*, p. 9.

52. Philippe Renaudin, « La famille réalité sociale », *La Famille dans l'État*, *op. cit.*, p. 5.

53. Marcel Peyrouton, ministre de l'Intérieur de 40 à avril 42, cité par Robert O. Paxton, *La France de Vichy, op. cit.*, p. 192. *La Mairie rurale* (1er nov. 41) reproduit une lettre manuscrite du docteur Serge Huard, secrétaire d'État à la Famille et à la Santé : « La commune est le premier assemblage des cellules fami-

doivent pas masquer l'occasion de purge politique et de contrôle accru de l'État sur les communes plus urbanisées qu'ont constituée ces textes de lois [54]. Le nouveau conseil municipal doit compter parmi ses membres un représentant des associations de familles, un père de famille nombreuse et une femme qualifiée pour s'occuper d'œuvres privées d'assistance et de bienfaisance nationale. Cette loi est ainsi saluée par les associations d'action féminine vouées au familialisme catholique comme une loi libératrice et « féministe », et les conseils municipaux sont massivement investis, le nouveau principe autoritaire de leur constitution et les règlements de compte politiques qu'il a permis étant laissés dans l'ombre. L'adhésion tacite semble cependant acquise à cette réforme législative de la représentation locale ; ainsi l'UFCS conseille à ses adhérentes, nouvelles conseillères municipales, de s'armer d'un esprit « d'universelle charité », « là où le milieu communal fut profondément infesté par les conceptions matérialistes convoyant des tendances sociales et civiques contraires à l'ordre social » [55]. La loi est également saluée avec enthousiasme par les Associations de parents d'élèves de l'enseignement libre (APEL) qui se félicitent de leurs contacts « permanents, constructifs et confiants avec les pouvoirs publics » auxquels elles apportent « le point de vue des pères de familles » : « La loi du 16 novembre 40 prévoit que dans toutes les communes de plus de 2 000 habitants, un père de famille sera nommé. Nous avons envoyé la liste de nos adhérents susceptibles d'occuper ces postes » [56].

---

liales ; c'est *la petite patrie* qui, dans tous les cœurs, est associée à la grande. Ainsi son premier magistrat, le Maire, apparaît-il dans l'État familial comme une sorte de *Patriarche* qui connaît, conseille, guide et protège » ; souligné par nous, majuscules dans le texte.

54. Dans la région stéphanoise, les conseils municipaux à majorité Front populaire sont suspendus dès la mise en place de l'État français ; la réforme des conseils municipaux, à partir de janvier 41, apparaît comme une revanche des vaincus de 1936 ; Monique Luirard, *La Région stéphanoise dans la guerre et dans la paix (1936-1951)*, Centre d'études foréziennes, Centre interdisciplinaire d'études et de recherches sur les structures régionales, 1980, p. 307 *sq*. En région parisienne, on pourvoit au remplacement de nombreux conseillers communistes et socialistes ; une mère de 8 enfants, présidente de l'Union des patronages, succède à Henri de Kerillis à Neuilly ; Henri Sellier est remplacé par un ingénieur père de 10 enfants ; Michèle Cointet, *Le Conseil national de Vichy, op. cit.*, p. 256.

55. « L'UFCS et les conseillères municipales », *La Femme dans la vie sociale*, 141, sept.-oct. 41.

56. *École et Liberté*, zone libre, 6, sept.-oct.-nov. 40, et 7, juill.-août 41.

La philosophie de la participation féminine à la vie politique locale est l'occasion de rappeler les territoires de la compétence féminine « légitime » qui ne peut se déployer pleinement que dans une situation d'impérialisme familial propre à l'expression d'un sens civique spécifiquement féminin. « Le rôle complémentaire de l'homme et de la femme, qui rend si nécessaire leur collaboration dans la vie familiale, la rend nécessaire aussi dans la vie municipale. La femme, si elle n'a pas habituellement la même envergure de pensée que l'homme, a une vue très réaliste des choses, un sens pratique plus proche des réalités » : « Par son sens familial inné, la femme a en effet une *intuition du sens social* qui lui fait apporter dans sa collaboration avec les services publics des vues sociales enrichissantes »[57]. Et les nouvelles conseillères municipales de l'UFCS apportent à leur première réunion en zone non occupée des « tranches de vie » touchant l'enfance, l'hygiène, la prostitution, le ravitaillement, tous ces espaces concrets de la réflexion domestique. Ainsi, répondant à un vœu ancien de Joseph Barthélemy, les femmes accèdent à la participation à la vie politique « par étapes », la commune étant « l'école primaire de la liberté » et l'occasion d'exercer « *the municipal house-keeping* », comme l'avaient noté les commentateurs anglo-saxons de l'accès des femmes à la gestion des affaires publiques[58]. A la fin des années 30, la question des conseillères municipales est posée. Il s'agit de conseillères municipales adjointes dont le mode d'élection et les fonctions varient selon les communes : si Pierre Mendès France impose à Louviers l'élection au suffrage universel et la participation des conseillères à tous les aspects de la vie communale, il n'en est pas de même ailleurs où on leur enlève à l'avance un réel pouvoir. C'est le modèle de la dame d'œuvres « apolitique » que sélectionnera Vichy[59]. Dans ce moment paradoxal de participation féminine aux affaires publiques s'élabore donc une cartographie symbolique de la compétence politique féminine dont on n'a pas fini de constater et de subir les retombées. La Légion elle-même, institution masculine s'il en est, crée à l'automne 42 un service dit des

57. « Ce qu'apporteront les femmes au conseil municipal », *La Femme dans la vie sociale*, 139, juin 41 ; « L'UFCS et les conseillères municipales », art. cité ; souligné par nous.

58. Joseph Barthélemy, *Le Vote des femmes, op. cit.*, p. 605 *sq.* et 594.

59. Voir « L'installation des conseillères de Louviers » et « Les conseillères municipales nommées par les municipalités », *La Française*, 20 févr. 37 et 28 févr. 37.

« Dames SMS » (dames des services médicaux sociaux), sorte de section féminine d'action sociale dont on peut penser qu'elle a pour but d'accroître l'influence locale du mouvement ; cette création inattendue témoigne en tout cas de l'extension du modèle d'application des vertus féminines à la cité et de son poids de respectabilité politique. Organisées par département, les dames SMS doivent se consacrer aux questions concernant l'enfance, aux familles de prisonniers et de veuves de guerre, et plus largement à toutes les tâches habituelles de l'action sociale ; soumises à la « discipline légionnaire », elles portent un uniforme et un brassard. La Légion ne recrute qu'après enquête, les candidates devant justifier d'une situation de famille exemplaire (pas de divorcées à leurs torts), d'une « expérience des œuvres sociales », d'une « clarté d'esprit préférable à une culture trop souvent théorique » ; elles ne doivent bien sûr avoir appartenu ni au Parti communiste, ni à la franc-maçonnerie [60].

L'entrée des femmes et de la famille dans les conseils municipaux nommés est présentée comme une manière de lutter contre les vices de la ville qui favorise « les besoins plus ou moins factices d'une population trop sensible à la contagion de l'individualisme et de l'égoïsme » ; les nouvelles municipalités urbaines auront la tâche délicate d'« élever le rempart à l'abri duquel se perfectionnera la condition familiale » [61]. Dans une vision archaïsante qui participe de cette nostalgie de l'éternel retour du même dont l'idéalisation du moyen âge constitue un trait récurrent, la commune, version Révolution nationale, devient rempart de la famille contre le désordre urbain de la rue et des taudis : classes laborieuses, classes dangereuses… « La Commune n'est-elle pas comme la Famille de nos Familles ? Son nom même, “commune”, évoque l'idée de la solidarité qui, au Moyen Age, unissait plus encore que les habitants, les foyers d'une même parcelle de terre, car, à cette époque, on comptait les éléments de la commune, non par des individus, mais par des *feux* » [62]. Et, comme l'ont dit et répété les écrivains de la défaite, la femme, mère du foyer, est la gardienne des « feux ». La commune

60. « Organisation des Dames SMS », « Recrutement des Dames SMS », *La Légion*, 15 nov. 42, 15 déc. 42.

61. Charles Trochu, président du conseil municipal de Paris, préface à *La Commune rempart de la famille, op. cit.*

62. *Ibid.*, p. 6.

du moyen âge, « famille des familles », est bien l'antidote de la Commune de 1871 telle qu'elle a été reconstruite comme vision diabolisée du Front populaire.

### *L'État familial*

La loi du 29 décembre 1942, dite loi Gounot[63], qui crée une Fédération des familles françaises à caractère semi-public et est reconnue comme une Charte de la famille homologue à la Charte du travail, couronne la promotion étatique de la famille. « La loi relative aux associations familiales est également une *loi préconstitutionnelle*. Elle tend à préparer l'organisation de l'État nouveau. Le 2 décembre 1940, la Corporation Nationale Paysanne a été organisée. Le 4 octobre 1941, la Charte du Travail a été promulguée. Aujourd'hui c'est une Charte de la Famille qui voit le jour. "Cette loi, a dit à juste titre M. Philippe Renaudin, ne fait pas entrer la famille dans la constitution, mais elle prépare pour demain, lorsque des textes constitutionnels seront à l'examen, cette entrée de la famille dans les organes vitaux du pays". Les Familles, en tant que communautés juridiques, sortent de l'ombre où elles étaient reléguées depuis la déclaration des droits de l'homme »[64]. Selon la formulation de Serge Huard, alors secrétaire général à la Famille et à la Santé et coordinateur des travaux préparatoires à cette loi, « si la famille doit être l'une des assises de l'État nouveau, il faut l'organiser dans l'État, ou encore donner à l'État une structure familiale, comme aussi il possédera une structure professionnelle »[65]. Dans chaque commune est instituée une association familiale unique groupant toutes les familles « constituées par le mariage et la filiation légitime ou l'adoption, dont le chef et les enfants sont Français. [...] La loi Gounot offre, dans ses dispositions de détail, un caractère nettement familial. Chaque famille

63. Emmanuel Gounot, avocat à Lyon, professeur à la faculté libre de droit et président de la Ligue des familles nombreuses de Lyon et du Rhône, a établi le premier projet de cette loi au sein de la commission chargée d'étudier le statut des associations familiales.

64. Georges Hourdin, « La loi Gounot et ses caractéristiques », *L'Actualité sociale*, 179, mars-avr. 43.

65. Cité par Henri David, « Vers une organisation de la famille française », *La Légion*, 19, 15 nov. 41.

française légitime y est, en effet, considérée comme une communauté. Elle est représentée dans l'association par son Chef, le père, s'il est digne, présent et capable d'exprimer sa volonté, la mère, dans tous les autres cas »[66]. Le comité directeur de l'association de familles est élu au suffrage familial (chaque chef de famille dispose, en sus de sa voix personnelle, d'une voix par enfant mineur vivant, et d'une voix supplémentaire par groupe de 3 enfants ayant vécu jusqu'à l'âge de 21 ans). Le suffrage familial, vieille revendication des fractions les plus traditionalistes du mouvement familial, devient un projet politique très fréquemment évoqué sous l'État français. Ainsi William Garcin prône le suffrage familial de l'échelon municipal à l'échelon national « si l'on adopte le système électoral », car « le chef de famille doit être le représentant politique de ses enfants »[67]. Et Jean Guibal voit dans la réalisation du vote familial un rempart contre la « fiction de l'individualisme » : « Nous ne pouvons plus concevoir l'État français avec les limites de la vie d'un homme, ou de l'égoïsme d'un célibataire. Un homme qui a une famille derrière lui, c'est déjà un cerveau national raisonnable : en pensant famille, il pense naturellement sécurité, stabilité, il pense déjà suivant la norme de l'État français »[68]. La loi Gounot réserve une place de choix non point aux représentants des associations de familles nombreuses, mais aux chefs de familles nombreuses ; les comités directeurs devront en effet comporter une majorité de pères et de mères d'au moins 3 enfants.

En fait, la part du pouvoir central est considérable dans ces nouvelles institutions puisque le contrôle de l'administration est permanent, les élections des présidents et membres des bureaux des associations ou unions devant recevoir l'agrément du délégué régional du Commissariat général à la famille ou du Commissariat lui-même, le délégué ou le commissaire général étant membres de droit des comités directeurs des unions départementales et de la fédération nationale : « Ainsi, sur les associations familiales de premier échelon, le pouvoir central, autrement dit l'administration active, imprègne toute l'organisation familiale »[69]. Dans une note confi-

66. G.-M. Bonvoisin, « Bâtir sur la famille », *L'Actualité sociale*, 178, févr. 43.

67. William Garcin, *Révolution sociale par la famille*, Fédération française des associations de familles, Vichy, Éd. du Secrétariat général à l'information, s.d., p. 36.

68. Jean Guibal, *La Famille dans la Révolution nationale*, *op. cit.*, p. 25.

69. P.-A. Chevrier, « Les Associations de familles, leur rôle et leur mission », *L'Actualité sociale*, 181, juin 43.

dentielle aux délégués régionaux du Commissariat, Philippe Renaudin, après avoir rappelé qu'« il faut laisser les associations se constituer librement » et « donner l'impression que vous suggérez », leur précise l'étendue de leurs pouvoirs et la nécessité de faire du neuf : « Si les mouvements actuellement existant veulent créer une association loi Gounot, ils ne peuvent pas le faire sans votre agrément » ; il leur recommande de veiller à ce que « des hommes nouveaux viennent travailler dans le mouvement » et pas seulement « les membres des associations familiales traditionnelles », car « il se peut que ces hommes-là soient prêts sur le plan nouveau de l'*État familial* à se consacrer à la protection de la famille » et « ils ne doivent pas être écartés » ; il s'agit donc, « sans dénigrer les mouvements actuellement existants », de « ne pas rester dans les vieux moules » ; il ne faut pas que les associations catholiques de chefs de famille « se transforment en associations loi Gounot et il faut donc veiller à ce que leurs membres viennent s'inscrire à titre individuel » [70]. Cet aspect de la question n'a pas échappé aux représentants des vieilles associations privées de défense de la famille qui prennent acte de cette compétition imprévue entre « mouvement de droit privé » et « nouveau mouvement de droit semi-public » et s'interrogent sur le recrutement simultané de ces chefs de famille, nouveaux militants et concurrents potentiels ; ils répondent, un peu amèrement mais avec le sens masculin du sacrifice, par l'affirmation de leur solidarité avec le gouvernement : « Le sacrifice de certaines préférences [n'étant pas] pour rebuter des chefs de famille rompus à faire passer le devoir avant tout » [71]. Le Commissariat général à la famille a finalement réussi à débarrasser le mouvement familial de son côté « poussiéreux » et à donner au mot famille une dimension qui ne soit plus « inférieure à sa taille », selon les formules citées plus haut de Philippe Renaudin ; c'est un appareil d'État qui se prépare à contrôler désormais les progrès du « climat » et de la « mystique familiale », l'association familiale devenant « un des corps, un des organes administratifs du nouvel État » [72].

La loi Gounot sera abrogée dès la Libération et remplacée par une

70. Bulletin de liaison du Commissariat général à la famille aux délégués régionaux, 9, 15 mars 43, qui porte la mention « strictement personnel et confidentiel, exemplaire numéro deux » ; Archives nationales, 2 AG 497.

71. « L'application de la loi Gounot. Une conférence sur la mise en œuvre de la loi Gounot », *L'Actualité sociale*, 188, févr. 44.

72. P.-A. Chevrier, « Les associations de familles, leur rôle, leur mission », art. cité.

ordonnance du 3 mars 45 relative à la création de l'Union nationale des associations familiales. Si les préoccupations natalistes inspirent le nouveau gouvernement et si la défense des valeurs familiales est très présente au sein du MRP, l'ordre politique familial mis en place par la Révolution nationale est rejeté [73], la politique familiale se technicise, et la défense de la famille n'apparaît plus comme un facteur puissant d'opposition au sein du champ politique [74]. Les associations Gounot perdent leur privilège de droit semi-public, et la nouvelle ordonnance s'appuie sur la pluralité des associations privées regroupées en unions départementales et nationale, pluralisme qui s'oppose à l'« unité » de la loi Gounot dont « l'esprit apparaît incompatible avec la restauration d'un régime de liberté », selon l'exposé des motifs de l'ordonnance de mars 45, la nouvelle représentation familiale étant désormais comparée à la représentation syndicale. La gauche politique investit la gestion des allocations familiales, et le MRP, craignant que l'action en faveur des familles ne se perde dans une sécurité sociale toute-puissante, obtient que les caisses d'allocations familiales restent distinctes [75].

S'il est sûr que la politique familiale est marquée par une certaine continuité entre 1938 et les années 45, continuité liée au maintien de mêmes personnalités du mouvement nataliste et familialiste dans les diverses instances où s'est construite cette politique pendant la décennie et à l'influence très grande au sein du MRP des courants catholiques sociaux d'action familiale, il reste que la situation que nous avons désignée sous le terme d'« impérialisme familial » comporte des caractéristiques spécifiques qui interdisent de la considérer comme un simple moment d'un mouvement progressif et cumulatif en faveur de la défense de la famille ou comme un simple temps fort de production de mesures techniques. La situation historique de crise et de monopole place l'ensemble des

73. L'ordonnance du 12 avril 45 modifiera la loi sur le divorce du 2 avril 41 en supprimant le délai de trois ans durant lequel le divorce était interdit à partir du mariage. Le souci nataliste inspirera par contre l'amélioration du régime de la médaille de la famille française en 1947 et la re-création de la fête des mères en 1950.

74. Voir Rémi Lenoir, « Transformations du familialisme et reconversions morales », art. cité, Michel Chauvière, « Du code de la famille à la Libération », *Cahiers du GRMF*, 1, août 1983, et les *Cahiers du GRMF*, 3, 1985, « L'action familiale ouvrière et la politique de Vichy », qui contient des débats extrêmement intéressants entre les acteurs du Mouvement populaire des familles pendant la guerre.

75. Antoine Prost, « L'évolution de la politique familiale en France de 1938 à 1981 », *Le Mouvement social*, 129, oct.-déc. 1984.

courants familialistes dans la mouvance idéologique des plus traditionalistes d'entre eux qui se saisissent de la Révolution nationale comme d'une prophétie réalisée pour faire advenir un ordre politique familial. Dans un débat entre acteurs du Mouvement populaire des familles pendant la guerre, Marcel Viot précise : « S'il est vrai que Vichy a piégé tous les mouvements familiaux à l'occasion d'une mise en place d'une représentation familiale, cela a été fait avec la complicité de certains mouvements familiaux traditionnels. Car les hommes qui ont été à l'origine et ont préparé la loi Gounot n'étaient pas seulement des politiques. Parmi eux figuraient des personnes issues de certains mouvements familiaux qui ont profité de la coïncidence entre leurs intérêts de représentants des familles traditionnelles et le pouvoir politique en place. Cela a pesé très lourd à la Libération »[76]. Ce sont ces groupes qui ordonnent les étapes préliminaires de la construction constitutionnelle de la famille comme personne morale (loi Gounot, vote familial, ébauche de salaire familial, etc.), contribuant à doter la politique familiale de Vichy d'une fonction éminente de légitimation d'un ordre nouveau qui veut balayer les principes de 89 et le régime républicain. La victoire totale du familialisme produit aussi des effets de surenchère et de durcissement qui regroupent dans un front unique de conquête aveugle et d'élargissement de marchés de biens matériels et symboliques les concurrents d'hier, natalistes et familiaux, par exemple, ou défenseurs des intérêts familiaux populaires et vieilles ligues patronales de défense de la famille nombreuse. La réduction au silence des syndicats, des forces politiques de gauche, de l'enseignement public, l'exclusion civique des communistes, des francs-maçons, des juifs et la progression sournoise sur base corporatiste de l'antisémitisme d'État, la proclamation publique d'une vocation « éternelle » féminine contre toutes les réalités historiques pourtant proches de la scolarisation et de la professionnalisation des femmes, œuvrent de concert pour produire un *familialisme d'exception lié à un état d'exception*, comme en témoignent certains projets conservés aux Archives nationales.

Ainsi ces documents envoyés au médecin commandant Sautriau, représentant du chef de l'État au Comité consultatif de la famille française, qui proposent une charte constitutionnelle de la famille. « Les institutions familiales doivent partout se substituer aux insti-

76. *Cahiers du GRMF*, 3, 1985, p. 95.

tutions électives fondées sur le mythe du suffrage universel ». La Déclaration des droits de l'homme doit être « remplacée par un nouveau préambule à la nouvelle constitution de l'État français » : « Considérant que la famille est un groupement naturel antérieur à la société civile ; Que la famille, fondée sur le mariage, constitue la cellule essentielle de l'édifice social ; Que la commune est une fédération de familles ; Que la nation française elle-même n'est que la communauté des familles françaises ; Que l'État n'est constitué que par la hiérarchie des familles et des professions fédérées dans les communes [...], le Maréchal de France, chef de l'État Français, décrète que la famille fondée sur le mariage forme l'une des bases essentielles de la nouvelle constitution ». De ce préambule découlent les articles suivants du projet de constitution : Art. I « Le corps familial doit faire partie de tous les corps constitués de l'État » ; Art. II [l'importance de la commune] « ne se calcule plus d'après le nombre de ses habitants mais d'après le nombre de ses “feux” ou foyers composant le corps familial communal, c'est-à-dire la totalité des familles françaises domiciliées dans la commune » ; Art. III « La moitié au moins du Conseil municipal représentera le corps familial communal » ; Art. V « Les élections communales se feront au suffrage familial ». L'auteur du projet conclut : « La Révolution familiale réalisera la Révolution nationale et assurera l'établissement d'un ordre nouveau français et humain » [77].

Ce projet semble recevoir un large assentiment chez les familiaux puisqu'il est repris d'un rapport à l'autre dans les dossiers conservés aux Archives, comme fait l'unanimité le projet d'une association familiale unique qui propose un organigramme partant d'un « conseil communal des pères de familles » pour arriver au « chef de l'État » en passant par un « conseil national des pères de familles » [78], institution présentée comme une « Légion des

77. « L'intégration de la famille dans la constitution du nouvel État Français », rapport de Paul Leclercq, délégué général du Centre national de coordination et d'action des mouvements familiaux (zone occupée), 8 août 41, dactyl. ; Archives nationales, 2 AG 497. Le rapport des délibérations du Centre national de coordination précise que le Centre, après avoir pris connaissance du rapport Leclercq, le propose à la commission du Conseil national chargée de l'élaboration de la nouvelle constitution ; Archives nationales, 2 AG 497.

78. « Pour que la famille ait dans la constitution la place qui lui revient », Bureau du Centre national de coordination et d'action des mouvements familiaux pour la zone occupée ; Archives nationales, 2 AG 605

familles »[79] où l'on peut voir une forme inédite du parti unique. Le rôle des femmes, ou plutôt de « la » femme pour rester dans la rhétorique du régime, est central dans ce projet politique : « L'État garantit la famille dans sa constitution et son autorité, comme étant la base nécessaire de l'ordre social et étant indispensable au bien-être de la nation et de l'État. En particulier, l'État reconnaît que, *par sa vie au sein du foyer, la femme donne à l'État un support*, sans lequel le bien commun ne peut être achevé »[80].

L'ordre familial ainsi conçu ne s'arrête donc pas à la cellule familiale. Il est construit comme le modèle de l'ordre politique, vertus familiales et partages des rôles familiaux fonctionnant comme autant de métaphores des vertus civiques et de la « vraie » citoyenneté, celle qui a partie liée avec le « réel » et non avec les dangereuses abstractions de l'individualisme des droits de l'homme et de « l'intellectualisme niveleur ». Les pères de famille nombreuse sont l'incarnation idéale du « bon » citoyen et des éléments « sains » ; ainsi, dans la magistrature, les célibataires ou les hommes sans enfants ne peuvent avoir d'avancement sauf s'ils se déclarent prêts à accepter un poste n'importe où[81]. Et les tracts du Commissariat général à la famille rappellent aux chefs de famille qu'ils sont une élite sur laquelle le maréchal compte pour refaire la France.

Mais c'est la représentation d'un ordre familial « naturellement » hiérarchique et soumis à l'autorité « naturelle » du père de famille, où l'enfant rencontrera le modèle premier de toutes les hiérarchies et fera l'apprentissage de l'intégration dans une société d'ordres[82], qui est au centre de la métaphore familiale de l'ordre politique et social, rappelant encore une fois que les définitions familialistes de la subordination féminine ont des effets politiques. Lorsqu'il

79. Documents envoyés par William Garcin au commandant Sautriau le 28 juillet 41 ; Archives nationales, 2 AG 605.

80. William Garcin, *Révolution sociale par la famille, op. cit.*, « La famille, unité politique », p. 35 ; souligné par nous.

81. Circulaire du ministère de la Justice du 25 mars 42 ; Robert O. Paxton, *La France de Vichy, op. cit.*, p. 165. Cette mesure est bien à l'image de l'adhésion massive des magistrats au régime telle qu'elle a été reconstruite dans les travaux présentés à un colloque organisé par l'École nationale de la magistrature, tenu à Bordeaux le 1er décembre 1993 ; voir *Le Monde*, 31 déc. 93, « Les juges sous Vichy ».

82. Michèle Cointet-Labrousse souligne que seule la famille légitime offrait ce modèle d'apprentissage ; « Le gouvernement de Vichy et les familles », art. cité.

déplore la décadence liée au passage de la « famille-État » à la « famille-école », puis à la « famille-auberge », l'inspecteur Haury voit la source du redressement dans le retour à la famille nombreuse, seule capable de constituer une « communauté » : « S'il en est ainsi, par *la force des choses*, elle conservera quelque chose de l'État – avec un chef, le père qui travaille au-dehors, et une âme, la mère qui veille au foyer, avec une conscience et une morale collective, une discipline consentie »[83]. En mars 43, Abel Bonnard préside la cérémonie d'investiture des premiers stagiaires de la nouvelle école de formation des cadres d'Uriage, mise depuis deux mois à la disposition de la Milice après la fermeture par décret, le 27 décembre 42, de l'école d'Uriage telle que l'avait animée Dunoyer de Segonzac. L'inspecteur à la propagande de la Milice y prononce un discours où il assimile ainsi communauté familiale et communauté nationale. « La communauté familiale, base de la communauté nationale, présente trois éléments : l'autocratie représentée par le père, l'aristocratie représentée par la mère et la démocratie qui correspond aux enfants. On retrouve cette trilogie familiale parfaitement transformée en trilogie nationale sous la monarchie : l'autocratie est alors le roi, l'aristocratie la noblesse et la démocratie le peuple. En 1789, nous avons assisté à la révolte des enfants contre l'autorité paternelle et l'aristocratie maternelle »[84]. Si la rhétorique est un peu confuse, le message est clair et il invite à la remise de soi les éternels mineurs qui ont essentiellement besoin d'amour et d'autorité. Ainsi, aux yeux de nombreux idéologues du régime, le système politique idéal place le rapport entre l'élite dirigeante et le peuple sous le signe de l'« amour sévère », comme l'exprime explicitement Gustave Thibon : « Je crois à la nécessité d'une restauration de formes sociales de type patriarcal (où se trouvent conjuguées plus que dans l'âme d'un père ces deux choses dont le peuple a essentiellement besoin : l'amour et l'autorité ?). Il n'est de salut que dans le retour à cette idéologie "paterniste", considérée par beaucoup comme forclose »[85]. Les innombrables litanies sur la figure paternelle du maréchal s'inscri-

83. Paul Haury, *L'Université devant la famille*, *op. cit.*

84. Cité par *École et Liberté*, avr. 43 ; la revue des APEL se félicite qu'à l'école des cadres de la Milice l'enseignement ait pour principe que « le système politique du pays doit reposer sur la famille ».

85. Gustave Thibon, « Considérations actuelles », *La Revue universelle*, 10 oct. 41.

vent dans la continuité directe de ces représentations politiques.

Cette représentation paternaliste, et aussi, peut-on dire, maternaliste, des rapports politiques et des rapports sociaux, emprunte largement à la culture des notables soucieux du maintien de l'hérédité professionnelle, à cet esprit de petite ville dont Marc Bloch a fait l'analyse dans *L'Étrange Défaite*. Le modèle familial du régime – et le modèle du rapport social entre élite et masse qu'il dessine – renvoit à ces structures sociales et familiales intouchées ou peu touchées par l'exode rural, le travail en usine, la nécessité économique du travail des femmes. Et si forclusion il y a, pour reprendre la formulation de Thibon, c'est bien celle de la grande ville et du Front populaire. Dans le nouvel ordre social, les femmes de l'élite auront à jouer un rôle d'intermédiaire entre les classes, prêchant par l'exemple mais aussi agissant en éducatrices de la « bonne » féminité, travaillant à maintenir les filles de paysans à la campagne et à encourager les « vocations » de femmes au foyer des filles d'ouvriers. Elles retrouveront ainsi un rôle qui leur est traditionnellement accordé depuis les débuts de cette industrialisation qui avait introduit une confusion menaçante dans le partage des rôles sexuels [86], pourront faire revivre de vieilles institutions d'encadrement des classes populaires comme ces œuvres ménagères rurales fondées au tournant du siècle pour lutter contre l'école primaire [87], ou retrouver la fonction d'apprivoisement des paysans propre à la « châtelaine ». « Il est curieux d'observer la différence de mentalité entre les villages où ont continué de vivre des châtelains *conscients de leurs devoirs*, [je souligne], et ceux dans lesquels aucune influence n'est venue contrebalancer les idées du Front Populaire. Entre les deux, il y a un monde ! » [88]. Ainsi ces femmes d'élite qui incarnent la « bonne » féminité vont-elles, à leur manière, contribuer à la paix sociale en éduquant de « bons pauvres » [89], respectueux des hiérarchies « naturelles ».

86. Voir Françoise Blum, « Question sociale, question des femmes ? », *Le Social aux prises avec l'histoire*, « Cahiers de la recherche sur le travail social », vol. 3, *La Question sociale*.

87. Ainsi les « maisons familiales » (formule de Lauzun) qui s'organisent en 41 en Union nationale des maisons rurales de France pour « donner aux familles paysannes le moyen d'assurer la formation intégrale de leurs filles et de leurs fils » ; Secrétariat général à la jeunesse, *Bulletin de presse*, 41, 19 déc. 41.

88. Paule-Marie Weyd, « La femme à la campagne », art. cité.

89. Sur la perception bourgeoise des « bons pauvres » et des foules ouvrières du Front populaire, voir Marc Bloch, *L'Étrange Défaite, op. cit*, p. 196 *sq*.

La participation de nombreuses femmes d'influence à cette entreprise de redistribution symbolique et pratique des espaces d'intervention masculins et féminins qui se donne pour « l'ordre des choses » contre le chaos a doté la Révolution nationale d'une légitimité irremplaçable sur le terrain de la politique familiale. En mettant le capital social et le potentiel de mobilisation des institutions qu'elles animent au service de cette politique, elles ont apporté au régime la caution du « féminisme » chrétien et de toutes les forces avec et sur lesquelles il a joué pour en même temps reconnaître et canaliser des aspirations féminines d'âges différents. La culture du sacrifice, qui enserre la définition d'État du féminin, pouvait du coup aisément s'approprier toutes ces formes nouvelles d'identification au rôle de « mère au foyer ». En ce sens, la Révolution nationale a figé une situation qui, du fait de la concurrence et des contradictions des systèmes d'aspirations féminins, y compris au sein même du « féminisme » chrétien, portait toujours en elle des espaces d'imprévu par lesquels pouvaient se glisser des formes, plus ou moins vives, de prise de conscience de la domination. L'investissement féminin de la Révolution nationale, comme celui de la section féminine de la Phalange espagnole évoqué plus haut, constitue un exemple de *tragédie sociologique*. Quand les victimes de la domination deviennent agents de la domination, avec un zèle qui n'a sans doute d'égal que leur ressentiment inconscient à l'égard des limitations qui leur étaient imposées et qu'elles avaient à leur manière dépassées en devenant ces « femmes d'action » vouées à la reprise qualifiée des définitions imposées de la place limitée des femmes dans la cité, les discours et les options se figent et se durcissent. Ce durcissement qui s'exprime dans le langage de la prescription, du bien et du mal, devient comme la condition de leur participation au pouvoir, la condition de leur prise de parole dans l'espace public. Dans un tract des Équipes et cadres de la France nouvelle (« Rôle civique de la femme et de la jeune fille »), on trouve cette formulation saisissante : « L'action civique de la femme “à l'extérieur”. Premièrement, elle devra parler. Sous peine d'être muette, elle échangera avec d'autres des propos. Il lui faudra dire tout haut ce qu'elle pense sainement tout bas ». Donc, « à l'extérieur », pour le bien commun et dans cette situation politico-sociale où elle n'a à dire que ce qu'elle a le droit de toute éternité de dire et à ne revendiquer que sa soumission, la femme pourra passer outre au précepte paulinien : « Que les femmes se taisent dans les assemblées, car il ne leur est pas permis de prendre la parole ; qu'elles se tiennent dans la soumission comme la loi elle-même le dit » [90]. Sortir du ghetto (familial) sans sortir du rôle (de mère de famille), prescrire « l'oubli de soi » (sur la scène privée) pour exister (sur la scène publique), est une manière de sublimer les limites en devenant porte-parole légitime de la limite nécessaire. La violence symbolique est au cœur de l'activisme aveugle. La vie publique ne s'ouvre pas aux femmes mais aux « influences maternelles » des femmes et les « outsiders » ne sont cooptés que s'ils apportent des forces nouvelles aux normes dominantes [91].

Le modèle est rentré dans les corps et dans les esprits comme en témoignent quelques lettres de femmes adressées au maréchal et conservées – par quel hasard ? – aux Archives nationales. Des jeunes filles lui écrivent sur un mode très personnel, comme on écrirait à un parent écouté, pour lui demander la création rapide de cet « Office matrimonial national » dont elles ont entendu parler, pour dire l'angoisse des « jeunes filles de la bourgeoisie peu fortunée mais trop pour travailler, surtout depuis les récents décrets » et pour qui le mariage « est le seul idéal », ou, plus simplement, pour lui demander un mari.

« Bien cher Maréchal,

Depuis déjà bien du temps je me répète journellement je veux écrire à mon, à notre cher Maréchal, aujourd'hui je ne remets plus. Je m'empresse de vous témoigner ma reconnaissance cher Maréchal pour tout le dévouement que vous donnez à la France, notre chère Patrie. [...] Que Dieu vous garde bien longtemps près de nous, qu'il vous préserve de tous les dangers et contre la méchanceté des hommes afin que la France revive et renaisse plus forte que jamais. La jeune Française qui vous parle est âgée de 28 ans. Je me permets de vous raconter sommairement ma courte vie. J'ai perdu maman et papa à dix huit ans et dix neuf ans et demi. Je restais avec deux jeunes sœurs [...]. Cher Maréchal, mes sœurs étant en partie élevées, je désire de me fonder un foyer et être un jour une Mère Chré-

90. I Cor., XIV, cité par Jean Delumeau, *La Peur en Occident, op. cit.*, p. 405.
91. Sur ce point, voir l'analyse de George L. Mosse, *Nationalism and Sexuality, op. cit.*, chap. 5, « What Kind of Woman ? », notamment p. 110-112.

tienne et Française. [...] Je vous considère comme étant de ma famille et vous serais très reconnaissante si vous le pouvez de me mettre en correspondance, en relation avec l'un de vos chers fils, un soldat, ou Celui que vous croirez le mieux me convenir. Je voudrais un orphelin et pas riche, ne l'étant pas moi-même. J'ai hâte d'être à mon foyer afin de n'être plus seule et d'avoir en celui que j'aimerai un soutien, d'unir nos joies et nos peines et de marcher ensemble vers un avenir qui avec l'aide de Dieu sera heureux et prospère en compagnie de nos chers enfants que nous donnerons à Dieu, à Vous, cher Maréchal, et à la France »[92].

92. Lettre manuscrite datée du 7 février 1941, Archives nationales, 2 AG 605, majuscules dans le texte.

# 3. Ordre biologique et ordre social

## 7

# LES HIÉRARCHIES « NATURELLES » : PRÉDESTINATION SEXUELLE ET PRÉDESTINATION SOCIALE

Que la définition d'État d'une identité féminine assujettie à la famille et à la fonction reproductrice, l'imposition d'un territoire féminin légitime, tracé à partir des interdits de la culture du sacrifice, et la construction de la famille comme unité politique soient centrales dans la construction de l'ordre politique nouveau, cela se vérifie sur le terrain de l'éducation des femmes. Les « aptitudes » intellectuelles et pratiques féminines sont scrutées par le régime et ses alliés idéologiques et de cet examen résulte l'élaboration d'un programme d'enseignement féminin, distinct de l'enseignement masculin, apte à préserver et à faire s'épanouir la « vocation » féminine à la maternité et à la prise en charge de l'espace intérieur, celui de la maison et des sentiments. Les hommes sont du côté du soleil, de l'extérieur, du commandement, du cerveau, de la raison, les femmes du côté de la lune, de l'intérieur, de la soumission, du cœur, de l'intuition. Il n'y a pas de concurrence : les hiérarchies et les inégalités sont « naturelles ». Le rapport des femmes à l'instruction, au travail et à la vie sociale est soumis à la logique de la raison mythique, logique dualiste qui n'admet quelques exceptions que pour mieux confirmer la règle.

Saisie sous l'angle de la division sexuelle du monde social, la question scolaire appartient au registre eschatologique de la Révolution nationale : l'accès récent des femmes à l'enseignement secondaire et supérieur, l'indifférenciation des programmes primaires selon les sexes, la professionnalisation progressive des femmes dans des espaces sociaux traditionnellement occupés par la bourgeoisie masculine figurent en bonne place dans le recensement des causes de la « dégénérescence » sociale qui a conduit au chaos et à la défaite. Le redressement, le « renouvellement discipliné de la pensée française », selon la formulation sinistre de l'agence Havas[1], passent donc par la restauration d'une distinction entre rapport masculin et rapport féminin à l'École. Comment mieux fonder cette distinction qu'en étayant sur la « nature » des deux sexes une classification des « goûts », des « dons », de toutes ces qualités positives et négatives liées au « destin » anatomique qui font que le latin et les mathématiques sont bien une affaire d'hommes.

Le projet d'une redistribution scolaire fondée sur le partage sexuel du monde social défendu par l'État français va mobiliser, pour des raisons à la fois idéologiquement proches et stratégiquement diversifiées, des défenseurs de l'enseignement privé catholique, des femmes d'influence sous influence du « féminisme chrétien », des opposants de longue date à l'École républicaine et à son idéologie méritocratique, plus ou moins proches des doctrines de l'Action française. C'est au nom de toutes les luttes sur la question scolaire, anciennes et plus récentes, auxquelles ils s'identifient, que les adeptes de la Révolution nationale vont réécrire le rapport des femmes à l'École et remettre au goût du jour de vieux systèmes de pensée sur l'éducation, nécessaire et suffisante, des filles. Encore une fois, la situation de crise et son élaboration prophétique produisent un phénomène de cristallisation idéologique qui conduit à durcir et à figer les schèmes classificatoires en leur redonnant un caractère d'éternité et les schèmes explicatifs en construisant un système clos définitivement fermé sur lui-même.

L'analyse des processus de production d'un discours restrictif sur l'enseignement féminin amène à poser l'hypothèse que la défense d'un « juste » enseignement des femmes et la défense d'un « juste » enseignement du peuple font système. Parler du rapport des femmes à l'École qui n'aurait rien d'autre à leur apprendre que ce qu'elles

1. L'Office français d'information, nouveau nom de l'agence Havas transformée en organisme d'État et en instrument de propagande, justifiait sa soumission inconditionnelle au nouveau régime, dans une lettre à ses seuls chefs de service, en se référant aux exemples espagnols, italiens et allemands, et en leur précisant : « Il va de soi qu'à l'heure où les circonstances commandent de tout faire pour aider au relèvement national, les dirigeants de l'Agence Havas ne pouvaient que seconder le gouvernement du Maréchal Pétain dans son entreprise de renouvellement discipliné de la pensée française » ; Jacques Polonski, *La Presse, la Propagande et l'Opinion publique sous l'Occupation*, Éd. du CDJC, 1946, p. 57-58.

doivent savoir pour continuer à être ce qu'elles sont, de génération en génération, depuis toujours et pour toujours – arts d'agrément, arts ménagers, gestion de l'intérieur bourgeois où se ressource l'élite masculine, gestion de l'intérieur populaire où les maris échappent à la promiscuité urbaine et politique –, c'est inséparablement parler du maintien ou du renouvellement des élites, de l'accès des classes moyennes et populaires à l'enseignement secondaire et supérieur, de la mobilité sociale par l'École, de la naissance et du mérite, du « déracinement » social. Parler de la place des femmes à l'École et donc de leur place dans le monde social, c'est parler de la place de chacun, homme ou femme, dans le monde social, et de la place de l'École dans la conquête, par chacun, de sa place sociale. Définir un *ordre sexuel* hiérarchique qui classe les cerveaux, c'est reconstruire un modèle éternel, parce que « naturel » et biologiquement « fondé », d'un *ordre social* hiérarchique légitimé par l'idéologie du *don naturel*. Aller contre ces deux ordres ainsi établis sur la nature des choses serait ouvrir la porte à toutes les perversions et à tous les effets pervers que porte en elle la production sociale de « déracinés », quel que soit le sexe auquel ils appartiennent.

L'idéologie des « *vraies* » *élites*, chère au régime, qui veut que chacun occupe au mieux la place à laquelle il est socialement prédestiné, fait de l'opposition masculin/féminin en matière scolaire une des clés de voûte de sa représentation hiérarchique de l'ordre social et de la disqualification corrélative de la promotion sociale par l'École. La prédestination biologiquement « attestée », qui opposerait ainsi la nature et les fonctions des apprentissages intellectuels masculins et féminins, est construite comme le modèle indépassable de toutes les prédestinations sociales contre lesquelles on ne peut aller sans risquer la débâcle. Les limites de l'action individuelle sont dès lors fixées par la préservation des traditions, dans l'esprit de la philosophie sociale de Taine qui imprègne ces leçons de morale sociale que sont *Le Jardin de Bérénice* et *Les Déracinés* de Barrès : les héros de ces deux livres font partie de ceux qui acceptent ces « fatalités » qu'il ne faut pas voir, dit Taine, « comme des formules abstraites, mais comme des forces vivantes mêlées aux choses, partout présentes, partout agissantes, véritables divinités du monde humain, qui donnent la main, au-dessous d'elles, à d'autres puissances maîtresses de la matière comme elles-mêmes le sont de l'esprit, pour former toutes ensemble le chœur invisible dont parlent les vieux poètes, qui circule à travers les choses et par qui palpite l'univers éternel »[2].

La production d'« éternel féminin » croise donc aussi le chemin des luttes entre les conceptions antagonistes des rapports entre ordre scolaire et ordre social qui ont construit la question scolaire comme question politique depuis l'instauration de l'École républicaine et même avant. Si elle est l'occasion de renforcer, dans un moment historique de conquête par les femmes de l'accès à l'enseignement secondaire et supérieur et aux espaces professionnels auxquels ouvre cet enseignement, la légitimité de la domination masculine, la violence qui s'y déploie doit être aussi rapportée à la violence récente des débats politiques et sociaux sur l'École.

### *La guerre scolaire des années 30*

Comme nous l'avons vu plus haut, la véritable percée des femmes dans l'enseignement secondaire se fera après la Première Guerre mondiale et ce n'est qu'en 1924, alors que la montée de la demande féminine d'instruction secondaire et supérieure est devenue un fait de société irréversible, que le secondaire féminin obtiendra le même statut que le secondaire masculin. C'est dans ce contexte que le roman de Victor Margueritte, *La Garçonne*, paru en 1922, connaît un extraordinaire succès de librairie (300 000 exemplaires vendus la première année et 1 million jusqu'en 1929) et fait l'objet d'un très large débat dans la presse[3]. L'héroïne de ce roman fait des études à la Sorbonne et, déçue par sa famille et son fiancé, acquiert l'indépendance sociale et sexuelle grâce à son travail. On ne comprendrait pas l'ampleur du scandale provoqué par ce livre (son auteur sera radié officiellement de la Légion d'honneur, mesure unique dans l'histoire de cette institution, et désavoué par la Société des gens de lettres dont il était vice-président et dont il démissionnera) s'il ne touchait au plus vif de questions que la société se posait sur elle-même et qui la partageaient profondément ; derrière la quasi-

2. Taine, *Essais de critique et d'histoire*, cité par Zeev Sternhell, *Maurice Bar rès et le nationalisme français*, *op. cit.*, p. 294.

3. Anne-Marie Sohn, « *La Garçonne* face à l'opinion publique : type littéraire ou type social des années 20 », *Le Mouvement social*, 80, 1972. Selon l'auteur, le nombre de lecteurs de ce livre peut être fixé de 12 à 25 % de la population adulte.

unanimité des accusations plus ou moins virulentes d'atteintes aux bonnes mœurs portées par la presse, on peut entendre également l'expression soudainement libérée d'une condamnation du droit aux études et au travail des femmes au moment même où ce droit est acquis[4]. Comme l'écrit, en 1922 également, Paul Bourget, à l'occasion d'une réflexion sur le féminisme qui préfigure la condamnation vichyste de l'« individualisme » encouragé par le système scolaire républicain : « C'est comme *individu* que la petite patricienne s'assied sur les bancs de la Sorbonne pour conquérir un savoir et des titres. C'est comme *individu* que la sténodactylographe s'assied devant sa machine à écrire, pour s'assurer une indépendance que jadis sa qualité de petite bourgeoise n'aurait même pas rêvée comme possible, pas plus que cette autre n'aurait rêvé de se faire une clientèle comme docteur ou comme avocat. Nous sommes donc en présence d'une des conséquences de cet universel mouvement qui d'une extrémité à l'autre de la société suscite les revendications personnelles. Les uns admirent cet individualisme comme un affranchissement et comme un progrès. Ceux-là sont tout naturellement féministes comme ils sont démocrates, socialistes, voire bolchevistes. Les autres dénoncent dans ce pullulement de volontés particulières une diminution de ce sens collectif dont la famille et la patrie restent les expressions supérieures. Qu'il y ait une menace d'anarchie dans l'individualisme, c'est trop évident »[5].

Mais les femmes ne sont pas les seules à bouleverser à cette époque le rapport entre ordre scolaire et ordre social, et la période de l'entre-deux-guerres est aussi hantée par la question de la démocratisation de l'enseignement et par le thème du « déclassement ». C'est en 1917 que ceux qui se dénomment les Compagnons de l'Université nouvelle, enseignants devenus jeunes officiers, commencent à mettre en cause, à Verdun, les structures enseignantes rigides et hiérarchiques ; en 1919, ils lancent un manifeste proposant de faire appel à tous pour refaire le pays, d'abattre les barrières primaire/secondaire, d'offrir à chacun sa chance scolaire quel que soit son milieu social d'origine en établissant la gratuité de l'ensei-

4. Dans les très nombreux romans qui suivront, plus paisiblement, la veine de *La Garçonne*, on trouve de nombreuses dactylos, médecins, avocates, « filles d'affaires », et les études figurent en bonne place : *Quand je serai bachelière*, *Les Deux Étudiantes* ; Anne-Marie Sohn, art. cité.

5. Paul Bourget, préface à Léontine Zanta, *Psychologie du féminisme*, Plon-Nourrit, 1922, p. X ; souligné par nous.

gnement secondaire et en réunissant enseignement primaire et petites classes des lycées[6]; c'est autour de ce programme, connu sous l'appellation d'« école unique », que les affrontements sur la question scolaire se développeront pendant les vingt années suivantes et constitueront l'héritage de Vichy dans un secteur clé de sa réflexion sur l'ordre social.

Si l'appellation d'« école unique » renvoyait principalement à la mise en place d'un enseignement élémentaire unifié donnant à tous les enfants les mêmes chances scolaires d'accès au secondaire, la formule devient rapidement, pour les conservateurs, le symbole d'une menace multiforme sur les humanités, sur les seuils quantitatifs et qualitatifs d'un secondaire réservé par définition au petit nombre et sur l'enseignement privé confessionnel, la gratuité du secondaire public devant, dans l'esprit de ses détracteurs, renforcer le monopole de l'État sur l'éducation en détournant la clientèle catholique la moins aisée. Dès 1919, en réponse à ces « menaces », est fondée une Association catholique des chefs de famille – et sa revue *École et Famille* – qui prend la tête du combat contre ce projet de réformes; animée par Jean Guiraud, rédacteur en chef de *La Croix* et spécialiste des questions scolaires, cette tribune va contribuer à politiser les options scolaires défendues par les Compagnons de l'Université nouvelle en les interprétant comme une attaque contre les droits des familles en matière éducative. Mais les catholiques n'ont pas le monopole de la langue de bois, et très vite les radicaux, et des anticléricaux professionnels comme Alphonse Aulard, vont faire à leur tour de l'« école unique » un cheval de bataille politique subordonnant les discussions proprement pédagogiques à des visées tactiques. Sous le Cartel des gauches, la politisation de la question scolaire emporte toutes les chances d'un réel débat social et technique : en octobre 1924, l'Association catholique des chefs de famille réunit 18 000 personnes contre l'« école unique », fille de l'« État athée », et, très vite, le général de Castelnau appelle à la création d'une Fédération nationale catholique qui diffusera largement cette propagande, tandis que le ministre de l'Instruction publique (François Albert) fait de son côté des tirades grandiloquentes contre les Jésuites.

En octobre 1926, Édouard Herriot, ministre de l'Instruction

6. Nous nous référons ici à John E. Talbott, *The Politics of Educational Reforms in France, 1918-1940*, Princeton, PUP, 1969.

publique du gouvernement d'Union nationale formé par Poincaré, entame des réformes ponctuelles visant à terme à instaurer la gratuité du secondaire et à supprimer les « collèges » (écoles secondaires municipales payantes qui concurrençaient les écoles primaires supérieures) ; ces mesures seront votées en mars 1930 et, en 1933, les sept classes des lycées bénéficieront de la gratuité, les questions de sélection, d'orientation et du statut des petites classes des lycées qui étaient, dans l'esprit des Compagnons, intrinsèquement liées à la gratuité du secondaire, étant laissées dans l'ombre. Sous le Front populaire, Jean Zay, le plus jeune ministre de l'histoire de la IIIe République[7], prolonge l'obligation scolaire jusqu'à 14 ans, prépare un « statut d'ensemble » aux trois ordres d'enseignement qui vise à transformer les classes élémentaires des lycées en écoles publiques alignées sur les programmes du primaire, à faire du certificat d'études primaires à la fois la sanction finale du primaire et l'examen d'entrée dans le secondaire, et à imposer à tous les élèves entrant au lycée une année de classe d'orientation pour définir le choix de la section secondaire : « La justice ne demande-t-elle pas, quel que soit le point de départ, que chacun puisse aller aussi loin et aussi haut que le lui permettent ses capacités, dans la direction qu'il a choisie ? », lit-on dans le préambule du projet. Par un décret de mai 37, le ministère commence à briser les barrières administratives entre primaire et secondaire, et crée des classes dites d'orientation dans une quarantaine d'établissements. La guerre stoppera net ce train de réformes. Pendant cette période, certains professeurs s'inquiètent du nombre d'élèves qui vont déferler dans les lycées et compromettre la qualité de l'enseignement ; après être restés stables de 1880 à 1930, les effectifs du

7. Avocat à Orléans, Jean Zay suscitait la méfiance de l'institution universitaire. En 39, il s'engagea comme officier de réserve. Il fit partie du groupe de députés qui tentèrent de gagner l'Afrique du Nord à bord du *Massilia* en juin 40 ; emprisonné par le gouvernement de Vichy sous prétexte de désertion, il rédigera en prison ses Mémoires, *Souvenirs et Solitude*, qui paraîtront en 1946 ; à l'occasion d'un transfert dans une autre prison, il sera assassiné par la Milice en juin 44. Jean Zay, un des grands accusés de la défaite, puisque l'École sert de bouc émissaire dès 40, aura été aussi une cible privilégiée des antisémites ; Philippe Henriot, le chantre radiophonique de la collaboration, écrira en 1942 un pamphlet, *Les Carnets secrets de Jean Zay*, et Céline avait pris l'habitude d'écrire « je vous Zay » pour « je vous hais » ; John E. Talbott, *The Politics of Educational Reforms in France, 1918-1940*, *op. cit.*, p. 210 ; Robert O. Paxton, *La France de Vichy*, *op. cit.*, p. 153 ; Michaël R. Marrus et Robert O. Paxton, *Vichy et les juifs*, *op. cit.*, p. 35.

secondaire montent en flèche, ce qui marque le début de ce qu'on appellera plus tard l'« explosion scolaire »[8].

A partir de 1926, moment où les projets d'« école unique » reçoivent un commencement d'exécution, les réactions d'opposition aux mesures prises et aux options sociales et éducatives qui les sous-tendent prennent trois directions principales. Tout d'abord, la défense catholique de l'enseignement confessionnel qui suscite les prises de positions d'institutions très traditionalistes et la création de nouvelles institutions : ainsi la gratuité du secondaire est désignée par la filiale féminine de la Fédération nationale catholique du général de Castelnau comme une mesure « antidémocratique, immorale et antisociale »[9]. En 1930, les associations vieillottes, comme l'Association catholique des chefs de famille, perdent de leur influence, concurrencées par une nouvelle venue, l'Association des parents d'élèves de l'école libre (APEL) qui annonce 52 000 abonnés à sa revue *École et Liberté* dès 1933 ; en 1938, l'APEL, tout comme la Fédération nationale catholique, s'élève violemment contre la mise en place des classes d'orientation où elle voit un plan « pour la mobilisation par un État totalitaire, dans un futur soviet, du matériel humain fabriqué par les mères et les pères »[10]. C'est dans ce contexte également qu'a lieu la création, en 1929, de l'École des parents, évoquée plus haut, qui veut lutter contre l'enseignement sexuel dans les lycées, sur la base, encore une fois, de la défense des prérogatives de la famille contre l'État éducateur.

Un second courant de réactions, que l'on pourrait dire plus politique, attaque ces projets et leurs débuts de réalisations sur le thème de la défense d'un secondaire fermé, majoritairement réservé aux enfants des classes dominantes et à quelques rares exceptions individuelles. Maurras trouve « démentes » toutes les mesures de rapprochement primaire-secondaire ; *Le Temps,* qui écrivait en 1922 que rien de bon ne serait fait « en mélangeant les manuels et les intellectuels », car les « élites du peuple » profiteraient davantage d'un type d'enseignement « particulier et séparé », en appelle au Parlement, en 1926, pour stopper « la dévaluation démagogique du

8. Voir Antoine Prost, *L'Enseignement en France, 1800-1967, op. cit.*

9. *Le Temps*, 14 nov. 29 ; dans son numéro du lendemain, le journal félicitera ces dames pour leur prise de position ; cité par John E. Talbott, *The Politics of Educational Reforms in France, 1918-1940, op. cit.*, p. 156.

10. *École et Liberté*, avr. 38.

secondaire » ; la direction de la Fédération des associations de parents d'élèves des lycées et collèges s'exprime en 1930 contre l'« école unique », à l'idée que les mesures qu'elle propose pourraient s'appliquer à des lycées prestigieux comme Louis-le-Grand [11].

Un troisième ensemble de réactions, plus tardives, témoigne d'une évolution des esprits ou, plus exactement, de l'existence de discussions internes qui nuancent les positions et laisseraient présager de véritables débats sur ces problèmes à la fois pédagogiques et sociaux. Ainsi *Le Temps* s'exprime d'une façon inhabituelle, en 1937, à propos des classes d'orientation dont il reconnaît qu'elles prennent en compte les droits des parents – Jean Zay avait précisé que les parents auraient toujours le droit de refuser une orientation ; certains courants catholiques, comme les dominicains qui s'expriment dans *La Vie intellectuelle* et *Sept*, considèrent que l'école unique est un pas vers plus de justice sociale, et seront plutôt favorables, comme *Esprit* et Daniel-Rops, aux classes d'orientation ; même l'APEL est divisée puisque son président Philippe de Las Cases et sa section assez progressiste de Lille ont une position relativement plus conciliatrice que l'ensemble du mouvement sur les classes d'orientation [12]. Dans ces mêmes années, les relations entre l'Église et l'État s'étaient détendues, et la question de l'aide de l'État à l'enseignement confessionnel privé avait commencé également à être prise en compte de façon plus sereine [13].

Malgré cet assouplissement des années 38-39, l'héritage de Vichy en matière scolaire est d'abord celui d'un champ de luttes qui a été très fortement marqué dans l'entre-deux-guerres par les affrontements propres au champ politique et par l'opposition Église/État. Et il n'est pas sans intérêt pour notre propos de souligner que le *conflit entre droits de la famille et droits de l'État* avait été l'un des points les plus brûlants du débat sur l'École unique. Construire l'École comme menace contre la famille, c'était à la fois et inséparablement défendre l'école confessionnelle, qui se donne comme l'« école des familles » [14], et défendre l'idée de la primauté de l'hé-

11. John E. Talbott, *The Politics of Educational Reforms in France, 1918-1940, op. cit*, p. 62, 144, 223.
12. *Ibid.*, p. 178 *sq.* et 218 *sq.*
13. Jacques Duquesne, *Les Catholiques français sous l'occupation, op. cit.*, p. 89-90.
14. Sur ce thème, voir François Bonvin, « Une seconde famille, un collège d'enseignement privé », *Actes de la recherche en sciences sociales*, 30, 1979.

ritage familial des positions et des dispositions que l'École n'a d'autre fonction que d'entériner, excluant de ses sections prestigieuses ceux qui ne sont pas socialement prédestinés à y entrer. Dans ce débat la place symbolique des femmes est centrale ; métaphoriquement, la relation des femmes à l'École permet de penser et d'imposer toutes les inégalités de « nature » entre les individus et l'École ; concrètement, la défense de la femme et de la famille éducatrices permet de privilégier la sélection sociale sur la sélection scolaire. Et ce n'est sans doute pas un hasard si l'antiféminisme connaît un retour en force dans les années 30, période la plus vive des affrontements sur la réforme scolaire : les filles ne comptent pas pour rien dans l'« explosion scolaire » et dans les menaces qu'elle fait peser sur l'élitisme secondaire à la fois parce qu'elles contribuent à l'accroissement des effectifs et parce qu'elles risquent de s'écarter du rôle de la mère éducatrice.

### *Les inspirateurs de la conception vichyste de l'École*

L'instauration de la Révolution nationale amènera un nouveau durcissement et un alignement de toutes les prises de positions contre tout ce qui touche de près ou de loin au programme de l'« école unique », marqués par une violence unanimiste centrée sur la recherche d'un bouc émissaire où se perdront les nuances qui commençaient à marquer le débat, y compris chez les opposants, dans l'immédiat avant-guerre. Ce phénomène de désignation du coupable a conduit notamment à un acharnement sur l'enseignement primaire[15], ses syndicalistes, ses pacifistes, ses communistes, ses francs-maçons, ses juifs, ses féministes, ses « moujiks femelles » comme disait Jean Ybarnégaray, bref tous les mauvais maîtres, et a même réussi à refouler le prix payé par le corps enseignant primaire pendant la guerre de 14 ; Pétain dira lui-même à l'ambassadeur Bullitt, en juillet 40, que la France a perdu la guerre parce que les officiers de réserve avaient eu des maîtres socialistes[16]. En fait, dans

15. Voir Rémy Handourtzel, « La politique scolaire, les instituteurs (1940-1944) », *Les Cahiers de l'animation*, INEP, 49/50, 1985.

16. Robert. O. Paxton, *La France de Vichy*, *op. cit*, p. 153. On peut penser également que cette condamnation massive et brutale de l'enseignement primaire et du système éducatif de l'avant-guerre et la stigmatisation particulière dont Jean Zay a été l'objet ont contribué à banaliser l'épuration antisémite dans l'enseigne-

leur grande majorité, les penseurs et les responsables de l'éducation de la Révolution nationale appartenaient au courant de réflexion sur l'École le plus conservateur et le plus belliqueux des années 30, le Cercle Fustel-de-Coulanges [17], né de l'Action française, où l'on peut voir un laboratoire d'idées antidémocratiques sur l'éducation, idées qui s'incarneront dans la politique scolaire de l'État français et, notamment, dans sa conception du rapport entre ordre scolaire et ordre social, entre reproduction sociale et méritocratie scolaire.

Les premières réunions des fondateurs du Cercle ont lieu en 1926 pour lutter contre le projet d'école unique, la « décadence » des études classiques, la gratuité du secondaire et l'« étatisation de toute l'éducation française » [18]. Son initiateur, Henri Boegner, professeur de lettres à Mulhouse puis à Paris, né dans une famille protestante de tradition républicaine, converti au catholicisme et passé au maurrassisme, va s'efforcer de rassembler des « membres de l'enseignement d'*origine française* » (comme le dit l'avis de création du Cercle en deuxième page de couverture du premier *Cahier*), des écrivains, des académiciens, des étudiants, futurs instituteurs de l'école normale d'Auteuil, normaliens d'Ulm et normaliennes de Sèvres fréquentant les conférences de Maurras, pour diffuser les idées de l'Action française dans l'univers enseignant et établir « la collaboration de l'école, de la famille et des grandes institutions de la vie nationale, régionale et corporative, pour le bien de l'enfant et la grandeur de la France » [19]. Le Cercle, officiellement fondé en 1928, édite une revue et organise des banquets présidés par des personnalités intellectuelles, politiques et militaires, dont les conférences sont reproduites dans les *Cahiers* : parmi elles, le maréchal

ment; pour une description de cette épuration et de sa banalisation bureaucratique, voir Claude Singer, *Vichy, l'Université et les juifs. Les silences et la mémoire*, Les Belles-Lettres, 1992.

17. L'annexion par l'Action française de cet historien, mort en 1889, eut lieu en 1905, soixante-quinzième anniversaire de sa naissance; bien qu'il n'eût été ni monarchiste ni catholique pratiquant, les nouveaux royalistes l'élurent comme un précurseur de leur vision nationaliste antigermanique avec l'autorisation de sa veuve; un comité fut créé qui excluait tous les universitaires ayant le moindre lien avec le parti dreyfusard; un scandale éclata qui amena quelques démissions, mais l'annexion fut finalement réussie, et Fustel de Coulanges figurera en bonne place au panthéon vichyste; Eugen Weber, *L'Action française*, *op. cit.*, p. 54-55.

18. Henri Boegner, « Une expérience d'un quart de siècle », *Cahiers du Cercle Fustel-de-Coulanges*, n^lle^ série, 1^re^ année, 1, déc. 1953.

19. *Ibid.*, et Eugen Weber, *L'Action française*, *op. cit.*, p. 296.

Lyautey, le général Weygand – le Cercle voulant œuvrer à rapprocher l'université et l'armée –, les académiciens Abel Bonnard, André Bellessort et Louis Bertrand, l'écrivain Daniel Halévy, Henri Massis, etc. Le Cercle revendique 1 400 membres en 1934 et rassemble 250 personnes à ses banquets annuels qui sont des événements parisiens. Le président et le secrétaire du Cercle seront membres de la Commission d'étude des questions de la jeunesse du Conseil national où ils auront la charge d'établir les « principes d'une éducation civique », et nombre des membres actifs auront des responsabilités dans l'éducation sous Vichy : Albert Rivaud et Abel Bonnard, le premier et le dernier ministre de l'Éducation nationale de l'État français, René Gillouin et Henri Massis, conseillers de Pétain, Serge Jeanneret [20], futur chef adjoint du cabinet d'Abel Bonnard, Bernard Faÿ qui remplacera Julien Cain comme administrateur général de la Bibliothèque nationale [21].

En juin 1935, le banquet du Cercle est présidé par Henri Massis qui avait publié en 1913, avec Alfred de Tarde et sous le pseudonyme d'Agathon, une enquête sur la « jeunesse d'élite », le réveil de l'« instinct national » et la « renaissance catholique », qui s'attaquait au régime parlementaire, à l'enseignement républicain, à la Sorbonne « qui compte tant d'éléments cosmopolites » et à l'« anarchie primaire » [22]. Contre l'internationalisme et le pacifisme, contre la morale laïque des maîtres de la Sorbonne, et notamment de Durkheim, Massis-Agathon encense le « goût de l'action », la « renaissance française », le « culte des vertus belliqueuses » et l'« idéalisme latin » des jeunes gens d'aujourd'hui dont il a sollicité les témoignages. Ce faisant, il préfigure tous les affrontements qui marqueront l'entre-deux-guerres et contribue à nourrir le refus de tous les processus de démocratisation du secondaire dont le cercle Fustel fera plus tard son credo. Ainsi, on peut lire dans l'enquête d'Agathon cette condamnation des élèves des sections modernes des

20. Serge Jeanneret est en 1936 secrétaire général de l'Union corporative des instituteurs, organisation professionnelle de droite qui combat le SNI ; en 1941, il publiera *La Vérité sur les instituteurs*, où il fustige l'enseignement primaire et appelle à l'épuration ; il finira par rejoindre Doriot.

21. J.A.D. Long, *The French Right and Education : the Theory and Practice of Vichy Education Policy, op. cit.*, p. 34, et Henri Boegner, « Le Cercle Fustel de 1939 à 1952 », *Cahiers du Cercle Fustel-de-Coulanges*, n[lle] série, 3/4, déc. 1955.

22. Agathon, *Les Jeunes Gens d'aujourd'hui. Le goût de l'action, la foi patriotique, une renaissance catholique*, Plon, 1913.

lycées dont on sait que le recrutement était moins bourgeois : « Nous ne pûmes jamais nous lier (dit un bachelier) avec les élèves de la section moderne. Ce qui éloignait d'eux, c'était l'impossibilité de mener en leur compagnie une conversation élevée, une de ces conversations de jeunes gens qui se nourrissent d'idées enthousiastes et de sentiments. Ils ne s'émouvaient jamais que pour un résultat immédiat, pratique. Presque tous affectaient un arrivisme sans noblesse »[23]. C'est ce même « arrivisme sans noblesse », ce goût pour le « résultat immédiat », que les penseurs conservateurs de l'éducation ont longtemps reproché aux filles qui s'aventuraient dans le secondaire et que l'on avait maintenues si tardivement dans une section moderne au rabais qui ne préparait même pas au baccalauréat. Armée de la culture classique qui « assure à la conscience je ne sais quel désintéressement », l'élite des jeunes gens d'aujourd'hui, chère à Massis, a pourtant elle aussi le goût de l'action et veut construire un « ordre des mœurs » marqué, souligne-t-il, par le « souci précoce d'une carrière » et « l'acceptation, dès le début de la jeunesse, des responsabilités du mariage et de la famille » ; la « tendance à l'égalité des sexes » aura eu ainsi pour effet de faire éclore les vocations de jeunes pères de famille libérés de « l'esprit d'analyse et du libertinage » pour retrouver la force des « sentiments naturels »[24]. Cette modalité de la vie amoureuse des « vraies » élites sera construite en norme sous la Révolution nationale, comme seront intimement associées dans le processus de *rééducation nationale* qui sous-tend son projet éducatif, la critique de l'intellectualisme et celle des mauvaises mœurs.

Héritier direct, par le canal de l'Action française et de théoriciens comme Massis, de la vieille tradition antirépublicaine de critique de

23. *Ibid.*, p. 59.

24. *Ibid.*, p. 60 *sq.* En 1914, un professeur de lycée, Amélie Gayraud, publiait *Les Jeunes Filles d'aujourd'hui*, enquête auprès de l'élite féminine lycéenne : le catholicisme y est moins militant que chez les jeunes gens d'Agathon, et elles refusent le destin « lamentable » des « jeunes filles à marier », l'exercice d'un métier permettant de « choisir tranquillement l'homme de notre rêve », tout en s'accordant « à donner la priorité aux travaux nécessaires à la famille : le mari et les enfants d'abord ! Mais presque toutes souhaitent une conciliation possible » ; cité par Maurice Crubelier, *Histoire culturelle de la France*, *op. cit.*, p. 289-290. Le moins qu'on puisse dire est que l'enquête sur les jeunes filles n'aura pas la postérité de celle d'Agathon, son enjeu n'apparaissant pas comme politique, et il a fallu toute la curiosité de Maurice Crubelier pour que son existence nous soit connue.

la nouvelle Sorbonne, incarnée à ses yeux par Lavisse, Durkheim et Seignobos, du kantisme, de l'internationalisme intellectuel et de la sociologie, de la science morale enseignée dans les écoles normales et de la « prétention » « primaire » des « primaires » [25], qui s'était exprimée avec force au tournant du siècle, le Cercle Fustel-de-Coulanges développe, dans les années 30, une remise en cause totale de la conception républicaine de l'éducation depuis Condorcet où l'on trouve toutes les lignes directrices des réformes entreprises par Vichy ; l'héritage vient donc de loin. Au banquet annuel de 1932, présidé par le maréchal Lyautey, Louis Dunoyer, le président du cercle, professeur de sciences à la Sorbonne, est applaudi quand il s'écrie : « Au cercle Fustel de Coulanges, nous disons : la démocratie, voilà l'ennemi » [26], tandis qu'Henri Boegner écrit que l'intelligence et la démocratie sont incompatibles, la première étant fatalement sacrifiée à la seconde [27]. L'« école unique » est bien évidemment au cœur de ces attaques puisqu'elle est « née d'une nuée – l'Égalité – qu'anime en définitive un sentiment assez bas – l'Envie » ; et pour lutter contre la « philosophie primaire », « ravivée par l'enseignement de la sociologie », qui défend l'égalité des chances, l'auteur propose que les instituteurs reçoivent désormais leur « culture générale » dans les lycées, dans un genre de « section normale » proche de latin-sciences, afin de subir l'influence, bénéfique sur le jugement social, des humanités [28]. Enfin, l'esprit de jouissance (dans le sens, très politique, de brûler les étapes sociales) est déjà stigmatisé et sa filiation bien tracée : « Il a fallu la philosophie individualiste des Droits de l'Homme séparés de ses Devoirs, pour que le peuple, voulant jouir dès la première génération de ce qu'autrefois il préparait et mûrissait en deux ou trois générations, tendît vers un nivellement négateur de toute discipline » [29].

De 1932 à 1939, le cercle multiplie les contacts avec les officiers,

25. Sur ce point et sur la coupure symbolique et pratique entre enseignements primaire et secondaire telle qu'elle s'est construite dans les débats politiques entre républicains et conservateurs autour de l'obligation scolaire dans les années 1880-1914, voir Francine Muel-Dreyfus, *Le Métier d'éducateur*, *op. cit.*, p. 17-89.

26. Eugen Weber, *L'Action française*, *op. cit.*, p. 297.

27. « Intelligence et démocratie », *Cahiers du Cercle Fustel-de-Coulanges*, 2, déc. 28.

28. P. Dufrenne (inspecteur primaire d'origine paysanne converti au catholicisme, un des fondateurs du cercle), « L'école unique », *ibid.*, 5, mai 29.

29. A. Debailleul, « La formation de l'élite », *ibid.*, 6, juill. 29.

et Pétain devient un de ses héros : « Son discours au Banquet de la *Revue des deux mondes* en 1934 avait été consacré au problème de l'éducation. Il y avait énoncé des idées bien proches des nôtres » ; entré en relation avec le général Weygand, le secrétaire du cercle est présenté à Pétain avec lequel il a deux longs entretiens en 1936 ; l'article de Pétain sera commenté dans un banquet et ses thèmes largement diffusés par le cercle[30]. Pétain défendait dans cet article un « véritable système d'éducation nationale » basé sur le « resserrement des liens entre l'école et l'armée » afin d'« établir la charte de l'enseignement patriotique à l'école » et de « préciser et fixer les devoirs de tous ». Si cette attaque contre l'École, relayée un peu plus tard par Weygand, eut autant d'écho, c'est qu'elle intervenait au moment même où Pétain était le héros de la campagne de presse qui promouvait sa candidature au poste de sauveur-dictateur. Mais l'intérêt du maréchal pour l'éducation nationale était bien réel et il aurait souhaité prendre en charge le ministère de l'Instruction publique, plutôt que le ministère de la Guerre, dans le gouvernement Doumergue en 1934 – « Je veux m'occuper des maîtres d'école communistes », disait-il[31]. Après la défaite, les officiers de l'« armée d'armistice », tolérée par l'occupant, s'inscriront dans cette tradition, défendant, après Lyautey[32], l'idée que l'école et l'armée ont les mêmes fonctions, former la jeunesse, et doivent travailler ensemble ; les généraux surveilleront et commenteront les réformes scolaires successives de Vichy, et leur insistance sur la nécessité d'une régénération morale menée conjointement à l'action sur l'École leur permettra de privilégier la thèse des causes morales de la défaite, laissant dans l'ombre ses raisons militaires ; les Chantiers de la jeunesse seront l'une des expressions de cet investissement par lequel l'armée se donne pour la prolongation de l'École et la véritable « école du caractère » qui s'accompagne d'une critique de l'intellectualisme, de l'université, de l'« école unique », de l'instruction des filles et des

30. Henri Boegner, « Le cercle Fustel de 1939 à 1952 », art. cité ; sur les positions de Pétain et Weygand sur l'éducation dans les années 35, voir J.A.D. Long, *The French Right and Education*, *op. cit.*, p. 57 *sq.*

31. Richard Griffiths, *Pétain et les Français*, *op. cit.*, p. 205.

32. Lyautey avait publié anonymement dans la *Revue des deux mondes*, en mars 1891, un article qui devint l'une des bibles de la pensée de droite sur l'École, « Le rôle social de l'officier dans le service militaire universel », où il élargissait les fonctions d'encadrement de l'armée à l'ensemble de la formation de la jeunesse et dessinait un nouveau type de chef.

maîtres de l'enseignement primaire, et salue le retour d'une École qui ne doit pas seulement instruire dans une visée individualiste mais « adapter les jeunes à la famille, au travail, à la communauté »[33].

Dans son livre de 1937, *Comment élever nos fils ?*, le général Weygand avait déjà tracé le programme de cette rééducation scolaire sous le patronage des officiers-éducateurs. Les filles sont aussi absentes de la réflexion que du titre de l'ouvrage, ce qui laisse augurer de la place scolaire que l'ordre nouveau leur assignera. « La France n'est pas dotée d'un véritable système d'éducation nationale. Une grande voix s'est élevée pour le dire, celle d'un conducteur d'hommes, humain et ferme, Monsieur le Maréchal Pétain qui, par le redressement qu'il opéra en 1917 du moral de notre armée, s'est montré sans doute le plus grand éducateur de notre temps ». Pour Weygand, *l'éducation et l'instruction sont inséparables* puisque, comme le dit Le Play, il ne s'agit pas tant de former « à être des hommes de métier qu'à faire un métier d'homme » : « L'instruction sans l'éducation ne vaudrait rien, tandis que l'éducation même sans instruction resterait profitable au bien commun ». Cette primauté de l'éducation doit inspirer la « collaboration du maître et de l'officier » afin de remettre en honneur « le respect de l'autorité », bafoué par les syndicats de fonctionnaires hantés par la lutte des classes, de développer « la valeur morale du travail manuel » et de former de vraies élites, car « la France voit peu à peu ses élites s'enliser dans la médiocrité par l'égalisation par le bas ». La primauté de l'éducation sur l'instruction – « la diffusion du savoir n'améliore pas l'homme » – permet de repenser la notion funeste d'égalité des chances au profit de l'égalité ultime que partageraient les pères de famille. « On poursuit l'égalité dans l'ordre matériel où elle est chimère et on oublie de la chercher dans l'ordre moral qui seul peut la procurer : dans le milieu le plus modeste, le chef de famille, qui n'était tout à l'heure qu'un *rouage infime* dans une usine ou une administration, peut redevenir, une fois rentré chez lui, *l'égal d'un prince* dans l'accomplissement de ses devoirs vis-à-vis de ses enfants et des satisfactions qu'il en retirera »[34]. Dans cette conception, issue d'une

33. Robert O. Paxton, *Parades and Politics at Vichy, the French Officer Corps under Marshal Pétain, op. cit.*, chap. 6, « The Officers Turned Schoolmasters ».
34. Général Weygand, *Comment élever nos fils ?*, Flammarion, 1937, p. 40, 42 ; souligné par nous.

longue tradition de droite, du rapport entre ordre scolaire et ordre social qui voit dans l'instruction séparée de l'éducation un facteur de démoralisation, c'est finalement la hiérarchie familiale, « naturelle » et « éternelle », et la prééminence de la famille sur l'École qui vont permettre en remettant l'École à sa place de remettre chacun à sa place sociale et les femmes à la place qu'elles n'auraient jamais dû quitter.

L'engagement du cercle Fustel dans la Révolution nationale est immédiat et sans hésitation, ce qui ne surprend pas si on prend au sérieux l'idée que, pour ce groupe, la réalisation d'une véritable réforme éducative ne pouvait avoir lieu que dans le contexte d'un bouleversement politique total[35]. Et pour ses dirigeants, pourtant férus d'honneur militaire, la réforme de l'École vaut bien la résistance à l'occupant : « Lors donc que, au lendemain de la défaite écrasante, le Maréchal Pétain invita les Français à "tirer tout son fruit de la calamité", nous répondîmes à son appel qui nous parut nous armer pour deux tâches essentielles. 1° Montrer à des jeunes gens, dévorés du désir de laver la honte de la défaite, d'autres manières de servir la France que d'exciter par des gestes, vains d'ailleurs, la férocité d'un vainqueur maître absolu d'une population désarmée. 2° Amorcer les grandes réformes que l'éducation française attend depuis un siècle »[36].

### *Une politique scolaire élitiste*

La réforme de l'éducation nationale est l'un des objectifs prioritaires du régime ; elle est à l'ordre du jour à Vichy dès le 4 juillet 40, en plein drame de Mers el-Kébir[37], et dans son message, « Politique sociale de l'éducation », paru dans la *Revue des deux mondes* le 15 août 40, le maréchal en livre les principes. « Il y avait à la base de

35. J.A.D. Long, *The French Right and Education, op. cit.*, p. 36.

36. Henri Boegner, « Le cercle Fustel de 1939 à 1952 », art. cité, p. 165, 167.

37. Rémy Handourtzel, « La politique scolaire et les instituteurs », art. cité. Nous ne nous proposons pas ici de rentrer dans le détail de la politique scolaire de Vichy, mais seulement de dégager ses éléments pertinents pour le développement de notre propos sur les fonctions politiques de la re-production d'« éternel féminin » dans le domaine éducatif. Le travail le plus complet sur le sujet est la thèse de J.A.D. Long, *The French Right and Education, op. cit.*, dont la publication en français serait précieuse.

notre système éducatif une illusion profonde : c'était de croire qu'il suffit d'instruire les esprits pour former les cœurs et pour tremper les caractères. Il n'y a rien de plus faux et de plus dangereux que cette idée. [...] Vous le savez bien, parents qui me lisez : un enfant bien élevé ne s'obtient pas sans un usage vigilant, à la fois inflexible et tendre, de l'autorité familiale. La discipline de l'école doit épauler la discipline de la famille. [...] Nous nous attacherons à détruire le funeste prestige d'une pseudo-culture purement livresque, conseillère de paresse et génératrice d'inutilité ». Ainsi, l'école primaire doit être réorganisée « selon des programmes simplifiés, dépouillés du caractère encyclopédique et théorique qui les détournait de leur objet véritable », et une place plus large doit y être faite aux travaux manuels « dont la valeur éducative est trop souvent méconnue ». Pour le maréchal, l'école unique, « c'était un mensonge parmi beaucoup d'autres ; c'était, sous couleur d'unité, une école de division, de lutte sociale, de destruction nationale. Nous qui avons horreur du mensonge, nous entreprenons de faire pour vous, pour la France, la véritable École Unique ; *celle qui mettra tous les Français à leur place*, au service de la France ; celle qui, leur accordant toutes les libertés *compatibles avec l'autorité nécessaire*, leur concédant toutes les égalités *compatibles avec une hiérarchie indispensable*, fera de tous les Français les servants d'une même foi »[38].

Entre 1940 et 1944, la politique scolaire a été tiraillée entre des priorités contradictoires défendues par des personnalités différentes – sinon opposées, comme le montrent par exemple la rivalité et les options divergentes sur le rapport Église/École des ministres Jacques Chevalier et Jérôme Carcopino –, soumise aux pressions de l'occupant qui impose Abel Bonnard en avril 42, marquée de façon très vive par la question de l'enseignement confessionnel privé et fortement touchée par l'épuration antisémite. Comme le met en évidence J.A.D. Long, l'histoire scolaire de Vichy montre elle aussi que le régime n'était pas monolithique mais constitué de groupes et d'intérêts en conflits, les rivalités, ressentiments et coteries se donnant libre cours dans une situation qui avait ouvert la voie à des luttes de pouvoir obéissant à de nouvelles règles. Il reste que les grandes options éducatives de la Révolution nationale reprennent les positions conservatrices qui se sont exprimées avant-guerre

38. Maréchal Pétain, *La France nouvelle, principes de la communauté, op. cit.*, p. 45-54 ; souligné par nous.

contre l'« école unique » et la « déqualification » du secondaire, l'« anarchie » primaire, la séparation de l'éducation et de l'instruction qui pourvoit d'armes dangereuses les nouveaux venus au savoir et concurrence le pouvoir éducatif familial sur la scène publique et sur la scène privée, la certification scolaire des qualifications sociales qui tendrait à imposer un mode scolaire de reproduction des dominants et à encourager les dominés à brûler les étapes et à s'aveugler sur les limites d'une assimilation qui porterait la marque de l'« envie », de l'« égoïsme », de l'« individualisme », tous ces stigmates du déracinement. Ce sont tous ces thèmes qui nourrissent le texte de Pétain. On y retrouve aussi son anti-intellectualisme et sa mise en cause de l'instruction au profit de l'éducation morale, tels qu'il les avait exprimés dans sa défense du programme des Croix de Feu entre les deux tours des élections de 1936 : « Les Croix de Feu représentent un des éléments les plus sains du pays. Ils veulent défendre la famille. J'approuve cela. Tout part d'elle. [...] Je vois que les Croix de Feu se préoccupent aussi du perfectionnement moral et spirituel de la jeunesse. Vous savez que c'est une idée qui est mienne depuis longtemps. On ne peut rien faire d'une nation qui manque d'âme. C'est à nos instituteurs, à nos professeurs de la forger. Nous ne leur demandons pas de faire de nos enfants des savants. Nous leur demandons d'en faire des hommes et des Français »[39].

Parmi les réformes importantes – outre l'épuration politique, syndicale et raciale et la dissolution de toutes les associations de fonctionnaires[40] – qui vont dans le sens de ces options idéologiques, on peut citer principalement : la suppression des écoles normales d'instituteurs, ces « séminaires malfaisants de la démocratie »[41], celle des conseils départementaux de l'enseignement primaire et du deuxième cycle du primaire supérieur absorbé par l'enseignement secondaire, toutes ces mesures étant destinées à lutter contre le dangereux « esprit primaire », bastion de l'idéal éducatif républicain ; le rétablissement du secondaire payant à partir de la classe de troisième, le retour au primat du latin et des lettres contre les mathématiques, le

39. « Le mot d'ordre du maréchal Pétain : Rassemblement national, entretien avec Jean Martet », *Le Journal*, 30 avril 1936, cité par Richard Griffiths, *Pétain et les Français, 1914-1951*, *op. cit.*, p. 227.

40. Sur les mesures disciplinaires prises dès 1940, voir *Les Documents français*, *La Réforme de l'enseignement*, janv. 41.

41. L'expression est de Pierre Pucheu, cité par Robert O. Paxton, *La France de Vichy*, *op. cit.*, p. 156.

rétablissement des classes élémentaires dans les lycées, visant à restaurer l'élitisme du secondaire [42] ; l'établissement de programmes de travaux manuels distincts pour la ville et la campagne, les garçons et les filles, « les "citoyens éclairés" (de la IIIe République) faisant place à des membres de communautés différentes », selon la formule de Robert Paxton.

*Le Temps* justifie les réformes entreprises en traçant cet historique de la menace qu'a représentée à ses yeux l'« école unique », menace enfin écartée : « Le dessein véritable de ses initiateurs était de créer à côté de l'enseignement secondaire "bourgeois", classique et traditionaliste, un enseignement primaire prolongé qui était destiné à se confondre avec l'enseignement secondaire moderne ou plutôt à absorber celui-ci ; il s'agissait de jeter un "pont" entre l'enseignement primaire proprement dit et l'enseignement supérieur. Cet enseignement de classe devait naturellement éliminer au bout du compte l'enseignement secondaire traditionnel. L'École unique, pour tout dire, était d'abord une *machine de guerre révolutionnaire* » [43]. A travers le commentaire du *Temps*, les enjeux politiques de la réforme scolaire sont clairement posés ; il ne doit pas y avoir de « pont » entre l'enseignement primaire et l'enseignement supérieur, et le lycée doit demeurer « "bourgeois", classique et traditionaliste », la suppression des écoles normales et l'obligation, pour les futurs instituteurs, de passer le baccalauréat devant mettre fin à la culture politique propre à l'enseignement primaire : « De sa familiarité directe ou indirecte avec les humanités, l'instituteur retirera cet esprit de sagesse et de tolérance que nous ont légué les maîtres de l'antiquité. Un funeste divorce moral, qui risquait d'aller s'élargissant, sera ainsi évité. Divorce moral qui était en même temps un divorce social » [44].

42. Les commentaires du ministre montrent bien ces enjeux : la gratuité est pour lui un « mythe funeste » fruit d'une « législation démagogique », le retour au secondaire payant devant permettre que « les leçons du maître, au lieu de se perdre dans l'anarchie des classes surpeuplées, recouvrent leur efficacité dans l'atmosphère assainie d'un milieu scolaire normalement équilibré » ; allocution radiodiffusée de Jérôme Carcopino, le 3 septembre 41, dont le texte est reproduit dans *Le Temps*, 5 sept. 41. Les bourses sont accordées aux élèves ayant obtenu une moyenne de 12/20, alors que le non-boursier peut passer dans le second cycle avec une moyenne de 10/20.

43. « La réforme de l'enseignement, historique », *Le Temps*, 11 sept. 41 ; souligné par nous.

44. *Ibid.*

Aux débats complexes des années 35 sur l'« école unique » où s'étaient nuancées les positions des opposants de départ sur la base d'une reconnaissance de fait de la montée de la demande scolaire, sur la base aussi, pour les courants catholiques progressistes, d'un souci de justice sociale accrue, Vichy va encore une fois apporter des réponses simples. *Parmi ces réponses simples, le rapport nécessaire et suffisant des filles à l'École.* L'ordre social doit suivre celui des corps : corps d'homme, corps de femme, corps de bourgeois, d'ouvrier ou de paysan, corps dépositaire du « vrai » apprentissage, celui qui ne s'apprend pas à l'école mais par l'acceptation de sa place dans la lignée, l'héritier se laissant hériter – les « vraies » élites – et les autres ne se laissant pas prendre aux mirages du déracinement social. Comme le dit, après Barrès, Gustave Thibon, l'égalité sociale est un leurre funeste : « De l'égalité des *âmes* devant Dieu, on tire aussi l'égalité des *membres de la société* entre eux. L'égalitarisme chrétien, fondé sur l'amour qui élève, implique le *dépassement* des inégalités naturelles ; l'égalitarisme démocratique, fondé sur l'envie qui dégrade, consiste dans leur *négation* »[45]. La version féminine du déracinement, de l'« envie », ce maître mot de la philosophie sociale de Vichy, c'est la scolarisation-professionnalisation des femmes qui les a conduites à « nier » leur « destin » biologique au lieu de le « dépasser » en se coulant dans les moules symboliques et pratiques de la « culture du sacrifice ».

### *L'éloge de l'ignorance féminine*

Les compagnons de route de l'Action française qui se soucient de la question scolaire et ont participé à l'élaboration du projet éducatif du cercle Fustel-de-Coulanges que le gouvernement de Vichy va s'employer à mettre en œuvre, comme René Benjamin, Albert Rivaud ou Abel Bonnard, ne dissocient pas leur stigmatisation de la scolarisation des filles de leurs attaques du « primaire », de leur condamnation de la sociologie en la personne de Durkheim et de leur défense de l'élitisme secondaire, montrant ainsi que *la question scolaire féminine est bien une question politique*, les femmes pouvant tout « naturellement » devenir exemplaires du mauvais

45. Gustave Thibon, « Christianisme et démocratie », *La Revue universelle*, 10 juill. 41 ; souligné par l'auteur.

usage social de la scolarisation, celui qui remet en cause toutes les prédestinations.

En 1941, René Benjamin publie *Vérités et Rêveries sur l'éducation*, dont *La Revue universelle* donne de larges extraits la même année, conférant ainsi à ce texte le statut d'un manifeste pour la réorganisation de l'enseignement. Contre l'« esprit primaire », les francs-maçons, la sociologie, les juifs et la science, pour les humanités, l'instruction des enfants à la maison jusqu'à 12 ans, le secondaire payant et le « mystère », cet ouvrage trace un panorama effarant des ravages exercés par l'« envahissement » du secondaire par ceux qui n'ont pas « vocation » à y entrer et, notamment, par la scolarisation secondaire des filles. Il constitue donc une expression exemplaire de cette forme de condamnation de l'École de la République qui associe pêle-mêle la défense du latin et d'un secondaire élitiste, et la stigmatisation des « outsiders », « primaires », femmes et juifs. « Il faut sérieusement décourager ces troupeaux d'écoliers qui se ruent vers le secondaire. Osons dire que cet enseignement doit être *privilégié* ». Pour éviter de fabriquer « des ratés, des aigris, des émeutiers », on doit rendre aux études secondaires leur « désintéressement » : on ne cultive bien que l'élève qui n'a « aucun souci d'avenir », « aucune peur de vivre ». « Cette peur a vicié le sens des études en ces dernières années, et c'est elle qui a jeté dans cet enfer tant de malheureuses jeunes filles aux côtés d'infortunés garçons. [...] Je tiens à dire la pitié que j'ai eue pour tous ces pères qui me confiaient avec solennité : "Je peux mourir demain. J'ai voulu que ma fille ait le bachot, une licence, l'agrégation, son doctorat. Au moins elle ne crèvera pas de faim". Avec des airs graves, quels étourneaux ! Un vieux médecin qui y a été voir (il est attaché à la préfecture de police) me disait récemment : – à Paris, il y a trois cents licenciées en droit qui font le trottoir !... A la bonne heure ! Voilà un résultat imprévu, et qui fait rire ! Oh ! on ne rit pas de la prostitution. On rit en songeant où s'égare le droit, et en se rappelant ces pères de famille si sûrs d'eux-mêmes. Ils se contentent d'empoisonner et d'anémier leur fille. Ils l'empoisonnent de notions inutiles. Ils l'anémient, ce qui est coupable, avant d'aborder le mariage, qui le premier jour est une joie, mais une épreuve ensuite. Il faut y regarder à deux fois avant d'instruire les filles. Leur donner toutes les sciences sans la règle pour les contenir, c'est les charger d'explosifs. Je n'offenserai personne en disant que ce sont des créatures fragiles : on ferait mieux de préserver leurs nerfs. C'est grâce à leurs nerfs qu'elles comprennent si vite, qu'elles s'assimilent si bien, qu'elles devancent si merveilleusement les garçons ; mais c'est avec les mêmes nerfs, prématurément usés, qu'elles mèneront des vies de folles, en rendant fous lesdits garçons. Et les études auront accéléré la folie. [...] Le sens juste de la vie (et c'est cela le sommet de la culture) doit venir à la jeune fille par d'autres procédés qu'au jeune homme. Une fille doit d'abord *être le double de sa mère*, à la maison et dans la famille, voilà l'essentiel »[46].

Dans ce texte dont chaque terme devrait être commenté tant y est rassemblée en un minimum d'espace la quasi-totalité des schèmes sur la « nature » féminine et sur les espaces féminins légitimes qui se déploient sous l'État français, René Benjamin condamne d'abord clairement à son tour le « féminisme convulsé » sur lequel, vingt ans plus tôt, Joseph Barthélemy avait jeté l'opprobre : « Je n'ai pas l'intention de m'étendre beaucoup sur l'instruction des filles. C'est un sujet où les esprits se montent trop facilement. Il est à peu près impossible de dire là-dessus rien de vrai. On se trouve aussitôt entouré de femmes véhémentes qui s'apprêtent à vous arracher les yeux ». La métaphore psychiatrique, qui permet de convoquer l'expertise médicale au tribunal de l'histoire, et l'assimilation des licenciées en droit aux prostituées qui font le trottoir évoquent immédiatement les jugements de la pensée conservatrice sur les dirigeantes du mouvement féministe. Comptant une forte proportion d'universitaires et particulièrement de licenciées en droit – l'une des plus célèbres d'entre elles, Maria Vérone, étant avocate –, elles ont été souvent qualifiées de prostituées, de déséquilibrées et de demi-savantes. Benjamin ne fait jamais plus que de donner une version dure, dans un moment de revanche, de l'opposition entre les deux modèles d'identité féminine qui se sont affrontés jusqu'alors autour de la question centrale de la scolarisation-professionnalisation des femmes : avocates, médecins, universitaires, toujours suspectes d'immoralité et de déséquilibre psychique, ou mères de famille n'intervenant dans l'espace public qu'au nom de la défense des mères et de la famille. Ce texte soumet les femmes à l'expertise de ceux qui sont donnés comme leurs mentors naturels, les vieux médecins liés à la police des mœurs, et alerte sur l'explosion, toujours à redouter, du débordement propre à ce sexe et au lien fatal qu'il entretiendrait

46. René Benjamin, *Vérités et Rêveries sur l'éducation*, Plon, 1941, p. 185-187 ; souligné par l'auteur.

avec la folie ; prématurément usées par le travail intellectuel – comme les prostituées par le travail sexuel –, les femmes instruites doivent disparaître au profit de l'« éternel féminin », les filles devant être, éternellement, les « doubles » de leurs mères. La scolarisation qui « empoisonne » les filles et les « anémie » compromet définitivement leur seule activité légitime, celle de reproductrices. Pour conclure son propos, René Benjamin prend l'exemple de l'Inde où il voit réalisé le modèle du partage des sexes qu'il appelle de ses vœux. « Je penserais assez volontiers comme les Hindous que la femme est plus noble que l'homme, et que c'est cette noblesse qu'il faut cultiver, au lieu de lui inculquer des notions de chimie. Si vous avez une fille, au lieu de lui faire faire une thèse, préparez-la donc à sa tâche, qui est d'aider un homme et de l'affiner » [47]. Évelyne Sullerot signale l'écho et la révolte qu'ont suscités sous l'occupation cette dénonciation de la prostitution des licenciées en droit alors qu'elle-même était jeune lycéenne. « Notre voisine m'appelle dans sa cuisine pour me montrer cet article “à vous qui êtes tout le temps dans vos dictionnaires latins et grecs”. Je reviens rêveuse à la maison demander à ma mère ce que veut dire “faire le trottoir”. [...] Le soir, je reçus d'elle un bref complément à mon éducation sexuelle mais surtout j'appris qu'il fallait coûte que coûte défendre l'intelligence contre cette marée de mensonges avilissants et qu'à 15 ans une collégienne pouvait, à sa manière, être en première ligne de la résistance » [48].

Mais la métaphore médicale ne parle pas seulement d'ordre des corps, elle parle aussi d'ordre social. « Donner la science sans la règle pour la contenir » et, du coup, charger des êtres « fragiles » d'« explosifs », selon les termes de Benjamin, c'est très exactement ce que les conservateurs reprochaient à l'obligation scolaire républicaine à la fin du XIXe siècle : « Nos pères n'auraient pas compris que l'on prétendît élever un enfant sans l'instruire, mais ils n'auraient pas davantage admis que l'on se proposât de l'instruire sans l'élever, c'est-à-dire qu'on lui mît *une arme dans la main* sans

47. *Ibid.*, p. 188. Pour une fois, René Benjamin n'est pas d'accord avec le maréchal qui, inaugurant à Montpellier en 1941 de nouveaux bâtiments universitaires, se voit offrir un bouquet par une étudiante. « Quelles études poursuivez-vous, mademoiselle ?, demande-t-il. – Des études de chimie, monsieur le Maréchal. – Ah, très bien ! C'est ce qui ressemble le plus à la cuisine ! » ; souvenir personnel rapporté in Yvonne Knibiehler et Catherine Fouquet, *Histoire des mères, op. cit.*, p. 325.

48. Évelyne Sullerot, « La condition féminine dans la France de Vichy », dans l'encyclopédie *Les Années 40*, Taillandier/Hachette, 34, 16 mai 79, p. 945.

l'avertir à quelles occasions, dans quels cas et surtout *avec quelles précautions*, il en pourrait user »[49]. Proche de l'Action française, ami de Léon Daudet et admirateur de Maurras auquel il consacrera un portrait exalté (*Charles Maurras, ce fils de la mer*), René Benjamin se situe dans la continuation directe des pourfendeurs de l'École républicaine du tournant du siècle avec des essais polémiques d'une grande violence comme *La Farce de la Sorbonne* (1921) et *Aliborons et Démagogues* (1927). Dans l'entre-deux-guerres, il suscite l'indignation et la colère du corps enseignant primaire et des défenseurs du projet scolaire républicain en multipliant les conférences sur le « péril primaire » à l'occasion desquelles il bénéficie parfois de l'appui musclé des camelots du roi locaux pour empêcher les protestataires de s'exprimer[50]. Définissant les « primaires » comme les « nouveaux riches de l'intelligence », « grisés » à l'image des « vendangeurs ivres sans avoir bu », il retrouve tout naturellement, quand il s'attaque aux institutrices en traçant le portrait d'une congressiste venue des Basses-Pyrénées, le ton de l'expert psychiatre pour décrire la « crise », le « balbutiement », le « rire nerveux » de l'oratrice, ce qui l'amène à conclure que « les femmes sont faibles, qu'elles ne sont pas faites pour les assemblées, et que les militantes sont inquiétantes »[51]. Parler des femmes de l'École et des femmes à l'École permet aux idéologues conservateurs d'introduire dans leur critique de l'École cette dimension d'insanité qui fonde la rhétorique prophétique.

Abel Bonnard, activiste du cercle Fustel, avait écrit en 1926 *Éloge de l'ignorance*, où il associait de la même façon le « danger d'apprendre » pour les hommes du peuple et pour les femmes, et réha-

49. F. Brunetière, « Éducation et instruction », *Revue des deux mondes*, 15 févr. 1895 ; souligné par nous.

50. Il rapporte ainsi qu'à Loches, où la police quadrille les rues à l'occasion de sa venue, les jeunes gens de l'Action française vident les instituteurs syndiqués : « Ils s'avancèrent à cinq hommes pour chaque laïque. Le public se taisait et regardait. Chaque laïque fut empoigné, soulevé de son siège, retourné, maintenu les pieds en l'air, et sorti dans cette position, en silence, sans un geste de trop, au milieu de l'admiration. Ce fut d'une prestesse, d'une assurance, d'une dignité ! Il n'y a que les Pompes funèbres pour enlever les corps avec cette noble maîtrise ». Mais les choses ne se passent pas toujours aussi « dignement », et, à Épinal, des ouvriers et des instituteurs se mobilisent contre sa venue, le sifflent dans les rues et frappent les vitres de sa voiture. A la Chambre, ses articles dans *L'Avenir* sur le congrès d'instituteurs de Strasbourg suscitent un débat ; René Benjamin, *Aliborons et Démagogues*, Arthème Fayard, 1927, p. 182, 168 et 154.

51. *Ibid.*, p. 84.

bilitait l'ignorance des simples, « fermement établis à leur place, patriarches et magistrats dans leurs familles, vieilles femmes consacrées aux soins du foyer comme des prêtresses obscures », contre la « barbarie du savoir », les « fontaines publiques d'instruction » et ces « milices de maîtres » qui veulent « prouver aux inférieurs que l'infériorité n'existe pas, qu'il n'y a de différences entre les hommes que selon les circonstances où ils ont été placés et que leurs aptitudes sont égales ». Et les femmes sont exemplaires de ce qu'il désigne comme la confusion de l'époque : « La façon dont certaines sont attirées par le vocabulaire des sciences ne laisse pas de rappeler l'avidité avec laquelle les filles des tribus sauvages se jettent sur la pacotille qu'un marchand étranger déballe sous leurs yeux. [...] La plupart des femmes n'étudient qu'à condition d'y gagner *tout de suite*. Le jargon d'école exerce sur elles un tel attrait, que cela même les empêche d'aller jusqu'aux choses qu'il recouvre. Même dans l'étude, elles n'échappent pas à *leurs nerfs*. Il leur faut des coups de théâtre, des vertiges, des pâmoisons. La précision les ennuie : ce sont les Bacchantes de la connaissance. [...] Tristes, lasses, incertaines et bavardes encorc, c'cst alors qu'elles peuvent *servir d'enseigne* à l'immense confusion de leur temps et, malgré l'extrême différence des conditions et des apparences, elles ne laissent pas de rappeler le *pauvre ouvrier liseur désordonné*, dont je parlais tout à l'heure »[52]. Nommé ministre de l'Éducation nationale dans le ministère Laval en avril 42, Bonnard, lié à l'équipe de l'hebdomadaire fasciste *Je suis partout* depuis 1936, défend l'idée d'une élite possédant du « caractère » et condamne « l'abject érotisme répandu chez nous dans ces derniers temps », mélange de polissonnerie du XVIIIe siècle et de « lourde sensualité juive »[53]. A la manière d'Agathon-Massis qui, dans un même élan, dénonçait « l'arrivisme sans noblesse » des élèves des sections modernes, ces nouveaux venus au secondaire, et encensait la vocation de jeunes pères de famille dont témoignaient ceux qui constituaient à ses yeux la « jeunesse d'élite », libérée à la fois de « l'esprit d'analyse et de libertinage », Bonnard défendra à son tour en mai 1942 le couple idéal de la Révolution nationale, la

52. Abel Bonnard, de l'Académie française, *Éloge de l'ignorance*, *op. cit.*, p. 9-15, 40-42 ; souligné par nous.

53. Abel Bonnard, *Pensées dans l'action*, 1941, cité par J. Mièvre, « L'évolution politique d'Abel Bonnard (jusqu'au printemps 1942) », *Revue d'histoire de la Deuxième Guerre mondiale*, 108, oct. 1977.

critique réunie de l'intellectualisme et des mauvaises mœurs permettant à nouveau de fonder un ordre social « sain » : « Que règne désormais entre les Jeunes Gens et les Jeunes Filles de notre France cette camaraderie franche et gaie, sans pruderie et sans équivoques, qui exclut toutes familiarités interlopes et qui ne permet pas d'autre amour que celui qui unira loyalement des époux » [54].

Les « vraies » élites se marient jeunes et l'altruisme au féminin, c'est le désintéressement à l'égard de toutes les formes de « profit immédiat », celles qui pervertissent le « bon » usage de l'enseignement secondaire. Comme « la femme est plus noble que l'homme », selon la formule de Benjamin qui retrouve aisément la vieille rhétorique catholique d'ennoblissement de la « nature » féminine fondatrice d'assujettissement féminin, elle peut donner l'exemple, à tous les nouveaux venus au secondaire, ces « nouveaux riches de l'intelligence » avides de jouissances immédiates, de la patience sociale, condition première du « bon » usage du savoir, cet « explosif » qu'il faut manier avec précaution. Qu'elles se contentent de ce qu'elles ont de toute éternité, cet « instinct » qui les met en communication avec la nature – semblables en cela à ces « simples » de bon aloi, les paysans et les artisans philosophes chers à Bonnard, à Pourrat et à Thibon, dont les pensées reflètent le miroir des saisons – et les met à l'abri de l'« envie », ce péché capital que porte en elle la démocratie. « On reste comme désappointé de voir la femme dépérir en elles, à mesure qu'elles étudient davantage. L'essence de leur nature n'est pas de connaître mais de sentir. Ce qui les distingue, c'est d'avoir gardé l'instinct. Elles sont les miroirs du ciel, les sœurs des nuées. On regarde dans leurs yeux le temps qu'il va faire et, quand elles étendent le bras pour reprendre leur manteau, il semble que leur geste va ramener tout le paysage » [55].

### *Une sous-culture scolaire féminine*

Dans le domaine de l'éducation nationale, l'arrivée au pouvoir d'un gouvernement de Révolution nationale va mobiliser *de façon totalement nouvelle*, puisque l'École républicaine et notamment

54. Circulaire ministérielle parue dans *Information universitaire*, 16 mai 42 ; cité par J.A.D. Long, *The French Right and Education*, *op. cit.*, p. 249 ; venant d'un célibataire dont les liaisons homosexuelles faisaient scandale, la circulaire a sans doute laissé perplexes les enseignants.

55. Abel Bonnard, *Éloge de l'ignorance*, *op. cit.*, p. 44.

l'enseignement primaire sont sévèrement condamnés, muselés et mis au pas, les tenants d'un ordre scolaire privilégiant l'éducation sur l'instruction (le « caractère » sur l'« esprit », comme dit le maréchal), la famille sur l'école, le secondaire élitiste où les humanités dominent sur tous les projets de démocratisation de l'enseignement regroupés sous le vocable d'« école unique », et tous ceux qui luttent pour la parité reconnue et garantie par l'État de l'enseignement confessionnel privé et de l'enseignement public. De nombreux intérêts différents convergent donc pour appuyer le projet éducatif de la Révolution nationale. L'ancienneté et la force des luttes qui ont marqué le champ universitaire depuis les années 1880, la charge politique des options éducatives nationales dans les années 30, la concurrence, toujours reprise et renouvelée, entre l'Église et l'État, la situation de crise et l'arrivée d'un pouvoir fort de droite qui réduit au silence les adversaires d'hier, vont contribuer à durcir les positions et à favoriser les surenchères. Face à la campagne antilaïque que développe *La Croix* dès juillet 40 et qui appelle à l'épuration dans l'enseignement primaire, Paul Baudouin déplore auprès du cardinal Gerlier l'action de certains ecclésiastiques : « J'ai dit au cardinal que je considérais cette attitude comme dangereuse, qu'il ne fallait qu'à aucun prix la situation apparaisse comme une revanche sinon de l'Église du moins des gens d'Église »[56]. Exemplaire de ces outrances revanchardes, le bilan des avantages de la situation que fait Paul Claudel dans son Journal le 6 juillet 40 : « La France est délivrée après soixante ans du joug du parti radical et anticatholique (professeurs, avocats, juifs et francs-maçons). Le gouvernement invoque Dieu et rend la Grande-Chartreuse aux religieux. Espérance d'être délivré du suffrage universel et du parlementarisme ; ainsi que de la domination méchante et imbécile des instituteurs qui lors de la dernière guerre se sont couverts de honte. Restauration de l'autorité »[57]. On est bien dans l'ordre de la « rééducation nationale », comme le dit un éditorial du *Temps* qui livre l'inconscient de la réforme scolaire du régime, cet inconscient chargé d'histoire où la rééducation féminine occupe une place de choix. « Pour l'instruction, la première chose à faire est sans doute de lui rendre de la probité. On la répan-

56. E. Maillard, « La réforme de l'enseignement », *Revue d'histoire de la Deuxième Guerre mondiale*, numéro spécial *Vichy et la jeunesse*, 56, 1964, p. 47.
57. Cité par Richard Griffiths, *Pétain et les Français, op. cit.*, p. 305.

dait à flots, comme une monnaie avariée par l'inflation. On voyait croître chaque année le nombre effarant de bacheliers ignares et de licenciés qu'un diplôme stérile jetait dans une impasse. Un relèvement sévère du niveau des études doit rendre sa valeur à la culture vraie. En même temps, une organisation scolaire où presque tout est à fonder doit ouvrir des chemins vers tous les métiers et tous les horizons aux jeunes gens qui méritent mieux, par leur caractère et leurs aptitudes, que de faire des “intellectuels” ratés ». Ainsi, à l'école primaire, on ne doit pas élever toutes les fillettes « comme si elles devaient être demoiselles des postes ; tous les garçons comme de futurs employés de chemin de fer. Nous avons besoin de ménagères, de laboureurs, d'artisans ». L'éducation doit l'emporter sur l'instruction, car « il faut former des hommes pour qui l'attitude la plus naturelle ne soit plus les mains dans les poches, la semelle traînarde et le mégot collé à la lèvre. Il faut retrouver la femme française – elle n'est pas si loin et le modèle n'en est pas perdu – qui, tôt levée dans sa maisonnette, rend la vie de l'homme plus plaisante par l'ordre et l'économie qu'elle y met »[58].

Sous le régime de Vichy va donc s'« inventer », au carrefour de toutes ces luttes héritées, une *culture scolaire féminine*, une cartographie des aptitudes et des territoires intellectuels légitimement féminins et un balisage des espaces professionnels féminins autorisés. Même si la question du rapport masculin/féminin est centrale dans sa vision de la remise en ordre du monde social, l'État français n'aurait jamais réussi, par l'action de ses seuls services officiels, à développer la rhétorique de cette exclusion particulière et à lui donner chair. Le travail d'imposition d'une « juste » définition du rapport des femmes à l'École et au savoir et l'effet de violence symbolique qu'il a produit tiennent pour beaucoup à l'identification à ce nouvel ordre de valeurs d'un vaste ensemble d'institutions qui avaient depuis longtemps partie liée avec la défense de l'éducation familiale et de cette « seconde famille » qu'est l'enseignement privé contre le monopole d'État d'enseignement laïc. Et finalement, il est difficile de dire à qui revient la paternité de tel ou tel projet éducatif visant à démarquer l'instruction des filles de celle des garçons, tant les offres de service, les propositions de réformes, les conseils d'applications, les remises au goût du jour de vieux classements et

58. André Rousseaux, « Le ministère de la rééducation nationale », *Le Temps*, 29 juin 40.

de vieilles institutions, présentées soudainement comme la préfiguration de ce nouvel âge d'or, précèdent, accompagnent et suivent les moindres propositions des ministères concernés. Pour les femmes d'élite comme pour les femmes du peuple, et pour les femmes d'élite qui éduquent les femmes du peuple, la culture du sacrifice tient prêt un stock inépuisable d'images du savoir féminin nécessaire et suffisant et du bon usage féminin du savoir.

Intellectuelle catholique d'influence, Léontine Zanta, première Française docteur en philosophie avec une thèse soutenue en 1914 sur *La Renaissance du stoïcisme au XVIe siècle*, théoricienne du « féminisme chrétien » avec *Psychologie du féminisme*, paru en 1922, rappelle à l'ordre familial pétainiste les étudiantes des années de l'avant-guerre. « Que nos jeunes intellectuelles le comprennent et qu'elles fassent loyalement leur examen de conscience. [...] Je crois que beaucoup parmi elles, si elles sont sincères et loyales [...] m'avoueront qu'elles voulaient s'assurer une situation pour l'avenir si elles ne se mariaient pas, ne trouvant pas mari à leur goût, ou par horreur de la besogne d'un foyer [...], ce qui veut dire que les malheureuses, dans leur aveuglement ou leur inconscience, ne voyaient pas que tout cela n'était qu'égoïsme, individualisme coupable, et que c'était de cette maladie que la France se mourait ». Aujourd'hui, il faut donc « accepter l'épreuve » et regarder la vie « bien en face avec les yeux purs, le regard direct de notre vierge lorraine. C'est à vous qu'il appartient comme à elle, il y a plus de cinq siècles, de sauver la France ». Mais, pour redevenir les héroïnes du relèvement national, les femmes n'ont tout simplement, en 1940, qu'à faire fructifier leur culture au foyer : « On ne vous dit point d'y renoncer mais de l'apporter à votre mari dont vous pouvez être l'intelligente collaboratrice, à vos enfants. Ayez le courage de l'endurance, de la patience ; notre Chef aussi vous le recommande et, avant de le critiquer, agissez, l'action montrera votre vraie valeur plus que tous les diplômes »[59].

Dans l'enseignement secondaire qui ne concerne pratiquement que les jeunes filles issues de la bourgeoisie, le décret du 15 août 1941 de la réforme Carcopino apporte peu de bouleversements sinon de spécifier dans son article 4 que « l'enseignement des

59. Léontine Zanta, « La femme française d'aujourd'hui », *Voix françaises*, 12 sept. 41.

jeunes filles comporte des disciplines spéciales *conformes à leurs aptitudes et à leur rôle*; en corrélation, les programmes d'autres disciplines sont allégés »; mais dans les épreuves du baccalauréat on ne trouve qu'à l'oral, et parmi les épreuves facultatives, deux épreuves « spéciales aux jeunes filles » – la musique et l'enseignement ménager –, les garçons ayant comme épreuve facultative une deuxième interrogation de mathématiques; les épreuves écrites et orales obligatoires sont les mêmes pour les deux sexes dans toutes les sections des deux baccalauréats; jusqu'à la première, les filles font une heure de gymnastique en moins remplacée par une heure d'enseignement ménager; en classes de philosophie et de mathématiques les horaires des différentes disciplines sont rigoureusement identiques, la seule différence restant l'heure obligatoire d'enseignement ménager pour les jeunes filles[60]. Dans la lettre au maréchal par laquelle il présente cette loi, Carcopino précise: « Les jeunes filles recevront un enseignement spécial adapté à leurs dispositions et à leur rôle et faisant une grande part à la couture, à la cuisine, à l'hygiène et à la puériculture »[61]. Dans son commentaire sur la réforme de l'enseignement secondaire de jeunes filles, *Le Temps* désigne par le terme « enseignement de discipline féminine » la musique et l'enseignement ménager, et précise : « Les disciplines intellectuelles seront aménagées en *assouplissant l'égalité* [la formule fait rêver] avec les garçons par la rupture de l'égalité scientifique en seconde et en première »[62].

Dans l'enseignement primaire, les travaux manuels et les sciences appliquées reçoivent un contenu différent pour les garçons et pour les filles, différent également pour les écoles de garçons urbaines et rurales préparant au destin d'ouvrier ou de paysan (dans les premières, la construction de la maison, le bricolage, les outils, les

60. *Journal officiel*, 2 sept. 41, p. 3698-3710.

61. Loi du 15 août 1941 relative à l'organisation générale de l'enseignement public, *La Réforme de l'enseignement, Les Documents français*, sept. 41.

62. *Le Temps*, 4 sept. 41 ; nous n'avons pas trouvé trace de cette mesure dans le *Journal officiel* et il est probable que *Le Temps* prend ici ses désirs pour des réalités, ce qui n'enlève rien à l'impact de sa formulation. L'abolition de l'« égalité scientifique », qui obligeait jusque-là à suivre en classes terminales le même nombre d'heures de mathématiques quelle que soit la section, concernait apparemment les deux sexes; Carcopino voyait dans l'égalité scientifique une « suralimentation pédagogique » et surtout « un privilège inadmissible conféré aux sciences » au détriment du latin-grec; Jérôme Carcopino, *Souvenirs de sept ans, op. cit.*, p. 419.

machines, dans les secondes, ce qui concerne la ferme et l'agriculture). Les filles du peuple apprennent la cuisine, le ménage, l'entretien des vêtements, l'hygiène, la puériculture, la gestion du jardin potager et d'agrément et du petit élevage ; on est frappé de voir combien cette nouvelle spécialité féminine de l'enseignement élémentaire est détaillée cette fois-ci dans le texte de loi – la partie hygiène par exemple comporte onze rubriques, ce qui en fait l'équivalent d'une formation d'aide soignante –, la formation ménagère semblant essentielle pour les classes populaires dans l'esprit du législateur. Au certificat d'études, la distinction filles-garçons est maintenue jusque dans les épreuves écrites, la question de sciences portant pour les filles sur « l'enseignement ménager, l'hygiène, la puériculture, l'horticulture », et, pour les garçons, sur « les sciences appliquées à la vie rurale ou à la vie urbaine » ; les exercices pratiques suivent les mêmes divisions dans la seconde série d'épreuves [63]. La simplification des programmes pour les enfants du peuple s'accompagne d'un ferme recentrage des disciplines scolaires masculines et féminines, la préparation au « réel » devant prévenir les aigreurs, les envies, les déclassements qu'aux yeux du régime le funeste esprit primaire – et son « mauvais petit savoir », selon la formule toujours active de Guizot – répandait à flots. Signe de l'intérêt que Vichy attache à ces aspects pratiques de l'éducation du peuple, le choix du sujet des conférences pédagogiques pour l'automne 41 : les instituteurs ruraux sont invités à réfléchir sur « l'importance de l'enseignement agricole et de l'enseignement ménager pour la rénovation nationale et sur l'organisation de cet enseignement à l'école primaire » [64].

La division sexuelle de l'univers scolaire est donc beaucoup plus nette dans le primaire que dans le secondaire où il a sans doute semblé difficile au législateur de revenir sur l'égalité, récemment acquise, des lycées de filles et de garçons qui témoignait de la montée de la demande féminine de scolarisation-professionnalisation dans les classes moyennes et supérieures dont l'État avait fini par prendre acte [65] ; dans le primaire, elle prend toute son ampleur

63. *Journal officiel*, 2 sept. 41, p. 3710-3716.

64. Circulaire du 12 sept. 41, citée par J.A.D. Long, *The French Right and Education*, *op. cit.*, p. 224.

65. Signe de la vigueur de l'investissement féminin du secondaire qui a sans doute fait reculer le législateur des temps de crise, le fait qu'à Paris, en 1942, on enregistre un plus fort pourcentage d'admissions de filles que de garçons au

et fonde un véritable projet de société. Commentant sa réforme, Carcopino plaide pour le respect scolaire de la différence des « natures » : « Dans l'enseignement secondaire, j'ai impérativement encouragé le travail manuel chez tous : l'étude du dessin chez les garçons, celle de la musique chez les filles. De même à l'école primaire, j'ai orienté les garçons vers l'enseignement technique agricole et les filles vers l'enseignement ménager et la puériculture [...]. Partout, j'ai préféré l'*unisson* à l'unité, dans l'espérance que cette *harmonie* préluderait à celle de la Cité ; et avec la certitude que l'instruction publique atteindrait d'autant mieux ses fins d'éducation nationale qu'elle se serait *modelée sur la nature* des jeunes gens dont il s'agissait d'accroître la valeur humaine »[66].

Mais bien que les réformes scolaires définissant une culture scolaire féminine s'attachent principalement à l'enseignement primaire et n'apportent que peu de changements dans l'enseignement secondaire, la redéfinition d'État d'une distinction masculin/féminin dans l'ordre scolaire est immédiatement interprétée comme *une invite à repenser tout l'enseignement des filles*, dans le primaire, le secondaire et le supérieur. En commentant et en élargissant ce programme de rééducation nationale qui tend à construire une culture scolaire spécifiquement féminine, les tenants de la distinction entre un ordre masculin et un ordre féminin de l'accès au savoir vont donc soumettre toutes les filles, quelle que soit leur origine sociale, à la logique de la restriction des apprentissages intellectuels ; ce faisant, ils se proposent de canaliser également la scolarisation secondaire des femmes dans des circuits séparés, abolissant ainsi la menace de la compétition avec les hommes, et délimitent un espace des métiers féminins qualifiés qui ont pour fonction centrale l'apprentissage aux autres femmes, et notamment aux femmes des classes populaires rurales et urbaines, du seul métier pour lequel elles soient vraiment faites, le métier de mère.

---

diplôme d'études primaires préparatoires (DEPP), cette préfiguration de l'examen d'entrée en sixième, mis en place par Carcopino ; Wilfred D. Halls, *Les Jeunes et la Politique de Vichy, op. cit.*, p. 43.

66. Jérôme Carcopino, *Souvenirs de sept ans, op. cit.*, p. 420 ; souligné par nous. Plus haut, Carcopino écrit que la première mesure qu'il prend en tant que nouveau directeur, en août 40, de l'École normale supérieure de la rue d'Ulm – « pour ramener dans la maison l'ordre que j'y avais connu » – est d'en exclure les femmes qui y suivaient l'enseignement depuis l'entre-deux-guerres et de les renvoyer à Sèvres (p. 179).

De juillet à septembre 41, préparant en quelque sorte la réception de la réforme Carcopino dans l'« opinion publique », *Le Temps* publie quinze articles sur les débouchés du baccalauréat qui déclinent au masculin les carrières ouvertes aux jeunes gens de la bourgeoisie et redonnent ainsi à ce diplôme que le projet d'école unique avait voulu, selon lui, dévaloriser en l'ouvrant à tous son caractère de sélection sociale. Le dernier article de la série conjugue le malthusianisme social au féminin et fait la liste des carrières « spécialement ouvertes » aux jeunes filles diplômées : en tête, l'enseignement féminin, les infirmières et les assistantes sociales; puis, « spécialement réservé aux jeunes filles ayant une licence ou un diplôme technique et de bonnes connaissances en langues étrangères », la pratique de la sténodactylographie et les postes de secrétariat. Pour les carrières « semblables aux hommes », le journal est pessimiste : plutôt que de devenir ingénieur, il conseille le « technique » pour devenir aide-ingénieur et même, avec un peu de sténodactylographie, secrétaire technique; dans les carrières administratives, la tendance est maintenant de « limiter le recrutement des femmes », se réjouit le journaliste; en médecine et en pharmacie où l'encombrement règne, les jeunes diplômées devraient s'installer à la campagne dans une spécialité de soins aux femmes ou aux enfants, ou devenir herboristes; enfin, dans les carrières juridiques « saturées », elles n'ont qu'à se faire « les auxiliaires et les secrétaires de confrères déjà installés »[67]. Dès octobre 40, dans les débuts enthousiastes de la Révolution nationale qui autorisaient à dire tout haut ce que l'on pensait tout bas, le ton était à l'ironie et le baccalauréat féminin présenté comme un péché de jeunesse – d'une société et de femmes revenues à la raison – dont il n'y avait plus vraiment à s'inquiéter : « Des journaux ce matin s'emplissent des listes de bacheliers d'octobre. Au long de ces listes beaucoup de noms de jeunes filles. Un jour viendra peut-être où le nom des femmes sera publié dans les journaux parce qu'elles auront donné naissance à un quatrième enfant. Quelles étaient les aspirations ou les ambitions des jeunes filles qui viennent de conquérir un diplôme dont la fortune singulière est d'être d'autant plus envié qu'il est plus répandu. Mon Dieu, elles n'avaient ni aspirations, ni ambitions. Dociles, elles suivaient le grand courant [...]. Reçue avec mention. Elle a la supériorité de ne pas être plus exubérante, écarte le manuel

67. Les enquêtes du *Temps*, « Le bachelier au seuil des carrières. XV. Pour les jeunes filles », *Le Temps*, 12 sept. 41.

et reprend le crochet. Dans quelques années, entourée de ses enfants, elle fera encore du crochet et leur contera ce qu'elle avait écrit dans sa brillante composition sur les apports du romantisme. A le conter, elle éprouvera une gentille satisfaction un peu vaine. Cependant elle sera heureuse au fond parce que le tricot l'aura emporté sur le bachot »[68].

La question de l'enseignement privé est centrale dans les rapports entre l'Église et le gouvernement de Vichy[69], qui accordera aux écoles confessionnelles des subventions considérables, la condamnation politique ambiante de l'enseignement public laïc contribuant de son côté à favoriser le militantisme des associations représentant l'enseignement « libre », leur politique de conquête et leur volonté d'imposition de valeurs éducatives qui défendent la prééminence de la famille sur l'École. Il n'est donc pas étonnant que la rencontre entre le maréchal et les Associations de parents d'élèves de l'enseignement libre (APEL), qui avaient lutté contre les projets d'école unique et les classes d'orientation de Jean Zay à partir des années 30[70], soit placée sous le signe de l'élection : « Bordeaux, le 1er juillet 1940. Monsieur le Maréchal, Au nom des cent vingt mille familles françaises inscrites dans les associations régionales qui forment l'Union nationale des APEL, je viens remplir auprès de vous un devoir, celui de vous dire combien ces familles sont aujourd'hui de cœur et d'action avec vous. [...] Les paroles que vous avez prononcées, les consignes que vous avez données, ont eu dans la nation un retentissement profond. Mais personne en France ne les a accueillies avec plus d'émotion que nous-mêmes, parce que nous y avons trouvé *l'écho, amplifié mais fidèle*, de tout ce que nous avons pensé, écrit, déclaré depuis dix ans que notre Association s'est formée parmi les familles dont les fils et les filles sont confiés à l'enseignement libre »[71]. Dans le

68. Ernest Charles, « Ces bachelières... », *Le Temps*, 20 oct. 40.

69. Voir Jacques Duquesne, *Les Catholiques français sous l'occupation, op. cit.*, chap. 4, « Problème scolaire et politique religieuse ».

70. « Au père, à la mère, incombe le grand devoir de la recherche de la vocation de leurs fils et filles. Sous le proconsulat de M. Jean Zay, de maçonnique mémoire, nous avons vu des tentatives d'orientation professionnelle monopolisée et étatisée. Nous les avons dénoncées en leur temps. C'était l'époque où de tous les instituteurs primaires publics on prétendait faire les grands dictateurs de l'orientation » ; Henri David, « L'orientation professionnelle et la famille », *École et Liberté*, organe des devoirs familiaux d'éducation publié sous la direction des APEL, mai 43.

71. *École et Liberté*, juin-juill.-août 40 ; souligné par nous. Dans l'éditorial, « L'éclatante leçon des faits », le journal revendique « l'immense avantage » de

numéro suivant, le triomphalisme des APEL s'exprime sans entraves – « Depuis dix ans, nous nous préparons à vivre cette heure qui a enfin sonné, celle où la famille française remise en possession de la plénitude de ses droits pourra les exercer » [72] – et l'association ne cessera d'appeler à une étroite collaboration des « pères de familles » avec les pouvoirs publics auxquels elle propose sans relâche ses propres projets de réformes, reprenant à son compte les prescriptions éducatives du maréchal – notamment la nécessité de former les cœurs et les caractères plutôt que d'instruire les esprits. Du côté du cœur, les femmes bien sûr, et les porte-parole de l'association attirent, dès septembre 40, l'attention des pouvoirs publics sur les diplômes, les programmes et l'éducation des jeunes filles qui « ne se distingue nullement de celle des garçons ce qui est un non-sens ». Leur volonté de mettre en place un enseignement spécifiquement féminin au niveau national (« dominé par l'idée que la vocation normale de la jeune fille est d'être épouse et mère ») s'accompagne, encore une fois, de la revendication d'un secondaire élitiste (« payant et réservé à une partie de la jeunesse » et « fondé sur l'enseignement littéraire »), d'un primaire allégé (« rudiments », « initiation au travail manuel », « exaltation des vertus familiales »), d'un enseignement professionnel pratique (« répétition systématique de gestes précis », « culture générale administrée avec prudence ») et d'une orientation professionnelle bien comprise (« chaque homme a été créé avec des dons qui lui assignent une certaine place ») [73].

Une vaste enquête sur *L'Éducation des filles* va donc occuper plusieurs mois, d'octobre 40 à juin 41, les responsables des APEL en zone occupée et en zone libre et, notamment, Henri David qui la présente et la commente dans la revue du mouvement puis dans la brochure qui lui sera spécialement consacrée [74]. Les questions

---

« savoir ce que nous voulons et de pouvoir proposer au pays un programme à appliquer sans une heure de retard s'il ne veut pas périr ». Le soutien aux options politiques du régime ne se démentira pas et, en mars 1943, au nom de la lutte contre le « bolchevisme », un article justifie ainsi le STO : « Le travail des Français en Allemagne n'est pas une conséquence de la défaite. C'est le concours de la France à l'édification de l'Europe nouvelle et à la défense de la civilisation ».

72. *École et Liberté*, sept.-oct.-nov. 40.

73. « Le point de vue des APEL sur une réforme de l'enseignement, note présentée à Monsieur le Secrétaire d'État à l'Instruction publique », *École et Liberté*, mars 41.

74. Associations des parents de l'enseignement libre, *L'Éducation des filles*, *op. cit.* Henri David, délégué à la propagande de l'Union nationale des APEL,

posées aux parents d'élèves, aux éducateurs et aux « jeunes » étaient les suivantes : « Êtes-vous satisfaits de l'éducation que reçoivent actuellement les filles ; souhaitez-vous des réformes profondes dans les méthodes, les plans et programmes, les horaires ; voulez-vous que l'éducation des filles soit différente de celle des garçons ; quelles seraient vos propositions ? ». L'enquête se donne explicitement comme un moyen de pression sur les pouvoirs publics, « au moment où s'élaborent les plans de la future réforme de l'enseignement »[75] : dans la brochure où sont présentés les résultats nationaux de l'enquête, parue après la loi Carcopino du 15 août 41, les APEL reconnaissent avec satisfaction que plusieurs de leurs demandes ont été prises en considération, ainsi l'imposition de matières spéciales d'enseignement réservées aux filles. Mais il s'agit d'aller beaucoup plus loin et de mettre en place une « culture féminine » de l'école primaire élémentaire (où il faut « avoir le souci déjà d'éveiller et d'entretenir chez l'enfant ce qui est féminin »), au technique (chargé de former aux « métiers féminins qu'il faut savoir retrouver et remettre en honneur ») et au secondaire qui devra comporter des « parties spéciales pour chaque sexe ». Car « la place de la femme est au centre et au cœur du foyer. Si elle ne l'occupe pas, c'en sera fini de cette rénovation nationale à laquelle on nous convie, mais que nous n'obtiendrons pas si nous n'en prenons pas les moyens. Dans les temps de crise, on réquisitionne les citoyens. La crise existe, elle est grave. Elle ne sera conjurée que par la réquisition des épouses et des mères. L'éducation de la jeune fille doit constituer une préparation lointaine mais effective à l'indispensable fonction conjugale et mater-

---

écrit également régulièrement dans *La Légion* sur tout ce qui concerne la famille ; en 1928, professeur à la faculté catholique de Lille, il est directeur de *La Voix des familles*, organe de la puissante Fédération des unions de familles nombreuses du nord de la France ; en 1931, il est chargé de lancer la revue des APEL, *École et Liberté*, publie en 1932 *La Liberté d'éducation dans la famille* et se prononce en 1934 en faveur du vote familial ; Robert Talmy, *Histoire du mouvement familial en France*, *op. cit.*, t. 2.

75. Dès octobre 40, les APEL avaient envoyé une note au ministère sur la réforme des programmes scolaires féminins où elles annonçaient leur enquête et voyaient « l'heure venue » et la « nécessité d'aller très vite » : « Nous sommes à pied d'œuvre. Construisons » ; « Culture féminine. L'éducation des filles », *École et Liberté*, janv. 41. L'impact de ce volontarisme militant a sans doute été grand au ministère de l'Éducation nationale qui doit rallier au nouveau régime toutes les bonnes volontés.

nelle. *Cela sous peine de mort pour le pays.* Il y a ici, on le voit, une question très vaste. *Il y a toute l'organisation de la vie sociale* »[76]. Donc plus de femmes dans les « carrières masculines », mais, si nécessité d'un métier il y a, « un enseignement supérieur des femmes donnant l'accès aux plus hauts degrés des carrières sociales et familiales » où elles auraient « la possibilité de *servir*, qu'elles passent ou non à côté du mariage »[77].

Pour les responsables de cette enquête, la pédagogie elle-même doit s'infléchir selon le sexe des élèves. Encore une fois, l'éloge de la « précocité » et de l'« intuition » féminines aboutit à la mise à l'écart des filles : « La manière d'enseigner les filles doit être aussi différente de celle d'enseigner les garçons que les deux sexes diffèrent entre eux. Il y a ici une question de psychologie pratique qui ne saurait être négligée. La jeune fille s'ouvre d'ailleurs plus tôt que le jeune homme. Elle est intuitive. On ne saurait, sans lui nuire, la faire entrer dans le même cycle rigoureux de formation ». Il faut donc, dans les « écoles féminines », des « programmes décongestionnés », un « climat » fait « de calme et de recueillement » propice à la « formation religieuse ». « Et c'est dans une ambiance familiale que sera dispensée, à tous les étages, la culture. Il s'agit, ne l'oublions pas, de mettre au service du pays de fortes personnalités féminines. On y parviendra en formant très tôt le caractère, en développant le sens de la discipline, en inspirant le goût de l'effort désintéressé, en mettant en honneur l'esprit de sacrifice, en cultivant la féminité au lieu de l'étouffer. Ainsi se réaliseront peu à peu ces créatures d'élection qui seront, pour le mari, l'amie qui comprend et qui soutient, pour les enfants, l'éducatrice compétente, indiscutée et irremplaçable »[78].

76. *L'Éducation des filles, op. cit.*, p. 9 ; souligné dans le texte.

77. *Ibid.*, p. 17. La phrase aurait pu figurer sur l'affiche du film *Le Voile bleu* de Jean Stelli, sorti en 1942 et qui fut le plus grand succès commercial du cinéma français sous l'occupation ; Jacques Siclier, *La France de Pétain et son cinéma*, Henri Veyrier, 1981, p. 99 *sq*. Gaby Morlay y interprète le rôle d'une gouvernante de familles bourgeoises dont le mari a été tué au front en 14 ; consacrant sa vie à l'éducation des enfants des autres, elle fait de cette maternité de substitution un sacerdoce et, dans une réunion qui évoque la fête des mères, tous « ses enfants », devenus adultes, lui apporteront leur appui pour ses vieux jours. Si l'évocation d'une situation féminine de solitude, liée aux deux guerres, a contribué à la très large audience de ce film où de nombreuses femmes ont reconnu leur destin, son succès tient aussi à l'exaltation de cette forme féminine de la sublimation qui avait les faveurs du régime.

78. Henri David, « Esquisse d'une pédagogie féminine », *Cité nouvelle*, 25 sept. 41.

Au niveau de la question scolaire, la culture féminine catholique va pouvoir mettre au service de l'État français les classements, les limitations, toutes les prescriptions positives et négatives, qu'elle a élaborés depuis le début du XIXe siècle sans qu'il soit facile de démêler si elle impose ses vues au législateur ou si le législateur l'utilise à ses propres fins. Les compromis tactiques complexes qui ont marqué les relations entre l'Église et l'État, à propos de la place de l'enseignement confessionnel privé dans l'éducation nationale en ces années-là, ont sûrement pesé sur cette reconnaissance d'État d'une identité scolaire féminine qui répondait aux désirs d'une importante fraction de l'Église. Des institutions vieilles et nouvelles, modernistes ou traditionalistes, investissent avec la même vigueur le chantier de la culture scolaire féminine où l'on retrouve, à la fois, la force de rassemblement idéologique de la culture féminine construite par l'Église et la force de rassemblement politique des oppositions, fortement recentrées pendant les années 30, à la « démocratisation » de l'École républicaine.

La revue *Éducation* est un pôle de réflexion moderniste de l'enseignement privé centré sur la relation famille/École. Créée en 1935, temps fort des luttes sur la question scolaire, par la fusion de la *Revue familiale d'éducation* – fondée en 1916 par l'abbé Viollet et organe de la Confédération générale des familles –, de *L'Éducation*, revue d'éducation familiale et scolaire – fondée en 1909 par Georges Bertier le directeur de l'école des Roches [79] – et de la plus récente collection de l'École des parents – fondée par Vérine en 1929 –, elle se veut témoin des mouvements d'idées en éducation et des avancées de la psychopédagogie. « *Éducation* se propose d'étudier les qualités que les parents doivent acquérir pour être des éducateurs dignes de ce nom. A la fois très moderne et très traditionaliste, sans être confessionnelle, elle s'efforcera de concilier les principes qui doivent demeurer à la base de l'éducation avec les idées et les méthodes les plus nouvelles qu'un éducateur n'a plus le droit d'ignorer » [80]. Dans

79. Georges Bertier, qui avait été président de la Fédération des associations d'éclaireurs de France de 1920 à 1936, apportera son soutien au projet éducatif de Vichy et fera partie de la Fondation Alexis-Carrel comme conseiller en éducation ; son gendre et collaborateur à l'école des Roches, Louis Garrone, sera l'un des maîtres d'œuvre de la politique de la jeunesse en zone sud comme directeur de la formation des jeunes au Secrétariat général à la jeunesse ; Bernard Comte, *Une utopie combattante. L'école des cadres d'Uriage, 1940-42*, Fayard, 1991, p. 158, 336.

80. « Objectifs », *Éducation*, 1, janv. 35.

son numéro d'octobre 40, *Éducation* salue à son tour les nouveaux temps où l'on peut vérifier la justesse de ses pronostics et offrir son expérience et ses services : « La rapidité de leur effondrement et l'immensité de leur désastre ont brusquement révélé, en juin dernier, à de nombreux Français qu'ils n'avaient pas succombé seulement à la supériorité des effectifs mais aussi à leur propre décomposition intellectuelle et morale. Revenant sur le passé ils ont, non sans raison, attribué à la carence de l'éducation nationale française les causes premières de la défaite. Mais en matière d'éducation, moins qu'en aucune autre encore, on n'improvise. Les temps ont changé. L'État français a accompli sa révolution nationale. La réforme totale de l'éducation est à l'ordre du jour ». Très vite la revue participe à l'entreprise de restriction de l'éducation des filles, commençant par faire un sort aux préventions qu'elle suscite : « C'est ainsi que l'on chuchote aux femmes, pour les détacher du grand mouvement de rénovation nationale, des phrases tendant à leur faire croire qu'on veut les humilier. “Finies pour vous la haute culture, les activités intelligentes, les libertés et les initiatives. On vous demandera de porter des enfants et de faire pousser des légumes. Il est passé votre beau temps. Vous ne voyez pas qu'on vous enchaîne !” Eh bien ! non. Tout cela est faux. [...] Si les petites femmes, les viveuses, les égoïstes et les oisives, pour qui les mots “dévouement” et “famille” n'existent pas, doivent avoir bientôt sujet de se plaindre, tant mieux. Les autres, celles qui pensent à l'intérêt national – et qui le voient nettement inséparable de leur propre dignité – ne pourront que se féliciter davantage de voir appliqués les principes d'un plan axé sur le bien général »[81]. Et, pendant toute la guerre, la revue appelle à une « véritable éducation des filles », à une « instruction plus spécialement féminine », à une « organisation de tout l'enseignement féminin » autour de la procréation, allant au-delà des options de la Révolution nationale et mettant au service d'une expression durcie et plus totale du partage sexuel du monde scolaire par temps de crise les acquis scientifiques en matière éducative dont elle a fait sa spécialité : « Les lecteurs d'*Éducation* conservent sans doute le souvenir des controverses soulevées dans ses colonnes par l'éducation des jeunes filles. Aujourd'hui les circonstances commandent impérieusement une solution radicale. Il faut donner aux filles une formation féminine en rapport

81. « La femme française n'est pas exclue du nouvel ordre national », *Éducation*, déc. 40.

avec leur fonction familiale et sociale ; il faut un enseignement féminin parallèle à l'enseignement masculin mais qui ne soit pas identique. Ce sera un retour à la logique dont il eût peut-être mieux valu ne point s'écarter »[82].

*L'éducation familiale et ménagère*

La loi du 18 mars 1942, qui rend obligatoire pour les jeunes filles « l'enseignement ménager familial », vient combler les vœux des « familiaux » ; cet enseignement est obligatoire dans tous les lycées et collèges pendant 7 ans, à raison d'au moins une heure par semaine, dans les collèges techniques, les écoles nationales professionnelles et les cours professionnels féminins du commerce, de l'industrie et de l'artisanat pendant 3 ans, à raison d'au moins 100 heures par an ; il sera attesté par un certificat de scolarité. Il enseigne : « L'apprentissage de l'entretien de la maison, de la confection des vêtements simples et du linge. Le blanchissage et le repassage. La cuisine avec quelques notions de régime. L'initiation à la psychologie et à la morale familiales. Une initiation au droit usuel féminin. Des éléments de comptabilité ménagère. L'enseignement théorique et pratique de la puériculture. L'enseignement théorique et pratique de l'hygiène corporelle et de l'hygiène domestique »[83].

Cette loi est saluée par les tenants de l'« éternel féminin » comme une avancée décisive dans la reconnaissance d'État d'une identité scolaire féminine, comme un moyen de lutter contre les « taudis » ouvriers et comme l'occasion d'une « magnifique efflorescence d'initiatives indispensables à la jeune fille et à la famille », initiatives pourvoyeuses du métier le plus légitimement féminin, celui d'enseignante des arts ménagers. Dès mai 41, *La Femme dans la vie sociale* se félicitait du dynamisme prometteur de cette carrière, à laquelle, disait-elle, il ne manquait plus que la sanction d'un diplôme, et annonçait la création d'un comité d'organisation destiné à instituer un « certificat d'aptitude aux fonc-

82. « Les perspectives nouvelles de l'orientation professionnelle », *Éducation*, févr. 41.

83. « L'enseignement ménager va devenir obligatoire », *La Revue de la famille*, 227, avr. 42.

tions de monitrice d'éducation familiale et ménagère »[84] ; on imagine aisément quel rôle actif ce comité a pu jouer dans l'instauration de la loi. Commentant cette réforme, en juin 43, Henri David propose d'augmenter le nombre d'heures d'enseignement ménager familial au détriment des autres matières afin de « démasculiniser » définitivement les programmes scolaires des filles. Il évoque la nécessité de « plusieurs milliers de monitrices d'ici peu », formées dans des écoles de cadres, et dont les capacités seraient attestées par un « conseil de perfectionnement de l'enseignement ménager familial » : appréciation de la « valeur morale » de la postulante, composition française « sur un sujet se rapportant au rôle de la femme et de la famille dans la société », épreuves d'hygiène, de puériculture, d'économie domestique et de droit usuel féminin, permettront d'évaluer l'excellence féminine nécessaire et suffisante à l'encadrement des filles du peuple[85]. Les rares textes du Secrétariat général à la jeunesse consacrés aux écoles de cadres féminins chargées de former les responsables des centres de jeunes travailleuses, écoles qui « tendent à devenir des institutions permanentes de formation morale et technique avec une formule originale d'éducation féminine », reprennent pauvrement la litanie des cours de coupe-couture et signalent que les réunions de formation des cadres se sont donné pour objectif la « recherche d'une vie d'école au style authentiquement féminin »[86].

Et les commentaires préfigurant ou accompagnant la loi ne manquent pas d'opposer ce nouvel enseignement des filles au dévoiement scolaire féminin de l'avant-guerre : « Oui la Maison France est véritablement à "emménager" ; c'est même dans l'œuvre commune de la Révolution Nationale la prérogative des femmes de chez nous. C'est l'idéal dont les femmes françaises sont les premières responsables. Mais hélas y a-t-il encore des femmes qui sachent emménager une maison tout court ? La jeune fille qui a terminé sa scolarité et conquis ses diplômes, qu'ils soient d'ailleurs supérieurs, secondaires ou primaires, est-elle préparée à cette noble tâche ? ». L'auteur ne le pense pas et trouve que « la philosophie de

84. « La loi sur l'enseignement ménager », *La Femme dans la vie sociale*, 150, juill. 42.

85. *École et Liberté*, juin 43.

86. « Réunion de complément de formation des cadres des Écoles féminines de cadres », Secrétariat général à la jeunesse, *Cahier d'information*, 3, janv. 42.

la maison s'est perdue ». Le remède ? Un retour à l'éducation du corps, du geste, cette éducation qu'on n'oubliera plus et qui vous dote d'une seconde nature. « D'où venaient ces désertions consenties de la vie ménagère ? De l'absence quasi totale des gestes élémentaires. Le dé, les ciseaux, le fer à repasser ou le couteau de cuisine n'étaient plus présentés à cet âge où pourtant les doigts peuvent se délier et les réflexes se prendre ; car l'amour de certaines tâches requiert l'aisance naturelle à les faire, et l'aisance suppose une plasticité préalable, que les petites filles ne possèdent vraiment bien qu'entre onze et quinze ans »[87]. C'est du corps aussi que parle le Commissariat général à la famille lorsqu'il demande aux jeunes filles de la bourgeoisie de renoncer à leur « évasion égoïste » dans les études et les carrières masculines : « Si vraiment toutes les jeunes Françaises de 12 à 18 ans suivent désormais des cours d'Enseignement Ménager Familial, on peut espérer beaucoup de l'avenir. [...] puisqu'il est convenu que les garçons feront plus de sport et d'éducation physique que naguère, les filles, qui ont intérêt à se modérer sur ce terrain, emploieront utilement les heures correspondantes aux travaux les plus appropriés à leur nature et à leur mission »[88].

Tous ceux qui saluent cette nouvelle loi comme un élément clé de la remise en ordre de la « maison-France » s'accordent à reconnaître la primauté éducative, chez les filles, du *dressage corporel,* seul capable de faire intérioriser dès la petite enfance l'idée d'une « nature » et d'un « destin » féminins, par l'acquisition d'une familiarité gestuelle avec les outils féminins et par l'imprégnation continue de cet apprentissage des soins corporels, domaine féminin de toute éternité. Linge, nourriture, soin des petits et des malades, toute la « vocation » féminine tourne autour des soins du corps, de la même façon que l'usage féminin du corps propre, dans l'enfance et l'adolescence, doit être marqué par la prudence, la réserve, la modération, aptes à préserver la plénitude des capacités reproductrices. Dans son éloge du « métier de mère », un spécialiste de la réflexion sur les dangers du travail industriel loue le « travail de la nourriture, courageusement et patiemment assumé par la mère » qu'une « littérature qu'on nous a faite pour notre malheur » a méprisé comme elle

87. Stanislas de Lestapis, « Réhabilitation de l'éducation familiale et ménagère », *Cité nouvelle*, 10 mai 41.

88. *Une belle mission des travailleuses sociales*, brochure du Commissariat général à la famille, *op. cit.*

a méprisé la « valeur de toute activité qui se poursuit *en dehors des mots* » [89]. Par cette loi apparemment anodine et que sa banalité même protège de tout étonnement, l'opposition masculin/féminin retrouve toute la force des constructions symboliques qui font du corps le point ultime de toutes les différences. Et ce sont bien des *techniques du corps*, au sens de Marcel Mauss, ces « habitudes qui varient avec les sociétés et les éducations », ces « actes qui s'imposent du dehors, d'en haut » [90], que la Révolution nationale met en œuvre lorsqu'elle veut rééduquer les petites filles : « Quand donc l'instinct maternel peut-il s'éveiller chez la petite bonne femme, encore vacillante sur ses pieds minuscules, qui serre contre son cœur un ours, un pantin ou un "ouaoua" ? Toute frêle et menue, déjà ses gestes ne sont plus ceux du garçon qui cogne, bouscule, tempête, et il faut en tenir compte en lui mettant le plus rapidement possible dans les bras le "baibé" dont elle prononce si vite le nom avec amour. N'abusons pas pour nos petites des animaux bizarres ou cocasses et dirigeons bien ces premiers élans de tendresse d'une sensibilité émouvante, qui sont les premiers indices de la féminité. Ne les accusons pas de "pleurnicher comme toutes les filles" et de jouer à des jeux démodés. Ne leur donnons pas leurs frères en exemple » [91]. Pour les frères, il y a l'éducation sportive et les Chantiers de la jeunesse, ces lieux nouveaux d'apprentissage de la virilité encadrés par les officiers de l'armée d'armistice : « Une vie très dure qui exige un constant mépris de la fatigue, une vie communautaire qui impose de toujours sauver la face, sont bien faites pour mettre un adolescent au-dessus de lui-même et pour dégager l'homme en lui. La loi de l'effort quotidiennement ressentie, la volonté et la ténacité mises à l'honneur avant toute autre qualité, confirment et mûrissent une virilité encore fragile et faillible » [92].

Mais si Uriage, l'ensemble des écoles de cadres masculins et les Chantiers de la jeunesse réservés aux garçons, pour « tremper les

89. Hyacinthe Dubreuil, *A l'image de la mère, essai sur la mission de l'assistante sociale*, Édition sociale française, 1941 ; souligné par nous. L'auteur a écrit des ouvrages contre la révolution industrielle qui tue la famille et a fait partie, en 1936, du Centre d'étude des problèmes humains, un des ancêtres fondateurs de la fondation Carrel.

90. Marcel Mauss, « Les techniques du corps », in *Sociologie et Anthropologie*, PUF, 1960, p. 369.

91. *Une belle mission des travailleuses sociales*, *op. cit.*

92. *Les Chantiers de la jeunesse, premières expériences, perspectives d'avenir*, Châtelguyon, 14 mars 41, ronéot. ; BDIC, réserve, dossier Z2, Jeunesse, Famille.

caractères » comme dit le maréchal, le premier des officiers-éducateurs, ont fait l'objet à la fois d'un nombre considérable de publications pendant la Révolution nationale et d'un nombre important d'études après la guerre, l'enseignement familial et ménager et les écoles de cadres féminins sont pour ainsi dire restés dans l'ombre [93]. Très peu de documents sur ces réalisations, qui d'après un rapport du Conseil supérieur de la famille, datant de 44, relevaient d'une « réforme difficile à appliquer, car les cadres mêmes de l'enseignement ménager n'existent pas » [94] ; et, dans une note de novembre 43, on déplore que la politique familiale de l'État français soit « en péril » puisque le budget vient de refuser les crédits nécessaires à l'exécution de la loi de mars 42 rendant obligatoire l'enseignement ménager – « Si ce refus est maintenu, la loi va rester lettre morte et la femme française continuera à ne pas savoir tenir son foyer ni éduquer ses enfants » [95]. Ce décalage entre les principes et les réalisations en ce qui concerne les filles, cette disproportion éclatante dans l'intérêt manifesté à l'égard d'Uriage et à l'égard d'Écully – son homologue féminin dont la trace est à peine parvenue jusqu'à nous – témoignent, nous semble-t-il, d'une forme supplémentaire de disqualification de l'espace éducatif féminin. L'école nationale de cadres féminins d'Écully, installée dans la villa d'un soyeux près de Lyon, a été organisée par une responsable de la JOCF avec l'appui du Secrétariat général à la jeunesse ; les cours, « éminemment pratiques », visaient à former des cadres pour les centres de jeunes travailleuses qui devaient accueillir « toute jeune fille de nationalité française ayant entre 14 et 21 ans, se trouvant sans travail et dans le besoin », et auxquelles on donnerait une « éducation familiale » et « le sens d'un foyer chrétien » [96]. On est loin des « chefs » du château d'Uriage et des causeries de Beuve-Méry. Les institutions féminines

93. Elles ont été aussi proportionnellement moins nombreuses : une école nationale de cadres pour les femmes (Écully) et deux pour les hommes (Uriage et La Chapelle-en-Serval), deux écoles régionales pour les femmes (et deux en projet) contre dix pour les hommes ; Wilfred D. Halls, *Les Jeunes et la Politique de Vichy*, *op. cit.*, p. 317.

94. Cité par Aline Coutrot, « La politique familiale », in *Le Gouvernement de Vichy*, *op. cit.*

95. « Note sur la politique familiale », dactyl., Archives nationales, 2 AG 605.

96. Gabriel Robinot Marcy, « Les centres de jeunes travailleuses, pour préparer la femme de demain », *Cité nouvelle*, 25 oct. 41. Nous avons nous-même cherché sans aucun succès des informations sur l'école d'Écully dans les archives départementales ; son souvenir s'est littéralement évanoui.

sont silencieuses deux fois ; elles parlent peu d'elles-mêmes et on ne parle pas d'elles. Et leur silence est à la mesure du silence qu'on demande aux femmes, comme le dit le seul texte consacré aux femmes par la revue d'Uriage : « La femme a-t-elle une mission à remplir ? Oui. Elle a à faire son "métier" de femme, comme l'homme exerce le sien. Elle doit être femme avec la même foi, la même constance, la même perfection, qu'un homme peut être ingénieur, architecte, philosophe, menuisier ou plombier. [...] Quoi qu'il arrive, l'homme voudrait la trouver à ses côtés toujours semblable à elle-même, maîtresse de ses nerfs et de son esprit, souriante, détendue, de sang-froid, silencieuse, mais d'un silence riche » [97].

Finalement, l'apprentissage féminin n'est pas du côté de l'histoire, des utopies, des enthousiasmes ou des condamnations envers l'ordre nouveau ; il est du côté de la répétition, de l'anhistorique, du banal, de ce dont il n'y a finalement rien à dire, ni sur le coup, ni après coup. Et le meilleur enseignement ménager, c'est encore celui qui s'apprend en famille, de mère à fille, dans l'espace privé, par l'exemple du geste éternellement renouvelé, celui de la nourriture ou celui du soin. Quand elle théorise sur l'éducation des filles, la revue *Éducation*, si férue des avancées de la psychopédagogie et des méthodes anglo-saxonnes pour les garçons, ne trouve rien d'autre à donner en exemple que l'« expérience éducative » d'une mère de dix enfants basée sur le principe de l'*imitation*, concept clé de la pédagogie féminine : « Elle s'est inspirée de ce principe, sur lequel nous n'avons cessé d'insister, à savoir que, ce que les adultes appellent faussement les jeux de l'enfant, sont des exercices que l'enfant prend très au sérieux et qui ont, par eux-mêmes, une valeur de formation. Parmi ces exercices, il en est un grand nombre qui portent l'enfant à imiter les occupations des adultes et à répéter les gestes qu'il leur voit faire. [...] A l'apprentissage du balai, succède toute une série d'autres apprentissages intéressant la vie ménagère. Celui du lavage du linge, dès que la fillette s'installe près de sa mère pour l'imiter dans ces opérations délicates, en trempant elle-même dans la cuvette le linge de la poupée » [98]. Finalement, aux filles, il ne s'agit de faire connaître que « les vérités qui existent depuis tou-

97. Anne-Marie Hussenot, « La mission de la femme française », *Jeunesse.. France !*, 8 mai 41.

98. « Expériences éducatives, comment s'y prend une mère de dix enfants », *Éducation*, mars 41.

jours » pour en faire « cette femme idéale qui réunit harmonieusement en elle les qualités de Marie, l'intellectuelle de l'Évangile, et celles de Marthe, l'indispensable aussi »[99].

Les spécialistes de la production symbolique qui ont partie liée avec la défense et promotion de l'« éternel féminin » et qui luttent pour le monopole de la violence symbolique légitime dans le domaine de la division sexuelle du monde social et scolaire produisent, pour et avec l'État français, un système des aptitudes féminines qui permet de construire des « réserves », au sens colonial du terme. Les espaces symboliques réservés sont toujours aussi des espaces d'exclusion sociale, comme le montre à l'évidence l'« enseignement familial et ménager ». Et pourtant, il est tellement facile d'y rentrer et de s'y sentir chez soi. En mobilisant tous les schèmes de la culture féminine du sacrifice, du désintéressement et de la clôture, ces producteurs d'identité féminine n'ont qu'à réactiver une tradition d'apprentissage fortement intériorisée pour susciter l'adhésion totale et la remise de soi dont s'émerveille ainsi la revue de l'enseignement « libre » : « La loi du 18 mars 42 rend obligatoire l'enseignement ménager, en contrepartie il faudrait alléger le programme des filles, "supprimer certaines matières inutiles aux filles", comme l'écrit une toute jeune fille de l'Ardèche dont nous louons la sincérité et le bon sens ». Et, encore une fois, de poursuivre plus loin en proposant carrément d'amputer, pour les filles, le programme scientifique de sa partie théorique dans l'enseignement secondaire[100].

### *La « mystique de la famille » contre la « mystique de l'égalité »*

La construction d'une culture scolaire nécessaire et suffisante pour les filles a donc été marquée par une logique de surenchère dont l'un des ressorts essentiels a été la volonté d'imposer une *nouvelle définition des relations entre ordre scolaire et ordre familial.* Si tout se conjugue pour consacrer les femmes à l'espace familial, c'est qu'elles occupent une position stratégique dans la conception qu'a le régime du rapport entre éducation et instruction et que cette conception est celle-là même qui a toujours été au cœur du combat

99. Lina Fontègue, *Le Rôle de la femme devant les devoirs présents*, conférence donnée le 23 nov. 41 au foyer universitaire de Caen, Caen, Imp. Ozanne.

100. *École et Liberté*, nov.-déc. 42.

de l'enseignement confessionnel privé pour maintenir et accroître sa place sur le marché scolaire. L'accusation récurrente portée contre l'instruction publique de la IIIe République dans les années 40 est d'avoir séparé l'éducation de l'instruction, et ainsi réduit, sinon anéanti, le rôle de la famille dans l'éducation et son contrôle sur l'École. L'ordre nouveau doit rétablir la prééminence de la famille dans le domaine éducatif et inventer une « pédagogie de révolution nationale » contre la « puissance enseignante dominatrice » aveuglée par « une sorte d'enivrement intellectualiste » dont la formation sociologique des maîtres, haussée au rang de morale dans l'enseignement primaire, serait l'une des grandes responsables[101].

Si la sociologie de Durkheim est l'une des bêtes noires des idéologues du régime en matière scolaire, c'est principalement parce qu'à leurs yeux elle met en cause la puissance familiale à la fois vis-à-vis de l'École et vis-à-vis de l'enfant. Dans son attaque méprisante des « primaires », René Benjamin l'exprimait avec la violence pamphlétaire propre aux intellectuels de l'Action française. « Il faut libérer l'enfant de la Religion. Ce n'est pas tout : il faut le libérer de la Famille, groupe funeste qui l'étouffe. Durkheim, un scientifique celui-là, un vrai (c'était un sorbonnard) a consigné dans sa prose de charretier embourbé : “La famille n'est pas constituée de manière à pouvoir former l'enfant en vue de la vie sociale. Par définition pour ainsi dire elle est un organe impropre à cette fonction”. Je m'excuse de vous donner tel quel ce texte nègre ; mais vous devinez ce qu'il veut dire. Faut-il en déduire que l'Assistance Publique est préférable à la famille ? Durkheim ne l'a pas dit, et comme il est mort, il faut attendre pour savoir de le rencontrer dans une autre vie »[102]. Au cercle Fustel-de-Coulanges aussi la sociologie était à l'index, mauvaise philosophie coupable d'individualisme. Pour Henri Boegner la patrie « est une association de familles et non d'individus » et il accusait Durkheim d'avoir prétendu que le syndicat remplirait « à l'avenir les fonctions exercées par la famille ». Et dans la polémique du cercle contre l'école unique, la sociologie est présentée comme la philosophie malsaine des écoles normales : « Qu'est-il besoin d'aller raconter à des jeunes gens dont la plupart arrivent après avoir

101. Paul Crouzet, *La Vraie Révolution nationale dans l'instruction publique*, « Cahiers violets », numéro 1, Toulouse, Privat-Didier, 1941. L'inspecteur général Crouzet est le directeur de cette collection « pour la rénovation spirituelle ».

102. René Benjamin, *Aliborons et Démagogues*, *op. cit.*, p. 265.

embrassé leur papa et leur maman que la famille se désagrège et que peu à peu "elle a perdu certaines de ses fonctions primitives" ? Car tel est le beau programme de sociologie domestique que M. Lapie a préparé pour les écoles normales »[103].

Albert Rivaud lui aussi, qui accuse l'« intellectualisme » d'être une des causes de la défaite et préconise le retour à la tradition gréco-latine-chrétienne et à une université autoritaire, stigmatise Durkheim, « maître impérieux et fuyant » pour avoir « imposé son autorité à nos éducateurs » et « concilié pour eux le goût du désordre et le désir de dominer ». Cette philosophie « facile et populaire » qui, selon Rivaud, « enchante beaucoup d'israëlites, brusquement admis à enseigner », et leur permet de « briller sans peine » dans les concours « réorganisés » qui sont « leur affaire », fait aussi, selon lui, les délices de celles que Bonnard appelait les « bacchantes de la connaissance » : « La philosophie, école de l'esprit critique [...] n'a épargné ni la religion, ni la famille, ni la patrie, ni l'autorité. [...] Les jeunes agrégées de nos collèges féminins apportent une ardeur presque sadique à ce travail de destruction. Elles commentent Gide, Marcel Proust, les romans les plus audacieux, elles donnent des avis troublants sur le freudisme, la sexualité, l'union libre. Elles aggravent l'impudeur par la pédanterie »[104]. Il faut remettre au pas les sociologues, les juifs, les femmes et les primaires, tous ceux qui défendent la « mystique démocratique », la « mystique de l'égalité », selon les formules en vigueur, et leur opposer la « mystique familiale », comme dit l'inspecteur Haury, seule capable de « former les caractères » et de réduire les ambitions de l'École.

Quand, pour défendre l'Église contre l'État, il défend la Famille contre l'École, l'enseignement confessionnel privé réitère l'assignation des femmes au seul espace familial et leur prescrit une éducation limitée à leur rôle de mère. L'éducation des filles est donc un enjeu politique central. Et l'on comprend mieux que l'École des parents, qui défendait la suprématie familiale sur l'École et la dis-

103. Henri Boegner, « Le patriotisme dans l'enseignement de la philosophie », et Paul Dufrenne, « L'école unique », *Cahiers du Cercle Fustel-de-Coulanges*, 1/2, oct. 29, et 4, mars 30.

104. Albert Rivaud, « L'enseignement de la philosophie », *Revue des deux mondes*, 1er nov. 43. Albert Rivaud, philosophe et germaniste, professeur à la Sorbonne, à l'École des sciences politiques et à l'École supérieure de guerre, membre de l'Académie des sciences morales et politiques, aura été ministre de l'Éducation nationale trois semaines en juin-juillet 40.

tinction des rôles sexuels dans la famille, construite sur la base d'une éducation différente pour les garçons et les filles, ait si favorablement répondu aux réformes éducatives de la Révolution nationale qui faisaient une si large part à l'éducation des parents. « Que l'on ne vienne pas nous dire que nous, les familiaux-éducateurs, nous sommes de pauvres utopistes, des idéologues [...]. Nous sommes des bâtisseurs qui ne travaillons que pour la famille ; des sociologues par conséquent, des réalisateurs », écrit la fondatrice-présidente de l'École des parents dans son apologie du nouveau régime[105]. Et l'abbé Viollet, l'infatigable animateur des vieilles œuvres du Moulin-Vert, qui s'était associé à Vérine et au directeur de l'école des Roches pour fonder la moderne revue *Éducation*, obtient, en avril 41, la reconnaissance de l'État pour une nouvelle association destinée à promouvoir « l'étude et l'avancement des sciences familiales », nouvelle discipline apte à concurrencer la sociologie. « On peut parler de *sciences familiales* comme on parle de *sciences politiques* ou de sciences morales. Si on ne l'a pas fait jusqu'à ce jour, c'est que les problèmes familiaux n'ont pas tenu la place que leur importance aurait méritée. C'est ainsi que la sociologie a mieux étudié les formes diverses du mariage que la vie familiale elle-même et que la psychologie a mieux étudié la psychologie générale que la psychologie des sexes et des fonctions ». L'association veut créer une *Revue des sciences familiales* et des écoles supérieures d'éducation familiale où l'on enseignerait, à des « assistantes familiales », la psychologie et la morale générales « avec application étendue à chaque membre de la famille suivant son âge ou son sexe »[106]. La spécificité et la hiérarchie des genres et des fonctions au sein de la famille seraient désormais fondées scientifiquement grâce à la nouvelle « science familiale » établie sur la « nature » biologique des choses et ainsi définitivement épurée des questionnements sociologiques.

La remise au pas des femmes dans l'ordre scolaire par la reconnaissance d'État d'une inégalité foncière des aptitudes intellectuelles masculines et féminines portée par la différence irréductible des « destins » masculins et féminins, est au cœur de cette « éternelle sociodicée » qui joue de la « dénonciation apocalyptique de toutes les formes de “nivellement”, “banalisation” ou “massification” »,

105. Vérine, « La famille », in *France 41*, *op. cit.*, p. 195.

106. La correspondance concernant ce projet est conservée aux Archives nationales, 2 AG 497, « Famille » ; souligné par nous.

pour identifier « le déclin des sociétés à la décadence des maisons bourgeoises, c'est-à-dire à la chute dans l'homogène, l'indifférencié »[107]. C'est là le niveau de signification le plus politique de la question scolaire féminine et il est omniprésent dans le tracé des limitations éducatives des filles opéré sous la Révolution nationale. Le balisage des ambitions intellectuelles de chaque sexe, et donc de leur usage légitime du système scolaire, est inséparablement un balisage des légitimes ambitions scolaires et sociales de chaque couche sociale. De même que les lycéennes courent toujours le risque d'un déracinement que l'on pourrait dire ontologique, l'accès des masses au savoir est toujours porteur de déracinement social et donc d'ambitions illicites, d'envie, de révoltes. Dans le texte très politique où Marc Bloch livre son indignation à la lecture de l'article d'Albert Rivaud sur l'enseignement de la philosophie, qu'il dénonce comme un appel à une nécessaire épuration de ces professeurs indésirables, qui s'obstinent à « raisonner sur l'iniquité sociale », et à une promotion autoritaire, enfin possible, aux postes de professeurs de philosophie, de « citoyens moralement toisés » aptes à transmettre « respect de ce qui est en place et exhortation à l'obéissance », il stigmatise à la fois l'antisémitisme de Rivaud et la philosophie sociale qu'il défend avec « le ton de l'homme d'État » : « Dans cet éminent cerveau résident, en effet, les grands projets, les causes finales, les idées constructives, la définition des bienfaisantes hiérarchies. Le peuple a des vues plus courtes. Ce qu'il exige, c'est la liberté tout de suite, l'égalité tout de suite, la justice sans attendre, la fin de l'oppression »[108]. Repenser la scolarisation des filles et le rapport École-métier qui leur revient, c'est aussi penser les « causes finales » et définir les « bienfaisantes hiérarchies ».

La société de Révolution nationale est une société inégalitaire ou plutôt une société qui défend l'inégalité contre « l'indifférencié », la « massification ». « Le régime nouveau sera une hiérarchie sociale », annonce le maréchal. « Il ne reposera plus sur l'idée fausse de l'égalité naturelle des hommes, mais sur l'idée nécessaire de l'égalité des chances données à tous les Français de prouver leur aptitude à servir »[109]. Et, peut-on ajouter, de servir chacun à sa place : les femmes

107. Pierre Bourdieu, *La Distinction, op. cit.*, p. 546.

108. Marc Bloch, « Un philosophe de bonne compagnie », texte paru en janvier 44 dans *Les Cahiers politiques*, repris dans *L'Étrange Défaite*, *op. cit.*, p. 240-245.

109. Message du 11 octobre 40, *La France nouvelle, principes de la communauté, op. cit.*, p. 78.

au foyer, les paysans aux champs, les artisans à leurs établis, les « vraies » élites aux postes de commandement et d'encadrement. L'harmonie dans la différence et non la masse amorphe et ses revendications. « Arrêtons-nous un instant sur le mythe démocratique du "peuple souverain". [...] Il ne devrait pas y avoir de "masses" au sens que l'on donne aujourd'hui à ce mot. Je me représente un peuple sain comme une multitude hautement différenciée d'organismes professionnels et locaux accordés les uns aux autres, mais fonctionnant chacun sur son plan particulier. Cette *masse* amorphe, brandissant, comme l'ours son pavé, la *massue* de ses revendications *massives*, est le produit d'une extrême décadence sociale »[110]. Ainsi, au peuple comme aux femmes, l'État nouveau ne doit pas donner de pouvoir « fictif et stérile », comme le dit Thibon, mais bien ce pouvoir « borné, mais authentique et fécond, qui lui revient par nature ». C'est ce bornage que l'École de la République a mis en péril, l'individualisme scolaire n'étant pas pour rien dans le déclin de l'esprit de sacrifice au profit de l'esprit de jouissance qui veut tout, tout de suite, sans respecter les étapes sociales : les pauvres comme les femmes seront accusés d'avoir un rapport utilitariste à l'enseignement, le seul bon rapport au système scolaire étant le rapport « désintéressé » de ceux qui sont socialement prédestinés à suivre ses voies royales. C'est par là, aux yeux du régime, des tenants de l'élitisme scolaire et des défenseurs de l'enseignement « libre » et de la priorité de la famille sur l'École, que l'école gratuite, laïque et obligatoire, et tous les projets d'école unique ont péché. « On ne dira jamais assez le mal qu'un pareil enseignement a exercé sur les jeunes générations, ni les ruines morales qu'un tel individualisme anarchique a accumulé dans les individus, dans les familles, dans la société, surtout parmi les ouvriers et les paysans dont il est plus facile de provoquer les passions en flattant leur désir de bien-être et de jouissance, que de former la conscience et d'affermir la volonté en enseignant leurs devoirs de préférence à leurs droits », écrit le père Gillet qui défend avec la même vigueur le maintien des femmes au foyer[111]. Et Carcopino voyait finalement dans la gratuité du secondaire une conception malsaine de l'égalité : « Les effectifs de certains collèges ont triplé ou quadruplé en

110. Gustave Thibon, « Christianisme et démocratie », *La Revue universelle*, art. cité, souligné par l'auteur.

111. M.S. Gillet, *Réveil de l'âme française*, *op. cit.*, p. 45.

quelques années ; [...] des classes se sont trouvées encombrées d'éléments parasitaires inaptes aux études classiques, rejetés souvent vers les sections dites scientifiques. [...] bien peu de ces nouveaux venus parvenaient au baccalauréat, la plupart s'arrêtaient en chemin. Dépités de leur échec, ignorants d'un métier, victimes d'une ambition maladroite, ils allaient grossir les rangs d'un prolétariat intellectuel, prêt à tous les renoncements et à tous les excès »[112].

Les « nouveaux venus » doivent revenir à de plus sages ambitions, se déprendre de la « fièvre égalitaire », réapprendre à attendre, réapprendre cet « esprit d'économie » qui, « au sens le plus haut du mot, se confond avec l'esprit de fidélité et de sacrifice ». Cette philosophie sociale du renoncement, prônée par Gustave Thibon, est construite contre l'égalitarisme ainsi défini : « Péché capital contre l'harmonie – laquelle n'est pas autre chose qu'un jeu d'inégalités fondées sur les fonctions et les devoirs –, l'égalitarisme enfante le chaos »[113]. Et la femme, « faiseuse d'harmonie », plus facile à soumettre, doit donner l'exemple de la patience sociale et symboliser aux yeux de tous l'impossibilité de la transgression. L'idéalisation des femmes de la campagne et l'exaltation du retour aux vertus terriennes contre le chaos urbain empruntent à la même logique et l'on n'en finirait pas de citer des textes célébrant le retour des femmes à la terre et idéalisant les femmes de la terre, « vraies » femmes par excellence, qui cumulent la patience féminine et la patience paysanne telle que la veut le régime – cette « antique docilité qu'il suppose innée aux peuples modestement paysans », selon la formulation ironique de Marc Bloch. La culture des notables s'est annexé la culture du sacrifice[114].

### *La virilisation des élites*

Contre tout ce qui constitue, à leurs yeux, l'idéologie scolaire républicaine, les philosophes sociaux de la Révolution nationale imposent l'idée d'une inégalité de « nature » inséparable d'un recen-

112. Jérôme Carcopino, exposé des motifs de la loi du 15 août 41, *Éducation*, déc. 41.
113. Gustave Thibon, *Diagnostics, essais de physiologie sociale*, *op. cit.*, p. 98, 23, 109.
114. Sur la culture des notables, voir Marc Bloch, *L'Étrange Défaite*, *op. cit.*, p. 194 *sq.*, et Yves Durand, « Les notables », *Le Régime de Vichy et les Français*, *op. cit.*, p. 371 *sq.*

trage de la définition de l'élite sur les vertus corporelles. Contre la « primauté de l'intelligence » dont il faut bien comprendre maintenant, « après cette tragique leçon de choses », qu'elle n'est « qu'une arme au service de la volonté », on assigne à l'Université le devoir de former « non des cerveaux » mais des « *élites de chair et de sang* »[115]. On peut lire la philosophie pédagogique des Chantiers de la jeunesse[116], de la Jeunesse de France et d'Outre-mer, celle des écoles de cadres masculins, notamment Uriage, et de cette autre innovation éducative de Vichy qu'est le Commissariat à l'éducation générale et aux sports, comme autant de manifestes pour un recentrage éducatif sur le corps propre à remasculiniser le corps masculin et à viriliser les élites. Ce projet éducatif emprunte au scoutisme, à l'école des Roches – et à sa référence au culte du sport et à l'anti-intellectualisme des *public schools* chargées d'armer l'ethos des élites impériales qui s'exprime sans relâche de 40 à 44 dans la revue *Éducation* – mais aussi à cet hymne au goût de l'action que constitue l'enquête d'Agathon/Massis sur les jeunes Français de qualité citée plus haut, à l'appel à la « révolution intérieure » des élites lancé par les « non-conformistes » à la recherche d'une « troisième voie » et, notamment, les personnalistes, dans les années 30[117], aux conceptions des officiers-éducateurs qui veulent faire de l'armée une institution concurrente de l'École et à celles de ces ingénieurs, nourris de la pensée de Lyautey – dont le modèle est Georges Lamirand, secrétaire général chargé de la Jeunesse à Vichy –, que le régime instaurera définitivement comme groupe social conférant à la catégorie des « cadres » une existence légale[118]. Un tel projet vise à redéfinir

115. Paul Haury, *L'Université devant la famille, op. cit.*; souligné par nous.

116. « La santé est condition nécessaire mais non suffisante de *virilité*. Et là est pourtant la qualité maîtresse d'un peuple fort, la qualité par excellence que les Chantiers peuvent donner aux jeunes Français. [...] Les Chantiers font plus encore pour élever chacun au-dessus de soi-même, ils ne se contentent pas de travailler à faire des hommes complets : ils répandent chez eux – chez les meilleurs – l'émulation de devenir des Chefs, ils suscitent au sein de la masse les "*élites véritables*" seuls garants d'une réelle *résurrection morale* ». *Les Chantiers de la jeunesse*, Châtelguyon, 14 mars 41, *op. cit.*; souligné dans le texte.

117. Jean-Louis Loubet del Bayle, *Les Non-Conformistes des années 30. Une tentative de renouvellement de la pensée politique française*, *op. cit.*, p. 298 *sq.*

118. Réédité en livre en 1935 avec une préface du général Weygand, l'article de Lyautey sur « Le rôle social de l'officier » sera relu, à la lumière des événements de 1936, comme un manuel de paix sociale. Georges Lamirand, ingénieur, catholique militant des Équipes sociales, s'en inspirera pour définir la nature du « bon » commandement des ingénieurs dans les entreprises dans *Le Rôle social de l'ingé-*

l'excellence masculine, la formation au commandement et les qualités des « vraies » élites. Il réalise un processus d'intégration des valeurs de la classe dominante, réconciliant autour de l'idée d'une « vertu corporelle » des « chefs » les vieilles notabilités provinciales et les nouvelles incarnations de la technocratie d'État. Uriage sera l'un des hauts lieux de cette intégration en proposant une définition de cet homme total que devra être le chef de l'avenir, définition qui emprunte largement au vieux modèle de l'officier-éducateur. La virilité comme vertu de l'élite tient sa valeur de rassemblement en période de crise du fait que, comme l'« éternel féminin », elle se ressource à la force d'une logique mythique sans âge.

« La décadence de la race a commencé, dans la direction de notre éducation, le jour où Descartes proclamait l'indépendance de la pensée vis-à-vis du corps. [...] Les Canadiens qui, loin de notre civilisation efféminée, ont maintenu, dans sa force originelle, la santé de notre race, ont des muscles, des estomacs et des poumons d'une autre qualité que les nôtres », écrit le directeur de l'école des Roches ; il s'agit donc de « tourner le dos à l'idéal gringalet de la famille à fils unique », de réapprendre « l'acceptation immédiate et inconditionnelle de l'autorité » et de « rêver de grandes réunions athlétiques où, sous le soleil du stade, de beaux jeunes hommes arriveront très nombreux, le torse nu, en chantant »[119]. Cette volonté d'éducation et de rééducation des corps est bien dans la continuité d'une interprétation prophétique de la débâcle. Pour reprendre encore une fois la comparaison avec les lendemains de la défaite de 1870, on retrouve dans l'idéologie de la Révolution nationale les mêmes accusations de « mollesse » et d'« avachissement » qui avaient entraîné dans les années 1880 un culte du sport et de la gymnastique[120]. Les revues éducatives et familialistes qui

---

*nieur*, publié en 1932 avec une préface de Lyautey lui-même. Sur le triomphe de la notion de « cadre » et la célébration de l'ingénieur sous Vichy, « chef compétent et discipliné », « officier de l'armée du travail », qui doit « plonger son regard dans le fond des yeux de ses hommes », « donner l'impression de supériorité physique » et exprimer ses qualités viriles jusque dans ses vêtements, selon les formulations de Lamirand, voir Luc Boltanski, *Les Cadres, la formation d'un groupe social*, Minuit, « Le sens commun », 1982, p. 128 *sq*.

119. Georges Bertier, « Une mystique pour les jeunes Français », *Éducation*, mai-juin 42.

120. Voir Robert A. Nye, *Crime, Madness and Politics in Modern France, the Medical Concept of National Decline, op. cit.*, chap. 9, « Sport, Regeneration and National Revival », p. 310 *sq*. Pierre de Coubertin, dont les infatigables efforts en

mettent leur expérience au service de Vichy, comme les outils de propagande des pétainistes actifs, font la part belle à une forme de stigmatisation de la jeunesse, des « petits crevés », du « laisser-aller », qui appelle à une reprise en main de la présentation de soi, l'École ayant failli dans cette tâche qui fait toute la différence entre l'éducation et l'instruction. « Faute de discipline et de hautes vertus, dont peu de maîtres osaient lui donner l'exemple, une jeunesse nonchalante, physiquement et moralement débraillée, traînait dans les rues et dans les cafés. Les jeunes filles elles-mêmes avaient adopté des mœurs garçonnières. Plus de foi, plus de respect, plus de fierté, plus de tenue. [...] La tenue fait partie de la réforme générale. Elle en est à la fois l'esprit et la condition. Elle est la règle de l'âme et du corps. Elle exige que le laisser-aller et l'incurie fassent place à l'ordre et à la discipline, que chaque être et chaque chose ait du style et de l'agrément. [...] La tenue est donc l'accord du moral et du physique. Chaque condition a la sienne et le paysan ne saurait avoir celle du militaire. Mais quel que soit son rythme, l'homme qui marche bien est celui qui sait où il va »[121].

Vichy est un moment de surproduction d'une *pensée d'État sur le corps* où s'élaborent de nouvelles légitimations de la domination, de nouvelles définitions de l'excellence masculine et d'un ordre masculin du commandement qui associent maîtrise corporelle et spirituelle : « Si vous voulez commander à d'autres, sachez vous gouverner vous-mêmes », disent les conseils de France-Famille à la radio. Cette idéologie du *self-control* imprègne la vision des élites après la débâcle. Dans la condamnation récurrente d'une jeunesse débraillée, on peut lire aisément la critique du « laisser-aller » de l'avant-guerre et de toutes les « facilités » accordées aux « masses » par le Front populaire. Laisser-aller de ces jeunes ouvriers pour lesquels les lois sociales de 1936 marquent « la ruée vers le plaisir », « la déperdition d'énergies » et « l'hostilité aux contraintes du devoir », de toute cette « jeunesse court-vêtue » qui « en fin de semaine pédalait vers la campagne et l'été ramenait l'exode débraillé vers les plages ». Mais le Front popu-

faveur d'une restauration des jeux Olympiques aboutirent en 1896, écrivait dans ses *Essais de psychologie sportive* en 1913 : « Très souvent, les psychonévroses se caractérisent par une sorte de disparition de la sensibilité virile et seul le sport peut la restaurer et l'affermir. C'est l'art de viriliser les corps et les âmes ».

121. « Les disciplines nouvelles : la tenue », *Le Bulletin de France*, 35, 15 mai 41.

laire n'est pas seul en cause, car « peut-on affirmer que les classes dirigeantes aient opposé à la séduction des plaisirs faciles la résistance qu'elles auraient dû et que leur dictaient à la fois une conception virile de l'existence et le sentiment de leur responsabilité »[122].

C'est à reconstruire un « ordre viril » que va s'attacher Uriage, cette école de cadres particulière née de l'initiative d'un capitaine de cavalerie issu de la noblesse provinciale et nourri de la pensée de Lyautey sur le rôle social de l'officier et le rôle éducatif de l'armée[123] ; comme Lamirand, il réfléchit à la fois sur le respect de l'obéissance et les façons de commander, sur les divisions sociales qui partagent les recrues et sur le « métier de chef ». Il prône la vérité du langage du corps et souhaite des intellectuels d'un nouveau style, bien ancrés dans le « réel », si cher au maréchal : « On saura gré à un intellectuel de présenter un aspect sain, gaillard, de cacher l'âme la plus fine sous une enveloppe bien charnelle ; on se plaira à constater un parfait équilibre entre l'âme et le corps de ces penseurs qui après tout sont d'abord des hommes. Il est tout à fait rassurant de constater que ce philosophe spécialiste de l'étude de l'amour et de ses raffinements est lui-même pourvu d'une aimable épouse à qui il a été capable de donner quelques beaux et bons enfants »[124]. Si l'histoire d'Uriage a été largement commentée, on connaît moins le texte des deux conférences qu'y a faites, en décembre 40, Jean-Jacques Chevallier, *L'Ordre viril et l'Efficacité dans l'action* ; rassemblées dans une brochure de la collection d'Uriage, ces deux conférences seront répétées, à chaque session de l'école, avant le départ des élèves, comme une sorte de « consigne d'action »[125]. Reconstruire la communauté sur le plan de l'ordre viril, c'est retrouver « une certaine force de l'âme, une vigueur morale, un courage », « un climat de force, force d'un corps d'homme, force d'une âme d'homme ». « En ce sens le *viril* s'oppose bien entendu au *féminin*, et aussi à l'*enfantin* et aussi au *sénile*, soit à toutes les formes de faiblesse, si

122. J. Jaouen, « Une jeunesse plus virile », in G. Bertier *et al.*, *Les Devoirs présents des éducateurs*, *op. cit.*, p. 35.

123. Bernard Comte, *Une utopie combattante. L'École des cadres d'Uriage, 1940-42*, *op. cit.*, p. 50, 54-55.

124. P. Dunoyer de Segonzac, « Intellectuels », *Jeunesse... France !*, 8 mars 41.

125. Jean-Jacques Chevallier, professeur de droit public à l'université de Grenoble et directeur de l'Éducation générale au Commissariat à l'éducation générale et aux sports, Introduction à *L'Ordre viril et l'Efficacité dans l'action*, « Le Chef et ses jeunes », 7, École nationale des cadres d'Uriage.

gracieuses ou si touchantes par ailleurs qu'elles puissent être. Au *féminin*. Il ne s'agit pas de médire de l'éternel féminin, éternellement nécessaire à l'homme. [...] Non. La femme a son ordre propre qui est complémentaire de l'ordre viril. Si elle n'est pas gâtée par des idées fausses, des conventions ou des snobismes, ce qu'elle demande à l'homme d'abord c'est d'être un homme. Et plus et mieux elle est femme, plus elle méprise l'homme qui est une femme ». L'ordre viril a sa façon de « classer les êtres » qui « implique un sentiment de la hiérarchie, du choix » et « exclut une certaine bassesse égalitaire ». Il y avait « une sorte de *maladie de l'esprit de décision*, chez les uns, une sorte de *maladie de l'esprit d'exécution* chez les autres » ; « les mots avaient tendance à remplacer les actes ». « La parole est femelle, mais l'acte est mâle, dit un proverbe arabe. Vous aurez, Chefs, demain, à reconstituer un ordre mâle, un ordre viril »[126].

126. *Ibid*, p. 8-9, 20, 37, 39 ; souligné dans le texte.

8

# LE CONTRÔLE DES CORPS

L'hygiénisme occupe une place centrale dans le programme de la Révolution nationale[1]. Refaire une France « saine », tel est le mot d'ordre. Et les archives ont conservé des textes surprenants qui montrent la force de l'adhésion à la représentation médicale du monde social en période de crise. Dans une lettre anonyme adressée au Comité consultatif de la famille, la déploration habituelle sur la dénatalité vient se couler tout naturellement dans la métaphore organique : « La France était malade. Trop de lois pour enfants trouvés mourant célibataires ont créé un individualisme qui marque beaucoup d'organes » ; il faut donc assainir « le corps » – la patrie –, « la cellule de base » – la famille – et « le milieu nutritif » – le travail[2]. Le Groupement corporatif sanitaire français, qui se désigne ainsi à l'attention de l'État français et lui offre ses services, adresse au docteur Ménétrel, médecin personnel et secrétaire de Pétain, cette « ORDONNANCE » : « La critique est une MALADIE. La confiance est un REMÈDE. Il s'agit d'assurer la SANTÉ de la FRANCE, SUIVEZ le MARÉCHAL »[3].

La métaphore biologique envahit le discours politique, et les philosophes sociaux du régime construisent une sorte de médecine politique. Le corps social est toujours menacé par la maladie, la guérison tient de l'acte chirurgical et si Pétain est le grand-père de

1. Je remercie Claire Givry qui m'a aidée à rassembler l'importante documentation sur le champ médical et le mouvement familialiste, et qui a partagé avec moi certains des moments difficiles de la longue collecte du matériel nécessitée par cette recherche.

2. Lettre anonyme dactylographiée, s.d. ; Archives nationales, 2 AG 605, dossier « Famille ».

3. Archives nationales, 2 AG 78, Dr Ménétrel, dossiers sur diverses questions médicales ; majuscules dans le texte.

la nation, le père de tous les pères, il est aussi un thaumaturge, le premier des médecins. Cette dimension est omniprésente dans ce qu'on a appelé le « culte du maréchal » : dans les voyages triomphaux en province, chacun veut le toucher, toucher son manteau, des femmes s'agenouillent sur son passage ; à Toulon, une femme embrasse la main d'un journaliste qui a touché celle du chef de l'État[4]. « Chef et père, avec dévouement, intelligence, amour et foi, il a apporté le seul baume qui puisse rendre la France à son grand destin : l'affectueux remède de la vérité »[5]. Sous la plume de Gustave Thibon, cette sollicitude médicale se double de sévérité – pour soigner, il faut faire mal et contraindre le malade. « Le Maréchal est le médecin qui veille au chevet de la France. Mais le meilleur médecin du monde ne suffit pas : il faut encore que le malade veuille et puisse guérir. Même plongé dans l'atmosphère la plus saine et la plus naturelle, un organisme trop altéré continue à mourir. [...] une phase d'autorité stricte sera nécessaire à la restauration nationale. Cette autorité s'appliquera à la France épuisée et déchirée comme le tuteur à l'arbre ou le pansement à la plaie. [...] Une plaie profonde appelle un pansement serré, durable – et gênant. Celui qui sauve un noyé ne se fait pas scrupule d'enfoncer un peu les ongles dans sa chair »[6]. La soumission aux lois « naturelles », encouragée et guidée par le chef-médecin, est ce qui permettra, selon Thibon, d'échapper à l'« exhibitionnisme démocratique » qui avait amené « la masse des hommes à concevoir des opinions et à éprouver des sentiments vis-à-vis de réalités qui débordent infiniment leur sphère intellectuelle et affective *normale* »[7] : il ne faut pas chercher à trop comprendre l'ordre social, et la biologie politique mène au retour au « réel », réel des différences corporelles, des semailles et des moissons, de la parturition, qui fait le véritable ordre du monde.

4. Henri Michel, *Vichy année 40*, Robert Laffont, 1966, p. 116.

5. R. Descouens, *La Vie du Maréchal Pétain racontée aux enfants de France*, Nice, Éd. de la Vraie France, 1941, cité par Jean-Pierre Azéma, *De Munich à la Libération, op. cit.*, p. 104. Dans un journal allemand de 1935, une photo de Hitler, paternel et souriant, penché vers une petite fille blonde dont il tient les deux mains, illustre un article intitulé « Adolf Hitler, médecin du peuple allemand » ; reproduit dans Robert Proctor, *Racial Hygiene, Medicine under the Nazis*, Cambridge-Londres, Harvard University Press, 1988, p. 50.

6. Gustave Thibon, *Retour au réel, op. cit.*, p. 51, chap. 2, « Réalisme civique ».

7. *Ibid.*, p. 7, 53 ; souligné par nous.

Aux côtés du maréchal, de nombreux experts en santé nationale – biologistes, médecins, démographes – désignent les maux sociaux et proposent les remèdes. L'avortement, l'immigration, l'alcoolisme et les taudis ouvriers, la délinquance juvénile et l'inadaptation infantile, les mauvaises éducations du corps (manque de muscles chez les garçons, déficience de la préparation à la maternité chez les filles) sont les grandes préoccupations sanitaires de l'État français, et nombreux sont ceux qui y investissent d'anciens et plus récents intérêts construisant, dans cette situation historique nouvelle créatrice de nouveaux marchés ou d'élargissement d'anciens marchés, une forme particulière d'impérialisme médical. Cet *hygiénisme de Révolution nationale* naît de la rencontre entre des intérêts dispersés – ainsi la revendication d'un ordre des médecins portée, depuis les années 30, par certaines fractions du corps médical, ou la croisade contre l'avortement menée dans l'entre-deux-guerres par les « familiaux » et les « natalistes » – et la philosophie politique d'un régime qui use et abuse de la métaphore sanitaire porteuse d'exclusives et d'exclusions. « Il n'y a pas de neutralité possible, explique le maréchal, entre le vrai et le faux, entre le bien et le mal, entre la santé et la maladie, entre l'ordre et le désordre, entre la France et l'anti-France »[8]. La biologie parlera d'ordre et d'anti-France, les hommes politiques et les philosophes sociaux du rapport entre les cellules et le corps social. Dans cet hygiénisme, les femmes occupent à nouveau une place de choix : le discours sanitaire des hommes politiques et des experts de la santé va contribuer à renforcer l'image d'un « éternel féminin » au service, cette fois-ci, d'une vision biologique de l'ordre social. Grandes coupables de la dénatalité et donc de son corollaire, aux yeux du régime, l'immigration anarchique, responsables du mauvais entretien des corps dans l'espace domestique, elles doivent faire l'objet d'une rééducation hygiéniste sous la direction des médecins de famille, des obstétriciens et des biologistes. Sur ce terrain, la construction de la féminité associera sans difficulté vieux mythes médicaux et nouvelles sciences.

8. « La politique sociale de l'avenir », *Revue des deux mondes*, 15 août 40, cité par François Bédarida qui souligne combien la conception vichyste de l'identité nationale était porteuse d'exclusion ; « Vichy et la crise de la conscience française », in Jean-Pierre Azéma et François Bédarida dir., *Le Régime de Vichy et les Français, op. cit.*, p. 82.

Mais la place des femmes dans la pensée politico-biologique sur le monde social ne se réduit pas à leur fonction reproductrice. L'inégalité de « nature » entre les hommes et les femmes permet de penser d'autres inégalités dont la science médico-psychologique fournira maints exemples. Vichy est hanté par le classement des « aptitudes naturelles », les tests, l'orientation professionnelle et la graphologie, comme par la « biotypologie » ou la « morphopsychologie » qui permettent de repenser le problème de l'ordre social en minimisant le rôle de l'École. Dans cette perspective, l'ordre des médecins ou la fondation Carrel peuvent apparaître, en période de Révolution nationale, comme des tribunaux aptes à statuer sur les *fondements biologiques de la domination*. L'inégalité est partout, entre les sexes, les nationalités, les races, les « chefs » – les « vrais » – et la « masse » ; il s'agit de la reconnaître et de prendre sa mesure. L'« éternelle » opposition masculin/féminin légitimée par les sciences médicales est au cœur d'une vision inégalitaire du monde social qui condamne l'individualisme au profit de l'organicisme.

### *La médecine science politique*

La dimension eschatologique de la Révolution nationale alimente ce processus de biologisation de la faute politique déjà à l'œuvre aux lendemains de la Commune. Le discours biologique et médical sur les pathologies sociales atteindra une très vaste audience à la fin du siècle, dépassant largement le milieu des professionnels pour devenir un élément ordinaire du langage politique et de la culture de crise[9]. Le thème de la « décadence » nationale est devenu omniprésent, et l'alcoolisme, la tuberculose et la syphilis sont construits comme « dangers sociaux », atteintes à l'« organisme social ». La comparaison avec l'Allemagne hante cette vision biologique du déclin national que viendront renforcer les cris d'alarme démographiques des natalistes de toutes tendances. La théorie de la dégénérescence est devenue une théorie sociale, et le télescopage des déterminismes sociaux et des déterminismes biologiques fonde une rhétorique politique où la métaphore biolo-

9. Voir Robert A. Nye, *Crime, Madness and Politics in Modern France, the Medical Concept of National Decline*, *op. cit.*, p. 132 *sq*. et 330 *sq*.

gique est centrale. La « médicalisation » de la question sociale[10] et de la question nationale conduit à imposer un même cadre d'analyse aux problèmes de santé domestique et de sécurité extérieure. Cette médicalisation tient sans doute, pour une large part, à l'apparition d'un nouveau rapport entre médecine et espace public (administrations, journalisme, littérature), entre médecins et champ politique, et à la consécration d'une nouvelle figure médicale, celle de l'expert en hygiène nationale, qui s'accompagnent de nouvelles formes d'élargissement de la compétence médicale et de l'usage politique de la légitimité médicale.

L'humiliation de la défaite de 70 et la peur de la Commune ont joué leur rôle dans l'avènement de la notion de dégénérescence au rang de concept politique, et l'image des provinces perdues a acquis avec Barrès une forme corporelle et biologique; en 1914, les métaphores et les typologies organiques exercent une sorte d'impérialisme rhétorique et linguistique sur toutes les formes de comparaison entre la France et l'Allemagne. Les apports du darwinisme social et des conceptions de la collectivité humaine comme ensemble inséparablement historique, biologique et social, propres à Le Bon, Soury, Vacher de Lapouge, donneront à la fin du siècle sa dimension achevée à cette vision politico-biologique de la communauté nationale; le déterminisme du nouveau nationalisme, qui condamne la démocratie, est un déterminisme physiologique et naturaliste qui affirme les principes de la subordination de l'individu à la collectivité et de l'intégrité du corps national, selon l'analyse de Zeev Sternhell. Cette construction anthropologique qui résonne en harmonie avec l'image que forge Barrès de la communauté nationale (« des êtres ne peuvent porter que les fruits produits de toute éternité par leur souche ») est anti-individualiste et anti-intellectualiste (le rationalisme – propre aux « déracinés » – qui juge tout par l'abstrait tue les forces motrices de l'activité nationale)[11]; elle assimile la nation à un organisme vivant, à un arbre, image chère à Taine et aux penseurs de l'instinct national, image qui évoque l'arbre généalogique des familles françaises de

10. Sur les rapports entre prophylaxie sanitaire et prophylaxie sociale au tournant du siècle, voir les articles rassemblés dans « L'haleine des faubourgs », *Recherches*, 29, déc. 1977.

11. Zeev Sternhell, *La Droite révolutionnaire, les origines françaises du fascisme, 1885-1914*, Seuil, « Points Histoire », 1978, chap. 3, « Déterminisme, racisme et nationalisme », p. 146 *sq*.

« vieille souche » et le chêne consacré au maréchal dans la forêt de Tronçais.

Cet héritage idéologique imprègne la philosophie sociale de la Révolution nationale, et cette forme de *biologisation de la rhétorique de la culture de crise* vient se couler tout naturellement dans une pensée politique qui fait de l'organicisme et, notamment, de la cellule familiale, le rempart contre l'individualisme et l'idée de démocratie. « Les biologistes savent peut-être si les cellules se suicident. Il n'est que trop évident que la famille, cellule sociale, a chez nous abusé tragiquement de la liberté de se suicider. [...] C'est un lieu commun de dire que le physique et le moral sont étroitement liés et réagissent l'un sur l'autre. Disons mieux : la vie morale est conditionnée dans son exercice par l'état organique ; inversement, la vertu a valeur biologique ; la morale est donc *ipso facto* conjointe à la médecine, dont c'est ici le domaine. [...] un pays a la santé de sa politique (comme il peut, en retour, avoir la politique de sa santé), et c'est pourquoi les chefs des États totalitaires, Allemagne, Italie, ont tant fait en ces dernières années pour rappeler et au besoin pour imposer aux médecins le sens de la médecine préventive. [...] Il faudra que nous achetions par l'effort notre santé ou notre guérison. Mais quel champ d'action retrouve ainsi la médecine ! Que de domaines à surveiller, d'activités à guider, dans la famille (et dès avant le mariage), dans l'éducation, l'enseignement, le sport, le travail, l'urbanisme, l'architecture... »[12]. La Révolution nationale va donc enrôler le savoir médical pour réfléchir sur les rapports entre le biologique et le social, l'hygiène préventive, l'éducation des corps.

Les répercussions individuelles de l'exode, des carences alimentaires, du froid, des séparations, vont largement mobiliser le savoir et l'action des médecins[13] qui sont partagés sur l'adhésion au régime. La résistance est importante dans le corps médical et, rapidement, elle propose un contre-discours à l'idéologie dominante : « A notre époque où la vérité est falsifiée d'une façon ahurissante

12. Raymond Postal, « Introduction », *France 41. La Révolution nationale constructive, un bilan et un programme*, *op. cit.*, p. 14, 22.

13. En mars 43, la réunion de la Commission permanente d'études médicales de la Légion est entièrement consacrée à la sous-alimentation des adultes et des enfants, au syndrome de cette carence et aux relations avec les centres médico-sociaux ; Commissariat légionnaire à l'action sociale, Service hygiène et santé ; BDIC, Q pièce 4258.

par les hommes au pouvoir, où *Paris-Soir* et la radio d'État mènent campagne contre les "diplômés", où le Maréchal parle de Révolution alors que notre pays est plongé dans la plus noire réaction, véritable retour au Moyen Age, [...] nous voulons une réorganisation de la médecine par les médecins eux-mêmes. La médecine de demain, celle de la France édifiant le socialisme, sera ce que feront les médecins français luttant aux côtés du peuple »[14]. Par ses fonctions de président de la Conférence Laennec, Paul Milliez entraînera dans la Résistance nombre de jeunes médecins catholiques que l'on se serait attendu, comme lui, précise-t-il, à retrouver auprès du maréchal Pétain[15]. Il faudrait pouvoir rapporter les prises de positions politiques qui divisent le corps médical aux positions professionnelles occupées au sein du champ médical par les tenants de telle ou telle option politique dans cette période historique de crise et pendant l'entre-deux-guerres. C'est en effet à partir des années 1925 que surgissent au sein de la profession médicale des débats intenses liés à l'apparition de nouvelles conditions d'exercice du métier et d'accession au métier. L'étude de ces débats et des conflits qui les ont marqués sur les études médicales, les rapports entre médecine spécialisée et médecine générale, acte médical et acte chirurgical, la question de la « surproduction » de médecins et celle du rapport entre pratique libérale et État, qui se cristallise avec la mise en place des assurances sociales, pourrait seule permettre de rendre complètement compte des attendus et des contradictions qui ont marqué les relations entre la médecine et les pouvoirs publics entre 40 et 44, et leur évolution à la Libération.

Nous avons choisi de privilégier l'étude de la fondation de l'ordre des médecins en 1940 et celle de sa sociogenèse dans les décennies précédentes. En effet, cette étude qui n'avait jamais été faite s'est révélée indispensable à notre approche de la construction collective de l'« éternel féminin » ; nous n'en présen-

14. « Pourquoi ce journal ? », *Le « Médecin français »*, 1, mars 41. Publication clandestine éditée par le comité médical du Front national, le journal assurera, à partir de 43, « la liaison entre les divers centres médicaux, organisations civiles ou maquis » qui aboutira à la création du Comité de Résistance médicale, précise Robert Debré ; Robert Debré, « La Résistance médicale », in *La Résistance intellectuelle*, textes et témoignages réunis et présentés par Jacques Debû-Bridel, Julliard, 1970.

15. Paul Milliez, *Médecin de la liberté*, entretiens avec Igor Barrère, Seuil, 1980.

tons ici que les éléments nécessaires à la compréhension de la contribution médicale à cette représentation de la féminité, réservant pour un travail ultérieur une analyse plus complète de la naissance de l'ordre. Nous avons particulièrement cherché à établir ce que certaines des formes d'adhésion à l'idéologie de la Révolution nationale devaient au passé de luttes propre à la profession médicale. Il faut ajouter que l'appel idéologique adressé par le régime à la médecine, l'élargissement de la fonction médicale au rôle de conseiller du prince, l'insistance de la métaphore biologique dans le discours politique, le renouveau de la demande étatique d'une hygiène nationale, ont joué comme un appel d'offres des pouvoirs publics envers la profession médicale. Du coup, ses divergences les moins irréductibles se sont trouvées atténuées au profit d'une collaboration avec un pouvoir d'État qui plaçait si haut la compétence et l'apport de l'expérience médicale dans son entreprise de régénération nationale. Dans cette perspective, on peut penser que la surproduction médicale de l'« éternel féminin » a partie liée également avec ce processus d'établissement de consensus qui défend en même temps la médecine de la famille et le médecin de famille, cette représentation de la profession si chère à une large majorité du corps médical qui avait ressenti comme une menace les transformations de la formation, de la pratique et des hiérarchies médicales qui ont marqué l'entre-deux-guerres. En appelant à une médecine totale de l'homme total, l'État français permettait à une large fraction du corps médical qui se sentait rejetée dans le passé de se réconcilier avec elle-même et avec l'ensemble de la profession encouragée désormais à renouer avec ses plus « nobles traditions » et avec son ancienne définition du notable professionnel, loin de l'anonymat parisien, de la « pléthore » médicale, de la « froideur » de la médecine spécialisée, des « dangers » de la médecine sociale contrôlée par les pouvoirs publics et des menaces de la fonctionnarisation.

« Nous n'ignorons pas combien, appliquées à la vie sociale, les comparaisons d'ordre biologique s'avèrent déficientes : elles n'en restent pas moins les meilleures, et il est certain que la profession médicale, si celui qui l'exerce l'assume avec tout son être, constitue encore la meilleure école de sagesse politique »[16]. Repenser les rapports entre la médecine et la société dans le sens d'une partici-

16. Gustave Thibon, *Diagnostics, essai de physiologie sociale*, *op. cit.*, p. 134.

pation accrue de la sagesse médicale à la reconstruction nationale, c'est faire de chaque médecin un éducateur du sens social, un hygiéniste politique, un collaborateur privilégié du pouvoir. Les centres régionaux d'éducation sanitaire doivent répandre « les tendances nouvelles de l'hygiène individuelle qui sont de développer le sens social de l'individu et sa mission dans l'effort collectif d'amélioration générale », écrit le docteur Serge Huard, secrétaire d'État à la Famille et à la Santé jusqu'en avril 42 [17], dans sa préface à un ouvrage médical centré sur l'idée que les médecins sont moins des soignants que des « éducateurs de santé » : « Le matérialisme a négligé la santé morale, celle de l'esprit. L'ordre nouveau en prendra soin autant que de la santé corporelle. La santé morale sera protégée des innombrables virus qui la menacent par une hygiène de l'opinion publique, par un assainissement de la rue, des loisirs, des publications. [...] La France et les Français ont besoin d'une cure d'hygiène ; et cela d'autant plus que, dans un pays de faible natalité, il importe de compenser l'insuffisance numérique des citoyens par leur bonne qualité » [18]. En 1936, jugeant la médecine « à la croisée des chemins », le docteur Delore, qui rendait hommage au docteur Carrel et se jugeait « dans la ligne de la médecine qui vient », appelait déjà à une « médecine complète », véritable « science de l'homme », située « au carrefour des problèmes biosociaux » et annonçait confiant : « La médecine sera au centre de la société de demain. Il lui appartient d'apporter une contribution majeure à la reconstitution des élites » [19]. Et le professeur René Leriche, premier président du Conseil supérieur de l'ordre des médecins de 1940 à 1942 [20], voit dans la Révolution nationale l'occasion enfin offerte

17. Le docteur Huard, chirurgien, ancien interne de l'hôpital Laennec et ancien international de rugby, est présenté ainsi par un journaliste de *Candide* (20 août 41) qui livre au passage les qualités du médecin de confiance, dont celle bien sûr de père de famille nombreuse : « Il a partagé sa vie entre le sport, sa famille (il a 4 enfants), l'hôpital Boucicaut où il opérait le matin. Devenu il y a un an Secrétaire général à la Santé, il s'est attaqué à tous ceux qui, sous couvert du titre de médecin, se livraient à de déplorables abus ».

18. Serge Huard, préface à P. Delore, *L'Éducation et la Santé*, Flammarion, 1941, p. 9.

19. P. Delore, *Tendances de la médecine contemporaine, la médecine à la croisée des chemins*, Masson, 1936, p. XIII, 207, 214.

20. Le professeur Leriche, chirurgien ayant exercé à Lyon et à Strasbourg, professeur au Collège de France, qui écrit n'avoir accepté qu'à contrecœur de devenir président de l'ordre, se soumet totalement à la politique du secrétaire d'État à la Santé ; sa méconnaissance des milieux des syndicats médicaux de l'avant-guerre et

d'élaborer une politique de santé publique associant l'État et le corps médical sur des bases nouvelles, politique enfin débarrassée des menaces de la « fonctionnarisation » qui avaient marqué, selon lui et selon tous ceux qui investissent la construction de l'ordre social et médical nouveau, la politique sociale des années 30. « Le passé est le passé. Nous sommes aujourd'hui face à l'avenir. Pour que cet avenir soit ce que la Révolution Nationale du Maréchal désire qu'il soit, il est nécessaire que toutes mesures soient prises en fonction des intérêts de la santé de la nation, des intérêts physiques qui conditionnent son comportement moral. Et pour qu'il en soit ainsi, il faut que les médecins deviennent les conseillers écoutés du gouvernement dans tout ce qui touche à la santé, et qu'ils établissent une incessante collaboration entre les organes administratifs et la pensée médicale »[21]. *Le Concours médical*, journal professionnel influent, soutient lui aussi la Révolution nationale sur la base de l'appui à une « conception renouvelée de l'État » qui, en défendant le corporatisme comme le principe politique d'une société organique, défend tous les corporatismes : « Laissons donc au magasin des accessoires du régime défunt les rouages à contrepoids inspirés de Montesquieu et disons qu'il n'y a qu'*un Corps qui est la nation.* Toutes ses parties ne sont que des organes qui vivent sur son sol et de son sang. [...] Mais cette communauté ne vivra tout d'abord qu'au sein d'une élite, d'un noyau actif, dont les membres seront aussi des professionnels. En même temps qu'ils poseront les bases de l'État, ils constitueront les cadres des corporations. Et cette naissance commune perpétuera la communauté de doctrine et d'action entre les gardiens du pays et ceux des professions »[22].

Le professeur Sergent, ancien président de l'Académie de médecine, apporte au nouveau régime l'appui de la vieille génération – « j'ai la satisfaction, au milieu des dures et cruelles épreuves que nous subissons, de percevoir, clairement et indiscutablement, le

---

son suivisme lui vaudront les critiques d'une bonne partie du corps médical favorable à la création de l'ordre : « Nous ne connaissions ni les questions à traiter, ni les hommes avec qui nous les traitions », précise-t-il dans ses Mémoires ; *Souvenirs de ma vie morte*, Seuil, 1956, p. 94.

21. René Leriche, « Médecine 41, tendances et devoirs », in *France 41*, *op. cit.*, p. 344.

22. Jean Mignon, « Débats sur le corporatisme », *Le Concours médical*, 49/50, déc. 42.

rétablissement des principes fondamentaux qui constituent les bases nécessaires des organismes professionnels, sociaux et nationaux » – et défend une conception de l'élite qui l'avait fait classer, dit-il, dans la catégorie des esprits « retardataires » : « L'idée étroite d'égalité absolue est le pire et le plus toxique des virus. Je ne crains pas de le répéter : le cerveau dirige ; les pieds doivent obéir à ses ordres ; un organisme humain, privé de son gouvernail cérébral, erre dans l'imbécillité, l'insanité, la folie, la bestialité ; un organisme social, privé de direction intellectuelle et morale, tombe dans le désordre, l'anarchie, la turpitude, la barbarie ». Finalement, le grand médecin, celui qui forme les nouvelles élites, doit, comme le maréchal, « se comporter vis-à-vis d'eux comme un père, se souvenant que dans "patron" il y a "pater" »[23]. Le docteur Laffite, qui a rédigé en 1936 une somme sur la crise de la profession médicale où l'on retrouve tous les thèmes qui seront débattus en 1940 dans l'ordre des médecins, concluait son ouvrage par un éloge de la lucidité politique du corps médical qui résonnait de façon prémonitoire : « Il faut s'attaquer aux faux dogmes. Les idoles doivent être renversées. A la Révolution, source du mal, une révolution nouvelle doit être opposée qui sera une rénovation. [...] Le retour aux conceptions traditionalistes, écrit M. Pierre Mauriac, et, disons le mot, antidémocratiques, dans des milieux considérables, s'est effectué parallèlement aux confirmations sans cesse apportées à la médecine expérimentale par les lois de la biologie notamment. Un savant aussi détaché des contingences politiques que le docteur Carrel a, dans son livre récent, condamné le principe démocratique »[24].

Élite parmi les plus prestigieuses, incarnation des « cerveaux » qui doivent penser et diriger le monde social pour l'arracher au désordre et à l'imbécillité, mais aussi élite paternelle qui connaît les faiblesses des faibles, le médecin trouvera avec Alexis Carrel sa

23. Émile Sergent, *La Formation intellectuelle et morale des élites*, Société d'Éditions économiques et sociales, 1943, p. 10, 23, 90. La comparaison du patron de médecine avec le maréchal est faite aussi par le professeur Castaigne qui précise que tous les élèves du professeur dont il avait été lui-même l'interne autrefois avaient pris « l'habitude de l'appeler le Maréchal de la Médecine, et ce titre qui prend à l'heure actuelle une valeur encore plus considérable est vraiment mérité » ; Pr J. Castaigne, « Les médecins de France », *Les Documents français*, 4, avr. 41.

24. Georges Laffite, *Le Médecin, sa formation, son rôle dans la société moderne*, Delmas, 1936, p. 794, 799.

dimension ultime de conseiller scientifique du pouvoir, la médecine devenant science des sciences. Tous les médecins – et, parmi eux, tous ceux, nombreux, qui se piquent de philosophie sociale – se référeront à Carrel qui fait d'eux les experts ultimes du fléchissement moral et biologique de la nation dont son livre avait fait le constat dès 1935 et que la « dure leçon des faits », comme on dit à l'époque, est venu confirmer, lui donnant valeur de prophétie. « Quelle science doit grandir et absorber les autres ? Grâce à l'anatomie, à la physiologie, à la psychologie et à la pathologie, la médecine possède les bases essentielles de la connaissance de l'homme. Il lui serait facile d'élargir ses vues, d'embrasser, outre le corps et la conscience, leurs relations avec le monde matériel et mental, de s'adjoindre la sociologie, de devenir la science par excellence de l'être humain. Elle grandirait au point non seulement de guérir ou de prévenir les maladies, mais aussi de diriger le développement de toutes nos activités organiques, mentales et sociales. Ainsi comprise, elle nous permettrait de bâtir l'individu suivant les règles de sa propre nature »[25]. En instituant, en 1941, la Fondation française pour l'étude des problèmes humains, l'État français fournit à Alexis Carrel qui en est nommé « régent » les moyens de rassembler des équipes propres à élaborer « la construction systématique de l'homme civilisé dans la totalité de ses activités corporelles, spirituelles, sociales et raciales », en créant une « nouvelle technologie, l'*Anthropotechnie* » : « Ainsi, moins de deux ans après la plus complète défaite de son histoire, la France affirme non seulement sa volonté de ressusciter, mais aussi celle de développer au maximum les qualités héréditaires qui sont encore intactes, quoique assoupies, dans sa population »[26].

Le régime de Vichy offre à la fois l'opportunité d'élargir la com-

25. Alexis Carrel, *L'Homme, cet inconnu*, *op. cit.*, p. 345.

26. Alexis Carrel, « La science de l'Homme », in *La France de l'esprit 1940-1943, enquête sur les nouveaux destins de l'intelligence française*, *op. cit.*, p. 112. Ailleurs, Carrel est moins optimiste et il écrit à son beau-frère en juin 43 : « [...] après le Rockefeller Institute c'est insupportable et ridicule d'être à la tête d'une administration française. La bêtise et l'impotence de nos compatriotes sont vraiment infinies. Jamais, à moins de vivre avec eux, on ne peut comprendre leur déchéance » ; cité par Alain Drouard, *Une inconnue des sciences sociales, la fondation Alexis-Carrel 1941-1945*, *op. cit.*, p. 148. Il est probable que le docteur Carrel, malgré sa grande intelligence, n'avait pas compris que la Révolution nationale était loin de représenter l'ensemble du pays et que la situation historique de l'occupation pouvait troubler quelque peu les esprits.

pétence médicale jusqu'aux sommets de ce qu'on pourrait appeler la « biocratie », avec notamment l'utopie carrélienne qui emprunte aux avancées technocratiques et scientifiques les plus récentes autant qu'à la science-fiction, et la possibilité de renouer avec de vieilles images de la profession, toujours actives dans un espace professionnel aussi diversifié où coexistent des représentations du métier d'âges différents, comme celle, ancienne et menacée, du médecin de famille éducateur de la santé. Ce moment est également l'occasion de reconstruire de façon concrète les rapports de la profession avec l'État puisque, dès le 7 octobre 40, est institué l'ordre des médecins dont la création n'avait pu aboutir pendant l'entre-deux-guerres. La défense médicale de la prééminence de la « vocation » féminine à la maternité et l'imposition de l'identité féminine qu'elle induit sont prises dans toutes ces constructions des images professionnelles qui vont de la médecine science totale du monde social à la nouvelle promotion du médecin de famille sans oublier la défense de l'« éthique libérale » soucieuse des prérogatives de la clientèle (et donc de celles des mères de famille) contre l'État.

### *L'instauration de l'ordre des médecins*

Pour comprendre les enjeux qui président à la fondation de l'ordre sous l'État français, il faut revenir brièvement sur les raisons qui avaient conduit une très large majorité du corps médical à se doter d'organisations collectives depuis le début du siècle, les syndicats médicaux puis leur confédération[27], et à lutter, dans les

27. En 1928 est créée la Confédération des syndicats médicaux français qui regroupe l'Union des syndicats médicaux de France (fondée en 1884 pour résister – déjà – aux « exigences excessives de la Mutualité et de l'État », elle imposera le principe du libre choix du médecin en réaction aux lois sur l'assistance médicale gratuite de 1893 et sur les accidents du travail de 1898) et la Fédération nationale des syndicats médicaux ; cette organisation unique regroupe, en 1928, environ 20 000 médecins, soit les quatre cinquièmes des médecins exerçant en France ; Paul Cibrié, « Les communautés médicales », in *Médecine et Communauté*, ouvrage collectif, Librairie de Médicis, 1943, p. 22-44. Le docteur Paul Cibrié, secrétaire général de la confédération en 1929, sera vice-président du second conseil supérieur de l'ordre des médecins en 1942, puis, en 1945, à nouveau président de la confédération qui se reconstitue à cette date après avoir été dissoute, comme tous les syndicats, par Vichy.

années 30, pour obtenir un ordre des médecins – la référence étant l'ordre des avocats – auquel l'adhésion de tous serait obligatoire et qui serait doté de pouvoirs de juridiction professionnels susceptibles d'opposer un contre-pouvoir aux initiatives de l'État[28]. L'ensemble de ces raisons se ramène d'une part au constat de la progression constante d'une menace sur l'exercice libéral par l'avancée de lois sociales qui pousseraient à la « fonctionnarisation » et à l'« étatisation » et, d'autre part, au constat de « pléthore » – surproduction de médecins. Derrière ces deux préoccupations, de multiples craintes s'expriment sur la dévalorisation de l'ensemble de la profession ou de certains de ses sous-secteurs et sur la remise en cause des modes traditionnels d'accès au métier. Ainsi, à l'instar de tous ceux qui avaient condamné l'« école unique » et la démocratisation de l'enseignement, le professeur Sergent déplore la diminution de la proportion de fils de médecins et l'arrivée de recrues nouvelles, « enfants de "nouveaux riches" » qui n'ont peut-être pas toujours reçu « la formation ancestrale », jeunes filles et, surtout, étrangers dont le plus grand nombre « nous arrivent des pays danubiens et représentent des éléments jugés "indésirables" dans leur propre pays »[29]. Ces thèses sont d'autant plus influentes dans les années 30 que l'hérédité médicale et l'embourgeoisement se sont nettement affirmés au sein du corps professoral entre 1901 et 1932, la fermeture sociale de l'élite médicale et le conservatisme de ses positions allant de pair : défense des valeurs sociales de la bourgeoisie conservatrice catholique, rigorisme éthique, souci de l'avenir de la race, défense malthusienne et xénophobe de la profession[30].

La première action de la Confédération des syndicats médicaux français avait été de réclamer la refonte de la loi de 1928 sur les assurances sociales et d'exiger que cette loi admette intégralement les principes de la charte de la confédération (libre choix du médecin par le malade, respect du secret professionnel, liberté de prescription, entente directe entre le médecin et le malade excluant le « tiers payant », ce « facteur d'asservissement et de démoralisa-

28. Paul Cibrié, *L'Ordre des médecins*, préface de Me Moro Giafferri, Laboratoire Midy, 1935.

29. Émile Sergent, *La Formation intellectuelle et morale des élites, op. cit.*, p. 217-219.

30. Voir Christophe Charle, *La République des universitaires, 1870-1940*, Seuil, 1994, p. 315-316.

tion ») ; et c'est en 1929 que l'assemblée générale de la confédération se prononce pour la création d'un ordre des médecins [31]. Lutte pour la refonte de la loi sur les assurances sociales et lutte pour obtenir le vote d'une loi créant un ordre des médecins vont de pair. La loi du 30 avril 1930, qui modifie celle de 1928, donne satisfaction aux médecins sur l'entente directe et accorde un rôle de représentation aux syndicats médicaux. De nombreux médecins s'accordent ainsi entre 1930 et 1940 pour dénoncer « l'étatisation menaçante » et pour présenter la corporation médicale comme « un phénomène naturel d'auto-défense ». De plus, l'État construit de nouvelles figures médicales (médecins fonctionnaires d'État de l'Assistance publique et des asiles) et un marché nouveau (usines, dispensaires, hospices, compagnies d'assurances). Tous ces éléments sont soupçonnés d'introduire de l'immoralité dans l'exercice de la profession puisque les médecins fonctionnaires auraient des responsabilités personnelles moins strictes, du fait qu'elles sont partagées avec l'État, et de menacer son caractère de profession libérale [32]. Si l'Action française accroît son audience dans le milieu médical pendant l'entre-deux-guerres jusqu'à fonder une revue mensuelle, *Le Médecin*, en 1926, c'est sur ces thèmes d'une défense contre l'étatisation et d'un appel à l'organisation corporative qui ne tranche pas vraiment avec les positions des autres groupements médicaux : « Qu'il suffise de constater la désharmonie, le désaccord qui opposent l'étatisme de plus en plus *accapareur* à l'indépendance fière et nécessaire d'une profession qui veut et doit rester *libérale*, c'est-à-dire libre (ne confondons pas). Une preuve de plus que la grande Liberté, avec L "*maximale*", tue les libertés, les nôtres en particulier. [...] L'État patron, le socialisme d'État, telle est la grande cause extérieure de notre malaise [...]. Munis de cette lumière, voulez-vous explorer le projet des assurances sociales ? Nous nous récrions non pas seulement parce que nos intérêts légitimes seraient lésés mais aussi parce que les intérêts des malades auraient à souffrir de cette "*fonctionnarisation*" » [33]. Ce premier ensemble de traits du « malaise médical », qui avait nourri la

31. Paul Cibrié, *L'Ordre des médecins, op. cit.*, p. 39.
32. A. Oudin, docteur en droit, *L'Ordre des médecins*, Les Éditions de la nouvelle France, 1941, p. 28.
33. Jean Lanos, « Le malaise médical », *Le Médecin*, 15 nov. 26 ; souligné dans le texte.

demande de création d'un ordre des médecins, va être à l'origine de l'adhésion d'une majorité du corps médical à l'établissement d'un ordre des médecins en 1940. De façon apparemment paradoxale, il sera également à l'origine des difficultés des relations entre l'ordre, les médecins et le gouvernement de Vichy emporté par la passion étatiste, difficultés qui aboutiront à la mise en place en 1942 d'un ordre deuxième version, plus respectueux des grandes options corporatistes qu'avaient défendues jusqu'alors les syndicats médicaux.

Le second ensemble de faits qui est à l'origine de la revendication d'un ordre a été désigné par la profession comme la question de la « pléthore ». Les médecins qui écrivent sur la crise de la médecine dans les années 30 voient les causes de la pléthore dans « l'abaissement des barrières au seuil de l'enseignement secondaire », « l'afflux d'un contingent féminin auquel les conditions de l'après-guerre ne permettent plus de se consacrer à sa tâche primordiale, le foyer domestique », et « l'intrusion d'une foule d'étrangers, trop souvent indésirables, attirés par le mirage des facilités de vie en France et les complicités occultes du pouvoir, ou bien expulsés de leur pays par les convulsions politiques. S'il y a plus de médecins, il y a moins de clients, et, de fidélité, point. Le médecin de famille d'il y a cinquante ans est un type en voie de régression »[34]. Ce refuge dans le corporatisme depuis les années 30 qui a conduit les associations médicales à soutenir puis à appliquer les mesures d'exclusions à l'égard des étrangers et des juifs a caractérisé également une très grande majorité du corps médical allemand. Dès 1929 est fondée une Ligue nationale-socialiste des médecins qui compte presque 3 000 membres au début de 1933, c'est-à-dire avant l'arrivée de Hitler au pouvoir ; en octobre 33, la Ligue a 11 000 adhérents et demande que les juifs soient exclus de la profession médicale. Pendant l'entre-deux-guerres, le thème de la pléthore est omniprésent dans la profession, femmes et juifs partageant la responsabilité de cet état de fait ; la mise en accusation de la médecine sociale et de l'influence croissante des compagnies

34. Paul Delaunay, « La profession médicale en France », in *Histoire générale de la médecine*, sous la direction du P[r] Laignel-Lavastine, Albin Michel, 1949, t. III, p. 732 ; le fait que ce texte, écrit avant la guerre d'après ses références, puisse figurer tel quel dans un ouvrage très officiel de la médecine sur elle-même publié en 1949 montre assez la force et la banalité de ces schèmes explicatifs de la crise dans les milieux médicaux influents.

d'assurance médicale est également au cœur de ce constat de crise de la médecine allemande[35]. Le retour sur un corporatisme étroit a conduit aussi les ingénieurs, professeurs et avocats allemands qui avaient vécu les années 20 sur le mode du déclin relatif et de la menace à reporter le poids de la crise sur les plus faibles : les jeunes, les femmes, les moins diplômés, les juifs[36].

Dès 1931, un tract publié par les étudiants en médecine de l'Action française alertait sur la proportion de « médecins étrangers et juifs »[37], et une série d'articles est consacrée en septembre 1934 par *L'Action française* à « la médecine française et les métèques ». Le docteur Laffite, dans son bilan du malaise médical des années 30, consacre 200 pages à la « pléthore » et, s'il s'alarme moins de la présence féminine dans la profession, fait une place centrale aux médecins étrangers : « Pour comble, les frontières du pays sont largement ouvertes aux réfugiés politiques de toutes sortes, aux chômeurs d'ailleurs, à tous ceux que les races étrangères repoussent et nous envoient »[38]. En 1930, un rapport est présenté, au nom de la confédération, par le professeur Balthazard, doyen de la faculté de médecine de Paris, et le docteur Cibrié qui alerte sur l'augmentation de la proportion des étudiants en médecine étrangers et des médecins étrangers entre 1920 et 1930[39], et lie l'affaiblissement des traditions médicales en France à ces nouveaux venus « qui n'ont pas la même moralité que les médecins français parce qu'ils n'ont pas reçu dans nos écoles françaises l'éducation de probité médicale »[40]. Enfin, la loi Armbruster (du nom du médecin de la confédération qui déposa ce projet au Sénat), du 21 avril 33, impose la détention du diplôme d'État français de docteur en

35. Robert Proctor, *Racial Hygiene, Medicine under the Nazis*, *op. cit.*, p. 65 *sq.*, 145 *sq.*

36. Konrad Jarausch, *The Unfree Professions, German Lawyers, Teachers and Engineers, 1900-1950*, Oxford University Press, 1990.

37. Reproduit dans Maurice Beauchamp, *Pour la Rénovation française, Bases (Famille, profession, région, nation)*, G. Durassié et Cie, 1941, ouvrage couronné par l'Académie française le 10 juillet 41, p. 95. La Rénovation française, mouvement fondé par Beauchamp avant la guerre de 14 sous le patronage de Barrès, apparaît à son promoteur en 1940 comme une prémonition de la Révolution nationale.

38. Georges Laffite, *Le Médecin, sa formation, son rôle dans la société moderne*, *op. cit.*, p. 787.

39. Paul Cibrié, « Les communautés médicales », in *Médecine et Communauté*, *op. cit.*, p. 36.

40. Cité par Ernest Desmarest, *L'Ordre des médecins*, Masson, 1941, p. 18.

médecine à l'exercice de la médecine en France et exige la naturalisation si le médecin étranger désire exercer avant sa trentième année ou exercer dans la médecine sociale ou la fonction publique. Au début de 1935, les étudiants en médecine de Montpellier lancent un mouvement de grève qui fait tâche d'huile, attisé par l'Action française, et qui est ponctué de manifestations violentes au cours desquelles des étudiants étrangers sont molestés [41]. En juillet 35, une nouvelle loi rend caduques toutes les équivalences dans les études de médecine et impose comme conditions à l'exercice de la profession la possession du diplôme d'État français et la qualité de citoyen ou sujet français, ou ressortissant des pays placés sous protectorat de la France ; seuls les naturalisés ayant accompli leur service militaire pourront exercer [42]. L'instauration de l'État français va permettre très vite d'aller plus loin, car « autant on hésitait à trancher dans le vif, autant cette fois on se montre catégorique » [43] : la loi du 16 août 40 précise que « nul ne peut exercer la médecine en France s'il ne possède la nationalité française à titre originaire comme étant né d'un père français » ; le problème des médecins étrangers et naturalisés – parmi lesquels une majorité de juifs – est définitivement réglé, d'autant plus que la circulaire d'application du 1er novembre 40 précise que la loi a un effet rétroactif. En mars 1941, dans une conférence à la librairie Rive gauche, le docteur Desmarest décrit ainsi la pléthore et les tâches de l'ordre : dénonçant « l'intrusion des étrangers dans la médecine française », étrangers qui « franchissaient la frontière sous le simple prétexte que leur pays d'origine n'offrait plus à leurs conceptions politiques un climat favorable », il souhaite que l'ordre entreprenne « un vaste travail d'épuration » de ces « nouveaux éléments français, fraîchement peints », et lutte contre « la pénétration de plus en plus grande du corps médical français par l'élément israélite » [44].

A partir du 7 octobre 40, c'est l'ordre des médecins qui sera chargé de gérer l'application de toutes les lois spécifiant les conditions de possibilité d'exercice. Les syndicats de médecins sont dissous (article 17 de la loi portant création d'un ordre des médecins), et l'inscription à l'ordre est rendue obligatoire : tout médecin doit

41. Ralph Schor, *L'Opinion française et les Étrangers, 1919-1939*, *op. cit.*, p. 608-610.
42. A. Oudin, *L'Ordre des médecins*, *op. cit.*, p. 62-63.
43. *Ibid.*, p. 63-64.
44. Ernest Desmarest, *L'Ordre des médecins*, *op. cit.*, p. 18-21.

être habilité à exercer son art par un conseil départemental de l'ordre qui l'inscrit à un tableau public, tel est l'article premier du texte de loi. Ne peuvent donc figurer à ce tableau les médecins qui ne remplissent pas les conditions de la loi du 16 août 40 et de ses circulaires d'application, puis, avec le second statut des juifs, nombre de médecins juifs touchés par le *numerus clausus* imposé dans les professions libérales où leur nombre est limité à 2 % de l'effectif total des praticiens. Une loi du 26 mai 41 étend la notion d'exercice illégal à tout médecin qui exercerait sans satisfaire aux conditions de nationalité et d'inscription au tableau [45]. L'ordre sera partagé sur la question des médecins juifs, certains conseils départementaux collaborant volontiers à l'aryanisation de la profession [46], d'autres protégeant les médecins menacés et utilisant toutes les dérogations possibles, le Conseil supérieur de l'ordre, présidé par le professeur Leriche, s'opposant quant à lui fréquemment au Commissariat général aux questions juives [47].

En prononçant la dissolution des syndicats médicaux, en imposant la nomination par décret des membres du Conseil supérieur de l'ordre et la nomination également – par le ministre de l'Intérieur et sur proposition du Conseil supérieur – des membres des conseils départementaux, en donnant des postes de responsabilité dans la poli-

45. Michaël R. Marrus et Robert O. Paxton, *Vichy et les juifs, op. cit.*, p. 144. Il est bien évident que toutes ces mesures législatives autorisent les réflexes de défense corporatiste les plus extrêmes. Ainsi cet exemple donné par le journal de la résistance médicale : « *L'Heure bretonne*, journal allemand traduit à l'intention des Bretons, publia récemment un article d'un confrère. Celui-ci analysant la répartition des médecins en Bretagne en dénombre 1 sur 3 000 habitants. D'après lui, c'est beaucoup trop. Il y a pléthore, il faut agir. Oui, mais par malheur, il n'y a en Bretagne ni médecin juif, ni étranger. Qu'à cela ne tienne : notre distingué confrère propose de retirer le droit d'exercice à tous les médecins non bretons », « De mieux en mieux : pléthore », *Le « Médecin français »*, 8, sept.-oct. 41.

46. « Certains conseils départementaux craignent que les arrêtés d'interdiction pris contre les médecins étrangers n'aient qu'un effet théorique. A la vérité, il leur appartient d'user des pouvoirs que leur confère actuellement la loi et ils ne doivent pas hésiter à signaler aux Autorités administratives les médecins qui ne tiendraient pas compte de la notification de leur interdiction. Plusieurs Conseils départementaux sont résolument entrés dans cette voie. Nous pouvons citer à titre d'exemple encourageant le cas d'un étranger qui, continuant d'exercer la médecine malgré la défense qui lui en avait été faite, vient d'être l'objet, de la part d'un Préfet, d'une mesure d'internement administratif dans un camp de la région » ; « Les médecins étrangers », *Bulletin de l'Ordre des médecins*, 3, août 41, p. 124.

47. Joseph Billig, *Le Commissariat général aux questions juives*, CDJC, 1960, t. 3, p. 28-34.

tique de santé à des hommes qui n'avaient pas pris part aux récents combats professionnels de l'entre-deux-guerres, le gouvernement de Vichy, même s'il réalisait certains vœux d'une importante fraction du corps médical, finit par brouiller les médecins avec l'ordre sur la base, à nouveau, du refus « des tendances centralisatrices, étatistes et dictatoriales » et de la volonté de promouvoir une autonomie de la corporation. La formulation est du professeur Mauriac, doyen de la faculté de médecine de Bordeaux et président de l'ordre des médecins de la Gironde, qui appelle, dans la même conférence de 1942, au rétablissement du pouvoir de la corporation médicale contre les « diktats » du pouvoir central et à la poursuite « sans faiblesse » de « l'élimination des métèques hors du corps médical »[48]. Les dirigeants de la Confédération des syndicats médicaux français s'étaient opposés dès le départ à un ordre qu'ils qualifiaient d'« organisme étatiste » puisque, à la différence du Barreau, il n'avait pas droit à l'élection de ses conseils, et avaient appelé sans succès à l'amendement du projet dans un sens corporatif[49]. Ils oubliaient ainsi qu'au temps fort de la lutte avec l'État à propos des lois sur la médecine sociale ils étaient prêts à sacrifier le syndicat à l'ordre, car, le syndicat n'étant pas obligatoire, il n'avait aucune efficacité légale[50].

Ce sont des mesures fiscales visant à accroître le contrôle des revenus médicaux par l'imposition du carnet à souches – dont les syndicats de médecins avaient déjà obtenu l'abrogation en 1934 – qui mettront le feu aux poudres en janvier 1942. Le nouveau ministre de la Santé du gouvernement Laval, le docteur Raymond Grasset, salué par ses confrères comme praticien et ancien président du syndicat du Puy-de-Dôme, c'est-à-dire comme un véritable défenseur des intérêts d'une profession dont il connaît bien les revendications, reviendra sur ces mesures en même temps qu'il promulguera, le 10 septembre 42, une loi réglementant de façon nouvelle les attributions de l'ordre[51]. Il répondait ainsi aux vœux

48. Discours prononcé le 25 janvier 42 à la réunion des conseils départementaux de la zone occupée à Paris et approuvé par les représentants de 30 conseils départementaux de l'ordre des médecins ; ce texte a été adressé au professeur Leriche, président, très controversé, du Conseil supérieur de l'ordre ; Archives nationales, 2 AG 78.

49. André Braun, *L'Ordre des médecins*, Librairie du Recueil Sirey, 1941, p. 48.

50. Voir Paul Cibrié, *L'Ordre des médecins*, *op. cit.*, p. 16.

51. Paul Cibrié, « Les communautés médicales », in *Médecine et Communauté*, *op. cit.*, p. 38 et 42.

du président Laval, sénateur du Puy-de-Dôme : « Le Maréchal est d'accord avec moi pour réconcilier le corps médical et le gouvernement. Votre passé de syndicaliste vous permet de tenter et de réussir cette affaire »[52]. Au congrès des conseils de l'ordre de la zone non occupée, tenu à Aurillac le 23 août 1942, le docteur Grasset expose le projet de réforme du statut de l'ordre et les principaux points de la nouvelle politique de santé : parmi eux, la question des médecins étrangers. Après avoir précisé que 1 388 médecins avaient été définitivement interdits d'exercer à la date du 11 août 42 et 400 autorisés mais qui « n'exerceront jamais parce qu'israélites et touchés par le *numerus clausus* départemental », il se prononce pour la poursuite de « l'application intégrale de la loi dans toute sa rigueur » (« applaudissements vifs et prolongés »)[53].

Dans le « nouvel » ordre des médecins de 1942, le principe de l'élection est acquis, pouvoirs judiciaires et pouvoirs de gestion étant désormais séparés : au niveau départemental, les « collèges des médecins » sont chargés de l'organisation professionnelle, au niveau régional et national, les conseils ont une fonction disciplinaire. Mais, si les membres des conseils des collèges départementaux sont élus par leurs confrères, ceux des conseils régionaux sont nommés par le secrétaire d'État à la Santé, le conseil national ayant des membres élus, mais dans des conditions qui sont fixées par l'administration publique, et un président nommé par le ministre qui apparaît finalement encore une fois comme le « rouage suprême de l'Ordre, le chef de la corporation », s'inquiète *Le Concours médical* en octobre 42, se joignant à l'expression d'autres craintes du maintien d'une subordination au ministère.

En juillet 43, le docteur Grasset désigne le professeur Portes, « patron » des médecins accoucheurs de France puisqu'il est professeur de clinique obstétricale à la faculté de Paris depuis mars 42 et gynécologue accoucheur des hôpitaux, comme président de cet ordre réformé. « Votre spécialisation vous désignait tout naturellement pour assurer l'éveil à la vie de l'Ordre naissant. [...] Les qualités du cœur, la tendresse, l'esprit social, la générosité d'âme, tout cela, votre contact quotidien avec les joies ardentes de la maternité

52. Cité par R. Grasset, *Au service de la médecine. Chronique de la Santé publique durant les saisons amères (1942-1944)*, Clermont-Ferrand, Imp. de Bussac, 1956, p. 15.

53. Compte rendu du congrès paru dans *Le Concours médical*, 38, sept. 42.

n'a pu que l'aviver, et nous vous savons gré d'avance d'en auréoler votre jeune présidence »[54]. Incarnation de la version moderne de la médecine de toujours, celle des femmes et de la naissance, Louis Portes, vieux partisan de la « charte médicale » votée par le congrès des syndicats médicaux en 1927, ce manifeste de la médecine libérale qui défendait le libre choix du médecin, celui des prescriptions, l'entente et le paiement direct en matière d'honoraires[55], est donc chargé de réconcilier le corps médical avec lui-même et avec les pouvoirs publics. La nomination du professeur Portes se veut une nomination apolitique, une nomination créatrice de consensus et d'apaisement. Formé à l'école de l'hôpital Baudelocque où s'est mise en place l'obstétrique hospitalière moderne, il est aussi un ferme défenseur des principes du « libéralisme » médical au nom desquels les syndicats médicaux avaient mené la lutte contre les avancées sociales de la politique de santé et au nom desquels, finalement, ils avaient, pour beaucoup, accordé leur confiance au nouveau régime, confiance que l'étatisme de Vichy finira par entamer sérieusement même si sa politique en matière d'interdiction d'exercer des médecins étrangers semble avoir été largement approuvée et saluée par beaucoup comme un « assainissement » de la médecine elle-même.

Exemplaire d'une relation à l'ordre qui va de l'espérance au désenchantement, la trajectoire du secrétaire général du syndicat médical de Seine-et-Oise qui envoie, dès le 8 juillet 40, au chef de l'État français un rapport enthousiaste sur la nécessaire réorganisation de la médecine. « Le médecin Français, de par sa dissémination dans tout le Pays, sa pénétration dans tous les milieux sociaux, souvent aussi par sa culture générale et l'exemple de son travail, peut jouer, dans le relèvement du Pays, un rôle capital ». Au premier rang des réformes proposées, la lutte contre « LES ÉTRANGERS » : « L'envahissement de la médecine par les "Apatrides" à mentalité bassement mercantile est la raison majeure de la baisse de la moralité médicale ». Il faut donc réviser les naturalisations, exclure les étrangers des fonctions publiques et leur interdire

54. « Discours de M. le docteur Grasset à l'occasion de la remise des pouvoirs du Conseil supérieur au Conseil national de l'Ordre », *Bulletin de l'ordre des médecins*, 3, 1943.

55. Henri Hatzfeld, *Le Grand Tournant de la médecine libérale*, Les Éditions ouvrières, 1963, p. 46-48.

l'exercice de la médecine. En second lieu, il faut supprimer les assurances sociales « étato-bureaucratiques », les dispensaires qui ne sont que des « centres d'agitation », et réduire à l'impuissance leurs « promoteurs et dirigeants communisants » qui sont parvenus « à s'immiscer dans toute l'organisation sanitaire du pays » ; bref, il faut redonner à la médecine sa « spiritualité que 150 ans d'individualisme libéral lui ont fait oublier ». Le 28 janvier 42, ce médecin, qui a fait partie du premier conseil supérieur de l'ordre, constate que « les immenses espoirs qu'avait fait naître avec la Révolution nationale la création de l'ordre des médecins » ont fait place à une « déception profonde » : c'est à nouveau « l'empreinte étato-socialisante » sur la médecine, « à l'opposé du vœu de tous les médecins »[56]. C'est donc la désillusion qui marque l'alliance de l'ordre avec l'État.

La volonté de consolidation des élites conservatrices qu'ont manifestée la médecine comme le mouvement familialiste s'est heurtée, dans les deux cas, à l'étatisme de Vichy, illustrant de façon parfaite ce que Stanley Hoffmann a appelé « l'autodestruction de la Révolution nationale »[57].

### *Médecine et famille*

Les avatars des relations entre la corporation médicale et l'État français ne doivent pas conduire à sous-estimer l'adhésion profonde à l'idéologie de la Révolution nationale d'une importante fraction du corps médical. Parmi les raisons de cette adhésion, le large assentiment accordé à une représentation biologique du destin féminin, voué et dévoué à la maternité et à la reproduction familiale, nous semble occuper une place centrale. *Cette défense médicale de la famille et de la « vocation » féminine est en effet d'abord défense d'une certaine image du métier* qui dénie les formes modernes de la compétition professionnelle. Image, encore très largement partagée à l'époque, du médecin de famille[58], à laquelle s'associe sourdement la nostalgie

56. Archives nationales, 2 AG 78 ; majuscules dans le texte.
57. Stanley Hoffmann, « Aspects du régime de Vichy », art. cité.
58. Sur l'histoire de la construction nostalgique de l'image médicale du médecin de famille et sur ses métamorphoses dans les années 70, voir Francine Muel-Dreyfus, « Le fantôme du médecin de famille », *Actes de la recherche en sciences sociales*, 54, 1984.

des familles de médecins, ces lignées médicales provinciales, et de la grande famille médicale [59] d'une époque idéalisée où la concurrence économique sauvage des grandes villes n'avait pas encore supplanté une émulation de bon aloi liée à la dénégation des aspects économiques du métier. La responsabilité de la « commercialisation » de la profession, dénoncée si souvent dans les années 30, est attribuée à la fois aux « étrangers », « venus de loin vendre chez nous de la médecine comme on vend des tapis aux terrasses des cafés » [60] et aux fils de « nouveaux riches », ces nouveaux venus dans la « caste » des professions libérales [61]. L'image du médecin de famille est l'image même de l'enracinement. « Hélas ! nous sommes loin des temps où le médecin de famille émettait en connaissance de cause des avis pondérés et désintéressés parce qu'il était autant l'ami que le médecin, parce qu'il connaissait la famille dont il avait vu disparaître les aînés et naître les enfants » [62].

L'article 11 du Code de déontologie publié dans le premier numéro du *Bulletin de l'Ordre des médecins* d'avril 1941 traite des « rapports du médecin et des familles » : « Il est tout à fait désirable que le médecin de famille continue à exister et qu'il demeure un conseiller écouté comme il l'était autrefois. [...] Il est qualifié mieux que quiconque pour guider les parents dans l'éducation des enfants, parfois dans un projet de mariage ». Le projet hygiéniste de la Révolution nationale placé sous le signe de la défense de la famille va dans le sens d'une réaffirmation du rôle central du médecin de famille dans l'éducation morale et sanitaire du pays, et contribue donc à cette forme de réassurance que se donne à elle-même une modalité d'exercice de la médecine relativement dévaluée dans les années récentes et qui se sentait menacée par l'État et la médecine sociale, par la médecine spécialisée et par toutes les figures de la « pléthore ». En 1942, le professeur Sergent appelle tous les médecins de France à écouter « les émouvants appels du Maréchal Pétain : “Médecins ! – nous dit le Maréchal – votre mission est grande et noble, apaiser la souffrance

59. « L'entente doit régner entre les membres du corps médical et les médecins doivent constituer une grande famille », écrit le docteur Laffite dans son plaidoyer pour la « rénovation » de la médecine ; *Le Médecin, sa formation, son rôle dans la société moderne, op. cit.*, p. 789.

60. Dr Cibrié, « Les médecins étrangers en France », *Le Médecin de France*, 15 avr. 1930.

61. A. Oudin, *L'Ordre des médecins, op. cit.*, p. 23.

62. Ernest Desmarest, *L'Ordre des médecins, op. cit.*, p. 28.

et guérir, mais aussi conseiller et guider. Quel beau titre, en particulier, que celui que mérite le médecin de famille ! Il est l'ami et le confident. Il a connu l'aïeul et comprend mieux le petit-fils. Il soigne les corps et les âmes lui sont ouvertes. Il demeure l'artisan sûr et laborieux de cette restauration dont dépend la France de demain !" »[63]. S'adressant aux médecins au lendemain de sa nomination, le docteur Grasset leur propose de s'unir dans une « corporation faite selon les intentions du Maréchal » et d'oublier leur « individualisme excessif ». Le modèle unificateur aux yeux du nouveau ministre de la Santé ? « Le médecin confident des familles, charitable par nature, social par destination »[64].

La représentation de la médecine comme médecine de la famille est inséparablement une représentation de la reproduction familiale du corps médical. En ce sens aussi, elle a partie liée avec l'enracinement et la suspicion à l'égard des déracinés. La conception maurrassienne de l'héritage qui fait de l'héritage familial le meilleur garant de l'héritage national et rejette l'individualisme qui permet l'ascension sociale de familles « étrangères » à l'héritage national – Maurras cite l'exemple de l'ascension sociale de la famille Monod, protestante – [65] s'incarne de façon exemplaire dans cette transmission familiale de la notabilité médicale ainsi saluée par *Le Temps* en 1940 : « Jadis la profession médicale se transmettait souvent de père en fils et nous avions des familles de médecins comme des familles de magistrats et de soldats. Mais, depuis quelques années, le cosmopolitisme dans les professions libérales tendait à détruire cette admirable et précieuse continuité des élites qui avait fait la force profonde de notre pays. La science elle-même ne pouvait que gagner à cette transmission héréditaire, garantie des plus hautes vertus. La famille devenait l'appui de la corporation. C'est donc bien à une véritable restauration de l'esprit national, familial et corporatif, en même temps qu'à une restauration des élites que tend la loi nouvelle »[66].

63. Émile Sergent, *La Formation intellectuelle et morale des élites, op. cit.*, p. 63-64.

64. *Bulletin de l'Ordre des médecins*, 4, 1942.

65. Voir Yvonne Knibiehler, « Idéologies et politiques familiales », *Informations sociales*, 4/5, 1980.

66. « Une loi de protection » (il s'agit de la loi du 16 août), *Le Temps*, 22 août 40. Dans *La Seule France*, *op. cit.*, Maurras reprendra intégralement cet article, saluant à la fois cette reconnaissance du principe de l'hérédité professionnelle et l'élimination du « métèque-roi » du corps médical.

Dans ces familles de médecins, comme dans la maison du médecin de famille, les femmes, épouses et mères, jouent un grand rôle dont la définition remonterait à la plus haute antiquité. « Si tu veux mériter le beau titre de vraie femme du médecin, tu devras, ô femme, en te donnant à l'homme qui a entre ses mains la santé des citoyens, des pères, des mères, des enfants, le secret des familles et la sauvegarde de la vie saine dans la cité, tu devras savoir : Qu'il te faut être plus vertueuse encore que les autres femmes, être bonne, gaie et discrète [etc.] »[67]. C'est d'abord au sein de leur propre famille que les médecins qui défendent cette forme de tradition médicale définissent le partage sexuel du monde social sur la base de l'opposition entre l'extérieur et l'intérieur, le visible et l'invisible, la raison et le sentiment, propre à la culture du sacrifice. Et si M^me^ Pasteur est l'une des figures féminines emblématiques de la Révolution nationale, c'est à sa philosophie du dévouement, construite comme une légende de sainte, qu'elle le doit : « Avec sa bonne grâce qui savait donner à tout ce qu'elle faisait un air d'aisance, madame Pasteur conciliait les devoirs les plus divers. Elle était la secrétaire de son mari et copiait ses notes scientifiques avec l'intelligence d'une vraie collaboratrice. Toute distraction, parfois même toute sortie de madame Pasteur était subordonnée au travail du laboratoire. Elle trouvait cela tout naturel. "C'est bien simple, disait-elle à la stupéfaction de tant de jeunes femmes pour qui des rendez-vous de couturière constituent l'avenir d'une semaine, je ne fais jamais de projets" »[68].

Le professeur Castaigne et le professeur Sergent tracent un portrait de la mère de médecin qui n'est pas sans rapport avec celui de la mère de prêtre tel que le dessine l'Église : « Pour faire partie des élites, un homme, d'après Sergent, doit d'abord recevoir une formation morale de base. Sergent eut le bonheur de la recevoir dès son jeune âge dans sa famille. Dans une conférence à mes étudiants, j'ai dit un jour que souvent c'est sur les genoux de sa mère que l'enfant apprend cette bonté infinie sans laquelle on ne saurait devenir un médecin digne de ce nom. Sergent insiste, au cours de

67. « Serment d'Hippocrate, A l'adresse des Femmes de Médecins, La vraie femme du médecin, Texte ancien retrouvé et traduit du grec ancien en novembre 1934 », Pour copie conforme, D^r^ Jean Halle, médecin honoraire des Hôpitaux, *Cahiers Laennec*, 1, janv. 36.

68. « Madame Pasteur, un modèle de femme française », *Candide*, 31 déc. 41.

son livre, sur tout ce qu'il doit à l'influence de sa mère »[69]. En accomplissant pleinement leur rôle, les femmes de médecin, souvent filles et mères de médecin, permettent aux élites médicales de se forger et aux lignées médicales de se perpétuer. En octobre 41, le bulletin *Médecine et Famille*, organe de l'Association des familles nombreuses médicales et des médecins amis de la famille, rend hommage au gouvernement et au docteur Huard, et appelle les femmes de médecin à leur envoyer un état de leur situation de famille afin que la revue puisse établir la liste des « belles familles médicales » – on commencera par celles ayant eu au moins huit enfants –, ces familles nombreuses qui doivent être « un modèle pour la profession et pour le pays ». La défense de la mère au foyer prend ainsi dans ce milieu professionnel les allures d'un manifeste pour la défense du corps et le retour à un ordre médical protégé.

Il n'est donc pas étonnant que la définition médicale de l'« éternel féminin » ait fait pendant la Révolution nationale un retour en force. Outre le fait que la médecine a, de tout temps, pratiqué l'expertise en matière de femmes et qu'elle peut donc mobiliser immédiatement tout un vieux fond de culture savante sur les fondements biologiques de la « nature » féminine, son engagement dans la redéfinition ferme des oppositions masculin/féminin des années 40 tient aussi à une forme de redéfinition de l'identité professionnelle qui associe totalement médecine et famille et revient de la sorte à un mode d'exercice du métier menacé et concurrencé. En construisant la famille comme cellule sociale de base, la philosophie sociale du régime redonne vie à ces représentations du médecin de famille, des familles de médecins et de la grande famille médicale. L'omniprésence de la métaphore familiale dans le champ médical et celle de la métaphore biologique dans le champ politique œuvrent de concert pour associer à la Révolution nationale ceux qui se reconnaissent dans cette identité du médecin de famille qui a des vues[70] et des

69. J. Castaigne, « Le professeur Sergent et les élites médicales », *Revue des deux mondes*, 15 nov. 43.

70. Dans l'hommage qu'il lui rend après sa mort en 1943, le professeur Castaigne évoque l'allocution du professeur Sergent quand il quitta la présidence de l'Académie de médecine en janvier 42 : « Le Professeur Sergent donnait un autre conseil, particulièrement précieux à une époque où trop de Français ont une tendance à confier leur santé et celle de leurs enfants à des prétendus spécialistes n'en ayant que le titre et à abandonner la bonne tradition du médecin de famille dont ils connaissaient la valeur professionnelle et morale » ; « Le professeur Sergent et les élites médicales », art. cité. Ailleurs, le professeur Castaigne précise : « Dans les

points de vue sur la famille et donc, bien sûr, sur les mères de famille.

L'interlocuteur privilégié du médecin de famille, cet éducateur de la santé, est en effet la mère de famille, garante de la pérennité de la clientèle, d'une génération à l'autre. L'un des ardents défenseurs de l'image du médecin de famille dans l'entre-deux-guerres écrivait : « Dès qu'il est implanté dans une famille, le médecin y reste. Appelé par les parents, il continuera de soigner les enfants et la fillette qu'il a mise au monde ; il la délivrera plus tard comme il avait fait pour sa mère »[71]. L'idéologie du libéralisme médical doit trouver en elle une alliée fidèle, comme l'enseignement « libre » dans sa lutte contre l'État éducateur. En ce sens, l'assujettissement féminin à cette vision médicale du rapport entre ordre biologique et ordre social est aussi la condition du « bon » fonctionnement d'un marché mis à mal par la crise professionnelle des années 30. L'ouvrage du docteur Delore, *L'Éducation et la Santé*, paru en 1941, livre clairement cette ambition du corps médical à exercer un magistère moral et donc, indirectement, les raisons de l'engagement d'un grand nombre de médecins dans la Révolution nationale sur cette base. « La révolution nationale réclame des réformes profondes dans tous les domaines. [...] Vous viviez d'une façon compliquée et contre nature, vous reviendrez à la vie simple. [...] Vous considériez uniquement le médecin comme un guérisseur, vous verrez d'abord en lui un conseiller de santé. [...] Jeunes gens n'abandonnez pas au hasard souvent malheureux le soin de faire votre éducation sexuelle. Pour cela adressez-vous au médecin de famille. [...] Apprenez les notions essentielles de l'eugénique, c'est-à-dire les lois de la procréation saine. [...] Futures mères, apprenez les notions essentielles de la puériculture, de la tenue du ménage et de l'éducation des enfants » ; et si l'enseignement de la puériculture doit devenir obligatoire dans les facultés de médecine, c'est que « par là les médecins seraient préparés à remplir leur

---

grandes villes, certains médecins, particulièrement des étrangers, il faut bien le dire, s'intitulaient spécialistes, sans avoir fait aucune étude particulière dans le sens où ils prétendent avoir une compétence spéciale. Combien le système de naguère valait mieux. Les familles avaient leur médecin unique qui les connaissait depuis des années » ; « Les médecins de France », *Les Documents français*, *op. cit.*

71. D^r Charles Fiessinger, *Souvenirs d'un médecin de campagne*, Librairie de la Revue française, Alexis Redier éd., 1933, p. 114 ; le docteur Fiessinger donnera des articles au journal de l'Action française, *Le Médecin*.

tâche d'*éducateurs des mères*»[72]. C'est en redevenant «l'hygiéniste du foyer», qui «donne le goût des maisons claires et ensoleillées», que le médecin de famille recouvrera toute l'ampleur de sa fonction entre le «médecin social» et le «médecin spécialiste»[73]. Il retrouverait de la sorte le rôle que lui assignaient en 1933 les conférences médicales de l'École des parents, celui d'un «directeur de conscience» et d'un «éducateur d'âmes» apte à former la jeune fille à être «l'infirmière des siens», selon les formules de Mme Vérine, elle-même fille et femme de médecin [74]. A l'image de la femme de médecin idéale, chaque épouse pourra investir son goût «inné» à soigner – version médicale de la culture du dévouement – dans l'espace domestique. Elle contribuera ainsi, à sa place, à la défense du patrimoine biologique.

Dans l'espace professionnel, la question est plus complexe. Les mêmes qualités d'endurance et d'oubli de soi qui conduisent les médecins à encourager les activités domestiques soignantes des mères de famille, les amènent à craindre l'exercice par les femmes d'une profession qui «cuirasse le cœur»; les femmes risqueraient d'augmenter la pléthore, et leur exercice du métier devrait être réservé aux «œuvres de l'enfance, de la vieillesse, des femmes en couches, des dispensaires», secteurs professionnels dominés et version institutionnelle de l'espace de soin privé[75]. Par contre, on encourage à la formation d'infirmière, «utile à toutes les femmes en prévision de la vie de famille», dans cette France qui, «sous l'égide du Maréchal Pétain, se régénère et se renouvelle»[76]. Et s'il est sûr que la situation matérielle de la France des années d'occupation nécessitait des qualités de soignante, d'hygiéniste, de puéricultrice et de diététicienne peu communes de la part des mères de famille[77], le rappel à l'ordre des vertus soignantes féminines est

72. P. Delore, *L'Éducation et la Santé*, *op. cit.*, p. 63-64, 83, 88, 127; souligné par nous. Le docteur Delore est directeur fondateur du Centre régional d'éducation sanitaire de Lyon.

73. E. et H. Biancani, *La Communauté familiale*, *op. cit.*, p. 148.

74. *Le Noviciat du mariage*, *op. cit.*, p. 11, 17.

75. Georges Laffite, *Le Médecin, sa formation, son rôle dans la société moderne*, *op. cit.*, p. 161-165.

76. «Pour celles qui veulent se dévouer, les Écoles de la Croix-Rouge», *Éducation*, 59, févr. 41.

77. Voir Dominique Veillon, «La vie quotidienne des femmes», in Jean-Pierre Azéma et François Bédarida dir., *Le Régime de Vichy et les Français*, *op. cit.*, p. 629 *sq*.

d'abord rappel de la culpabilité féminine et appel au sacrifice féminin. En redevenant l'hygiéniste de son propre corps et l'infirmière des siens, la femme française peut se racheter et œuvrer à la régénération : « Parce que tu es femme, tu seras responsable de *la santé de la France*. [...] C'est aux femmes de veiller à la santé de tous. C'est à elle de faire des foyers où chacun s'épanouisse pleinement, moralement mais aussi *physiquement*. Nous ne sommes plus une race de forts [...]. Nous ne sommes plus un pays de jeunes [...]. Nous sommes un pays de malades. [...] Nous sommes une maison sans berceaux. [...] C'est à une croisade que je te convie » [78].

Les intérêts de cette médecine « amie de la famille », souvent marquée par la tradition catholique, vont rencontrer ceux des natalistes qui ont investi le Commissariat général à la famille et la fondation Carrel, pour faire de la maternité le seul « destin » féminin légitime. Entre croisade nataliste et expertise médicale va donc se développer sans entraves une *politique de contrôle du corps féminin* fondée sur une représentation de la féminité enfermée dans le cercle de l'expertise biologique et démographique. Outre son omniprésence dans l'eschatologie de la Révolution nationale et dans sa conception de l'ordre nouveau, la défense de la natalité ne s'impose sans doute si facilement comme schème central de la régénération nationale que parce qu'elle constitue un « lieu commun » propre à réduire les oppositions et les conflits à l'intérieur de la classe dominante. Rendant compte avec sympathie de la demande d'une critique de la brochure *La Vie en fleur* qui lui est adressée par le Commissariat général à la famille, le professeur Sergent souligne ce souci partagé d'unanimisme et cite longuement la lettre officielle accompagnant cette demande. « Nous vous saurions gré de bien vouloir demander à un rédacteur particulièrement qualifié de présenter, d'une façon originale, tous les mérites de cet album en faveur de la famille et de la natalité. Nous insistons pour que l'union soit faite autour de ces mérites. Si les responsables du gouvernement et les dirigeants des mouvements familiaux souhaitent avoir des suggestions et tiennent compte des observations, il est indispensable d'éviter, sur cette question, toute polémique, toute critique publique. Vos sentiments de Français vous éloigne-

78. Dr Hélène Lesterlin de Bellet, *Joie de vivre, petit manuel de vie saine à l'usage des jeunes filles de France*, R. Bussière à Saint-Amand du Cher, 1943, diffusé par le Secrétariat général de la jeunesse, p. 3-5 ; souligné dans le texte.

ront de ces critiques, au moment où nous voulons que les médecins comprennent la nécessité urgente de l'union de tous les Français sur les problèmes qui conditionnent la survie de notre race et de notre patrie »[79]. Si la volonté politique d'imposer une célébration médicale collective de l'action nataliste du gouvernement apparaît ici clairement, cette lettre de recommandations laisse entendre également qu'il pourrait exister des divergences de vues sur ce sujet et que ce n'est ni l'occasion ni le moment d'en faire état. Mais si, malgré tout, le corps médical enfourche dans un bel élan collectif ce cheval de bataille, c'est aussi, nous semble-t-il, parce qu'il permet de dénier des dissensions internes à la profession – où s'exprimaient des positions professionnelles différentes – et d'associer à cette œuvre de santé publique des fractions du corps médical qui se seraient opposées sur bien d'autres sujets. Ainsi le professeur Sergent était-il constamment préoccupé de séparer la biologie de la clinique, allant jusqu'à vouloir des études différentes pour deux sortes de médecins, les praticiens et les scientifiques, et critiquant la surcharge de la partie scientifique des programmes[80]. Ses prises de positions sont vraisemblablement l'écho des débats et des conflits de l'entre-deux-guerres sur la formation médicale, les rapports entre médecine générale et spécialités et même sur la définition de la compétence professionnelle. L'appel à la natalité et à la maternité permet de dépasser ces débats et d'associer, dans la défense d'une cause nationale, biologistes, spécialistes et médecins de famille pour le plus grand profit d'un élargissement de l'audience médicale. L'unanimisme a partie liée avec la défense du corps, et le discours médical sur le corps féminin ne peut que se durcir dans cet exercice.

### *L'avortement : crime contre l'État*

Les vieilles classifications propres à la pensée médicale sur les vertus féminines positives et négatives – ces classifications qui n'ont plus d'âge à force d'être répétées – vont être aisément mobi-

79. Cité par É. Sergent, *La Formation intellectuelle et morale des élites*, *op. cit.*, p. 62 ; c'est le professeur Sergent lui-même, sans doute plus assuré de sa totale adhésion que de celle de ses collègues, qui rédigera la critique de ce grandiose opuscule dans *La Presse médicale* en septembre 42.

80. Voir J. Castaigne, « Le professeur Sergent et les élites médicales », art. cité.

lisées comme le seront les thèses de cet eugénisme à la française, défendu par le professeur Pinard et toute la tradition de médicalisation de la grossesse élaborée notamment à Baudelocque, qui liaient la santé du pays aux conditions de la procréation, de la gestation et des soins de la prime enfance et donnaient de la sorte aux femmes une responsabilité centrale en ce domaine, leur imposant de tout sacrifier à la fonction maternelle. Cet encouragement à une maternité totale n'est pas sans évoquer la mobilisation des femmes au service de la communauté du peuple prônée, sous la République de Weimar, par les hommes de la Révolution conservatrice qui évoquaient déjà un Reich régénéré : l'amour, la conception, la naissance constituaient, selon eux, des « sommets héroïques de la vie féminine », le refus de la maternité équivalant à une « désertion »[81]. En 1935, Hitler déclare que « la femme aussi a son champ de bataille : avec chaque enfant qu'elle met au monde, elle combat pour la nation allemande »[82]. Les mêmes notions imprègnent les textes de la Révolution nationale sur la mission féminine. « Rôle éminemment national puisque c'est grâce à elle que la Patrie dure, c'est par elle que la Patrie devient plus prospère et plus forte si elle lui donne beaucoup d'enfants vigoureux, bien élevés, dans un haut esprit social. Le Service National de la femme dure toute son existence au foyer, et c'est par ses maternités qu'elle paie l'impôt du sang »[83]. La métaphore d'un service national féminin – impôt du sang – appelle immédiatement celle de la désertion qui est punie de mort par temps de guerre.

Peu réprimé jusqu'au début du XX^e^ siècle, l'avortement sera soumis à des peines de plus en plus sévères et à une application plus rigoureuse de ces peines pendant l'entre-deux-guerres. Mais cette répression paraît insuffisante à la fin des années 30, et l'Alliance nationale contre la dépopulation, inquiète de la diffusion de la méthode Ogino-Knauss comme du renouveau du discours malthusien et fascinée par l'efficacité démographique des régimes fascistes et, notamment, de l'Allemagne hitlérienne dont elle salue la politique de répression (envoi d'avorteuses en camps de concen-

81. Rita Thalmann, *Être femme sous le III^e^ Reich, op. cit.*, p. 104.

82. Le professeur G.A. Wagner, responsable des services de femmes de l'hôpital de la Charité de Berlin, directeur des *Archives de gynécologie*, déclare « le stock d'ovaires de la nation ressource nationale et propriété de l'État allemand » ; cités par Robert Proctor, *Racial Hygiene, Medicine under the Nazis, op. cit.*, p. 125.

83. Vice-amiral de Penfentenyo, *Manuel du père de famille, op. cit.*, p. 112.

tration) et la propagande même si elle refuse la conception allemande de la race et la stérilisation forcée, obtient du gouvernement Daladier la mise en place d'un Haut Comité de la population. Cette campagne aboutira au décret-loi du 29 juillet 1939, dit Code de la famille, qui renforce les peines contre les avorteurs et les avortées, abolit la notion de « délit impossible » (le délit était réputé impossible si on ne pouvait faire la preuve, après coup, de la grossesse antérieure de la femme), dote chaque brigade de police mobile d'une section spéciale, autorise les médecins à signaler à la police toute affaire d'avortement, réglemente l'avortement thérapeutique et réalise un véritable encadrement de la grossesse, du diagnostic aux services d'accouchements[84]. Le contenu de cette loi avait heurté le corps médical. Si les médecins avaient obtenu la reconnaissance de l'avortement thérapeutique qu'ils réclamaient depuis longtemps, ils se trouvaient en même temps enrôlés de force dans la lutte contre l'avortement « criminel » : ils étaient encouragés à signaler leurs patientes ayant avorté ; les tests de grossesse étaient soumis à une réglementation stricte ; et enfin les syndicats de médecins et de sages-femmes, comme les associations familiales, étaient invités à se porter partie civile contre les avorteurs. En général, les associations de médecins refusèrent de jouer ce rôle[85]. Il est donc difficile de savoir quels auraient été les effets réels de la loi de 1939 si elle avait été appliquée dans une période ordinaire de l'histoire.

En 1939, la revue de l'Alliance nationale contre la dépopulation publie un dessin montrant trois fusillés ligotés à des poteaux d'exécution sur lesquels sont fixés les panneaux « avorteur », « avorteuse », « traître », ainsi légendé : « Les avorteurs tuent un petit Français sur trois. Ceux qui les protègent trahissent la France au profit de l'étranger. Quel châtiment méritent-ils ? »[86]. Avec la défaite et l'instauration du régime de Vichy, c'est ce ton qui va dominer. Le durcissement et l'impérialisme conquérant de l'interprétation démographique de la défaite, l'autopromotion des démographes à la dignité d'accusateurs et de sauveurs publics, vont

84. Voir Françoise Thébaud, *Quand nos grand-mères donnaient la vie*, *op. cit.*, p. 19 *sq.*

85. C. Watson, « Birth Control and Abortion in France since 1939 », *Population Studies*, 5, 1952.

86. *Revue de l'Alliance nationale contre la dépopulation*, 1939 ; reproduit in Françoise Thébaud, *Quand nos grand-mères donnaient la vie*, *op. cit.*, p. 17.

entraîner les défenseurs de la famille et de la natalité dans une escalade de chiffres, de prédictions cataclysmiques, de descriptions horrifiantes et d'appels à la répression. « Sur deux enfants conçus, un seul voit le jour, l'autre est tué avant sa naissance par l'avortement », peut-on lire dans la banale brochure de propagande, *La Commune rempart de la famille*, qui appelle les municipalités à seconder la vigilance de l'État et à s'appuyer sur les listes des praticiens établies par l'ordre des médecins pour surveiller les avorteurs éventuels. William Garcin se réfère à des prévisions de 1938, qui attribuent au pays 28 millions d'habitants en 1985, et sur l'incidence de la guerre (décès, prisonniers, sous-alimentation) pour écrire : « Nous marchons au désastre. La France va bientôt mourir avec le dernier des Français »[87]. Fernand Boverat, dans une brochure « qui n'est pas pour les enfants », assimile la femme qui avorte à une meurtrière d'enfant assassinant un bébé dans son berceau avec un revolver et établit une équivalence sadique et complaisante entre les pratiques abortives et les supplices chinois, croquis à l'appui, allant jusqu'à comparer la sonde au pal et à évoquer le poêle de l'« avorteuse » où l'on brûle « les enfants vivants »[88]. *Voix françaises familiales*, ce supplément familialiste d'une revue catholique conservatrice et maréchaliste, reprend le thème de la femme criminelle qui avance masquée et l'associe à celui de la beauté pécheresse : « Vous voyez cette jeune femme qui passe dans la rue ? Est-elle assez élégante ! Admirez ce corsage, ce chapeau dernier cri, ces ongles rougis, ces sourcils épilés, cette démarche, ce parfum. Vous dites oh la jolie personne ! Quelle erreur ! Cette femme est tout simplement un assassin. Sous sa poudre de riz, elle est un monstre. Elle a fait ce que les bêtes ne font pas. Les bêtes se dressent terribles pour défendre leurs petits. Or cette femme elle a tué son enfant à elle... la chair de sa chair »[89]. La Légion française des combattants parle de « meurtre

87. *Révolution sociale par la famille, op. cit.*, p. 17-18.

88. Fernand Boverat, *Le Massacre des innocents*, nouvelle édition 1944 ; Archives nationales, F 41291. Dans son rapport sur la natalité, « équipe » qu'il dirige à la fondation Carrel, Boverat dira que le secret médical ne doit pas protéger les criminels : « Or la femme dont un avortement met la vie en danger est une criminelle, assimilable à une mère qui se serait blessée avec son couteau en égorgeant son nouveau-né » ; *Une doctrine de natalité*, Fondation française pour l'étude des problèmes humains, Travaux, Département I, Librairie de Médicis, 1943, p. 37.

89. Pierre l'Ermite, « Les femmes qui tuent », *Voix françaises familiales*, janv. 44.

pré-natal » et se félicite que le nouveau Code de déontologie de l'ordre des médecins récemment créé ait apporté « un tempérament à l'ancienne rigueur du secret » et permette au médecin de « dénoncer à la justice les femmes avortées »[90]. Et le professeur Portes, ferme partisan de la répression de l'avortement, apporte au Commissariat général à la famille l'appui de la compétence médicale pour lutter contre l'avortement : faire valoir tous les risques ultérieurs pour la santé des femmes qui deviennent alors « singulièrement craintives » ; utiliser les « arguments sentimentaux » pour faire comprendre « qu'en dépit des apparences, il s'agit d'un véritable meurtre » ; gagner du temps ; montrer à celles qui invoquent des « raisons esthétiques » que la naissance « ne fera qu'augmenter leur épanouissement physique » ; scruter la légitimité de l'avortement thérapeutique, « brèche par laquelle s'introduit l'avortement criminel », « en particulier dans les classes élevées » ; pour les femmes « irréductibles », les « récidivistes de l'avortement », rappeler enfin qu'il devient « infiniment plus difficile d'échapper au scandale et aux rigueurs inexorables de la loi »[91].

Dans un tel contexte idéologique où les avorteurs sont désignés comme des assassins de la patrie et les avortées comme des meurtrières d'enfants – l'avortement étant présenté comme la forme ultime et irrémissible de l'« égoïsme » féminin –, la répression de l'avortement se développe rapidement. En 40, il s'agit d'abord uniquement d'appliquer le Code de la famille dont les mesures répressives sont rapidement élargies par les arrêts des tribunaux : à Toulouse, la seule « intention » fait punir une femme ; à Riom, l'intention est punie, la femme n'étant même pas enceinte ; à Poitiers, un second délit est considéré comme une « habitude » et sévèrement puni comme telle, alors même que le premier acte a eu lieu avant le décret-loi de 39. Puis, le 1er septembre 41, une nouvelle loi exclut les avorteurs du droit au sursis, et même une femme ayant pratiqué un avortement sur elle-même pour la première fois ne peut plus plaider les circonstances atténuantes[92].

Le 15 février 42, la loi dite 300 (300e acte législatif de l'État français) fait passer l'avortement du statut de crime contre l'indi-

90. René d'Argentan, « Le massacre des innocents », *La Légion*, 15 févr. 42.
91. Louis Portes, « A propos de l'avortement criminel », in *Dangers et Risques de l'avortement*, brochure du Commissariat général à la famille, confidentiel, s.d. ; BDIC, réserve, Gr. fol. 126-6.
92. C. Watson, « Birth Control and Abortion in France since 1939 », art. cité.

vidu à celui de *crime contre la société, l'État, la race*. Cette loi qui vise uniquement les avorteurs pour lesquels la « répression pénale est difficile à faire » donne deux nouvelles armes à la justice d'État : l'internement administratif « créé au début de la guerre pour les individus dangereux pour la défense nationale ou la sécurité publique » (le secrétaire d'État à l'Intérieur et le préfet ordonnent, sur proposition du secrétaire d'État à la Santé, l'internement administratif de tout individu contre lequel il existe des « présomptions précises, graves et concordantes ») ; le jugement par le tribunal d'État, institué par une loi du 7 septembre 41, qui « juge tout individu coupable d'actes ou de menées susceptibles de nuire au peuple français ». Cette désignation, conclut le docteur Huard qui présente ainsi la nouvelle loi, « s'applique parfaitement à ceux qui ont choisi pour profession celle de dépeupler notre pays »[93]. Le jugement du tribunal d'État est définitif et immédiatement exécutoire ; parmi les peines prévues, la peine de mort, les travaux forcés à perpétuité ou pour une durée donnée avec déportation, l'emprisonnement avec ou sans amende. La sentence du tribunal doit être affichée sur les portes des domiciles professionnels et privés des accusés. Procédure exceptionnelle et tribunal exceptionnel désignent bien l'avortement aux yeux de tous comme un acte contre la défense nationale et la sécurité publique. La loi allemande du 28 février 1933 « sur la protection du peuple et de l'État » avait interdit l'avortement et les institutions de planification familiale ; en 1939, par un additif à l'article 218 du code allemand, la peine de mort sera introduite en cas d'avortement d'un fœtus aryen « pour atteinte à la force vitale du peuple allemand »[94]. A l'image de l'abandon de famille évoqué plus haut, l'avortement s'apparente ainsi par temps de crise au sabotage et à la trahison. C'est la figure féminine de la désertion. Les champions de la répression affirment que la loi bénéficie de l'assentiment de l'« opinion publique » ; ils s'appuient sur les résultats d'une enquête menée par la fondation

93. *L'Œuvre*, 7 mars 42. Le journal introduit ainsi la conférence de presse du docteur Huard : « Il y a près d'un an *L'Œuvre* attirait l'attention des Pouvoirs publics sur l'un des fléaux les plus graves qui frappent sournoisement la population française dans son pouvoir de renouvellement et dans la qualité de ses procréatrices, l'avortement. Nous réclamions une loi répressive impitoyable qui devait porter un coup fatal à l'industrie de certains médecins marrons, pour la plupart étrangers, et de certaines sages-femmes "spécialisées" ».

94. Rita Thalmann, *Être femme sous le IIIe Reich, op. cit.*, p. 120, 134.

Carrel en 1942 (70,5 % des personnes interrogées auraient répondu « oui » à la question : « Pensez-vous que l'avortement est un crime qui doit être réprimé comme un meurtre ? ») [95].

Pendant les périodes de l'occupation et de la libération, il y eut une forte augmentation des cas d'avortements devant les tribunaux ; en 41, le double des années précédentes et, entre 40 et 44, un accroissement de 30 % (22,6 % entre 44 et 47). Dans l'ensemble, les tribunaux continuèrent à se montrer relativement indulgents : en 1943, dans le département de la Seine, sur 750 personnes accusées d'avortement, 237 sont acquittées, 380 condamnées à moins d'un an d'emprisonnement, 112 entre un et cinq ans, et 15 seulement à plus de cinq ans. Mais des jugements exemplaires ont également été rendus. Une blanchisseuse fut guillotinée le 29 juillet 43 ; en août, une autre femme sera condamnée à la peine capitale mais ne sera pas exécutée ; une couturière est condamnée à la réclusion à vie et trois autres femmes – dont une sage-femme – aux travaux forcés à perpétuité ; deux autres, une infirmière et une sage-femme, à vingt et dix ans de travaux forcés ; un seul homme dans cette liste, condamné aux travaux forcés à perpétuité à Lyon [96]. Et les appels à la sévérité sont nombreux. Le *Bulletin de liaison* du Commissariat général à la famille trouve trop faibles les sanctions professionnelles et propose que l'ordre des médecins impose des sanctions supplémentaires, par exemple « l'interdiction d'exercer la médecine pendant un laps de temps plus long que celui fixé par l'arrêt du tribunal », et invite les délégués régionaux, « grâce aux relations qu'ils ont su se créer avec les milieux médicaux », à « provoquer par cette voie corporative des sanctions supplémentaires dans les cas graves » [97]. Boverat s'élève contre le secret médical en matière d'avortement et achève sa brochure, *Le Massacre des innocents*, par un appel à la délation en donnant la liste des procureurs généraux (« adressez la lettre à Mr le Procureur de la Cour d'Appel ») et des brigades régionales de police de sûreté (« adressez la lettre à Mr le Commissaire divisionnaire »). Des médecins s'engagent aussi totalement dans la voie de la répression. Ainsi, le docteur Roy, professeur à l'école de médecine de Tours et

95. C. Watson, « Birth Control and Abortion in France since 1939 », art. cité.

96. *Ibid.*, p. 286, et R.-H. Guerrand et M.-A. Rupp, *Brève Histoire du service social en France, op. cit.*, p. 84.

97. *Bulletin de liaison*, 15 mars 43.

président du Centre de coordination et d'action des mouvements familiaux d'Indre-et-Loire, demande l'excuse absolutoire pour l'avortée qui dénoncerait l'auteur de son avortement, la publicité des condamnations, la déchéance paternelle des condamnés et « la création d'un Tribunal spécial composé d'un magistrat professionnel, assisté d'un représentant des mouvements familiaux et d'une Mère décorée de la Médaille de la Famille française »[98]. On imagine les sentences. La fondation Carrel n'est pas en reste : elle aide à la publication du livre du docteur Roy, *L'Avortement, fléau national*, et entreprend des enquêtes dans le Tarn-et-Garonne, le Tarn et le Lot pour « étudier les méthodes répressives mises en œuvre et leurs effets sur la régression du mal », « l'initiative contre l'avortement » ayant été prise depuis quelques années dans ces départements par un commandant de gendarmerie avec lequel elle collabore[99]. Pour Carrel, le mal vient de ce que « l'avortement ait cessé d'être considéré comme un crime » : « L'homme et la femme ont cessé d'obéir à la loi de la propagation de la race. La nature est restée d'abord muette, les transgresseurs eux-mêmes n'ont pas été punis ou ne l'ont été que faiblement. Puis de terribles catastrophes sont arrivées. La France a décliné, l'Angleterre suit la même route et une grande transformation qualitative se produit aux États-Unis. La sévérité du châtiment montre combien grave était la faute »[100].

Si le corps médical a certainement été divisé sur les moyens de lutter contre l'avortement et, notamment, sur les menaces que cette lutte pouvait faire peser sur le principe du secret professionnel, aucune protestation ne semble s'être exprimée à propos de l'exécution d'une femme ayant pratiqué des avortements, pas plus que devant ces peines de réclusion ou de travaux forcés à vie. La peine de mort et les peines lourdes introduites par la loi du 15 février 42 n'auront donc finalement touché que des femmes, dont certaines appartenaient aux professions soignantes, et un seul homme dont on ne sait rien; aucun médecin n'est concerné. Femmes d'origine populaire, vivant dans des villes de province où le repérage des

98. Dr Roy, « Le fléau de l'avortement », *L'Actualité sociale*, 180, mai 43.

99. *Cahiers de la Fondation française pour l'étude des problèmes humains*, 2, oct. 44, p. 22.

100. Alexis Carrel, *Réflexions sur la conduite de la vie* (Plon, 1950), Presses Pocket, 1981, p. 77. Cet ouvrage posthume a été mis au point par l'épouse d'Alexis Carrel à partir de ses notes.

suspectes mobilise le pire, elles sont les accusées et les condamnées les plus faciles d'une étape de la lutte contre l'avortement qui en fait un crime contre la sécurité publique. Personne en tout cas ne viendra les défendre, et leur désignation à l'opprobre national n'est pas sans évoquer celle qui stigmatisera les « tondues » à la libération[101]. Après la guerre, si l'abrogation de la loi de septembre 41 et celle du tribunal d'État rendent impossible l'application de la loi de février 42, la répression de l'avortement demeure ; en 1947, 2022 cas devant les tribunaux contre 205 en 1936[102]. La politique nataliste est à nouveau au cœur de la politique de « reconstruction nationale » et la démographie une science « neutre » plus que jamais.

### *« Tota mulier in utero »*

Par le prestige de son fondateur, la priorité qu'elle accorde à la médecine sur les autres sciences de l'homme, son dynamisme interdisciplinaire créateur de nouveaux marchés, la fondation Carrel a joué un rôle central dans cette période de redéfinitions de la légitimité médicale. Contrairement à ce qu'aurait pu laisser attendre le modernisme d'un tel projet, bien éloigné apparemment des objectifs traditionnels de la médecine des familles, le docteur Carrel construit la maternité comme seule identité féminine légitime selon une vision pessimiste qui est celle de la fin d'un monde. Sa volonté d'élaborer une science totale de l'homme au service d'une cité future, dont la Révolution nationale permettrait de poser les prémices, mêle futurisme et archaïsme comme c'est souvent le cas dans les entreprises prophétiques. L'archaïsme est du côté du corps des femmes. Et c'est par le contrôle du corps féminin que l'on peut revenir à un âge d'or où les lois physiologiques fondent les lois sociales. Déniant les leçons récentes de l'histoire en matière de division sexuelle du monde social, refusant de prendre acte de la nécessité du travail féminin, condamnant les avancées scolaires et professionnelles des femmes, le docteur Carrel, cité par tous et partout, va mettre toute son autorité scientifique dans l'imposition de l'idée d'un « éternel féminin » fondé, cette fois-ci, sur

101. Voir Alain Brossat, *Les Tondues, un carnaval moche*, Éd. Manya, 1993.
102. C. Watson, « Birth Control and Abortion in France since 1939 », art. cité.

des déterminismes biologiques et physiologiques. Les femmes se retrouvent ainsi, encore une fois, garantes de la continuité dans un univers perçu comme chaotique puisqu'il aurait perdu ses repères « naturels ». Dans cette perspective, Carrel reprend à son compte l'idéologie passéiste de l'Action française dont les porte-parole médicaux voyaient dans la « déviance » féminine l'image même de l'« informe ». « C'est l'Informe qui en religion cherche à liguer l'informité cosmopolite contre l'organique catholicité. C'est l'Informe qui veut dans le sujet masculin la prédominance du principe féminin. C'est l'Informe qui veut une féminité qui mime l'homme, qui raccourcisse sa charité comme elle raccourcit ses cheveux, qui exhibe si bien ses formes qu'elle y perde toute forme ; qui s'ingère de tout, bruisse de tout, surmonte tout, conquiert tout, mais par qui, de race, il n'est plus du tout »[103].

Pour obnubilée qu'elle soit par la connaissance scientifique de la dégénérescence et par la construction scientifique d'une race régénérée, l'utopie carrélienne dresse aussi un constat pessimiste des effets des progrès scientifiques et techniques sur l'évolution des sociétés et sur la qualité des individus. En cela, elle est proche des nostalgies *völkisch* comme des déplorations de Thibon sur la destruction des équilibres millénaires et elle résonne en harmonie avec le thème du retour au « réel » si central dans la Révolution nationale. C'est contre les usages néfastes de la science, qui n'ont pas tenu compte de la « nature des êtres humains », que Carrel veut construire une science des sciences capable de « reconstruire » l'homme qui a « violé les lois naturelles » et de le « restaurer dans l'harmonie de ses activités physiques et mentales »[104]. La dénatalité, la stérilité volontaire des femmes – et la stérilité involontaire des « meilleures » d'entre elles –, sont la rançon d'un progrès contre nature, d'une « modification apportée aux habitudes ancestrales par la civilisation moderne »[105]. Dans le vaste programme de la Fondation pour l'étude des problèmes humains qui veut « relever le niveau biologique de la France », la rééducation féminine occupe une place d'honneur : les équipes de biologie de la lignée, de natalité, de développement de l'enfance, d'habitat et de nutrition, les départements de biologie de la population, de biologie de l'enfance

103. Henri Minot, « L'Informe », *Le Médecin*, 15 juin 1927.
104. *L'Homme, cet inconnu*, *op. cit.*, p. 30, 390, 392.
105. *Ibid*, p. 24.

et de la jeunesse rappellent que « c'est la mère qui anime la demeure familiale et y accomplit l'essentiel de son travail de ménagère et d'éducatrice ». Mais l'éducation actuelle des filles laissant à désirer en ce domaine, « la préparation au rôle de mère de famille sera complétée par l'exercice d'un service familial à domicile », par des études sur « la rationalisation du travail de la femme dans son intérieur » (qui a débuté par une étude sur l'aménagement de la cuisine) et par la coopération de la Fondation avec l'enseignement primaire afin de développer l'enseignement agricole et ménager[106]. Sous la conduite d'experts, ce travail féminin qui renoue avec les « lois naturelles » sera informé et encadré par l'une des cinq grandes formations spécialisées de la Fondation, le Centre de la mère et de l'enfant, qui déterminera les conditions du « développement optimum de l'enfant depuis la conception jusqu'à l'âge de six ans ».

Comme l'institution ecclésiastique, l'institution médicale tient prêt tout un stock culturel construit sur une longue durée qui mêle vieux mythes et expressions historiques successives de la culture savante sur la « nature » féminine. Le thème central de cette culture médicale de la féminité est que la maternité est le *processus de civilisation des femmes* dans un double sens : elle les arrache à la « sauvagerie » dans laquelle leurs instincts non satisfaits risquent toujours de les faire retomber et elle les enrôle dans le processus historique de civilisation. Elle fait succéder l'harmonie au chaos – fureurs utérines, nymphomanie, hystérie –, la forme à l'« informe », et donne aux femmes leur pleine utilité sociale. « La maternité embellit la femme », disent les médecins convoqués par la propagande du Commissariat général à la famille, et « une femme coquette sans enfants n'a pas sa place dans la cité », ajoutent les philosophes sociaux chantres du familialisme vichyste. Bref, la seule façon, pour les femmes, de sortir de leur condition de mineures, d'êtres inachevés guettés par tous les déséquilibres, c'est la maternité. Équilibre démographique et équilibre psychologique féminin marchent de pair.

« Combien de jeunes filles ternes et comme étiolées font de jeunes mères resplendissantes. Combien de femmes nerveuses à

106. *Cahiers de la Fondation française pour l'étude des problèmes humains*, 1, 1943 ; 2, 1944 ; sauf indications contraires, nous nous référons à ces deux publications et au « Rapport au Chef de l'État sur l'activité de la Fondation en 1942 », Archives nationales, 2 AG 78.

tendances sombres et mélancoliques, deviennent des mamans sereines et équilibrées ! »[107]. L'illustration nous montre une jeune mère solide et souriante, vêtue à l'antique, nourrisson sur le bras gauche, qui entoure de son bras droit une colonne, symbole d'équilibre et pilier de la maison France. A la première grossesse, « l'organisme perd l'aspect un peu grêle et infantile qu'il conserve très souvent après la puberté », tandis que les « manœuvres anticonceptionnelles et abortives » font des femmes « vieillies avant l'âge », menacées par « la nervosité, le désespoir, le déséquilibre psychique et même mental »[108]. Le docteur Pierre Merle, qui s'est fait une spécialité d'étudier « la nature féminine du point de vue physiologique et psychologique », définit la maternité comme une « stabilisation nerveuse », la grossesse apportant souvent « la guérison de troubles tenaces », et déclare que c'est la « susceptibilité organique » des femmes qui fait la « sensibilité féminine »[109]. L'Alliance nationale contre la dépopulation voit dans les pratiques anticonceptionnelles un danger pour l'organisme féminin puisque, comme le disait le professeur Pinard, « il faut à une femme quatre grossesses pour avoir une santé normale », et que « *des recherches récentes* tendent en outre à prouver que l'absorption par l'organisme féminin du liquide séminal stimule le fonctionnement de ses glandes endocrines et accroît sa vitalité »[110]. Et pour le docteur Carrel, la femme tient entre ses mains l'avenir de la civilisation à condition qu'elle retrouve sa mission propre, « mission inscrite depuis peut-être plus d'un million d'années dans ses organes génitaux, ses glandes, son système nerveux et son esprit »[111], la maternité : « On dirait que les femelles, au moins chez les mammifères, n'atteignent leur plein développement qu'après une ou plusieurs grossesses. Les femmes qui n'ont pas d'enfants sont moins équilibrées, plus nerveuses que les autres. En somme, la présence du fœtus, dont les tissus diffèrent des siens par leur jeunesse, et surtout

107. « La maternité donne à la femme son équilibre », *La Vie en fleur, op. cit.*

108. « La maternité embellit la femme », *ibid.*

109. Compte rendu de *La Femme et sa mission, op. cit*, in *Votre Beauté*, « Femme, Famille, France », oct. 41, et « La maternité donne santé et beauté », in *La Plus Belle Femme du monde*, Office de propagande générale avec le concours de *Votre Beauté*, s.d.

110. « Les dangers des pratiques anticonceptionnelles », févr. 44 ; « ce tract n'est pas pour les enfants » ; Archives nationales, F 41 291 ; souligné par nous.

111. Alexis Carrel, *Réflexions sur la conduite de la vie, op. cit.*, p. 117.

parce qu'ils sont en partie ceux du mari, agit profondément sur la femme. [...] Aussi est-il absurde de détourner les femmes de la maternité. Il ne faut pas donner aux jeunes filles la même formation intellectuelle, le même genre de vie, le même idéal qu'aux garçons. Les éducateurs doivent prendre en considération *les différences organiques et mentales du mâle et de la femelle, et leur rôle naturel* »[112].

La Révolution nationale réactive les vieux stéréotypes médicaux sur la normalité féminine, leur redonnant une vigueur nouvelle et un air de modernité. Tous ces schèmes sont présents chez les médecins du début du XIXe siècle qui mobilisent eux-mêmes des archétypes sans âge sur la « nature » féminine. Ainsi le schème de la jeune vierge « languissante, maigre et se traînant à peine » que Virey, qui fera autorité en ce domaine pendant des décennies[113], reprend de médecins du début du XVIIe siècle, eux-mêmes nourris des discours médico-philosophiques de la Grèce antique. On retrouve dans le tract de l'Alliance nationale contre la dépopulation de 1944 la thèse centrale de Virey qui affirmait que la femme reste proche de l'enfant parce qu'elle est privée de sperme : « On voit communément des filles fort grasses perdre leur embonpoint par le mariage comme si l'*énergie* du sperme imprimait plus de roideur et de *sécheresse* à leurs fibres [...]. Il est certain que le sperme masculin imprègne l'organisme de la femme, qu'il avive toutes ses fonctions et les *réchauffe*, qu'elle s'en porte mieux »[114]. Énergie et mollesse, sécheresse et humidité, chaud et froid sont les grandes oppositions binaires qui associent à chaque sexe valeurs

112. Alexis Carrel, *L'Homme, cet inconnu*, *op. cit.*, p. 106 ; souligné par nous.

113. Julien-Joseph Virey a rédigé entre autres les articles « Homme », « Femme », « Fille » du *Dictionnaire des sciences médicales* édité chez Panckoucke en 67 volumes de 1812 à 1822 ; il a également publié 37 ouvrages, dont une *Histoire naturelle du genre humain*, éditée en 1801 et rééditée en 1825, et *De la femme sous ses rapports physiologique, moral et littéraire*, édité en 1823, qui s'imposera pour longtemps comme un ouvrage de référence sur la « nature » féminine ; voir Yvonne Knibiehler, Catherine Fouquet, *La Femme et les Médecins*, Hachette, 1983, p. 88. Sur la représentation médicale du « continent féminin », voir également Jean-Pierre Peter, « Les médecins et les femmes », in Jean-Paul Aron dir., *Misérable et Glorieuse. La femme du XIXe siècle* (Fayard, 1980), Bruxelles, Complexe, 1984, et « Entre femmes et médecins », *Ethnologie française*, 3/4, 1976.

114. Cité par Yvonne Knibiehler, Catherine Fouquet, *La Femme et les Médecins*, *op. cit.*, p. 96.

positives et négatives. Françoise Héritier a démontré que les discours médicaux du XIXe siècle sur l'opposition masculin/féminin étaient nourris de pensée mythique et ne faisaient que restituer le discours d'Aristote – qui élaborait lui-même des archétypes bien antérieurs – ou celui des Inuit ou des Baruya de Nouvelle-Guinée. « Ces discours symboliques sont bâtis sur un système de catégories binaires, de paires dualistes, qui opposent face à face des séries comme Soleil et Lune, haut et bas, droite et gauche, clair et obscur, brillant et sombre, léger et lourd, face et dos, chaud et froid, sec et humide, masculin et féminin, supérieur et inférieur. On reconnaît là l'armature symbolique de la pensée philosophique et médicale grecque, telle qu'on la trouve chez Aristote, Anaximandre, Hippocrate, où l'équilibre du monde, comme celui du corps humain ou de ses humeurs, est fondé sur un harmonieux mélange de ces contraires, tout excès en un domaine entraînant désordre et/ou maladie »[115]. Le discours philosophico-médical de Vichy sur les fondements biologiques de la division sexuelle du monde social appartient au registre de la pensée mythique.

Cette vision biologique de l'opposition masculin/féminin et les visions biologiques de l'intelligence et de l'aptitude au commandement qui l'accompagnent, qu'elle fonde et qui la fondent, tous ces processus de naturalisation du social, se développent dans un climat idéologique obsédé par le retour au corporel. D'une certaine façon, et pour reprendre un aphorisme du maréchal concernant la terre, on pourrait dire que, pour les idéologues de Vichy, « le corps ne ment pas ». Si le péché de la civilisation a été, selon le docteur Carrel, de séparer le physique du mental, la grande erreur du système éducatif français a été, selon l'officier-éducateur Pétain, de séparer l'esprit du cœur et du caractère, de privilégier le livresque au détriment du concret, de négliger la formation des corps au profit du gavage des cerveaux. La Révolution nationale va donc s'attacher à construire un *ordre des corps* qui est toute une philosophie sociale. « Pour combattre les tendances néfastes que nous payons si cher en ce moment, je me permets de conseiller aux mères de viriliser leurs fils et de féminiser leurs filles »[116]. L'idéologue morali-

115. Françoise Héritier, « Le sang du guerrier et le sang des femmes, notes anthropologiques sur le rapport des sexes », *Les Cahiers du GRIF*, 29, hiver 1984-1985, p. 12-13.

116. Georgette Varenne, *La Femme dans la France nouvelle, op. cit.*, p. 23.

satrice de la Révolution nationale rejoint, peut-être sans le savoir, les appels à la virilité d'une presse fascinée par les valeurs nazies. « Français, soyez des mâles. Françaises, devenez des mères. Et la France une fois de plus sera sauvée »[117]. *Idées*, cette revue de doctrine animée par René Vincent, Jean de Fabrègues, Jean-Pierre Maxence, ces ténors parmi les intellectuels « non conformistes » des années 30 souvent proches de l'Action française, qui participe à l'élaboration de l'idéologie de la Révolution nationale dans le sens d'un durcissement révolutionnaire propre à créer un homme nouveau, proclame : « La vitalité du corps français, c'est la virilité : un foyer de perpétuel jaillissement, un trop-plein répandu par excès, une virilité profondément charnelle »[118]. Même si *Idées* raille certains aspects du familialisme vichyste dans lesquels elle ne voit qu'un fade succédané de son appel à la virilité[119], il reste que le régime et l'époque rappellent obstinément à l'ordre des corps. « Les sexes doivent de nouveau être nettement définis, répète le docteur Carrel. Il importe que chaque individu soit, sans équivoque, mâle ou femelle. Que son éducation lui interdise de manifester les tendances sexuelles, les caractères mentaux, et les ambitions du sexe opposé »[120].

C'est bien sûr d'abord dans la famille, cette cellule initiale de la société qui est en elle-même une société, que le langage du corps parle la vérité du corps social, hiérarchique par « nature ». La famille nombreuse est la condition première d'un réel apprentissage des solidarités organiques. L'enfant unique est toujours « gâté », dans tous les sens du mot ; il a une « valeur sociale moindre » ; c'est la présence de frères et sœurs qui « forme le caractère » ; l'« institution de l'enfant unique » qui accorde une « place déraisonnable à l'enfant-roi » entraîne la « dégradation d'une autorité paternelle devenue dérisoire faute d'objet »[121]. La

117. Henri Vibert, « Êtes-vous des hommes ? », *Le Réveil du peuple*, 17 déc. 40, cité par Michèle Cotta, *La Collaboration, 1940-44, op. cit.*, p. 217.

118. Cité par Michèle Bordeaux, « Femmes hors d'État français », in Rita Thalmann éd., *Femmes et Fascismes, op. cit.*, p. 137.

119. « La révolution est en marche. Au pas cadencé, les pères de famille, mâles cohortes, s'en vont toucher leur prime sur les autels de la patrie reconnaissante, des mains de grosses filles en coiffes archaïques » ; Jacques Bostan, « Prélude à heurter », *Idées*, 10/11, sept. 42.

120. Alexis Carrel, *L'Homme, cet inconnu, op. cit.*, p. 384-385.

121. *L'Instituteur et son rôle dans la restauration de la famille française* et *La Commune rempart de la famille, op. cit.*

construction sociale des rôles familiaux, de la division sexuelle des fonctions éducatives, des rapports entre parents et (nombreux) enfants impose un modèle premier de la relation hiérarchique. Si les enfants ont tout à apprendre et si les femmes gardent toujours quelque chose de l'enfance, les hommes « chefs de famille » (nombreuse) doivent incarner l'autorité et l'autorité retrouver sa caution divine. « L'autorité domestique doit être sentie par tous les membres du groupe ; ils doivent la connaître, la comprendre et la consentir ; mais pour être organique, il faut qu'elle soit incarnée dans l'un d'eux et en un seul. Telle est la fonction du chef de famille. [...] A ce degré de plénitude, l'autorité apparaît alors ce qu'elle est en réalité : un reflet divin, une invitation à l'ordre parfait »[122].

Dans la petite société familiale, c'est le *langage du corps* qui livre l'évidence du commandement « naturel ». La revue *Éducation* propose ainsi le canevas d'une « leçon » « vivante » sur la famille destinée à « faire vibrer la corde sensible » des petits, cette corde « qui va se relâchant si elle demeure inemployée ». Aux modèles de questions à poser répond un cadrage des réponses visant à développer chez les enfants le sens de l'orientation familiale. « LE PÈRE. Il est le chef de la famille, il commande à tous, on doit lui obéir. A) Est-ce qu'il est toute la journée à la maison ? Où est-il ? Au travail. Pourquoi ? C) Comment est le père ? Il est grand, fort ; il a une grosse voix. Décrire ses vêtements. LA MÈRE. A) C'est elle qui s'occupe surtout du ménage et des enfants. Est-elle là toute la journée ? Oui (en principe, mais ce n'est pas toujours le cas, hélas !). B) Comment est la mère ? Elle est, en général, moins grande que le père, moins forte aussi, mais plus douce, plus tendre avec ses petits. Sa voix est-elle comme celle du papa ? Décrire son habillement en le comparant à celui du père ». Pour les exercices pratiques : « Les enfants aimeront beaucoup jouer à la famille, soit que les aînés fassent les parents et les plus jeunes les enfants, soit qu'on emploie les poupées pour avoir des enfants plus dociles »[123]. Ne pas laisser se relâcher la « corde sensible », c'est donc éduquer le regard sur la différence corporelle et, en lui associant une chaîne de rôles sociaux hiérarchisés, préparer chacun à son « destin anatomique ».

La Révolution nationale fournit ainsi l'occasion d'exprimer de

122. E. Cœurdevey, « L'autorité du chef de famille », *Éducation*, 70, mars 42.
123. A. Brandt-Mieg, « La famille, centre d'intérêt », *Éducation*, 78, mars 43.

façon explicite un mode de dressage du corps et d'apprentissage de la différence des corps qui reprend les grandes oppositions mythiques et ré-invente une pédagogie de la masculinité et de la féminité. C'est un moment expérimental pour étudier l'intervention directe de l'État et de ceux qui se mettent au service de sa philosophie sociale sur la différenciation sexuelle. Et la gestion politique du sexe – des « genres » – passe par une explicitation de ces apprentissages du plus jeune âge, par le jeu et l'imitation, qui encadrent le chemin de l'identification à une définition, imposée comme légitime, de la culture de genre. Comme nous l'avons montré plus haut, les rééducateurs de la Révolution nationale axent l'éducation féminine sur l'intériorisation précoce de techniques du corps par apprentissage mimétique qui imposent l'idée d'une association « naturelle » de la féminité et des soins corporels, celle d'un apprentissage de mère à fille d'une écoute spécifique du corps féminin et de sa seule « vocation » légitime, la maternité. La vision biologique du féminin est au cœur de cette vision de la femme soignante, chère à l'Église et au corps médical[124], qui accorde aux femmes le monopole du soin corporel dans l'espace domestique et du soin corporel dominé dans l'espace professionnel. « La femme est beaucoup plus que l'homme sensible aux rythmes qui dominent toute vie physiologique », dit la médecine spécialiste des femmes qui totalise les discours médicaux de tous les âges[125]. C'est à l'écoute de ces rythmes qu'elle doit former sa fille, la « surveillant au physique, dans le développement de ses muscles et de l'ensemble de sa santé », lui transmettant « l'art de soigner les personnes qui souffrent », cet art qu'on doit « commencer à apprendre dans la famille » et auquel on n'est « jamais initié trop tôt »[126].

Cette forme spécifique de l'éducation des filles par la pédagogie enveloppante et continue du corps féminin dans l'espace familial constitue un mode exemplaire de la violence symbolique, cette violence méconnue comme violence puisqu'on en accepte les présup-

124. Sur la tradition catholique des femmes soignantes nourrie de la culture du sacrifice et son influence dans le champ médical, voir Jacques Léonard, « Femmes, religion et médecine, les religieuses qui soignent en France au XIXe siècle », *Annales*, sept.-oct. 1977.

125. Dr René Biot, « Biologie et nature de la femme », *La Femme dans la société*, *op. cit.*, p. 134.

126. Georgette Varenne, *La Femme dans la France nouvelle*, *op. cit.*, p. 42, 44.

posés fondamentaux et préréflexifs[127]. A la faveur d'une situation de crise – et aux lendemains de remises en cause partielles mais certaines de la domination masculine où l'on ne peut plus prendre le monde comme allant de soi –, la construction vichyste de l'« éternel féminin » met au jour et explicite ces présupposés. Du coup, elle rend plus visibles les mécanismes de *contrainte par corps* propres au travail de socialisation qui réalise « une somatisation progressive des relations de domination sexuelle ». Le travail social sur l'*hexis* corporelle, politique incorporée qui légitime la relation de domination « en l'inscrivant dans un biologique qui est lui-même une construction sociale biologisée », acquiert dans cette période un statut de travail politique explicite. C'est l'État lui-même, à travers la masculinisation des corps masculins et la féminisation des corps féminins, qui intervient dans la « somatisation de l'arbitraire culturel ». Aidé par tous ceux que leurs intérêts propres poussent à embrasser la cause du retour à l'« éternel féminin », l'État apparaît ici comme le grand ordonnateur de cette psychosomatique sociale qui a partie liée avec les schèmes inconscients et les visions mythiques du monde. Un petit manuel d'éducation corporelle féminine résume bien ce que la femme doit savoir sur son corps pour mettre ce corps au service de la reproduction et de la santé familiale, la morale biologique permettant de décliner une nouvelle version de la culture du sacrifice puisque ce corps-là est, depuis toujours, un corps pour les autres. La femme doit donc être à l'écoute de son corps, surveiller son hygiène, sa croissance, la régularité de ses règles – « ne dis pas "ça s'arrangera tout seul" ! Les règles sont souvent une sorte de baromètre de la santé pour la femme » –, se préparer à devenir l'hygiéniste de la famille – « le foyer sera ce que tu le feras : ou bien le lieu rêvé pour "bien vivre" ou bien la pire arme contre la santé physique et morale des tiens » ; « mais surtout, n'oublie pas que tu es femme et que ton corps doit être cultivé pour la grâce, la souplesse et la résistance plus que pour la force. N'oublie pas qu'un jour tu seras maman » ; « cette idée doit nous donner un profond respect de notre corps : nous n'avons pas le droit de le négliger car il n'appartient pas qu'à nous »[128].

127. Voir Pierre Bourdieu, *Réponses. Pour une anthropologie réflexive*, Seuil, 1992, auquel nous nous référons pour ce qui suit; p. 142-143, 146-147.

128. Dr Hélène Lesterlin de Bellet, *Joie de vivre, petit manuel de vie saine à l'usage des jeunes filles de France*, *op. cit.*, p. 21, 50, 63, 14.

Si le culte vichyste de la gymnastique fait la part belle à l'éducation sportive des filles[129], il n'omet pas de redéfinir les limitations particulières de l'éducation physique féminine et la spécificité féminine des liens entre la morale, la psychologie et le corps. Dans cette vision éducative où le corps parle l'essence de l'être, le discours sur le sport est toujours un discours sur les vertus propres à chaque sexe. Et ce n'est pas un hasard si le journal d'Uriage, ce haut lieu de redéfinition de l'excellence corporelle et morale masculine, produit un manifeste en ce domaine qui fixe d'emblée les limites : « Si l'on admettait la définition, couramment acceptée quand il s'agit du sport masculin, d'exercice musculaire intensif dirigé vers la compétition, visant à la performance et entretenant le goût du risque, nous aurions le droit d'affirmer catégoriquement que, sous cette forme, le sport est totalement anti-féminin. Physiologiquement d'abord, car la femme a été construite, non pour lutter – qui est l'apanage de l'homme – mais pour procréer; la nature a fixé des bornes à ses possibilités physiques qu'il serait dangereux de transgresser. Moralement et psychiquement ensuite, car dans son rôle normal d'épouse et de mère, elle ne saurait bénéficier d'une certaine "virilisation" des sentiments et du caractère ! »[130]. Pour des femmes « bien équilibrées », « robustes » et « saines », l'auteur veut des gymnastiques féminines, de la natation et du camping, bref un « juste » équilibre entre « préjugés surannés » et « exagérations dangereuses ».

Le Commissariat général aux sports est à la recherche du même compromis puisque le but n'est nullement le même « quand il

129. Voir Jean-Louis Gay-Lescot, *Sport et Éducation sous Vichy*, Presses universitaires de Lyon, 1991, p. 60-61, 80 *sq.*

130. « Le sport et la femme », *Jeunesse... France !*, 8 mai 41. De la même façon, le régime fasciste italien a interdit pendant longtemps la participation féminine aux compétitions des Olympiades – dangereuses pour la capacité reproductrice de la femme – comme il a interdit aux sections féminines des groupes universitaires fascistes de concourir aux joutes oratoires des *littoriali* de la culture et de l'art, ces joutes nécessitant un pouvoir de synthèse « qui ne semble pas être propre à la mentalité de la femme » et leur déroulement impliquant « des discussions souvent vives et enflammées qui ne sauraient convenir à la délicatesse féminine » ; Denise Detragiache, « De la "mamma" à la "nouvelle Italienne" : la presse des femmes fascistes de 1930 à 1942 », in Rita Thalmann dir., *La Tentation nationaliste, 1914-1945*, Éd. Deuxtemps/Tierce, 1990, p. 162-163. Cette exclusion de l'univers de la compétition sous sa forme la plus spectaculaire inscrit encore une fois l'univers féminin dans la sphère « réservée » de l'espace privé et la réserve au fronton des vertus féminines.

s'agit des hommes qu'il faut viriliser et des femmes qu'il faut rendre robustes mais laisser gracieuses » ; il veut mettre fin à une période de confusion où les sportives s'étaient « par trop masculinisées » et où les pouvoirs publics avaient laissé l'éducation physique et les sports féminins « se développer et dégénérer au hasard ». « Nous posons en principe qu'à partir de la puberté l'Éducation physique et sportive féminine s'écarte de l'Éducation physique et sportive masculine pour suivre une voie qui lui est propre, voie tracée en tenant compte des différences d'ordre morphologique, physiologique et psychique existant entre les deux sexes ». Souplesse plus que force, développement des abdominaux, interdiction du rugby, du football, du cyclisme, des sports de combat, encouragement à la rythmique favorable à la coordination nerveuse mais sans aller jusqu'à l'exhibition spectaculaire propice au cabotinage, les aideront à demeurer essentiellement femmes, épouses et mères dignes de former les générations nouvelles[131]. En mars 43, le Commissariat général aux sports organise un gala au grand amphithéâtre de la Sorbonne qui a pour thème « La femme et le sport ». L'orateur, médecin et écrivain, y présente l'éducation physique féminine comme « une grande œuvre d'histoire naturelle qui doit s'introduire dans l'histoire nationale » : le sport féminin doit « doter la physiologie féminine de son équilibre », « parachever le destin individuel de la femme et la rendre apte à jouer son rôle dans les destinées du pays, c'est-à-dire avant tout, sinon uniquement, capable de perpétuer et d'embellir la race ». Après l'âge de 7 ou 8 ans, quand les exercices physiques des deux sexes doivent devenir distincts, les filles travailleront la souplesse, l'équilibre, la courbe, l'arrondi, le cercle avec les rondes, le cerceau, les cordes à sauter, et bien sûr la danse. Et le discours sur la natation, « le plus féminin des sports », se place sous la protection des « anciens qui peuplaient les eaux de femmes : sirènes, océanides, néréides »[132]. L'explicitation des possibles et des impossibles sportifs masculins et féminins, des territoires et des limites de la gymnastique féminine, ce bornage du

131. Marie-Thérèse Eyquem, « La doctrine nationale dans les associations sportives féminines », et « Éducation physique et sportive féminine », *Éducation générale et Sports*, revue du Commissariat général à l'éducation générale et aux sports, 17, oct. 43, et 1, janv.-févr.-mars-avr. 42.

132. « La femme et le sport », *Éducation générale et Sports*, avr.-mai-juin 43.

rapport corporel féminin à l'espace, ce cadrage du langage du corps par le balisage du travail musculaire, fonctionnent comme autant de rappels à un ordre corporel féminin. La relation privilégiée à l'eau, au courbe, à l'arrondi, le primat de la souplesse et l'opposition de la souplesse à la force, le souci du rythme, tous les interdits inclus dans ces prescriptions gestuelles, toutes ces « valeurs faites corps », réinscrivent clairement l'opposition masculin/féminin dans la logique mythique. La Révolution nationale donne clairement à voir que « l'hexis corporelle est la mythologie politique réalisée »[133].

### *Les fondements biologiques de la domination*

L'opposition entre la force et la grâce est aussi une opposition entre l'autorité et la soumission, entre la raison et l'intuition, l'extérieur et l'intérieur, le commandement et le conseil, comme disait Mgr Dupanloup. Les constructions de la féminité élaborées par la culture catholique et la culture médicale, où affleure le socle des oppositions mythiques, alimentent ces associations infraconscientes entre les aptitudes corporelles et les aptitudes intellectuelles, les penchants psychologiques, les humeurs, au double sens du mot, et les gestes, qui dessinent une cartographie des espaces masculins et féminins qui n'est autre qu'une philosophie du pouvoir. « Avec une imagination plus vive et une *émotivité plus grande*, la femme, plus faible musculairement que l'homme, s'intéresse plus aux gens qu'aux choses, aux personnes qu'aux idées. L'homme a plus vite le sens de l'ensemble du monde et, au contraire, s'intéresse plus aux choses qu'aux gens, il s'oriente davantage vers la science. L'homme a l'idée de grandes percées dans les villes. La femme pense aux grâces de la rue, de la maison »[134]. La femme doit donc « seconder l'homme » : elle est une personne « différente et complémentaire » ; les femmes administrateurs, théoriciennes, grandes sportives ou intellectuelles sont « dures et inhumaines », connaissent des « maternités tragiques »,

133. Pierre Bourdieu, *Le Sens pratique*, Minuit, « Le sens commun », 1980, p. 117.

134. « La femme et la solidité du lien conjugal », *La Femme dans la vie sociale*, 164, déc. 43 ; souligné par nous.

et la compétition leur fait perdre « leur féminité dans leur être tout entier »[135]. Le docteur Biot, qui met la légitimité des savoirs médicaux au service de la définition catholique de la féminité et des interrogations du « féminisme chrétien », se réfère aux vieilles théories des tempéraments pour étayer l'approche scientifique de l'anormalité féminine : si le type masculin, qui possède « le meilleur rendement physiologique et psychologique », présente quatre caractères ainsi hiérarchisés – bilieux (activité motrice volontaire), nerveux (réception des impressions), sanguin (activité vitale) et lymphatique (puissance de réserve) –, la meilleure constitution féminine présente la hiérarchie suivante, nerveuse, lymphatique, bilieuse et sanguine ; « traduisez, dit le docteur Biot, l'homme sain est d'abord chef énergique [...], la femme est collaboratrice » ; les malheureuses chez lesquelles les quatre éléments se présentent de façon désordonnée sont des « *agitées* à contresens », souvent vieilles filles ou divorcées, des « rebiffeuses », des « opposantes paradoxales »[136]. Alexis Carrel fonde lui aussi sur les différences corporelles la légitimité de la domination masculine : les ovaires et les testicules « impriment aux tissus, aux organes et à la conscience, les caractères mâle ou femelle. [...] Le testicule engendre l'audace » ; les « lois physiologiques » réduisent à néant les idées des « promoteurs du féminisme » incapables d'accepter que « les systèmes organiques et surtout le *système nerveux* » féminins interdisent aux femmes d'avoir « les mêmes pouvoirs, les mêmes responsabilités » que les hommes[137]. Ainsi, la « raison directrice » n'a pas les mêmes caractères chez les deux parents et se distribue au foyer comme dans l'ensemble de la vie sociale : « ceux qu'elle prend chez l'homme ont plus rapport au commandement, à savoir la largeur de vue, la suite, le *calme*, l'impartialité » ; à la femme, « l'intuition, la finesse, le sens du détail, le cœur »[138]. Ce cœur qui « s'éveille si vite chez la petite fille et s'entr'ouvre au premier regard de sa mère », ce cœur qui nourrira l'intuition, cette

135. M^me^ du Peloux de Saint-Romain, « La femme et la maison », art. cité.

136. René Biot, « Biologie et nature de la femme », in *La Femme dans la société*, *op. cit.*, p. 129-130 ; souligné par nous.

137. Alexis Carrel, *L'Homme, cet inconnu*, *op. cit.*, p. 103-104 ; souligné par nous.

138. R.P. Sertillanges, « La maison, le père », *Voix françaises*, 23 janv. 42 ; souligné par nous.

qualité seconde apte à seconder « le côté positif et constructif de l'homme »[139].

Replacée dans la philosophie sociale de la Révolution nationale, cette construction biologique de la domination masculine nourrie d'inconscient culturel, réactivé dans cette période de crise, est inséparablement une réflexion politique sur les fondements biologiques de la domination et sur la prédestination au commandement et à l'obéissance. Si nous avons cité souvent les textes d'Alexis Carrel, c'est non seulement parce qu'ils offrent des expressions particulièrement exemplaires de la légitimation biologique, et donc de la naturalisation d'oppositions arbitraires culturellement construites entre « natures » masculine et féminine, mais aussi parce qu'ils constituent un véritable *système de pensée biologique sur le monde social.* Carrel et la fondation Carrel ne proposent pas seulement une banale croisade nataliste privilégiant la quantité mais une réflexion plus large de « biologie de la lignée », de « biotypologie » et de « psychophysiologie » qui s'attache à la qualité, à l'hérédité, aux « tares », à l'« âge mental », aux « souches saines », aux produits des « croisements » entre « groupes biologiques ». Alexis Carrel est un théoricien de l'inégalité « naturelle » qui voit dans l'« égalité démocratique » une « erreur », un « dogme qui s'effondre aujourd'hui sous les coups de l'expérience des peuples », dogme qui ne tient pas compte « de la constitution du corps et de la conscience » puisque ni les individus ni les sexes ne sont « égaux ». « Chacun naît avec des capacités intellectuelles différentes » ; « le tempérament », mélange de caractères « mentaux, physiologiques et structuraux », « change d'un individu à l'autre, d'une race à l'autre » ; « la plupart des hommes civilisés ne manifestent qu'une forme rudimentaire de conscience » ; « mous, émotifs, lâches, lascifs et violents », « ils ont engendré un vaste troupeau d'enfants dont l'intelligence reste rudimentaire » ; on peut opposer finalement « les hésitants, les contrariants, les impulsifs, les faibles » aux « réfléchis », maîtres de soi, équilibrés » ; et pour former des forts, « résistants et hardis », il faut des climats rudes, de longs hivers de montagne, des brutalités de climat, des nourritures viriles, viandes, farines grossières et alcool[140].

139. Georgette Varenne, *La Femme dans la France nouvelle*, *op. cit.*, p. 57, 60.
140. Alexis Carrel, *L'Homme, cet inconnu*, *op. cit.*, p. 328, 141, 149, 163, 293 et 370.

Si l'appareil scientifique de la fondation Carrel peut impressionner, la vision carrélienne du monde social a tous les caractères du *mythe savant*. Ce sont bien des images primitives et des oppositions proprement mythiques qui se glissent dans la description anatomique ou physiologique à la faveur de la polysémie des mots[141]. Vues endormies en nous et toujours prêtes à se réveiller, selon la formulation de Pierre Gourou[142], l'équivalence du froid et de la force, du chaud et de la faiblesse, l'opposition entre les hommes du Nord – virilité, force de corps et d'esprit – et les hommes du Sud – relâchés, faibles, manquant de contrôle –, renvoient à l'opposition principielle du masculin et du féminin et se ramènent à « une opposition génératrice, celle du *maître* (de soi, donc des autres) et de l'*esclave* (des sens et des maîtres) ». Comme l'œuvre de Montesquieu, l'œuvre de Carrel opère un effet d'imposition symbolique particulier qui tient au fait de donner l'apparence d'une science aux projections du fantasme social. L'omniprésence de l'opposition masculin/féminin dans les écrits de Carrel contribue largement à produire cet effet en même temps qu'il joue en lui-même pour réarmer la violence symbolique de la domination masculine. Mais l'opposition de « nature » entre les hommes « forts » (« équilibrés ») et les hommes « faibles » (« impulsifs », « émotifs ») justifie également toutes les formes de racisme de classe qui imprègnent l'idéologie de la Révolution nationale. Retrouvant le modèle de l'historiographie de droite forgé sur l'exploitation du traumatisme de 1871 et sur l'intégration du langage médical au discours politique, cette vision des masses renoue avec les images de la foule qui l'associent aux femmes, au sauvage, à l'enfant[143]. Ainsi cette formulation de Tarde où l'on retrouve les schèmes de la culture féminine médicale et des discours médico-politiques : « Par son caprice routinier, sa docilité révoltée, sa crédulité, son *nervosisme*, ses brusques sautes de vent psychologiques de la fureur à la tendresse, de l'exaspération à l'éclat de rire, la foule est femme,

141. Pierre Bourdieu, « Le Nord et le Midi, contribution à une analyse de l'effet Montesquieu », art. cité.

142. Pierre Gourou, « Le déterminisme physique dans "L'Esprit des lois" », *L'Homme*, sept.-déc. 1963.

143. Voir Suzanna Barrows, *Miroirs déformants. Réflexions sur la foule en France à la fin du XIXe siècle* (Yale University, 1981), Aubier, 1990 ; la citation qui suit est tirée de cet ouvrage, p. 48 ; souligné par nous.

même quand elle est composée, comme il arrive presque toujours, d'éléments masculins ». L'opposition entre nature maîtrisée et nature non maîtrisée est une des grandes oppositions politiques entre masculin et féminin, schème syncrétique qui psychiatrise la science morale et politique. Les « vraies » élites sont du côté du *self-control*. C'est en refusant d'« adopter les mœurs de la foule » qu'elles pourront se reconstruire comme « minorité ascétique et mystique », apte à acquérir rapidement « un pouvoir irrésistible sur la majorité jouisseuse et avilie »[144].

L'un des objectifs centraux que s'assigne la Fondation pour l'étude des problèmes humains est de réfléchir scientifiquement sur la qualité du « capital humain », sur « les classes biologiques et sociales », sur les potentialités des individus et sur le développement de l'élite, en respectant « les inégalités individuelles » puisque « les circonstances du développement n'agissent que dans les limites des prédispositions héréditaires »[145]. La Fondation se préoccupe donc d'étudier comment faire un « inventaire mental de la population » et commence par les enfants : estimation des arriérés et des sujets d'élite, étude systématique des symptômes de déficience, de leur substratum organique et mental, ou des causes de la supériorité, sont les tâches de l'équipe Développement de l'enfance qui lance d'impressionnantes enquêtes quantitatives à visée comparative[146]. Les tests, la biotypologie et la morphopsychologie, qui « confirme certaines observations empiriques de l'ancienne physiognomonie de Porta et Lavater », sont mis au service des éducateurs et de l'orientation professionnelle. Ainsi, encore une fois, se mêlent l'ancien et le nouveau. La doctrine de Lavater construite à la fin du XVIIIe siècle, condamnée par les savants et critiquée par les philosophes, a dû son succès mondain de « fausse science » au fait que, comme la théorie des climats, elle ne faisait que donner une forme savante aux fantasmes sociaux de l'élite du temps ; elle a aussi constitué un apport à la construction mythico-savante de l'opposition masculin/féminin où l'on retrouve une rhétorique identique à la rhétorique vichyste : soumission, réserve,

144. Alexis Carrel, *L'Homme, cet inconnu*, *op. cit.*, p. 358.
145. *Ibid.*, p. 359, 328, 308.
146. *Cahiers de la Fondation pour l'étude des problèmes humains*, 1 et 2 ; sauf indications contraires, nous nous référons à ces deux brochures pour la description des enquêtes menées par la Fondation.

sentiment mais aussi irritabilité et fanatisme sont le lot des femmes, cette « seconde page de la feuille de l'humanité », selon l'expression de Lavater, qui n'ont pas le sens de l'ensemble et des profondeurs ; capable aussi des pires excès, la femme révoltée est déjà implicitement associée ici à la populace, soumission du peuple et soumission des femmes relevant des mêmes « évidences naturelles »[147].

La Fondation applique fermement la morphopsychologie à l'étude de jeunes mineures délinquantes placées dans un foyer, *La Tutélaire*, afin que la directrice puisse décider en toute connaissance scientifique de cause si un placement familial est souhaitable ou bien si l'adolescente a besoin d'une « discipline ferme et impersonnelle ». Les grandes enquêtes sur les déficiences de l'enfance continueront à servir de modèle dans l'après-guerre[148] et inspireront les développements de l'orientation professionnelle et ceux de la médico-psychologie de l'« inadaptation ». A l'autre pôle, ceux que l'on n'appelait pas encore les « surdoués » mais, dans le langage un peu vieillot d'Agathon, « le jeune Français de qualité » : une enquête de l'équipe Biotypologie s'attache aux étudiants sportifs, ceux qui tranchent sur le « manque de virilité et de tenue » qui frappe tant lorsqu'on observe la jeunesse, disent à leur tour les experts de la fondation Carrel, reprenant l'inlassable accusation vichyste du laisser-aller des jeunes de la ville derrière laquelle se profile la hantise du Front populaire. La passation des questionnaires et des tests aux jeunes des Chantiers permettra enfin de réfléchir sur l'« ascendance-soumission » et sur les « aptitudes au commandement ». *L'Homme, cet inconnu* fait partie de la bibliographie de base demandée aux stages des Chantiers ; la graphologie et la psychotechnie sont largement utilisées dans les écoles de cadres mises en place par Vichy.

La fondation Carrel a ainsi joué un rôle moteur dans la légitimation et l'extension de ces procédures de mesure des aptitudes et des

147. Voir Martine Dumont, « Le succès mondain d'une fausse science : la physiognomonie de Johann Kaspar Lavater », *Actes de la recherche en sciences sociales*, 54, sept. 1984.

148. Laurent Thévenot a bien montré que la réflexion sur la « valeur sociale eugénique », élaborée en partie à la fondation Carrel, a fait les beaux jours de la statistique de l'INED durant les années 1950-1960 ; « La politique des statistiques : les origines sociales des enquêtes de mobilité sociale », *Annales*, nov.-déc. 1990.

inaptitudes qui échappent à l'ordre scolaire. La philosophie sociale des inégalités « naturelles », dont le modèle premier est l'inégalité masculin/féminin, a été très favorable à la surproduction de théories « scientifiques » visant à rendre compte des inégalités devant l'École sans prendre en compte ou en relativisant les inégalités socialement produites et leur poids dans la réussite ou l'échec scolaire et social. Comme le précisent les *Cahiers* de la Fondation en commentant ces nouvelles méthodes d'évaluation des enfants, « la collaboration d'instituteurs, de médecins, de morphopsychologues, doit avoir pour conséquence de ramener à sa juste proportion l'importance des examens et des concours ». L'École n'est vraiment pas pour tous. « Dès le début de la vie de l'enfant, aussi bien que du chien, un observateur averti saisit la signification des caractères en voie de formation. Un enfant mou, apathique, inattentif, craintif, inactif, n'est pas transformable en un homme énergique, un chef autoritaire et audacieux » ; or, « l'être stupide, inintelligent, incapable d'attention, dispersé, n'a pas droit à une éducation supérieure » ; finalement, « ceux qui sont aujourd'hui des prolétaires doivent leur situation à des défauts héréditaires de leur corps et de leur esprit » [149]. Dans les démêlés qui l'opposent à l'Éducation nationale, l'ingénieur-secrétaire général à la Jeunesse Lamirand retrouve tout naturellement cette argumentation pour défendre l'autonomie de l'éducation générale et sportive : il ne faut pas confier les jeunes ouvriers à l'enseignement technique qui vise trop haut, les services de l'enseignement agissant comme si tous les ouvriers étaient destinés à devenir des ouvriers qualifiés ; or, 80 % d'entre eux seront des OS et n'ont besoin que d'un « léger complément d'instruction morale, physique et idéologique » [150].

C'est dans cet infléchissement du projet éducatif dans le sens, souhaité par Carrel, du remplacement des examens par des inventaires « scientifiques » permettant de classer la jeunesse en catégories et de déterminer « la position que chacun est apte à occuper », que l'orientation professionnelle se développe considérablement pendant la Révolution nationale. Enrôlés dans les grandes enquêtes de la fondation Carrel, les orienteurs professionnels élargissent leurs compétences au diagnostic psychologique, obtiennent la créa-

149. Alexis Carrel, *L'Homme, cet inconnu*, *op. cit.*, p. 308, 328, 361.
150. Cité par Michèle Cointet, *Le Conseil national de Vichy. Vie politique et réforme de l'État en régime autoritaire, 1940-44*, thèse Paris-X, 1984, p. 877-878.

tion d'un « ordre » des conseillers et celle d'un diplôme d'État en janvier 44, et sont tiraillés entre leur fidélité à l'École et cette occasion historique d'enrichissement du poste et de professionnalisation du métier. Favorisé par l'implacable critique du système scolaire républicain qui se déploie à partir de 1940 et par la systématisation et la banalisation d'une théorie politico-sociale des inégalités « naturelles », légitimé par ce qui se donne comme le dernier état de la connaissance scientifique, un vaste secteur institutionnel de dépistage et d'encadrement de l'enfance et de l'adolescence « à problèmes » va se déployer sous Vichy. Ses liens historiques avec le secteur philanthropique et rééducatif privé, qui le prédestinaient à cette forme de concurrence avec l'Éducation nationale, et cette situation historique d'exception vont lui permettre de construire un marché de l'enfance parallèle au marché scolaire et de poser les cadres administratifs de son action qui perdureront bien après la guerre ; tout cela favorisera la victoire définitive de l'impérialisme médical et médico-psychologique en ce domaine qui imposera la notion d'« inadaptation » individuelle pour penser les dysfonctionnements du rapport entre ordre scolaire et ordre social[151].

## *Les femmes et la défense de la race*

Si le docteur Carrel dérape parfois vers l'eugénisme négatif lorsqu'il réfléchit sur « la conservation d'êtres inutiles et nuisibles » – « déficients », « anormaux », « criminels » – dont il faudrait pouvoir disposer « d'une façon plus économique » – « conditionnement par le fouet » pour les moins dangereux, « établissement euthanasique pourvu de gaz appropriés » pour les autres – [152], son objectif central, et celui de la fondation qu'il dirige, est d'améliorer les « races civilisées » par la reproduction de leurs meilleurs éléments et de favoriser la perpétuation des élites, par le développement des « forts » contre le « pullulement des médiocres », par la

151. Voir Michel Chauvière, *Enfance inadaptée : l'héritage de Vichy*, Les Éditions ouvrières, 1980, et Francine Muel-Dreyfus, « L'initiative privée : le "terrain" de l'éducation spécialisée », *Actes de la recherche en sciences sociales*, 32/33, 1980.

152. Alexis Carrel, *L'Homme, cet inconnu*, *op. cit.*, p. 387-388.

reviviscence des « potentialités ancestrales » des « souches énergiques et nobles »[153]. Les obsessions personnelles de Carrel sur la stérilité des souches nobles rejoignent la thématique démographique de l'infécondité des « élites » qui se déploie au XIXe siècle[154]. L'équipe Biologie de la lignée va donc s'efforcer d'abord de localiser les souches « de bonne constitution génétique » et ensuite d'aider à la propagation de telles souches. Car il ne sert à rien d'augmenter la natalité si l'accroissement de la population se fait « grâce à la fécondité d'éléments tarés ». L'hygiène raciale nazie avait aussi réactivé la distinction entre les « mères de la race » et les mères responsables de la « dégénérescence raciale » chère aux eugénistes allemands des années 20[155]. Comme bien d'autres penseurs de la régénération engagés dans la Révolution nationale, la Fondation n'approuve pas inconditionnellement les allocations familiales qui sont « loin de favoriser la propagation des meilleures souches »[156], mais elle se prononce en faveur du certificat prénuptial.

L'instauration d'un examen médical obligatoire avant le mariage, qui avait fait l'objet de multiples controverses pendant l'entre-deux-guerres[157], sera réalisée par une loi du 31 décembre 42 qui suscitera à son tour des débats dans le corps médical partagé sur ses fondements éthiques et sur son efficacité réelle. En octobre 1935, une loi du gouvernement nazi sur la protection de la santé génétique du peuple allemand avait rendu obligatoire l'examen prénuptial[158]. La Fondation appuie sans réserve cette mesure qu'un manuel de philosophie sociale du régime à usage féminin salue en ces termes : « Nous n'hésitons pas à dire que le mariage doit être absolument interdit aux enfants qui ont quelque tare profonde

153. *Ibid.*, p. 363, 359, 335-336.

154. Voir Hervé Le Bras, « Histoire secrète de la fécondité », art. cité, p. 85-87.

155. Voir Gisela Bock, « Racism and Sexism in Nazi Germany : Motherhood, Compulsory Sterilization and the State », *Signs*, 3, printemps 1983.

156. *Cahiers de la Fondation pour l'étude des problèmes humains*, 1, p. 21. On trouve ce portrait des « mauvaises souches » dans *La Revue de la famille* (230, juill. 42) : ces pères « fier-à-bras toujours armés de quelque droit de l'homme » qui « à mesure qu'augmentent les allocations familiales sentent croître leur soif », « ces revendicateurs hargneux qui se drapent dans leur famille comme dans un drapeau ».

157. William Schneider, « Towards the Improvment of the Human Race : the History of Eugenics in France », art. cité.

158. Robert Proctor, *Racial Hygiene, Medicine under the Nazis, op. cit.*, p. 132.

inguérissable, et cela non seulement dans leur propre intérêt, mais encore dans l'intérêt autrement sérieux de la famille, de la race et de la société. On sait de mieux en mieux, aujourd'hui, où conduisent les tares mentales. On a beaucoup raillé le mouvement qui, provoqué en Angleterre par Galton, s'est depuis propagé en France en faveur de "l'Eugénique". Ce sont les railleurs qui ont tort »[159]. Et dans son soutien sans limites à l'ordre nouveau de la Révolution nationale, une revue catholique oublie toutes les réserves de l'Église sur cette question pour appeler de ses vœux le certificat prénuptial sur fond d'une théorie magique de l'hérédité : « De même que les caractères d'une race se transmettent *de mère en fille ou de père en fils*, de même certains caractères anormaux peuvent se transmettre dans la famille. Jeunes gens, jeunes filles, allez consulter votre médecin de famille »[160]. Mais Carrel précise que les examens médicaux ne donnent que « l'illusion de la sécurité » et qu'il faut arriver à un « eugénisme volontaire » de l'élite : « Par une éducation appropriée, on pourrait faire comprendre aux jeunes gens à quels malheurs ils s'exposent en se mariant dans des familles où existent la syphilis, le cancer, la tuberculose, le nervosisme, la folie ou la faiblesse d'esprit. De telles familles devraient être considérées par eux comme au moins *aussi indésirables que les familles pauvres* »[161].

Ainsi, l'eugénisme « positif » de la fondation Carrel propose de remplacer la démocratie par ce qu'on pourrait appeler une *biocratie* dans laquelle les êtres « héréditairement et biologiquement doués ont le devoir de ne s'unir qu'à des êtres également de qualité supérieure »[162]. Le premier département de la Fondation, Biologie de la population, aborde en priorité le travail scientifique sur l'hé-

159. Georgette Varenne, *La Femme dans la France nouvelle, op. cit.*, p. 64.

160. « Causerie du docteur », *Voix françaises familiales*, mai 42 ; souligné par nous.

161. Alexis Carrel, *L'Homme, cet inconnu, op. cit.*, p. 364 ; souligné par nous.

162. Félix-André Missenard, vice-régent de la fondation et directeur du département Biologie de la population, « Note sur le redressement de la natalité française » ; dans la même note, il propose de refuser les « études excessives de la femme », de supprimer les « débouchés qui ne lui conviennent pas (avocate, ingénieur) », de lutter contre l'« attrait des plaisirs mondains et sportifs qui détournent des enfants », et de créer une cocarde pour les femmes enceintes et les mères de famille nombreuse qui leur donnerait partout la priorité sur toutes les autres femmes ; cité par Alain Drouard, *Une inconnue des sciences sociales, la fondation Alexis-Carrel, op. cit.*, p. 223, 224.

rédité, la génétique, l'eugénisme, et entreprend, avec le concours de la Confédération générale des familles et du Centre de coordination des mouvements familiaux, le « recensement des souches saines de France, des familles fécondes et professionnellement douées »[163]. La Fondation livre ici la version « scientifique » des préoccupations généalogiques qui se font jour sous la Révolution nationale. « Apprendre à connaître ses aïeux, c'est bien ; s'efforcer de tirer de cette connaissance des conclusions pratiques au cours d'une tragique époque où chaque peuple, chaque homme, doivent tendre à se revigorer, c'est mieux »[164]. En mai 41, le secrétariat d'État à la Santé et à la Famille envisage la création d'un Office des archives de la famille française qui recenserait par région, avec l'aide des érudits locaux (« vieux chanoines, médecins, notaires passionnés d'histoire locale ») et celle des organisations familiales et des sociétés de folklore, les généalogies familiales, car « seule la famille [...] peut nous fournir les éléments d'une saine doctrine biologique en vertu du sang »[165].

La seconde tâche que se fixe le département Biologie de la population de la fondation Carrel est le traitement scientifique de l'immigration : il annonce la constitution d'une documentation sur l'immigration étrangère en France et la réalisation d'enquêtes ayant pour but de « déterminer quels sont les immigrants dont la présence peut être jugée désirable ». La Fondation apporte ainsi la caution de son autorité scientifique à l'obsession de l'État français de restaurer l'homogénéité de l'organisme national affaibli autant par la dénatalité que par l'immigration abâtardissante selon les théoriciens de la dégénérescence qui ont nourri la réflexion démographique de l'entre-deux-guerres.

La biologisation de la réflexion politique glisse ainsi aisément d'une théorie des inégalités « naturelles » entre les sexes, entre les classes – « vraies » élites et « familles pauvres » –, à une vision de l'inégalité entre les races et à une dénonciation des dangers du métissage. Dans une conférence à la session des Chantiers de la

163. « Rapport au Chef de l'État sur l'activité de la Fondation en 1942 », Archives nationales, 2 AG 78.

164. André de Maricourt, « Connaître ses aïeux est un devoir à remplir », *Voix françaises*, 37, 26 sept. 41.

165. « Note sur la création d'un Office des archives de la famille française » ; archives du CDJC, CCXXXVIII-34.

jeunesse au Puy en mai 43, le docteur Robert Gessain, secrétaire général de l'équipe Population de la Fondation, aborde la question du « complexe ethnique de la patrie française ». De la même façon qu'on veut faire un tri entre les « souches saines » et les autres, il s'agit ici d'identifier et de distinguer les groupes immigrés « assimilables » des autres, afin de fonder sur l'anthropologie physique les principes de la politique d'immigration : « Les progrès récents de la science de l'hérédité humaine montrent les hommes génétiquement inégaux à la naissance. La biologie raciale nous enseigne que ces groupements géographiques de caractères héréditaires, qui constituent les races, sont différents par leur forme, leur mode de fonctionnement physiologique et mental. [...] Il y a des groupes humains de qualité différente. [...] Qu'il y ait eu dans la noblesse du Languedoc un Sarrazin ou un juif, cela n'a pas d'importance, mais il n'est pas sans importance que, dans la France démographiquement anémiée au milieu du XX^e^ siècle, plusieurs centaines de milliers d'immigrants racialement inassimilables, je veux dire par exemple d'éléments raciaux mongolisés ou négrétisés ou judaïsés, viennent modifier profondément le patrimoine héréditaire de la patrie »[166]. Pour distinguer les groupes « assimilables » des autres, la Fondation entreprend des enquêtes sur les Arméniens d'Issy-les-Moulineaux et sur les étrangers du quartier des Halles. « Elle cherche à savoir ce que valent les produits du croisement de ces étrangers avec les Français », car la présence « de groupes d'étrangers indésirables au point de vue biologique est un danger certain pour la population française »[167].

Le Bulletin bibliographique mensuel de la Fondation, qui donne une bonne idée de la documentation « scientifique » de référence, cite abondamment les petits et grands idéologues de la Révolution nationale, les revues qui se mettent au service du régime, et également, sans plus de réserves, la revue raciste du docteur George Montandon, *L'Ethnie française*, ou les ouvrages du docteur René Martial, spécialiste du métissage[168]. La Fondation finance d'ailleurs un rapport de

166. Cité par Alain Drouard, *Une inconnue des sciences sociales, la fondation Alexis-Carrel, op. cit.*, p. 231.

167. *Cahiers de la Fondation française pour l'étude des problèmes humains*, 2, p. 21.

168. La collection du Bulletin bibliographique mensuel de la fondation, ronéot., dont le premier numéro date d'octobre 42, est conservée à la BDIC, 4°P 3917.

Martial en juillet 42, et Robert Gessain, dans la conférence citée, salue l'apport scientifique de Montandon[169]. Directeur de l'Institut d'études des questions juives et ethno-raciales, véritable académie antijuive, mis en place en 1943 par le second commissaire général aux Questions juives, Darquier de Pellepoix, George Montandon s'était fait une spécialité de l'identification anthropologique des juifs[170]. Théoricien de l'« ethno-raciologie », il fonde en 1941 une revue mensuelle, *L'Ethnie française*, ouvertement antisémite et collaborationniste, qui s'intéresse à l'« anthropo-somatique », la « raciologie », l'hérédité, l'eugénique ou « hygiène de la race », la natalité, la démographie, et dont les auteurs appellent encore et toujours au renouveau des « vraies familles françaises » et à la vigilance sur les « conséquences raciales » de l'immigration ; l'appel au retour des femmes françaises au foyer et à la réalisation de statistiques exhaustives des étrangers comptabilisés dans la population française – « afin de mesurer la gravité du problème posé par l'apport massif de ce sang étranger au point de vue racial » – y marchent de pair[171].

Pour un retour aux « vraies » élites françaises, un auteur anonyme qui signe Pater familias appelle à privilégier l'examen « biotypologique » des enfants au détriment des examens scolaires qui « avantagent très nettement les enfants juifs », la précocité bien connue des « ethnies orientales » – proche de la précocité féminine –, qui est en fait un « défaut » génétique, amenant ces enfants à usurper des places auxquelles ils n'ont pas droit[172]. Georges Mauco apporte son

169. Alain Drouard, *Une inconnue des sciences sociales, la fondation Alexis-Carrel, op. cit.*, p. 230. Il est surprenant que, dans son ouvrage consacré à démontrer que seules d'anodines et banales conceptions d'hygiène sociale inspirent l'œuvre de Carrel et de sa fondation, Alain Drouard ne juge pas utile de préciser à ses lecteurs le rôle joué par Montandon et Martial dans la propagande antisémite de Vichy.

170. Sur la sinistre carrière de Montandon, voir Michaël R. Marrus et Robert O. Paxton, *Vichy et les juifs, op. cit.*, p. 416 *sq.*, Joseph Billig, *Le Commissariat général aux questions juives, op. cit.*, t. 2, p. 310 *sq.*, et Pierre Birnbaum, *La France aux Français. Histoire des haines nationalistes*, Seuil, 1993, p. 187-198. On pourrait ajouter à ces biographies que Montandon, obscur médecin suisse et théoricien autodidacte de l'anthropologie physique, pourrait aussi figurer (comme René Martial) dans la galerie de ces intellectuels dominés entretenant un rapport boiteux au champ universitaire dont Robert Darnton analyse la production « scientifique » et l'audience à la veille de la Révolution française ; *La Fin des Lumières*, Librairie académique Perrin, 1984.

171. Par exemple, Dr Henri Briand, « Les vraies familles françaises doivent revivre », *L'Ethnie française*, 1, 1941.

concours à la revue pour dénoncer l'immigration d'éléments « de moins en moins assimilables » et stigmatiser, notamment, l'immigration « imposée » des réfugiés : « Toutes les particularités défavorables de l'immigration imposée apparaissent pour les réfugiés juifs. Santé physique et psychique, moralité et caractère sont également diminués. [...] Là encore, on a des âmes façonnées par les longues humiliations d'un état servile, où la haine refoulée se masque sous l'obséquiosité. [...] Au moins ces réfugiés apportent-ils une valeur intellectuelle à défaut d'une valeur morale et physique ? Il ne semble pas, malgré les apparences. [...] particulièrement doués par leur habileté et leur souple ingéniosité, les Juifs étrangers parvenaient aisément dans une France libérale, où la puissance de l'argent et de l'intellectualisme l'emportait sur le caractère et la force virile ! [...] Certains parvenaient même à des fonctions d'autorité sans avoir aucune des qualités du chef ni la connaissance des hommes. *Ils dévirilisaient ainsi l'autorité* »[173]. Fausse élite donc, chez laquelle l'emporte « subtilité et ingéniosité de l'esprit » au détriment du « caractère » (mot magique du maréchal), mâle vertu des « vraies » élites, françaises de souche. L'auteur reprend ici le vieux thème antisémite de l'hermaphrodisme des juifs, hommes efféminés, qui avait atteint une violence extrême à propos de Léon Blum[174]. Pour Mauco, c'est surtout « sanitairement » que cette immigration est indésirable « par l'apport d'individus physiquement et mentalement diminués » et « par des mariages mixtes malheureux et des enfants également diminués »[175]. Comme on le voit, la vision du monde de Carrel est largement partagée, et la thématique de la santé biologique de la nation est éminemment favorable à l'expression libérée des stéréotypes racistes. « Mariages entre conjoints issus de races différentes ? Alors qu'en Amérique, en Allemagne, en Pologne, ces problèmes ont été étudiés de près depuis Gobineau, nous n'en sommes, en

172. « Place pour nos enfants », *ibid.*

173. Georges Mauco, « L'immigration étrangère en France et le problème des réfugiés », *ibid.*, 6, 1942 ; souligné par nous.

174. Voir Pierre Birnbaum, *Un mythe politique : la « République juive », op. cit.*, chap. 7, « Hermaphrodisme et perversions sexuelles ».

175. Ce texte a été totalement oublié. A la libération, Georges Mauco est nommé secrétaire général du Haut Comité de la population et de la famille (où l'on retrouvera Fernand Boverat et les ténors familialistes) et occupera ce poste jusqu'en 1970. Intéressé par la psycho-pédagogie et la psychanalyse, il fonde en 1945 la première consultation psycho-pédagogique au lycée Claude-Bernard.

France, qu'aux balbutiements d'une science qui se cherche. Nous ne conclurons donc ici que sur un seul point : les mariages entre Français et Orientaux ne demandent point à être encouragés. Le peuple d'Israël notamment [...] infusera dans nos veines son éternelle inquiétude et son criticisme douloureux. Il affinera l'intelligence mais... déjà nous nous étiolons [...] alors qu'en un temps dur la qualité qui doit être primordiale, c'est le *caractère* »[176].

Le docteur René Martial, spécialiste de l'immigration et de la « greffe inter-raciale », fondateur du cours d'anthropobiologie des races à la faculté de médecine de Paris, sera membre du comité directeur de l'Institut d'anthroposociologie de Darquier de Pellepoix qui devait étudier « les bases scientifiques du sélectionnement racial », question que « le gouvernement d'avant-guerre tenait soigneusement sous le boisseau », puisque « le Front Popu enjuivé avait même édicté des lois contre ceux qui se pencheraient sur ce problème »[177]. D'accord avec *L'Ethnie française* pour penser que la France est devenue un « dépotoir humain », applaudissant à la révision des naturalisations, à l'exclusion des étrangers et des juifs de la fonction publique et des professions médicales, René Martial se voue à la question des « demi-sang », des métis, dont les caractéristiques sont « la vulgarité, l'*asymétrie* faciale, les *mauvaises proportions* des membres et du tronc, l'*instabilité* psychique ou l'indifférence, une spontanéité perverse ou une originalité morbide »[178]. Comme le docteur Carrel, il s'intéresse aux souches « saines », au patrimoine héréditaire de la patrie, et condamne le féminisme comme une « erreur biologique » ; il souhaite en outre que le Code de la famille intègre l'interdiction des mariages mixtes, notamment avec les juifs, « modèles d'instables doublés d'anxieux »[179]. Le Commissariat général aux questions juives se

176. André de Maricourt, « Connaître ses aïeux est un devoir à remplir », art. cité ; souligné dans le texte.

177. *Le Matin*, 22 déc. 42, cité par Jacques Polonski, *La Presse, la Propagande et l'Opinion publique sous l'Occupation, op. cit.*, p. 145.

178. René Martial, *Les Métis. Nouvelle étude sur les migrations, le mélange des races, le métissage, la retrempe de la race française et la révision du Code de la famille*, Flammarion, 1942, p. 179, 44 ; souligné par nous. Sur la construction psychiatrique d'une instabilité psychique spécifiquement juive, voir Sander L. Gilman, « Jews and Mental Illness : Medical Metaphors, Anti-semitism, and the Jewish Response », *Journal of the History of the Behavioral Sciences*, vol. 20, avr. 1984.

179. René Martial, *Les Métis, op. cit.*, chap. 9, notamment p. 215, 219, 225.

préoccupera lui aussi des « demi-juifs » – « souvent plus dangereux que les juifs purs en raison même de leur caractère hybride » – et de l'absence de cette notion dans le statut des juifs ; Darquier de Pellepoix dira devant le service de propagande nazie qu'il avait pensé également à interdire les mariages mixtes [180].

Il paraît bien difficile, à la lumière de ces textes et de leurs usages sociaux, de distinguer une biotypologie noble d'une biotypologie ignoble. Mythe savant et racisme d'État s'interpénètrent. D'un discours à l'autre court l'obsession propre à Vichy de régénérer le patrimoine héréditaire de la patrie et de restaurer l'homogénéité du corps social. Et finalement, les théories et le vocabulaire de l'Union française pour la défense de la race, organe dirigeant de la propagande du Commissariat général aux questions juives à partir de décembre 42 (prolongement du Rassemblement antijuif de France fondé par Darquier de Pellepoix en 1936) [181], sont proches de toutes ces réflexions « scientifiques » sur le capital humain. A partir de janvier 43, cette instance de propagande diffuse ses thèses à la radio le lundi et le vendredi à l'heure du déjeuner ; un coup de gong ouvre et clôture l'émission ponctuant son slogan : « Nous avons tout perdu. Notre seul trésor national est désormais notre race ». « Toutes les classes de la société doivent comprendre que toute disposition vicieuse et toute maladie chronique se transmettent par hérédité et que, par la pureté du sang, le système entier du corps humain peut être graduellement élevé, ou, au contraire, par l'inattention à cette question de naissance, graduellement dégradé jusqu'à ce qu'entre les créatures humaines bien nées et les créatures humaines mal nées, il y ait autant de différence qu'entre un bon chien de chasse et le plus vil cabot bâtard. [...] Ceci revient à dire que le métissage anarchique est la cause directe et principale de l'écroulement des empires et des familles. [...] Il n'est pas discutable que ce métissage était voulu et méthodiquement organisé dans son anarchie apparente par ceux-là même qui avaient intérêt à asservir la France et à en faire le tremplin de leur domination mondiale : j'ai nommé les Juifs » [182]. La métaphore vétérinaire se

180. Voir Michaël R. Marrus et Robert O. Paxton, *Vichy et les juifs, op. cit.*, p. 403, et Joseph Billig, *Le Commissariat général aux questions juives, op. cit.*, t. 2, p. 170 *sq*.

181. Joseph Billig, *Le Commissariat général aux questions juives, op. cit.*, t. 2, p. 316.

182. Union française pour la défense de la race, émission du 5 févr. 43, 12 heures ; la transcription de ces émissions est conservée aux archives du CDJC, LXI-105, 18.

poursuit avec les pur-sang dont la race se maintient et s'améliore grâce au Stud Book anglais, cet « arbre généalogique » qui fait autorité dans l'élevage : « Pendant ce temps que faisait-on pour l'homme ? Rien que de l'anarchie stupide. L'Union propose la création d'un Institut de généalogie sociale et d'un Service de la famille française qui auront pour but de compléter les si judicieuses mesures qui viennent d'être prises, sous l'autorité du Maréchal, par monsieur le ministre de la Santé publique » (l'obligation de l'examen médical prénuptial)[183]. Comme pour le docteur Martial, la lutte contre le métissage est pour l'Union le moyen de « remettre de l'ordre dans la maison » : « Les juifs sont prédisposés de par leur dégénérescence même à la folie sous toutes ses formes. C'est le célèbre Charcot qui l'affirme [...]. C'est pour éviter ce fléau que l'Union française pour la défense de la race a inscrit dans son programme non seulement l'interdiction des mariages inter-raciaux, mais encore les mesures de protection contre les métis. Car, en matière raciale, les métis sont une frontière et les frontières sont toujours dangereuses puisque c'est par elles que se font les invasions »[184].

Le recentrage sur l'opposition masculin/féminin a partie liée avec la biotypologie, et la biotypologie avec la préservation du patrimoine héréditaire, avec l'assimilable et l'inassimilable. Comme on le sait, pour Xavier Vallat, premier commissaire général aux Questions juives, le juif était d'abord « un étranger inassimilable ». Dans cette philosophie sociale du repli sur soi et de la condamnation de l'autre, la mobilisation de la mère de famille française vient symboliser l'homogénéité du corps social. Dans le règlement du concours destiné à récompenser les meilleurs textes et illustrations célébrant la mère de famille organisé par *La Revue de la famille* en vue de la préparation de la fête des mères 1942, l'article premier précise : « Il est ouvert entre tous les lecteurs *de nationalité française* de *La Revue de la famille* un concours, etc. »[185]. La précision a sans doute autant pour fonction d'exclure les enfants ou les adultes étrangers qui auraient voulu envoyer leur dessin ou leur poème, que de rappeler, à l'occasion de cette fête de la maternité, qu'il s'agit

183. Union française pour la défense de la race, émission du 8 févr. 43, 12 heures ; CDJC, LXI-105, 22.

184. Union française pour la défense de la race, émissions du 12 févr. et du 1er févr. 43 ; CDJC, LXI-105, 25 et 14.

185. *Revue de la famille*, 225, févr. 42 ; souligné par nous.

bien de la maternité nationale. En précisant qu'« aucune candidature d'Israélite ne doit être agréée » chez les Dames des services médicaux sociaux, branche féminine d'action sociale qu'elle met en place en 1942, La Légion française des combattants élargit l'exclusion raciale au bénévolat et n'accorde aucune dérogation aux juives françaises, alors que, au moins formellement, certains juifs pouvaient être admis pour faits de guerre aux « légionnaires combattants », catégorie moins prestigieuse et active que les « légionnaires volontaires »[186]. Ici encore, on voit que l'appel à la participation des femmes au redressement sanitaire va de pair avec l'affirmation du principe d'exclusion. La propagande nataliste, la construction d'État de la féminité autour de la maternité et des activités sociales et sanitaires légitimement féminines, fonctionnent comme autant de thérapeutiques visant à restaurer l'équilibre interne du corps social qui doit renaître à la pureté.

Et la meilleure protection contre cette « frontière » « dangereuse » que forment les « métis », c'est le sacrifice national féminin. « Vive la race et par conséquent vive les Mères », tel est le slogan par lequel l'Union française pour la défense de la race célèbre la fête des mères en 1943 : « Aujourd'hui, nous puiserons parmi les grands élans collectifs et nous vous parlerons de la fête des Mères. Nous exalterons cette fête des Mères, nous acclamerons les Mères elles-mêmes et nous remercierons les femmes de grand cœur, inlassables organisatrices qui préparent pour les Mères l'hommage annuel qui leur est bien dû. [...] Votre tâche, jeunes mamans, ne se borne pas à partager à vos petits leur ration de sucre de raisin [...]. Il faut aussi leur donner la ration pour l'âme, la nourriture qui fera d'eux des femmes et des hommes dignes de ce nom. Vos enfants, dans un corps sain, doivent posséder une âme virile, une âme à toute épreuve, l'âme de la France, l'âme de la race. Et vous mamans qui avez déjà formé et remis à la société pour le bien collectif votre enfant déjà homme, soyez remerciées pour votre sacrifice. Ce sacrifice multiplié sera sans doute le salut de notre pays que tant de scélérats sans patrie et sans honneur veulent faire périr »[187].

186. « Recrutement des Dames SMS », *La Légion*, 32, 15 déc. 42, et « Instructions sur le recrutement de la Légion », *La Légion*, 19, 15 nov. 41.

187. Union française pour la défense de la race, *La Fête des Mères* par Paule Marguy, émission du 17 mai 43; majuscules dans la transcription; CDJC, LXI-105, 79.

# CONCLUSION

Étudier le régime de Vichy sous l'angle de la division sexuelle du monde social a permis de mesurer à la fois l'extraordinaire potentialité de résurgence du mythe de l'« éternel féminin » en période de crise et la profondeur des enjeux proprement politiques d'une telle construction d'État de la féminité. La Révolution nationale apprend autant sur la richesse inépuisable des représentations et des modes de production de ce pan de l'inconscient social qu'est l'« éternel féminin » que la polarisation des investissements dans la défense du mythe apprend sur les options politiques et sociales de cette révolution conservatrice. Cette recherche montre que *l'ordre des corps est une dimension fondamentale de l'ordre politique* : le retour au socle biologique des différences « naturelles » entre les sexes et l'idée associée d'une différence irréductible des « destins » masculins et féminins nourrissent, par toutes sortes de glissements métaphoriques, l'idéologie politique et la sociodicée d'un régime obsédé par la restauration de l'homogénéité nationale qui aurait été mise à mal par l'individualisme, l'égalitarisme, la Déclaration des droits de l'homme, le parlementarisme, les luttes sociales de 1936, et qui rejette toutes les figures de l'« inassimilable ». Contre les « mensonges » démocratiques, le retour au corps qui « ne ment pas ».

La construction vichyste de l'« éternel féminin » est loin d'être donnée d'emblée. S'il est relativement facile de repérer le discours et la législation par lesquels l'État français célèbre et impose le retour et le maintien de la mère au foyer, la mise au jour des *usages sociaux et politiques de la liaison femme/éternité* dans l'ordre symbolique du nouveau régime a nécessité un long parcours de recherche. C'est pourtant cette dimension qui donne véritablement accès aux logiques sociales qui œuvrent à la production récurrente du mythe et à son explosion en 1940. Ce ne sont pas les textes les plus explicitement consacrés à la rééducation féminine version Révolution nationale qui livrent l'ensemble du système mythique. Il a donc fallu se dégager de la production portant directement sur les femmes, sur la famille et sur les femmes dans la famille pour aller étudier la manière dont elles étaient convoquées et invoquées en tant que coupables, rédemptrices, illustrations, exemples et métaphores dans d'autres espaces du chantier idéologique du régime. A partir de là, des réseaux d'associations conscientes et moins conscientes se sont dessinés et affinés. C'est ce qui a permis une nouvelle lecture des discours et des injonctions portant sur « la » « nature » féminine. Par une sorte de travail en spirale, cette reconstruction historique singulière de l'« éternel féminin » a pris peu à peu son épaisseur politique, sociale et stratégique.

Que les démons mythiques ne tombent pas du ciel, on le sait. Mais, pour tracer les chemins de leur réapparition, il faut s'engager dans une sociologie historique de la production des représentations sociales, par définition interminable. Abordé dans cette perspective, le sujet est forcément toujours loin d'être épuisé ; pour aller plus avant, un détour par la réflexion comparative serait nécessaire, car elle permettrait de systématiser les logiques de questionnement déjà construites et de leur redonner une force vive que la violence de la banalité, à la fois objet ultime de la recherche et frein – inconscient ? – à la recherche, finit par entamer. Comment s'inscrit, par exemple, l'« éternel féminin » dans les constellations idéologiques des régimes fascistes et autoritaires de l'époque ? Quels intérêts y défendent ses producteurs institutionnels privilégiés, quels héritages revendiqués ou cachés s'y investissent, quels sont les mécanismes sociaux de sa cristallisation, quelle est son inscription dans la philosophie du pouvoir ?

Ce sont ces questions que nous avons tenté de poser à propos de la Révolution nationale. Elles nous ont permis de dégager certains processus sociaux de production de cette vision de la féminité et de reconstruire les intérêts de certains de ses producteurs à la défendre et à l'amplifier dans un moment de restauration et d'avancées technocratiques qui s'ouvre à la reconquête d'influences et parfois à la création de nouveaux marchés. Elles nous ont amenée également à tirer les fils historiques de ces intérêts qui sont loin de se limiter à l'imposition unanimiste d'une représentation des « éternelles » complémentarités sexuelles. On voit clairement ici que les luttes pour le monopole de la violence symbolique légitime sont prises dans – ou associées à – des luttes sociales et politiques qui ont une longue histoire, pour certaines une histoire plus longue que celle que nous avons été conduite à explorer. Là encore, un travail comparatif, historique cette fois-ci, serait le moyen d'aller plus loin.

C'est au *langage du corps* que reviennent en 1940 les producteurs empressés de la « bonne » féminité, théorisant à leur manière la primauté des acquisitions par le corps, celles qui ne s'oublient jamais. Comme si les « vraies » mères s'étaient perdues en route – dans les années 30 ? – et qu'il fallait tout leur rapprendre pour lever un pan de la culpabilité nationale. Comme si, surtout, le réarmement du pouvoir passait par un recentrage de l'opposition masculin/féminin fondé sur le retour à un ordre mimétique où le corps fonctionne comme un pense-bête de l'identité sexuelle. L'État français fournit ainsi une théorisation politique des pédagogies corporelles de la féminité : il s'agit d'ancrer dans la mémoire du corps ces leçons de « gymnastique morale » qui doivent apprendre aux petites filles, depuis toujours et pour toujours, à s'oublier pour légitimement exister. Reprendre le chemin de l'oubli de soi. S'oublier et se faire oublier, n'exister que d'un silence riche, à côté, à la marge de l'histoire et du monde, en retrait et en retraite. S'y préparer dès le plus jeune âge, sans paroles, en mimant les gestes éternels de la toute-puissante mère éducatrice, écouter en soi l'éveil corporel du seul destin à venir, se ressembler d'avance, sans âge, inscrite depuis toujours dans la répétition.

Cette vision politique qui revient au socle biologique est l'occasion d'une pensée d'État sur le corps qui fait de l'*hexis* corporelle la vérité ultime des individus et de la mémoire des gestes le médium privilégié des seuls apprentissages utiles à l'occupation de la place à laquelle chacun est prédestiné. Si nous avons cité longuement la production vichyste sur les femmes, c'est en partie pour faire sentir combien cette parole d'État sur le corps est consciente des effets d'intériorisation de ces formes d'apprentissage par mimétisme, de ces canalisations du mouvement, qui caractérisent à ses yeux l'éducation nécessaire et suffisante des filles. L'État parle ici de façon explicite la vérité politique de ces encadrements corporels de l'enfance qui sont au principe des identités sexuelles. La

Révolution nationale et ses épigones livrent une sociologie politique de la construction de l'image du corps.

Si parler des femmes et parler aux femmes c'est parler du corps, les ramener au corps, à l'inégalité « qui tient à leur corps », le catalogue des vertus féminines positives et négatives acquiert du même coup une charge particulière de violence symbolique puisqu'il semble dès lors ne plus avoir de limites ni historiques, ni culturelles, ni sociales. Et l'expression publique de l'intime, de ces apprentissages corporels domestiques de la « vocation » féminine, semble toute prête à devenir parole d'État, disant l'« indicible », ce qui d'ordinaire n'a pas besoin de se dire. Dans ce temps de rééducation nationale, qui se veut occasion d'une prise de conscience des raisons du désastre et des moyens de le conjurer, l'exhumation politique de la vieille priorité accordée au corps dans la construction de l'« éternelle » identité féminine a peut-être pour fonction première de permettre d'échapper à l'histoire, d'oublier l'histoire.

Le discours vichyste sur l'« éternel féminin » peut se donner ainsi pour un discours éternel portant sur l'éternité des choses. Il dénie toute idée d'une construction culturelle de la différence sexuelle, ramenant incessamment au corps et à la différence des corps. Il biologise d'autant mieux les rapports sociaux de sexes qu'il tend à biologiser toutes les défaillances sociales retrouvant dans les « équilibres millénaires » et les « continuités cosmiques » le secret de la vitalité des peuples. Il nationalise le corps féminin en référence à l'ancrage charnel du nationalisme barrésien. Il s'inscrit dans le mythe de l'éternel retour faisant des femmes les gardiennes de la tradition, des feux, de ces cimetières de campagne qui font la force vive du sol, les instituant en intermédiaires de l'accord avec l'éternité du monde contre toutes les effractions de l'histoire, les vêtant de ces costumes folkloriques propres à en faire les incarnations du « folklore vivant » : jeunes Arlésiennes de Mistral colonisées par la Révolution nationale ; héroïnes de la fête des mères chargées de l'héritage apparemment sans âge des vertus maternelles. Associant les femmes aux paysans – le « réalisme féminin » à l'« instinct » des terriens –, il en fait les intercesseurs du « retour au réel ».

C'est bien la trame de l'idéologie *völkisch* et aussi du salazarisme qui voulait faire vivre « la petite maison portugaise » « habituellement » contre toutes les doctrines faisant fi de la nature et de la tradition[1]. La folklorisation, cette fausse histoire qui fige, est l'un des outils de l'amnésie, cette arme éternellement politique. En tirant ce fil, on pourrait construire une sociologie comparative des processus de *folklorisation de la féminité*, dégager les permanences et les variations de ses fonctions politiques et sociales. Et en s'interrogeant sur le sens politique de ce retour conscient et argumenté à ce qui nourrit l'inconscient socioculturel de la féminité et de ses apprentissages, l'identification des femmes à la nature de leur corps et par là à la nature[2], on pourrait, cas par cas, historiciser les processus sociaux de re-production de cette forme de la violence symbolique d'autant plus difficile à questionner qu'elle échappe souvent à la conscience.

Une première manière d'historiciser l'« éternel féminin » parlé par la Révolution nationale et donc d'avoir prise sur certains des processus de production des catégories qu'elle mobilise immédiatement et consacre comme « évidentes » a été de construire les éléments constitutifs de la sous-culture de la féminité qui se déploie sous l'État français et de la nommer. Désigner et définir ce que nous avons proposé d'appeler la culture du sacrifice permettait en effet de sortir du cercle vicieux de la répétition tout en gardant le souci de questionner la répétition, en repérant les schèmes centraux de cette culture, ses producteurs privilégiés, ses expressions littéraires, religieuses, médicales et politiques, les invariants de ces expressions et les modes d'associations (conscients et inconscients) singuliers qui caractérisaient son usage dans ce contexte historique. On a pu ainsi se donner la possibilité d'inventorier les héritages culturels et symboliques toujours actifs dans cette représentation de la féminité et de l'opposition masculin/féminin et donc le moyen de lutter contre cette politique de l'oubli qui permettait à la Révolution nationale, avec l'appui de ses desservants, de présenter

1. La doctrine de Salazar et les développements philosophico-politiques inépuisables de cet « habituellement », « mot-foyer où tous les rayons de la pensée convergent », sont exposés par Henri Massis dans *Chefs* (Plon, 1939, p. 99 *sq.*) où il rassemble les entretiens émerveillés qu'il a eus avec Mussolini, Salazar et Franco dans l'immédiat avant-guerre.

2. Voir Nicole-Claude Mathieu, *L'Anatomie politique : catégorisation et idéologies de sexe*, Côté-Femmes, 1992, notamment chap. 2, « Homme-culture et femme-nature ? ».

comme le retour à l'éternité des choses ce qui était le fruit d'une longue histoire.

C'est dans l'usage particulier de cette culture que permettait le *mea culpa* collectif auquel invitait le régime que nous avons pu commencer à cerner ses bases sociales et historiques. L'approche de la culture du sacrifice par le biais de la dénonciation de la culpabilité féminine a fait apparaître l'extraordinaire parenté des analyses des défaites de 1940 et de 1870 : dans les deux cas, la tradition conservatrice inscrivait la faute des femmes au cœur des fautes sociales qui avaient provoqué la débâcle. Les enjeux politiques de la culture du sacrifice étaient livrés explicitement dans les stigmatisations parallèles de la Commune et du Front populaire. Les déplorations sur les congés payés, les tandems, les indéfrisables (cause de l'exode rural) et les allocations familiales (cause des relâchements ouvriers) l'emportaient largement sur la mise en cause des égoïsmes et des frivolités bourgeoises.

En délivrant son message fondateur sur l'opposition entre l'esprit de jouissance et l'esprit de sacrifice, le chef de l'État français avait donné à tous ceux qui étaient prêts à s'en saisir la formule magique qui permettait toutes les associations et les jeux avec les mots d'agents sociaux défendant leurs intérêts propres – matériels, institutionnels, éthiques et symboliques – à travers cette « astrologie de l'histoire » propice aux surenchères métaphoriques.

Cette « invention » de la culture du sacrifice illumine en quelque sorte les « inventions » partielles antérieures de la prescription faite aux femmes de l'oubli de soi déjà porteuses, chacune pour elle-même, de la totalité de cet univers symbolique. Si le maréchal n'avait pas, tirant « la leçon des batailles perdues », solennellement opposé, dès le 20 juin 40, l'esprit de sacrifice à l'esprit de jouissance et si tous les tenants de l'« éternel féminin » ne s'étaient pas reconnus dans cette petite phrase, il aurait peut-être été impossible d'avoir eu accès à cet état achevé d'une sous-culture de genre qui ne fait pourtant jamais qu'emprunter aux fonds savants et au sens commun les éléments du puzzle. Tous les éléments étaient déjà là soutenant cette culture en quelque sorte jusque-là invisible ou moins visible et sur laquelle on ne peut mettre un nom qu'à partir du moment où elle devient l'un des fondements mêmes du pouvoir. *La politisation explicite de la culture féminine du sacrifice est bien ce qui lui donne son sens plein* et sa visibilité publique la faisant échapper à la banalisation intimiste du repli sur la sphère privée.

Par une sociologie historique des incarnations et des investissements féminins de la culture du sacrifice, il a été possible de mettre au jour certains des processus individuels et collectifs d'appropriation et d'intériorisation de cette symbolique de la féminité dans leurs relations aux ancrages proprement politiques de constructions historiquement proches de l'identité féminine. L'analyse de la défense par des femmes de cette vision de la place des femmes dans l'ordre social qui triomphe avec la Révolution nationale a constitué ainsi une sorte de psychanalyse de la conscience sociale qui s'est révélée être, inséparablement, une histoire de la politisation des constructions de la présence féminine au monde social et à l'espace public.

Pour rendre compte de cette adhésion qui allait au-devant des attentes du régime, il a fallu revenir aux acquis identitaires dont avait été porteuse une culture de la féminité qui ne pouvait plus se lire en 1940 que comme une culture de la dépossession et comme l'exaltation d'un univers de la privation. En défendant le maintien de la mère au foyer, les responsables de l'action féminine catholique défendent la culture féminine catholique qui a su construire et renouveler au cours du temps des espaces féminins protégés qu'il serait absurde de ne considérer que comme des espaces d'exclusion : ce sont aussi des modalités d'accès au savoir et à l'instruction, de participation à la vie publique, de professionnalisation, de nouvelles formes d'existence féminine dans la cité qui s'y sont assurées et développées. L'inscription de ces acquis dans un univers symbolique qui renforçait, de façon toujours renouvelée, l'idée d'un « éternel féminin » et de l'éternelle complémentarité masculin/féminin contribuait en même temps à la perpétuation de la soumission et à des formes paradoxales d'émancipation, ressenties comme telles à l'abri des barrières symboliques d'une image de soi tolérée et tolérable. Et il suffit de prendre acte des limites imposées à l'expression socialement supportable du féminisme laïc pour voir que ce modèle dépassait largement son espace restreint de production et était reconnu par la société tout entière.

Cette sociologie de l'intériorisation de la culture catholique féminine du sacrifice et de l'oubli de soi a débouché finalement sur le constat de l'ancienneté des processus de politisation dans lesquels ont été pris les mouvements d'action féminine et féministe, phénomène qui autorise à les appréhender ensemble. La Révolution nationale apparaît d'autant plus comme une victoire symbolique à celles qui, depuis le début du siècle et dans l'entre-deux-guerres, ont défendu la mère au foyer sans pour autant rester elles-mêmes au foyer, qu'elle est une victoire politique : celle des vieilles ligues d'action féminine antidreyfusardes, celle des mouvements suffragistes de droite, celle du féminisme chrétien des années 30 qui venait concurrencer le syndicalisme « rouge », toutes ces formes politiques et politiquement annexées de la défense féminine d'un ordre social conservateur. Dans cette sphère de la construction socio-historique de la féminité qui semblait au départ relever surtout d'une étude des formes symboliques, la prégnance des luttes politiques ne pouvait être oubliée. Autour de l'affaire Dreyfus, les femmes ont soutenu d'abord leur milieu social d'appartenance, et les luttes suffragistes ont montré qu'elles étaient d'abord, pour les hommes politiques, une clientèle qu'il fallait soit encourager pour lutter contre la République soit brider pour lutter contre l'Église.

C'est sans doute, pour une part, cette polarisation politique du champ de l'action féminine et féministe, soumettant les constructions de l'identité féminine à la logique du champ politique et laissant intouché le monopole politique masculin, qui est à l'origine des faiblesses structurelles et symboliques des mouvements d'« émancipation » féminine depuis la fin du XIXe siècle. Par le biais des affiliations politiques obligées qui les ont conduits à se couler dans un système d'oppositions extérieur à leurs préoccupations féminines/féministes et les ont soumis à l'ordre politique masculin, l'ensemble des mouvements féminins n'ont cessé de donner à leurs appuis masculins des gages symboliques de bonne volonté féminine. L'identification aux luttes politiques masculines par cette forme de participation subordonnée, décalée, en retrait, au jeu du pouvoir, indispensable pour sortir du ghetto de la parole privée, est aussi porteuse de reconnaissance/méconnaissance de la domination masculine. Et si, jusqu'aux années 30, les luttes sont violentes entre un pôle conservateur-catholique et un pôle républicain-laïc engagé dans le projet révolutionnaire de la mixité scolaire et professionnelle, les luttes sur le front de la violence symbolique sont encore faibles, souvent incarnées par des figures de parias renvoyées à la mort sociale. Les représentations du monde social propre au mythe de l'« éternel féminin » qui sont systématisées dans la culture du sacrifice peuvent alors d'autant plus aisément inspirer une culture de Révolution nationale de la féminité qui renvoit au silence et à l'oubli les contenus proprement symboliques des luttes politiques d'hier (celles sur la notion de chef de famille, par exemple, ou les affrontements sur le droit au travail des femmes après les retombées de la crise de 29).

A la faveur de la crise, dans ce moment où triomphent toutes les « astrologies de l'histoire » dont l'« éternel féminin » n'est pas la figure la moins inquiétante, les expressions partielles, institutionnelles et stratégiques, des périodes antérieures font conjonction, balayant ainsi l'idée même de constructions différentes de la féminité, les rejetant dans les oubliettes de l'histoire, les oubliant. Pourtant, les années 30 ont été une période décisive des avancées scolaires et professionnelles des femmes et, en 1945, elles obtiendront le droit de vote puis, rapidement, la mixité scolaire complète et un large accès à tout un univers professionnel qu'elles avaient commencé à investir avant la guerre. Vichy est-il donc une parenthèse ? Les moments de régression sociale peuvent-ils être compris comme des paliers inévitables dont les effets seraient finalement de peu d'importance au regard d'une évolution historique saisie sur une plus longue durée ?

Ce serait oublier que de tels moments de réaction peuvent toujours resurgir et que la résurgence du mythe est toujours possible parce que l'identité féminine légitime est constamment un enjeu de luttes qui mobilisent, pour des raisons diverses, des groupes sociaux antagonistes, des institutions aux intérêts divergents, des agents engagés dans la défense de visions du monde opposées dont la vision du féminin constitue un enjeu central : elle est toujours un objet de conflits et le conflit ne se limite pas aux périodes de violence. Derrière l'explosion du mythe en 1940, il y a un long travail de cartographie symbolique, mené dans des espaces professionnels et institutionnels diversifiés, articulé aux luttes politiques des décennies successives et qui emprunte également à des fonds historiques sans âge, à des patrimoines de « mythes savants », leurs images de « la » « nature » féminine. En 1939, les expressions concurrentielles de l'identité féminine sont encore faibles, respectueuses du socialement acceptable, bornées par la sanction féroce et immédiate de la transgression, les bases sociales de la construction d'un nouveau rapport féminin au monde étant encore fragiles et menacées. On voit bien à travers cette recherche que la vision de la féminité et de l'ordre sexuel mobilisée par la Révolution nationale lui préexistait largement. Et il serait trop facile d'oublier que les fractions de gauche du champ politique avaient largement contribué à un argumentaire qui enfermait les femmes dans l'espace privé les excluant de la vie publique jusqu'à leur refuser, si tardivement, le droit de vote. La misogynie politique n'est pas le seul fait des droites et son analyse reste à l'ordre du jour.

Les producteurs masculins d'« éternel féminin », qui voient dans la Révolution nationale une « divine surprise », apportent chacun leur pierre à la construction de la culture du sacrifice sur la base de la défense d'intérêts matériels, symboliques, éthiques et esthétiques diversifiés dont la défense de cette vision de la féminité est à la fois une condition et *une expression symbolique englobante*. Le travail permanent qui tend à perpétuer la relation de domination sexuelle apparaît comme un travail éclaté qui obéit parfois à des logiques de maintien ou de conquête de marchés, parfois à celles de défense des vitalités institutionnelles, parfois à celles de luttes politiques d'ampleur nationale. Les temps forts de ce travail multiforme sont toujours l'occasion de re-créations idéologiques de l'« éternel féminin » qui puisent dans les stocks culturels disponibles, plus ou moins archaïques, les enrichissant de nouvelles formulations et de nouvelles légitimations. L'« éternel féminin » est une création continuée, jamais achevée, toujours renouvelée, qui doit son caractère apparemment atemporel et ahistorique au fait que les schèmes les plus anciens se transforment sans se transformer pour venir étayer de nouveaux usages sociaux – politiques, culturels, institutionnels – de la soumission féminine. Si nous avons choisi de privilégier l'étude des institutions ecclésiastique, scolaire et médicale, institutions traditionnellement productrices de classements masculin/féminin, c'est non seulement parce que leurs porte-parole autorisés de l'époque ont appuyé et devancé la Révolution nationale dans son entreprise de rééducation des femmes, lui apportant de la sorte une caution « apolitique » précieuse, mais encore parce qu'elles constituent, en 1940, des terrains privilégiés pour étudier les usages stratégiques de la résurgence du mythe, usages stratégiques qui se donnent moins visiblement à lire dans le cours ordinaire de ses réactivations ponctuelles.

Temps de reconquête de la France fille aînée de l'Église, la Révolution nationale est pour la hiérarchie et la majorité des institutions catholiques l'occasion de rappeler la place décisive des femmes dans la vitalité des vocations sacerdotales et dans la défense de l'enseignement « libre ». La très ancienne culture catholique féminine sera alors redéployée dans toute sa finesse pour mobiliser cette forme d'identité féminine dont le nouveau régime réalise à la fois le triomphe et la mise à genoux en lui déniant les paradoxales potentialités de libération dont elle avait été porteuse notamment dans le domaine éducatif : les idéologues de l'enseignement catholique privé, qui fournissent à la Légion ses odes à la famille, se feront les défenseurs les plus acharnés d'une limitation de la scolarisation des filles qui va jusqu'à leur dénier l'accès aux savoirs théoriques pour les enfermer dans l'éducation familiale et ménagère qui ne s'apprend bien qu'en famille. Leur message résonnera en harmonie avec celui des idéologues conservateurs qui luttent depuis le tournant du siècle contre l'École républicaine et qui ont refusé toutes les formes de démocratisation de l'enseignement : appuyant la politique scolaire élitiste de Vichy, ils amalgament dans leur suspicion tous les nouveaux venus à l'enseignement secondaire, ces élèves dont l'« avidité » et l'« enivrement » trop rapides rappellent les débordements des « bacchantes de la connaissance ».

Défendant la vieille image de la médecine des familles, médecine française des vieilles lignées médicales, qui permettrait d'échapper aux menaces de la « pléthore » et de la « fonctionnarisation », les tenants d'un ordre des médecins obtiennent sa création définitive en 1940 et mettent au service de l'État leur savoir du corps féminin et de ses équilibres physiques et psychiques les plus secrets. Pour les encourager à rester, mères, au foyer, auxiliaires privées de la légitimité médicale, l'institution médecine mobilise à son tour le fonds inépuisable des constructions médicales de la féminité dont la fondation Carrel s'efforcera de techniciser et de planifier les prescriptions pour assurer sa place dans le nouveau marché de la mère et de l'enfant.

Les familiaux et natalistes, juristes et démographes, trouveront en 40 l'occasion d'une audience élargie, le maréchal lui-même ayant inscrit la dénatalité en tête des causes de la défaite. Ces nouveaux conseillers du prince, qui veulent faire de la statistique une science politique de la même façon que les médecins usaient et abusaient de la biologisation de la rhétorique de la culture de crise pour imposer leurs compétences en matière de philosophie politique, feront de la soumission féminine à l'ordre démographique le levier de leur action conquérante, stigmatisant comme des crimes, à l'aide de tribunaux d'exception, les cas d'insoumission.

Le retour à l'ordre des corps, le contrôle des corps et des espaces féminins ont partie liée avec la *défense du corps*. Quand les institutions ecclésiastique ou médicale réactivent le schème de la mère au foyer, elles parlent d'elles-mêmes, de leurs difficultés à maintenir un état ancien du recrutement et de la clientèle, de force et de vitalité institutionnelles à reconquérir contre les désaffections et les infidélités. Quand les idéologues conservateurs de l'École enferment les filles dans les apprentissages domestiques, ils défendent un système scolaire dévalorisé par la « massification ». La grande famille médicale qui considère que la médecine ne se transmet bien qu'en famille, les activistes de la vocation religieuse qui voient dans les mères de familles nombreuses la source de la pérennité de l'Église, les propagandistes de la fermeture du système scolaire qui voient dans les lycéennes l'incarnation menaçante de tous les *outsiders*, s'accordent pour faire du retour des femmes à la maternité et du maintien de la mère au foyer un des moyens de défendre leur corps d'appartenance contre toutes les formes du déclin.

Parce qu'elle a autorisé et favorisé une expression aussi totale de schèmes qui existent habituellement à l'état dispersé et qu'elle a inscrit cet arbitraire culturel qu'est l'« éternel féminin » au cœur de sa philosophie politique, la Révolution nationale rend du coup plus accessibles tant les logiques sociales et politiques d'institutions diversifiées que la sociodicée qui sont à l'œuvre dans cette construction de la féminité. Pourtant cette re-construction collective de « la » « nature » féminine et de la place des femmes dans la cité tend à imposer l'idée que, pour les femmes, le mythe et l'histoire ne font qu'un, qu'ils se télescopent dans l'éternelle reproduction du même : pour les idéologues du régime, l'« éternel féminin » est toujours déjà là. Et l'on peut assez mesurer la force, la pérennité et l'intériorisation des schèmes qu'ils mobilisent pour leur donner dans un premier temps raison : « l'inquiétante étrangeté » ou, plutôt, « l'inquiétante familiarité » – « cette sorte de l'effrayant qui se rattache aux choses de tout temps familières » – dont on peut faire l'expérience en s'immergeant dans cette littérature asphyxiante pousserait à en rester là.

En prenant pour objet les années 40, saisit-on uniquement une défense, éternellement présente, de l'« éternel féminin » qui ne trouverait jamais dans cette circonstance que l'occasion d'une expression plus totale, libérée des censures, de sa vision de la division sexuelle du monde social ? Autrement dit, Vichy n'est-il qu'un point d'arrivée, ou bien l'instauration de l'État français opère-t-elle une rupture, réalise-t-elle quelque chose de nouveau ? C'est le refus de ne considérer que comme une expression « ordinaire » de cet inconscient social les discours masculins et féminins sur la « bonne » féminité qui se multiplient sous l'État français qui nous a amenée à interroger plus profondément ses enjeux politiques globaux : la crise et le monopole réalisent une situation inédite dans une conjoncture socio-historique d'exception, à la fois imaginable et inimaginable quelques années auparavant. L'instauration du nouveau régime est l'occasion de *processus complexes de conjonctions et de cristallisations idéologiques* propices à de multiples phénomènes de surenchères et de durcissements sur lesquels nous avons essayé de mettre l'accent.

Quelque chose de nouveau s'invente pendant la Révolution nationale dans la relation entre les usages politiques et idéologiques du mythe par l'État français et les usages stratégiques de ses producteurs privilégiés. Les logiques corporatistes, les conquêtes de marchés, les vocations prophétiques jusque-là inabouties ou moins abouties, les revanches politiques, toutes les formes de concurrence qui inspirent la course en avant alimentent l'escalade d'investissements sans recul dans une philosophie politique de la soumission féminine. L'ambiguïté du régime[3] qui associe traditionalistes et modernistes, morale sociale paternaliste des notabilités locales et logiques technocratiques porteuses de nouvelles formes d'interventions de l'État, vieux modes de propagande des associations familialistes et formes modernes de mobilisation de – et de légitimation par – l'« opinion publique » ne peut que donner un nouvel élan aux vocations anciennes et susciter de nouvelles vocations dans un chantier idéologique qui prend parfois les allures d'un appel d'offres. Dans ce chantier, la défense de l'« éternel féminin » est aussi un élément intégrateur, porteur de consensus, lieu commun favorisant ces lieux neutres où les contradictions qui séparent les différentes fractions de la classe dominantes trouvent

3. Voir Robert O. Paxton, *La France de Vichy, op. cit.*, p. 140-144.

un apaisement même si les affrontements entre l'étatisme et la volonté de règne direct des élites conservatrices gardent toute leur violence[4]. Ce mode historique de construction de la féminité semble balayer les clivages et les périodisations admis. Devant l'« éternel féminin », Vichy fait bloc, avant et après le « vent mauvais » d'août 41, avant et après le second gouvernement Laval, rassemblant les traditionalistes et les modernistes, les notables de province et les technocrates du Commissariat à la famille et de la fondation Carrel, les familialistes et les natalistes, les ministres de l'Éducation nationale catholiques et laïcs, les défenseurs du vieil enseignement catholique et ceux de l'enseignement privé d'avant-garde qui mobilisent le modèle éducatif incarné par l'école des Roches et les avancées psychologiques de l'École des parents, les vieux routiers de l'Action française comme Benjamin et les collaborationnistes proches de *Je suis partout* comme Abel Bonnard. L'état achevé de la culture du sacrifice tient à la conjonction de ces intérêts qui définissent finalement le paysage social de l'adhésion aux valeurs du régime, ce qui ne veut pas dire forcément à sa politique au sens strict.

Vichy est bien une revanche des forces conservatrices, une contre-révolution qui associe deux visages de l'opposition à la République : la vieille opposition à 1789, aux Droits de l'homme, à l'École, gratuite, laïque et obligatoire, et celle, plus récente, au Front populaire, à toutes les formes de « massification » des années 30 – l'école unique, l'exode rural qui surpeuple les villes, les grandes concentrations ouvrières, les congés payés qui envahissent les campagnes et polluent le joli mois de mai – et à l'immigration des réfugiés « inassimilables »[5]. Paradoxalement, sur ce terrain « apolitique » de la construction de la féminité pendant la Révolution nationale, ce sont toutes ces revanches qui s'expriment, le retour des femmes à la maternité et le maintien des mères au foyer fonctionnant comme métaphores politiques d'un retour à « avant » : avant la réhabilitation de Dreyfus, avant l'« envahissement » de la médecine par les « métèques », avant les lois sociales de 36, avant les encouragements des masses à « l'esprit de jouissance ».

Mais l'heure n'est plus à la nostalgie sourde ni aux débats parle-

4. Voir Stanley Hoffmann, « Aspects du régime de Vichy », art. cité.

5. Voir Jean-Pierre Azéma, « Vichy », in *Histoire de l'extrême droite en France*, sous la direction de Michel Winock, Seuil, « Points Histoire », 1994, p. 191 *sq.*

mentaires ; elle est à l'action, au passage à l'acte. Et le retour au mythe de l'« éternel féminin », infiltré par toutes ces répulsions politiques, permet finalement de justifier le pire, le retour à une France débarrassée des impuretés raciales. Il vient ici au secours d'une vision du monde antidémocratique et antimoderniste qui justifie la répression, le racisme de classe et l'antisémitisme d'État par le retour à un ordre éternel des choses et des êtres. Le plus anodin des textes vichystes sur le retour de la mère au foyer est une condamnation de l'individualisme et des principes des Droits de l'homme. La philosophie politique de l'« éternel féminin » réalise ainsi un amalgame entre soumission sexuelle et soumission sociale et, en célébrant les maternités nationales, impose ses obsessions sur l'« inassimilable ». Les femmes, ou plutôt « la » femme française, sont inscrites par le pouvoir dans sa rhétorique raciste. La maternité est toujours nationale et la dénatalité porte en elle l'immigration « sauvage ». Les féministes comme les juifs sont « inassimilables ». Et l'inscription des femmes comme coupables dans cette vision catastrophique et cette appréhension apocalyptique des faits qui, selon Colette Guillaumin, portent toujours en elles des présupposés racistes [6], les marquent à leur tour du signe de la dangerosité et de l'exclusion. Le retour de la mère au foyer fait partie de la cure de pureté nationale. Au terme de ce travail, on peut penser que les processus d'adhésion immédiate et préréflexive à la Révolution nationale, portés par cette identification au message prophétique qui fête les mères françaises, ont eu leur part de responsabilité dans la cécité tardive aux enjeux racistes du régime pourtant annoncés d'emblée. Et l'imposition politique faite aux femmes de se replier sur l'intime, le privé, l'ahistorique, n'est pas sans liens avec le fantasme de virilisation des élites lui-même pris dans la fascination des régimes totalitaires, dans le « champ magnétique » des fascismes [7].

6. Colette Guillaumin, *L'Idéologie raciste. Genèse et langage actuel*, Paris-La Haye, Mouton, 1972, p. 50-51.

7. Philippe Burrin, « La France dans le champ magnétique des fascismes », *Le Débat*, 32, nov. 1984.

# INDEX
# DES NOMS DE PERSONNES

# INDEX DES ORGANISATIONS ET PUBLICATIONS

## TABLE

## Crédits photographiques

Bibliothèque de documentation internationale contemporaine (BDIC), Nanterre / Photo P. Pitrou : 3, 12, 13, 14.

Musée d'Histoire contemporaine-Bibliothèque de documentation internationale contemporaine (BDIC), Hôtel national des Invalides, Paris : 1, 4, 5, 6, 7, 8, 9, 10, 11, 15, 16, 17, 18, 19, 20.

*L'Illustration* / Sygma : 2.

RÉALISATION : PAO ÉDITIONS DU SEUIL
IMPRESSION : BUSSIÈRE CAMEDAN IMPRIMERIES
À SAINT-AMAND (CHER)
DÉPÔT LÉGAL : JANVIER 1996. N° 28060 (1/2848)

# Collection « XX^e siècle »

MICHEL WINOCK
Édouard Drumont et C^ie
*1982*

JEAN CHIAMA ET JEAN-FRANÇOIS SOULET
Histoire de la dissidence
Oppositions et révoltes en URSS
et dans les démocraties populaires
de la mort de Staline à nos jours
*1982*

ZEEV STERNHELL
Ni droite ni gauche
L'idéologie fasciste en France
*1983*

YVES TERNON
La Cause arménienne
*1983*

PASCAL ORY
L'Entre-Deux Mai
Histoire culturelle de la France
(mai 1968-mai 1981)
*1983*

CHRISTIANE RIMBAUD
L'Affaire du « Massilia »
*1984*

MICHEL WINOCK
Chronique des années soixante
*1987*

HENRY ROUSSO
Le Syndrome de Vichy (1944-198...)
*1987*

JEAN-LOUIS LOUBET DEL BAYLE
Les Non-Conformistes des années 30
*1987*

JEAN-NOËL JEANNENEY
Concordance des temps
Chroniques sur l'actualité du passé
*1987*

GERMAINE TILLION
Ravensbrück
*1988*

CHARLES TILLON
Un « procès de Moscou » à Paris
*1989*

PHILIPPE BURRIN
Hitler et les Juifs
Genèse d'un génocide
*1989*

JEAN-PIERRE AZÉMA
1940, l'année terrible
*1990*

JEAN-NOËL JEANNENEY
Georges Mandel
L'homme qu'on attendait
*1991*

ANDRÉ KASPI
Les Juifs pendant l'Occupation
*1991*

FRANÇOIS FEJTÖ
avec la collaboration d'Ewa Kulesza-Mietkowski
La Fin des démocraties populaires
Les chemins du post-communisme
*1992*

ANTOINE PROST
Éducation, Société et Politiques
Une histoire de l'enseignement en France
de 1945 à nos jours
*1992*

PAUL FUSSEL
A la guerre
Psychologie et comportements
pendant la Seconde Guerre mondiale
*1992*

PAUL-ANDRÉ LESORT
Quelques jours de mai-juin 40
Mémoire, témoignage, histoire
*1992*

sous la direction de
MICHEL WINOCK
Histoire de l'extrême droite en France
*1993*

LAURENCE BERTRAND DORLÉAC
L'Art de la défaite
1940-1944
*1993*

PIERRE BIRNBAUM
« La France aux Français »
Histoire des haines nationalistes
*1993*

JEAN DOISE
Un secret bien gardé
Histoire militaire de l'affaire Dreyfus
*1994*

ROBERT BELOT
Lucien Rebatet
Un itinéraire fasciste
*1994*

Olivier Wieviorka
Nous entrerons dans la carrière
De la Résistance à l'exercice du pouvoir
*1994*

Norbert Frei
L'État hitlérien et la Société allemande
1933-1945
*1994*

Yves Ternon
L'État criminel
Les génocides au xx$^{e}$ siècle
*1995*